珞珈管理评论
Luojia Management Review

2009 年卷第 1 辑（总第 4 辑）

武汉大学经济与管理学院主办

武 汉 大 学 出 版 社

图书在版编目(CIP)数据

珞珈管理评论.2009 年.第 1 辑(总第 4 辑)/武汉大学经济与管理学院主办.
—武汉:武汉大学出版社,2009.6
ISBN 978-7-307-07028-8

Ⅰ.珞⋯ Ⅱ.武⋯ Ⅲ.企业管理—文集 Ⅳ.F270-53

中国版本图书馆 CIP 数据核字(2009)第 078266 号

责任编辑:柴 艺 责任校对:刘 欣 版式设计:詹锦玲

出版发行:**武汉大学出版社** (430072 武昌 珞珈山)
(电子邮件:cbs22@whu.edu.cn 网址:www.wdp.com.cn)
印刷:军事经济学院印刷厂
开本:889×1194 1/16 印张:17 字数:488 千字
版次:2009 年 6 月第 1 版 2009 年 6 月第 1 次印刷
ISBN 978-7-307-07028-8/F·1274 定价:30.00 元

目　　录

CONTENTS

基于价格歧视策略的
供应链信息共享激励模型研究

● 马费成[1] 周雄伟[2]

（1，2 武汉大学信息管理学院 武汉 430072）

【摘 要】以部分信息共享为切入点，考虑一个制造商的情况，两个零售商部分参与信息共享，利用价格歧视策略设计激励零售商参与需求不确定信息共享的机制，研究结果表明只有在一定条件下才能使用价格歧视策略进行信息共享激励，使其产生价值增值，从而提出需求不确定环境下部分信息共享的严格约束条件；在零售商外部环境和自身能力相同的情况下进行完全竞争时，完全信息共享是该模型的最优 Pareto 稳定均衡。

【关键词】供应链 信息共享 价格歧视 激励模型

一、引言

在供应链中上游企业没有实际消费需求的信息，信息扭曲造成扩大需求可变性的现象被称为牛鞭效应①②。如何减小牛鞭效应已经成为供应链的研究热点问题，而信息共享被视为主要抵消牛鞭效应的策略。许多研究者指出信息共享可以抵消供应链的牛鞭效应，提高供应链的性能、降低成本、减少库存③④⑤。而文献⑥从供应链中处于上游的供应商角度出发，根据 Stackelberg 主从对策模型，通过对服从正态分布的需求不确定信息用期望计算研究得出信息共享不一定使供应链整体性能最优的结论，而且共享需求不确定信息并没有增加总的收益，反而导致总收益严格减少，信息共享的价值需要具体情况具体分析，但没给出最优的约束条件。

---

① Lee, H. L., Padmanabhan, V., and Whang, S.. Information distortion in a supply chain: The bullwhip effect. Management Science, 1997, 43 (4): 546-558.

② Lee, H. L., Padmanabhan, V., and Whang, S.. The bullwhip effect in supply chain. Sloan Managment Review., 1997, 18 (3): 93-102.

③ Z. Huang, and A. Gangopadhyay. A simulation study of supply chain management to measure the impact of information sharing. Information Resource Management Journal, 2004, 17 (3): 20-31.

④ Z. Huang, and A. Gangopadhyay. Information sharing in supply chain management with demand uncertainty. Advanced Topics in Information Resource Management. Hertfordshire: Idea Group, 2005, 5: 45-50.

⑤ Xiongwei Zhou, Feicheng Ma, Ling Zhang, and Xueying Wang. The impact of information sharing strategies in multi-level supply chain. Proceedings of 2008 IEEE International Conference on Service Operations and Logistics, and Informatics, 2008, 2: 2 045-2 050.

⑥ 张玉林，陈剑. 供应链中基于 Stackelberg 博弈的信息共享协调问题研究. 管理工程学报，2004，18 (3): 118-120.

从参与共享的企业数量上划分，信息共享通常可以分为完全信息共享和部分信息共享两种。部分信息共享是指参与信息共享的零售商不是全部参与，而是只有部分零售商参与信息共享。在供应链中部分信息共享的研究成为一个新的方向。文献①②就针对供应链的部分零售商共享需求信息进行了模拟实证，认为信息共享对制造商和批发商有利于增加其收益，但对零售商几乎没有影响。因此要使零售商愿意分享自己的私有信息，必须设计适当的激励机制来使供应链的零售商参与信息共享。文献③首先提出了对零售商部分信息共享采用价格歧视策略，但作者认为在供应商片面追求其利润最大化时没有动机使用这种策略，为了激励零售商参与需求信息共享应该支付一定的信息费用并通过期望计算能取得最优均衡点。而文献④从供应商的角度出发，针对一个供应商和多个零售商组成的分散式二级供应链，在企业利润最大化约束下，进一步提出使用价格歧视策略来激励零售商参与信息共享可以引导供应链整体效益最终达到稳定 Pareto 的最优均衡点。但该研究并没有对具体的私有信息共享给供应链的成员带来利润增值进行分析。文献⑤进一步研究制造商采用价格歧视策略与零售商共享信息的情况，结果显示当共享信息传送需要成本的时候，制造商更愿意与部分零售商共享需求信息。

在本文的研究中，我们考虑一个制造商、两个零售商部分参与信息共享的情况，利用价格歧视策略设计了激励零售商参与信息共享的模型。在本研究中，我们考虑了需求不确定性的私有信息对供应链性能产生的影响，在其服从正态分布的求解过程中没有简单地都使用期望值进行近似估计，研究结果表明需求不确定信息只有在一定条件下共享才能产生价值，在零售商面对相同的环境下进行完全竞争最终会达到完全信息共享的最优 Pareto 稳定均衡。

二、部分信息共享模型

在本文的研究中，我们考虑一个制造商、两个零售商一个参与而另一个不参与不确定信息共享的供应链系统。在激励零售商参与信息共享的模型中采用了价格歧视策略。这里的价格歧视策略，是指对于参与信息共享的零售商采用比不参与信息共享的零售商更低的批发价格。假设 π_1 代表零售商 R_1 的利润，π_2 代表零售商 R_2 的利润，π_3 代表制造商 R_3 的利润；d_1 代表零售商 R_1 的需求，d_2 代表零售商 R_2 的需求；p_1 代表零售商 R_1 的销售价格，p_2 代表零售商 R_2 的销售价格；c_1 代表零售商 R_1 的边际成本，c_2 代表零售商 R_2 的边际成本，c_3 代表制造商的边际成本；w_1 代表参与共享的零售商 R_1 的批发价格，w_2 代表不参与信息共享的零售商 R_2 的批发价格；t_i 反映零售商获得的市场需求不确定性大小的信号，需求大其值也大，需求小其值也小。t_i 是服从期望为 0 且方差为 σ 的正态分布的随机变量，即 $t_i \sim N(0, \sigma)$，$i = 1, 2$，那么：

参与信息共享的零售商 R_1 的需求函数：$d_1 = D_1(p_1, t_1) = a_1 - bp_1 + t_1$

① Z. Huang, and A. Gangopadhyay. Information sharing in supply chain management with demand uncertainty. Advanced Topics in Information Resource Management. Hertfordshire: Idea Group, 2005, 5: 45-50.

② Xiongwei Zhou, Feicheng Ma, Ling Zhang, and Xueying Wang. The impact of information sharing strategies in multi-level supply chain. Proceedings of 2008 IEEE International Conference on Service Operations and Logistics, and Informatics, 2008, 2: 2 045-2 050.

③ Li L. Information sharing in a supply chain with horizontal competition. Management Science, 2002, 48 (9): 1 196-1 212.

④ 刘开军，张子刚. 分散式供应链中信息共享的定价激励模型. 管理工程学报，2007，27 (1): 131-133.

⑤ Esther Gal-Or, Tansev Geylani. Information sharing in a channel with partially informed retailers. Marketing Science, 2008, 27 (4): 642-658.

不参与信息共享的零售商 R_2 的需求函数：$d_2 = D_2(p_2, t_2) = a_2 - bp_2 + t_2$

参与信息共享的零售商 R_1 的利润函数：$\pi_1 = (p_1 - w_1 - c_1)d_1$

不参与信息共享的零售商 R_2 的利润函数：$\pi_2 = (p_2 - w_2 - c_2)d_2$

制造商直销渠道的利润函数：$\pi_3 = (w_1 - c_3)d_1 + (w_2 - c_3)d_2$

其中 a_i、b 是正的常数，p_1、p_2、c_1、c_2、c_3、w_1 和 w_2 也都为正的常数并且其关系满足使得 π_1、π_2 和 π_3 都为正值。

部分信息共享模型的博弈过程是重复博弈过程，其中每一次的博弈过程如下：

（1）制造商根据自己利润最大化的要求和零售商是否参与需求不确定信息共享决定批发价格，其中参与信息共享零售商的批发价格为 w_1，而不参与信息共享零售商的批发价格为 w_2。

（2）零售商根据制造商确定的批发价格决定是否参与信息共享。

（3）零售商根据自己利润最大化原则确定销售价格。参与信息共享的零售商的销售价格为 p_1，不参与信息共享的零售商的销售价格为 p_2。

三、模型求解

按照逆向分析法求解模型，根据私有信息的不同，我们针对需求不确定信息部分共享模型进行具体求解。模型的求解满足以下的表达式：

$$\max_{w_1, w_2} \pi_3 = (w_1 - c_3)(a_1 - bp_1 + t_1) + (w_2 - c_3)(a_2 - bp_2)$$

$$\text{s. t. } \max_{p_1} \pi_1 = (a_1 - bp_1 + t_1)(p_1 - w_1 - c_1)$$

$$\max_{p_2} \pi_2 = (a_2 - bp_2 + t_2)(p_2 - w_2 - c_2)$$

1. 零售商的决策

当需求不确定时，由于零售商 R_2 拥有私有需求信息 t_2，而供应商不能准确获知此信息，只能用它的期望进行估计。而对于零售商 R_1、R_2 都拥有私有需求信息，其求解时的值都是确定的。根据逆向分析法，我们先分别求解 $\max_{p_1} \pi_1$ 和 $\max_{p_2} \pi_2$。

对 π_1 求导可得 $\dfrac{\partial \pi_1}{\partial p_1} = \dfrac{\partial (a_1 - bp_1 + t_1)(p_1 - w_1 - c_1)}{\partial p_1} = a_1 - bp_1 + t_1 - b(p_1 - w_1 - c_1)$ 和 $\dfrac{\partial^2 \pi_1}{\partial p_1^2} = -2b < 0$，所以由 $\dfrac{\partial \pi_1}{\partial p_1} = a_1 - bp_1 + t_1 - b(p_1 - w_1 - c_1) = 0$ 可以求出 $\max_{p_1} \pi_1$ 的 p_1 最优均衡解：

$$p_1^* = \frac{a_1 + bw_1 + bc_1 + t_1}{2b} \tag{1}$$

而 $\dfrac{\partial \pi_2}{\partial p_2} = \dfrac{\partial (a_2 - bp_2 + t_2)(p_2 - w_2 - c_2)}{\partial p_2} = a_2 - bp_2 + t_2 - b(p_2 - w_2 - c_2)$ 和 $\dfrac{\partial^2 \pi_2}{\partial p_2^2} = -2b < 0$，因此可由 $\dfrac{\partial \pi_2}{\partial p_2} = a_2 - bp_2 + t_2 - b(p_2 - w_2 - c_2) = 0$ 求出 $\max_{p_2} \pi_2$ 的 p_2 最优均衡解：

$$p_2^* = \frac{a_2 + bw_2 + bc_2 + t_2}{2b} \tag{2}$$

2. 制造商的决策

现在利用 $\max_{w_1, w_2} \pi_3$ 的约束条件对其进行求解。由于零售商 R_2 拥有私有需求信息 t_2，而供应商不能准确获知此信息，故对 $\max_{w_1, w_2} \pi_3$ 求解时对约束条件中关于私有需求信息 t_2 的相关的需求函数和最优价格只能计算它

3

们的期望进行估计。由于 $Et_2 = 0$，故 $Ep_2^* = E\left(\dfrac{a_2 + bw_2 + bc_2 + t_2}{2b}\right) = \dfrac{a_2 + bw_2 + bc_2}{2b}$，$Ed_2 = E(a_2 - bp_2 + t_2) = a_2 - bp_2$。

零售商 R_1 由于与供应商进行了信息共享，可以直接得到其需求函数和最优价格，直接代入 π_3，则：

$$
\begin{aligned}
\pi_3 &= (w_1 - c_3)(a_1 - bp_1 + t_1) + (w_2 - c_3)(a_2 - bp_2) \\
&= (w_1 - c_3)\left(a_1 - \frac{1}{2}(a_1 + bw_1 + bc_1 + t_1) + t_1\right) + (w_2 - c_3)\left(a_2 - \frac{1}{2}(a_2 + bw_2 + bc_2)\right) \\
&= \frac{1}{2}(w_1 - c_3)(bw_1 + bc_1 - a_1 - t_1) + \frac{1}{2}(w_2 - c_3)(bw_2 + bc_2 - a_2)
\end{aligned} \tag{3}
$$

对式(3)求导可得：

$$
\frac{\partial \pi_3}{\partial w_1} = \frac{a_1 + t_1 - b(2w_1 + c_1 - c_3)}{2} \qquad \frac{\partial^2 \pi_3}{\partial w_1^2} = -b < 0
$$

$$
\frac{\partial \pi_3}{\partial w_2} = \frac{a_2 - b(2w_2 + c_2 - c_3)}{2} \qquad \frac{\partial^2 \pi_3}{\partial w_2^2} = -b < 0
$$

故令 $\dfrac{\partial \pi_3}{\partial w_1} = \dfrac{a_1 + t_1 - b(2w_1 + c_1 - c_3)}{2} = 0$ 和 $\dfrac{\partial \pi_3}{\partial w_2} = \dfrac{a_2 - b(2w_2 + c_2 - c_3)}{2} = 0$，联立方程组可以求出 $\max\limits_{w_1, w_2} \pi_3$ 的 w_1、w_2 最优均衡解。

$$
w_1^* = \frac{a_1 - b(c_1 - c_3) + t_1}{2b} \qquad w_2^* = \frac{a_2 - b(c_2 - c_3)}{2b} \tag{4}
$$

把 w_1、w_2 的值代入前面式(1)和式(2)可得 p_1、p_2 最优均衡解：

$$
p_1^* = \frac{3a_1 + b(c_1 + c_3) + 3t_1}{4b} \qquad p_2^* = \frac{3a_2 + b(c_2 + c_3) + 2t_2}{4b} \tag{5}
$$

3. 利润分配机制

把 w_1、w_2、p_1 和 p_2 的值解代入 π_1、π_2 得到零售商 R_1、R_2 各自的最优均衡利润为：

$$
\pi_1^* = \frac{(a_1 - b(c_1 + c_3) + t_1)^2}{16b}
$$
$$
\pi_2^* = \frac{(a_2 - b(c_2 + c_3) + 2t_2)^2}{16b} \tag{6}
$$

对于供应商，可把 w_1、w_2、p_1 和 $E(p_2)$ 的值代入式(3)直接得到供应商利润的最优解：

$$
\pi_3^* = \frac{(a_1 - b(c_1 + c_3) + t_1)^2 + (b(c_2 + c_3) - a_2)^2}{8b}
$$

四、模型分析与讨论

1. 价格歧视策略的稳定的均衡条件

因为价格歧视策略中为了鼓励信息共享有 $w_1 < w_2$，将式(4)所求的 w_1^*、w_2^* 的值代入化简得：

$$
\frac{a_1 - b(c_1 - c_3) + t_1}{2b} < \frac{a_2 - b(c_2 - c_3)}{2b}
$$

进一步化简得：

$$
\frac{(a_1 - a_2) - b(c_1 - c_2) + t_1}{2b} < 0 \tag{7}
$$

即只有满足条件（7）才能满足 $w_1 < w_2$。因此，不等式（7）是该模型满足价格歧视策略进行零售商信息共享激励的基本条件。零售商参与信息共享，能够为制造商降低成本增加利润做贡献，因此可以较低的价格进货，享受优惠政策；而对于不参与信息共享的零售商采用较高的进货价格，保持成本不变，零售商也能接受。为了激励零售商参与信息共享，必须使参与信息共享的零售商的利润大于不参与信息共享的零售商的利润，这样才能使价格歧视策略在零售商那里能够达到稳定的均衡，即 $\pi_1 > \pi_2$。用求得的 π_1^*、π_2^* 值代入得：

$$\frac{(a_1 - b(c_1 + c_3) + t_1)^2}{16b} > \frac{(a_2 - b(c_2 + c_3) + 2t_2)^2}{16b}$$

进一步化简可得：

$$\frac{((a_1 - a_2) - b(c_1 - c_2) + t_1 - 2t_2)(a_1 + a_2 - b(c_1 + c_2 + 2c_3) + t_1 + 2t_2)}{16b} > 0 \qquad (8)$$

条件（7）和（8）是价格歧视策略在零售商那里能够达到稳定的均衡的激励约束条件。

2. 当 $a_1 = a_2$ 和 $c_1 = c_2$ 时信息共享激励机制的有效性分析

当 $a_1 = a_2$ 和 $c_1 = c_2$ 时，也就是说零售商 R_1、R_2 所处的环境和企业能力几乎完全相同，由条件（7）可以得到 $t_1 < 0$。也就是说只有在满足条件 $t_1 < 0$ 时，才能满足 $w_1 < w_2$。这就说明在不确定性需求服从正态分布的情况下采用价格歧视策略进行信息共享激励机制设置时，只有当反映零售商的需求信息不确定性信号为负值时提供需求信息才能获得较低的批发价格；否则提供需求信息的零售商反而获得更高的批发价格，这不符合利用价格歧视策略进行信息共享激励的目的，因此需要对信息共享激励机制进行适当修正。

当 $t_1 \geq 0$ 时，令 $w_1^* = \dfrac{a_1 - b(c_1 - c_3)}{2b}$，即 $w_1^* = w_2^*$，以便激励参与信息共享零售商的积极性。同时，该机制也不会让参与需求信息共享的零售商为了获得低批发价格而采取虚报行为，因为 t_1 是零售商的实际需求，虚报会减少销售量而减少自己的利润，即：

$$w_1^* = \frac{a_1 - b(c_1 - c_3)}{2b}, \ t \geq 0 \qquad w_1^* = \frac{a_1 - b(c_1 - c_3) + t_1}{2b}, \ t_1 < 0$$

因为在供应链中信息共享的作用主要是为了减少生产和库存成本从而增加制造商和零售商的效益，当 $t_1 < 0$ 时，需求信息非常关键，可以让制造商减少生产数量并让制造商和零售商减少库存成本，从而增加总效益，制造商通过价格歧视策略激励零售商参与信息共享分享由于信息共享获得的利润。而当 $t_1 \geq 0$ 时，在需求过剩的环境下需求信息反倒不是那么重要，特别是对减少生产和库存成本几乎没什么作用，制造商没有使用价格歧视策略的动机，因此该机制也完全符合实际情况。

根据改进的信息共享激励机制，当 $t_1 \geq 0$ 时，$w_1^* = w_2^*$，实际上没有采用价格歧视策略进行信息共享的激励，它们遵从相同的规则获得相同的效益。因此我们只需要考虑当 $t_1 < 0$ 时，是否有 $\pi_1 > \pi_2$。下面用求得的 π_1^*、π_2^* 的值代入进行比较分析。

$$\pi_1^* > \pi_2^* \rightarrow \frac{(a_1 - b(c_1 + c_3) + t_1)^2}{16b} > \frac{(a_2 - b(c_2 + c_3) + 2t_2)^2}{16b}$$

因为 $a_1 = a_2$ 和 $c_1 = c_2$，则有：$a_1 - b(c_1 + c_3) = a_2 - b(c_2 + c_3)$

又因为 $d_1 = a_1 - bp_1 + t_1 > 0$，$p_1 - w_1 - c_1 > 0$ 和 $w_1 - c_3 > 0$ 以及 $d_2 = a_2 - bp_2 + t_2 > 0$，$p_2 - w_2 - c_2 > 0$ 和 $w_2 - c_3 > 0$，所以可以推出 $a_1 - b(c_1 + c_3) + t_1 > 0$ 和 $a_2 - b(c_2 + c_3) + t_2 > 0$。由 $t_1 < 0$，可得：

$$a_1 - b(c_1 + c_3) = a_2 - b(c_2 + c_3) > 0$$

因此只要 $a_1 - b(c_1 + c_3) + t_1 > | a_2 - b(c_2 + c_3) + 2t_2 |$，就会满足 $\pi_1 > \pi_2$。现在假设 $t_1 = t_2$，则现实中 $a_2 - b(c_2 + c_3) + 2t_2$ 的值往往大于 0，则明显 $\pi_1 > \pi_2$。那么利用价格歧视策略设计的供应链信息共享激励

机制有效。同时由零售商 R_1、R_2 的最优零售价格可以看出当 $a_1 = a_2$ 和 $c_1 = c_2$ 且 $t_1 < 0$ 时，由式（5）可得：

$$p_1^* = \frac{3a_1 + b(c_1 + c_3) + 3t_1}{4b} < p_2^* = \frac{3a_2 + b(c_2 + c_3) + 2t_2}{4b}$$

而此时 $w_1 < w_2$ 且 $\pi_1 > \pi_2$，在零售商 R_1、R_2 之间存在完全竞争时，参与信息共享的零售商 R_1 具有明显的价格竞争优势，能吸引更多的顾客从而最终会迫使零售商 R_2 参与信息共享，最终达到零售商全部都参与信息共享的完全信息共享稳定均衡。

五、结论

信息不对称在供应链中非常普遍，零售商往往掌握需求不确定的私有信息，研究表明信息共享并不能提高零售商的效益，如何激励零售商愿意分享自己的私有信息成为研究的热点。本文以零售商部分参与信息共享为切入点，利用价格歧视策略设计了激励零售商参与信息共享的机制。通过重复博弈的思想，采用实际值而不是近似期望值的求解方法进一步论证了供应链中利用价格歧视策略对服从正态分布的需求不确定信息进行共享时的价值必须在严格约束条件下才能产生，否则零售商进行信息共享的收益反而减少。这表明在供应链中是否进行信息共享需要对信息是否具有价值增值进行甄别，而使用价格歧视策略进行信息共享激励的机制设计也只能在一定范围条件下使用才有效。当零售商在外部环境和自身能力相同的情况下进行完全竞争时，服从正态分布的需求不确定信息只有落在正态分布左边时才能使零售商从信息共享中受益，并最终达到完全信息共享的 Pareto 最优稳定均衡。下一步的研究是进行实证研究，并把该研究方法引入具有电子直销的双渠道供应链的信息共享的激励机制中。

面向供应链融资的企业运作收益研究[*]

● 白少布[1,2]　刘　洪[1]　陶厚勇[1]

（1　南京大学商学院　南京　210093；2　南京工程学院　南京　211100）

【摘　要】供应链融资服务是一种新型的银行金融产品服务，是实现中小企业资金市场化的有效切入点。本文基于企业为供应链项目所付出的努力水平及供应链融资模式，建立了企业运作收益模型，分析了企业努力水平与企业运作收益诸要素之间的相关关系，提出了供应链努力水平均衡线概念。从本文的研究结果来看，只有当供应链努力水平在均衡线上或附近时，才能够保证供应链整体运作效率平稳，并且通过供应链企业的运作努力，可以实现供应链整体收益的最大化，从而使各节点企业获取更大的收益。

【关键词】供应链管理　供应链融资　企业努力水平　企业收益

一、引言

供应链管理的概念是把企业资源的范畴从过去的单个企业扩大到整个供应链甚至整个社会，使企业之间为了共同的市场利益而结成战略联盟，这个联盟往往面对具体顾客的个性化需求，供应商与客户共同研究，如何满足客户的需要，还可能要对原设计进行重新思考、重新设计，这样在供应商和顾客之间建立了一种长期联系的依存关系①。以供应链为市场竞争主体相对于单个企业的优势是显而易见的，如企业核心竞争力的提高、资源的整合、降低成本等。而核心企业供应链是最为常见的一种供应链形式，它是围绕核心企业建立起来的企业之间的合作联盟链体。在这种供应链结构中，核心企业往往资金雄厚、信用等级高、经营规模较大，是整个供应链的主导型企业，在供应链的整体运作中起着核心作用。而供应链上的其他企业往往是资金压力大、信用等级偏低、规模相对小，并在供应链中处于弱势地位的企业。这种核心企业供应链形式正是我国产业链和产品链的主要组成形式②。传统意义上的供应链管理不能对企业物流、信息流、资金流进行集成管理，使供应链企业物流和资金流的运作不顺畅，导致供应链的运作效率不高，并且资金的流动往往依靠企业的内生要素以及企业间的合作来相互约束③。20 世纪 90 年代 UPS（United Parcel Service）公司的供应链解决方案（supply chain solution）的实施，在真正意义上实现了物流、信息流、资金流的"三合一"模式，特别是物流金融业务的扩展，备受业界瞩目④。围绕物流金融，融通仓

---

* 基金项目：江苏博士后科研资助项目"供应链融资收益及企业预警研究"（编号：0802055C）；江苏省高校哲学社会基金项目（08SJD6300022）。

① 马士华，林勇. 供应链管理. 北京：机械工业出版社，2005：8-26.

② 林英晖，屠姝曾. 核心企业供应链企业协调的激励合同设计. 上海交通大学学报，2005，10：1 656-1 659.

③ 吴清一. 物流系统工程. 北京：中国物资出版社，2003：355-367.

④ 文胜，何磊. 产业资本与金融资本的融合——UPS 的物流金融模式. 物流技术，2006，6：87-90.

的研究者认为，融通仓是一个以质押物资仓管与监管、价值评估、公共仓储、物流配送、拍卖为核心的综合性第三方物流平台①。融通仓融资的实质就是将银行认为风险较大的动产（主要是原材料、产成品）转变为可以质押的质押担保品或反担保品进行信贷融资，从而把银行等金融机构的金融服务融入供应链运作中。物资银行的研究者认为在企业的融资过程中发挥积极作用的仓储企业或物流中心，将银行、生产商或经销商紧密地联结起来，通过银行、融资企业、仓储企业三方签订相关协议，达到三方共赢的目的②。物流金融的深入研究和飞速发展，为供应链金融的发展奠定了良好的基础。以深圳发展银行为例，2005年其与国内三大物流企业——中国对外贸易运输（集团）总公司、中国物资储运总公司和中国远洋物流有限公司签署了"总对总"的战略合作协议，开启了我国供应链融资业务的序幕③。相继各类商业银行实施了诸多供应链融资成功案例，得到业界和学术界的借鉴与广泛关注。供应链金融是银行将产业上、下游的相关企业作为一个整体来提供融资服务。这样一来，供应链上处于弱势地位的中小企业得到融资支持，能提升整个供应链甚至整个产业的竞争优势④。供应链融资问题是刚刚被人们所接受的新的研究命题，国内外关于供应链融资问题的研究资料很少，也尚不存在关于供应链融资的统一定义。因此，本文在内容的组织上根据相关文献资料对供应链融资模式进行简要说明，并在此基础上对企业运作收益问题进行研究。

二、供应链融资模式

1. 供应链金融产品

供应链融资服务作为一种新型的银行金融产品服务，近年来在国内得到了迅速发展。银行的所谓供应链融资服务，就是银行根据特定产品供应链上的真实贸易背景和供应链核心企业的信用水平，以企业贸易行为所产生的未来确定收益（现金流）为直接还款来源，配合银行的短期金融产品和封闭贷款操作所进行的单笔或额度授信方式的融资业务⑤。供应链融资服务金融产品包括动产或货权质押授信业务（融通仓）、商业承兑汇票贴现担保业务、信用证业务、应收账款转让授信业务、出口退税托管贷款、出口信用险项下融资、政府采购封闭授信等，其融资模式及路径如图1所示。⑥ 与传统的商业银行授信业务相比，供应链金融工具具有两个显著特点⑦：首先，银行对授信企业（主要是中小企业）的信用评级不再强调企业所处的行业、规模、固定资产价值、财务指标和担保方式，单笔贸易真实背景和供应链核心企业的信用水平。供应链金融业务的开展实际上建立在对供应链的物流、资金流和信息流的充分掌握的基础上，因此，中小企业的信用水平比传统方式评估的要高。其次，银行围绕单笔贸易进行业务操作和寻求还款保证，因此授信业务具有封闭性、自偿性和连续性等特征。封闭性是指银行通过设置封闭性贷款操作流程来保证专款专用，借款企业无法将资金挪作他用；自偿性是指还款来源就是贸易自身产生的现金流；连续性是指同类贸易行为在上下游企业之间会持续发生，并允许以此为基础的授信业务可以反复进行。

2. 供应链融资服务的市场主体⑧

金融机构是供应链融资服务的供应者，它提供融资服务的业务模式和盈利方式，决定供应链融资服务

① 罗齐，朱道立，陈伯铭．第三方物流服务创新：融通仓及其运作模式初探．中国流通经济，2002，2：11-14．
② 冯耕中．物流金融业务创新分析．预测，2007，1：49-54．
③ 刘士宁．供应链金融的发展现状与风险防范．中国物质与采购，2007，7：67-69．
④ 万凯．整合融资供应链．新财经，2006，2：93-95．
⑤ 胡跃飞．供应链金融——极富潜力的新领域．中国金融，2007，22：38-39．
⑥ 李彤．深发展：供应链融资．商界论坛，2007，10：60-63．
⑦ 胡跃飞．供应链金融——极富潜力的新领域．中国金融，2007，22：38-39．
⑧ 夏露，李严锋．物流金融．北京：科学出版社，2008：3-5．

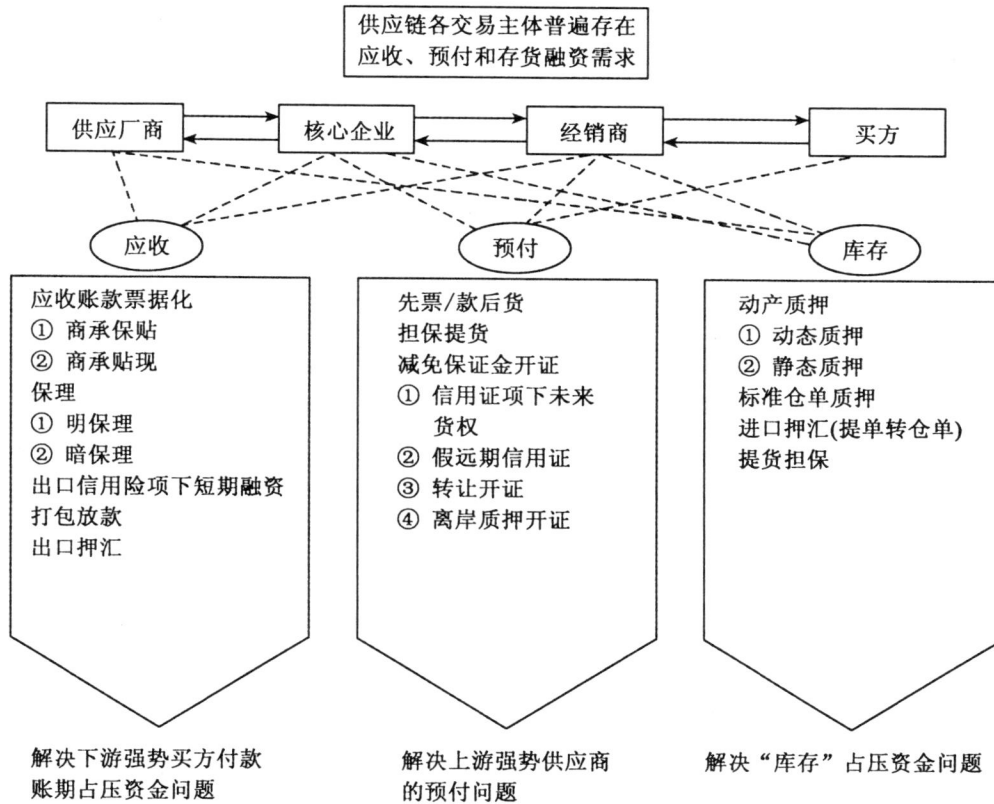

图 1　供应链融资模式

的融资成本和融资期限。

　　物流企业是供应链融资服务中提供第三方物流服务者，它以质押物资仓管与监管、价值评估、公共仓储、物流配送以及拍卖为核心的综合性第三方物流服务平台，为银企间的合作构架了新桥梁。

　　融资企业是供应链上需要融资的处于弱势地位的中小企业，是供应链上融资需求的主体。

　　核心企业是资金雄厚、信用等级高、经营规模较大的企业，是整个供应链的主导型企业，在供应链的整体运作中起着核心作用。

三、基于企业努力水平的收益模型

1. 企业运作模式及融资假设

　　假定核心企业 H 和中小企业 h 有一定的合作历史和良好的信誉背景，现核心企业运作一个好的项目 R，并与中小企业 h 之间建立物料（原材料、器件、配料等）供应合约，便形成了产品供应链模式①。h 企业为准备物料需要投入资金 I，并且必须在 T_1 时期内完成，而 H 企业的货款经过 T_2 后方可支付，这里 $T_1 < T_2$。h 企业在 T_1 时间内可投入的资金只有 A，项目的实施必须从银行融资 $I-A$ 的资金②。银行对该项目的风险进行有效评估，而且考虑 H 企业的良好的信誉，对 h 企业提供了应收账款质押贷款业务，便

---

①　受区域经济约束及考虑成本，核心企业往往与专业性中小企业建立良好的合作关系。

②　这里为了问题的研究更为直观选择银行的贷款融资。

形成了如图 2 所示的供应链融资业务基本流程。

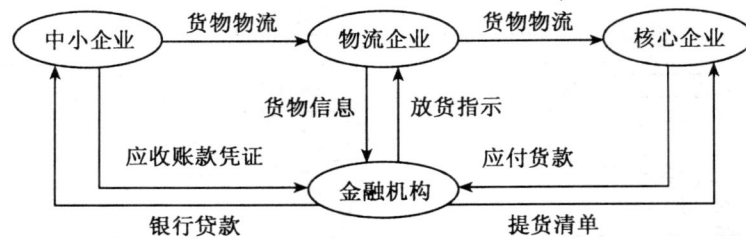

图 2　供应链融资意义下的企业合作

核心企业 H 所运作的项目 R，其完成需要物料供应企业 h 的"充足"的物料供应能力，因此，所谓供应链项目是指供应链上每个节点企业相互之间形成供需关系的项目的总称，我们不妨认为：对于供应链整体而言只有一个项目 X，是 H 企业的项目 R 和 h 企业的相应的物料供应项目的合成总称。供应链项目以每个节点相应项目的完成为基础，只要有一个节点未完成，就认为供应链的项目未完成。

2. 努力水平及项目状态

（1）企业努力水平。企业的收益与企业为供应链项目所付出的努力水平或努力程度 e 有着直接的关系[1]，在企业努力水平 e 下，可以创造利润，并且企业为此付出努力成本 C，$e=0$ 可以解释为企业仅仅履行日常事务，没有激励创造项目价值[2]，而 $e=1$ 代表企业的极限努力水平。企业在其每种努力水平 e 下，将对项目做出某种行动。关于行动的选择我们遵循 Aghion Bolton[3] 的行动假定，即企业存在两种行动："积极"（E）和"保守"（M）。而且无论供应链项目自然状态如何，企业的"积极"行动总能从供应链的运作中得到"保证收益" m，否则将失去这份收益。

（2）项目状态。为了方便融资企业收益分析，我们遵循 Bolton Dewatripont[4] 的假定：项目的自然状态 θ 是可以被揭示且可证实的。为了说明的简单，假定仅仅存在两种状态，即好状态 θ_G 和坏状态 θ_B，其分布概率分别为 p 和 $1-p$。采用燕志雄等[5] 的假设：企业的努力程度 e 仅仅影响好状态 θ_G 下的利润分布，而不影响坏状态 θ_B 下的利润分布。也就是说，企业从项目的运作中可以获得非常好的收益，这与企业自身的努力程度 e 和项目的自然状态密不可分；相反，如果项目的自然状态很差，那么企业付出再多的努力也往往对项目的利润影响不大，项目状态描述如图 3 所示[6]。

（3）符号说明。h_E^H、h_M^H、h_E^L、h_M^L 分别表示企业 h 在努力水平 e_1 和 $(1-e_1)$ 下采取行动 E 和 M 而获得的收益，认为 $h_E^H > h_M^H$，$h_E^L > h_M^L$[7]；H_E^H、H_M^H、H_E^L、H_M^L 分别表示核心企业 H 在努力水平 e_2 和 $(1-e_2)$ 下采取行动 E 和 M 而获得的收益，同样认为 $H_E^H > H_M^H$，$H_E^L > H_M^L$；m_h 和 m_H 分别为企业 h 和 H 采取 E 行动后获取的保证收益，S_h、S_H 分别为来自企业 h 和企业 H 的优惠收益，C_h 和 C_H 分别为企业 h 和企业 H 的项目运作成本，

---

①　企业的努力水平可以认为是企业完成项目的可能性或项目完成的概率。

②　燕志雄，费方域. 企业融资中的控制权安排与企业家的激励. 经济研究，2007，2：111-123.

③　Aghion, P. and P. Bolton, . An Incomplete Contracts Approach to Financial Contracting, Review of Economic Studies, 1992, 59：473-494.

④　Bolton, P. and M. Dewatripont. Contract Theory, MIT Press, 2003：64-71.

⑤　燕志雄，费方城. 企业融资中的控制权安排与企业家的激励. 经济研究，2007，2：111-123.

⑥　Aghion, P. , and Bolton, P. . An incomplete contracts approach to financial contracting. Review of Economics Studies, 1992, 59：473-494.

⑦　企业在项目的自然状态可揭示和企业为此付出一定的努力情况下，采取积极行动所获得的收益相比采取保守行动所获得的收益要高。

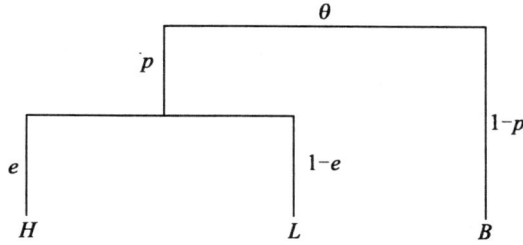

图 3　项目状态

它包括两个企业原材料、资金、人力等方面的投入。S_h 为来自于供应链合作企业 h 的优惠收益，η_h 为 h 企业的物流监管、担保等的相关费用。

3. 企业运作收益模型

供应链整体结构中，相互独立的两家企业因项目的贯穿与合作，形成了供应链中的合作伙伴关系，以追求各自的利润。根据供应链形成结构以及运作特性，假定企业 h 的期望收益为 $\pi_h(e_1)$，则：

$$\pi_h(e_1) = p_1 \cdot [e_1 \cdot (h_E^H + m_h + h_M^H) + (1 - e_1)(h_E^L + m_h + h_M^L)]$$
$$+ (1 - p_1) \cdot m_h + S_H - C_h - (1 + r)(I - A) - A - \eta_h \tag{1}$$

如果企业 h 参与供应链项目运作，则要求期望收益 $\pi_h(e_1) \geq 0$，因此，存在临界努力水平 e_1^* 满足：

$$e_1^* = \frac{C_h + (1 + r) \cdot (I - A) + A + \eta_h - (1 - p_1)m_h - p_1(h_E^L + h_M^L + m_h) - S_H}{p_1 [(h_E^H - h_E^L) + (h_M^H - h_M^L)]} \tag{2}$$

$e_1^* \in [0, 1]$，显然当 $e_1 \geq e_1^*$ 时企业 h 参与供应链运作。不难知道，企业 h 的期望收益 $\pi_h(e_1)$ 与企业努力水平 e_1 之间存在正相关关系，而且 $\pi_h(e_1^*) \geq \pi_h(0)$ 成立。

四、企业收益分析

1. 企业努力水平与收益

假定企业 h 的努力水平 e_1 在 $[0,1]$ 区间上的概率密度函数为 $f(e_1)$，分布函数为 $F(e_1)$，那么企业为供应链项目做出的平均努力水平为：

$$\bar{e}_1 = \frac{\int_{e_1^*}^1 e_1 \cdot f(e_1) de_1}{\int_{e_1^*}^1 f(e_1) de_1} = \frac{\int_{e_1^*}^1 e_1 \cdot f(e_1) de_1}{1 - F(e_1^*)} \tag{3}$$

（1）努力水平与融资成本。对 $\bar{e}_1$ 关于 r 求偏导数，则：

$$\frac{\partial \bar{e}}{\partial r} = \frac{1}{(1 - F(e_1^*))^2} \Big[- e_1^* f(e_1^*)(1 - F(e_1^*)) \frac{\partial e_1^*}{\partial r} + f(e_1^*) \int_{e_1^*}^1 e_1 f(e_1) de_1 \frac{\partial e_1^*}{\partial r} \Big]$$
$$= \frac{f(e_1^*)}{(1 - F(e_1^*))^2} \Big[\int_{e_1^*}^1 e_1 f(e_1) de_1 - e_1^* (1 - F(e_1^*)) \Big] \frac{\partial e_1^*}{\partial r} \tag{4}$$

显然，$\dfrac{\partial e_1^*}{\partial r} = \dfrac{(I - A)}{p_1 [(h_E^H - h_E^L) + (h_M^H - h_M^L)]} > 0$，令 $\Gamma(e_1^*) = \Big[\int_{e_1^*}^1 e_1 f(e_1) de_1 - e_1^* (1 - F(e_1^*)) \Big]$，则：

$\Gamma'(e_1^*) = [- e_1^* f(e_1^*) - (1 - F(e_1^*)) + e_1^* f(e_1^*)] = - (1 - F(e_1^*)) \leq 0$，因此 $\Gamma(e_1^*)$ 为关于 e_1^* 的递减函数。不难看出，$\Gamma(0) = \int_0^1 e_1 f(e_1) de_1 > 0$，$\lim\limits_{e_1^* \to 1} \Gamma(e_1^*) = 0$，因此，对于任意 $e_1^* \in [0, 1)$，有 $\Gamma(0) \geq$

$\Gamma(e_1^*) \geq \lim\limits_{e_1 \to 1} \Gamma(e_1^*) = 0$，从而 $\frac{\partial \bar{e}}{\partial r} \geq 0$。

又因为 $\pi_h'(e_1) = p_1\left[(h_E^H - h_E^H) + (h_M^H - h_M^L)\right] \geq 0$，企业 h 的期望收益 $\pi_h(e_1)$ 为 e_1 的增函数，也就是说在项目情况良好的条件下，企业通过自身努力水平的提高获取更高的收益。$\frac{\partial \bar{e}}{\partial r} \geq 0$ 表明银行贷款利率与企业的努力水平之间成正相关关系。这说明说企业融资成功后，高融资利率会激发企业的努力水平，使其追求更高的利润来减轻银行贷款的压力。

（2）努力水平与运作成本的关系：

$$\frac{\partial \bar{e}}{\partial C_h} = \frac{f(e_1^*)}{(1 - F(e_1^*))^2}\left[\int_{e_1^*}^1 e_1 f(e_1) de_1 - e_1^*(1 - F(e_1^*))\right]\frac{\partial e_1^*}{\partial C_h} \qquad (5)$$

不难看出，$\frac{\partial e_1^*}{\partial C_h} = \frac{1}{p_1\left[(h_E^H - h_E^L) + (h_M^H - h_M^L)\right]} > 0$，从而 $\frac{\partial \bar{e}}{\partial C_h} \geq 0$。

$\frac{\partial \bar{e}}{\partial C_h} \geq 0$ 表明运作成本与企业努力水平之间存在正相关关系。也就是说，企业参与供应链项目运作，为了追求高收益，必将提高企业的努力水平，同时也为此付出较高的成本。对于企业来说，在企业运作过程中，通常情况下，企业的成本投入与收益获取有一定的时间滞后，一般为成本付出在前收益获取在后。因此我们不妨认为，企业的成本担负能力是有限的，特别是中小企业更为明显。假定 C_h^* 为企业 h 所能承受的最大成本额度，此时相应的企业努力水平假定为 e_h，如果 $e_h < e_1^*$，则企业 h 不适合参与供应链项目运作，也就是说 h 企业不符合供应链核心企业 H 的合作规模条件。因此企业 h 参与供应链项目的运作，必定为 $e_h > e_1^*$。另外，如果 $e_1 \in [e_1^*, e_1^h]$ 使企业 h 收益最大，显然 $\pi_h(e_1^h)$ 为最大收益。当 $e_h > e_1^h$ 时，企业成本投入未达到最高点，对企业来说存在一定的收益提高空间。此时，如果企业要获取更多的收益，则必须加大原材料、资金、人力资源、技术创新等方面的投入，提高企业的综合实力，从规模化经营中提高企业收益。当 $e_h < e_1^h$ 时，很显然，企业的成本因素高于企业的效益因素。此时如果企业要获取更多的收益，必须加强内部管理，紧缩规模投入，在确保运作稳定的前提下，通过降低成本获取更多的收益。

（3）努力水平与合作企业优惠的关系：

$$\frac{\partial \bar{e}}{\partial S_H} = \frac{f(e_1^*)}{(1 - F(e_1^*))^2}\left[\int_{e_1^*}^1 e_1 f(e_1) de_1 - e_1^*(1 - F(e_1^*))\right]\frac{\partial e_1^*}{\partial S_H} \qquad (6)$$

显然 $\frac{\partial e_1^*}{\partial S_H} \leq 0$，因此 $\frac{\partial \bar{e}}{\partial S_H} \leq 0$，表明合作企业的优惠与企业的努力水平存在负相关关系，这是符合现实的，因为在供应链运作稳定情况下，企业间的合作关系趋于稳定，来自合作企业的优惠不会激发企业的努力水平，反而在一定程度上将减弱企业的自身努力。

2. 努力水平均衡线与最大收益

假定核心企业 H 的期望收益为 $\pi_H(e_2)$，则根据前面的分析，$\pi_H(e_2)$ 同样可以如下形式表示：

$$\pi_H(e_2) = p_2 \cdot \left[e_2 \cdot (H_E^H + m_H + H_M^H) + (1 - e_2)(H_E^L + m_H + H_M^L)\right]$$
$$+ (1 - p_2) \cdot m + S_h - C_H \qquad (7)$$

如果核心企业 H 启动供应链项目，同样要求期望收益 $\pi_H(e_2) \geq 0$，因此，存在临界努力水平 e_2^* 满足：

$$e_2^* = \frac{C_H - (1 - p_2)m_H - p_2(H_E^L + H_M^L + m_H) - S_h}{p_2\left[(H_E^H - H_E^L) + (H_M^H - H_M^L)\right]} \qquad (8)$$

$e_2^* \in [0, 1)$，与前面分析相同，当 $e_2 \geq e_2^*$ 时核心企业 H 启动该项目运作。因此，对供应商 h 企业和核心企业 H 组成的供应链来说，项目的运作区域为 $\Omega = [e_1^*, 1) \times [e_2^*, 1)$，即由供应商 h 企业和核心企业 H 组成的供应链努力水平为(e_1,e_2)。当$(e_1,e_2) \in \Omega$时，供应链相应节点企业运作各自的项目，认为应运作供应链项目。当$(e_1,e_2) \notin \Omega$时，h企业或H企业中至少有一个企业不参与项目运作，认为不应运作供应链项目，见图4。

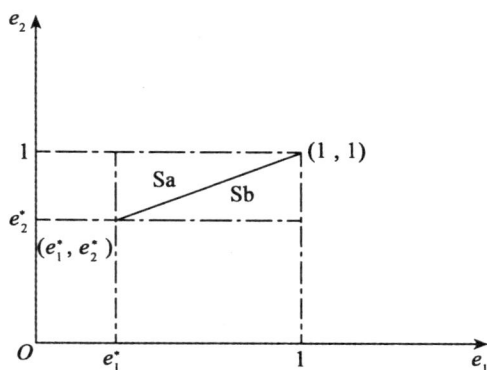

图4　供应链努力水平均衡线

不妨定义(e_1^*,e_2^*)为供应节点企业运作供应链项目努力水平的起始均衡点，而$e_2 = \dfrac{1-e_2^*}{1-e_1^*}e_1 + \dfrac{e_2^*-e_1^*}{1-e_1^*}$

为节点企业运作供应链项目努力水平均衡线。当(e_1,e_2)落入Sa区域时，即$e_2 > \dfrac{1-e_2^*}{1-e_1^*}e_1 + \dfrac{e_2^*-e_1^*}{1-e_1^*}$，表明企业H对项目的成本投入以及相应的努力水平高于均衡状态，经营规模扩大，对于项目所需物料的需求远高于供应商h企业的供给水平。相反h企业对项目的成本投入及努力水平低于均衡状态，企业的经营规模及供给能力远不及核心企业的规模要求及物料需求水平，造成h企业物料供应能力不足，收益偏低，从而影响整个供应链的项目运作效率。当(e_1,e_2)落入Sb区域时，即$e_2 < \dfrac{1-e_2^*}{1-e_1^*}e_1 + \dfrac{e_2^*-e_1^*}{1-e_1^*}$，表明供应商h企业对项目的成本投入及为项目做出的努力水平均高于均衡状态，一方面，h企业自身的规模扩大，物料供给能力有了很大的提高；另一方面，核心企业对项目的成本投入缓慢，物料的需求速率偏低。核心企业的低效率、低收益导致h企业的物料产品库存积压，资金压力过大，企业的泡沫收益逐步膨胀，出现整个供应链运作效率偏低。因此，只有当供应链努力水平(e_1,e_2)在努力水平均衡线上或附近时，才能保证供应链整体运作平稳，并且通过供应链企业的努力，可以使供应链收益最大化，从而使各节点企业获取更大的收益。

五、结语

在供应链融资运作中，银行根据特定产品供应链的真实贸易背景和供应链核心企业的信用水平，以企业贸易行为所产生的未来确定收益（现金流）为直接还款来源，为融资企业进行融资，因此，供应链核心企业的作用尤为突出。一方面，融资企业通过供应链核心企业得到信用增级，并得到银行的融资服务；另一方面，融资企业获取供应链收益的同时，也受到来自核心企业及银行的压力；还有，融资企业和核心企业之间的单笔贸易（项目）本身的状态以及供应链相关企业为此付出的努力水平，很大程度上影响供应链企业的收益状况。从本文的研究来看，只有当供应链努力水平在努力水平均衡线上或附近时，才能保证供应链整体运作平稳，并且通过供应链节点企业的运作努力，可以使供应链收益最大化，从而使各节点企业获取更大的收益。

跨国公司在华供应链社会责任管理分析

● 罗双临[1]　　戴育琴[2]

（1，2　湖南商学院经济与贸易学院　长沙　410205）

【摘　要】中国作为"世界工厂"是跨国公司在全球供应链中的重要环节和供货单位，已成为跨国公司实施供应链社会责任管理的焦点地区之一。对此，文章首先对跨国公司供应链社会责任内涵进行了界定，随后探讨了跨国公司在华强化供应链社会责任的行为表现，并指出当前跨国公司在华供应链社会责任的主要问题集中在供应链环节的污染转移、供应链责任管理形式化、供应链关系失衡、"验厂"结果失真以及我国缺乏对跨国公司社会责任的系统规制等五个方面。针对问题，文章最后提出了加强跨国公司在华供应链社会责任管理的对策建议：约束跨国公司的超强市场力量，建立良好、平衡的供应链关系；发挥供应商经济利益共同体的积极作用；完善跨国公司在华社会责任机制等。

【关键词】跨国公司　供应链　社会责任

在经济全球化背景下，跨国公司加快了国际生产经营网络体系的建立，供应链管理正日益成为跨国公司管理的核心内容。而供应链社会责任竞争是跨国公司继价格竞争、质量竞争、品牌竞争之后，新一轮国际竞争的重要内容。

一、跨国公司供应链社会责任的内涵

"企业社会责任"（corporate social responsibility，简称"CSR"）最早由美国人谢尔顿于 1924 年提出。尽管国际组织、专家学者对公司社会责任的表述不尽相同，但其内涵和外延基本一致，即企业不仅要追求股东的经济利益，还要承担对社会的责任，注重利益相关者特别是劳动者的利益，增强环境保护意识，维护社会经济的可持续发展。

供应链管理的核心思想是把企业管理及资源的范畴从过去的企业内部扩展至供应链、全社会乃至全球范围。一般而言，核心企业通过与供应链上下游企业之间建立战略联盟，使每一个企业都能发挥各自的优势，从而在价值链上达到"共赢"的效果。供应链管理效果的好坏直接影响企业的成本和收益，从而决定企业的市场成败。供应链社会责任强调核心企业与上下游企业之间的合作，如果只在自己的范围内管理好社会责任事务而不顾及企业行为对上下游企业的影响，企业的社会责任绩效将很难有实质性改善；如果企业没能对供应商的社会责任状况进行审核管理，供应商的社会责任风险就会顺着供应链传递下去，波及整个供应链，从而影响消费者对产品的评价并最终影响企业的经济利益和社会形象。

跨国公司供应链社会责任是在企业社会责任基础上发展起来的。既然企业生存于供应链中，那么只有单个企业承担社会责任是不够的。随着经济全球化的深入发展，大量跨国公司通过 FDI、国际战略联盟、国际分包、跨国采购等形式，将生产经营网络体系中的供应链延伸至全球范围。跨国公司供应链社会责任是跨国公司通过重塑内部治理结构和管理程序，调整生产经营策略，采取与上下游供应链沟通与合作等方式，鼓励处于供应链上的企业遵守社会责任有关法律法规和准则倡议，并促使其实施有效的管理以实现其遵守行为系统化。"买家主导型商品链"是跨国公司推行供应链社会责任管理的基础。商品链是一个由劳动和生产过程构成的网络，其最终结果表现为产品，而"买家主导型商品链"主要是指由大型零售商和贸易公司占主导地位，在发展中国家完成生产的商品供应网络。跨国公司处于这条商品链的顶端，依靠不均衡的权力结构对整条商品供应链进行控制。跨国公司以生产守则、产品质量标准及认证、SA8000 等形式，从实质上规范其加工制造商、供应商、承包商、代理商等的行为，督促其履行企业社会责任。

二、跨国公司在华供应链社会责任行为表现

中国被喻为世界加工厂，是跨国公司投资或采购时推行供应链责任准则和审计的主要对象。因而，中国最早接触的"企业社会责任"实质上是供应链社会责任实践的一种。供应链审计标准 SA8000 就是最早进入中国的社会责任标准。跨国公司对供应链社会责任管理已经形成了某种程度的共识，基本包括：成立相关责任职能部门，在年报或其他正式文件中重视社会风险，制定并出版供应商行为准则，对供应商进行社会责任培训，定期进行社会责任审计等。跨国公司在华实施供应链社会责任管理，主要表现在以下几个方面。

1. 跨国公司自行验厂

进行供应链责任审计，俗称"验厂"，是跨国公司在华最早的企业社会责任活动。所谓验厂，特指许多大的跨国公司对我国的合约工厂进行定期的检查，是跨国公司为其供应链内所有商业伙伴制定生产经营活动等指导方针，实施内部生产守则即企业社会责任标准。全球许多知名的跨国公司均有自己独立的公司社会责任标准，要求其各自的供应商和合约工厂遵守其所定标准，并定期或不定期安排母公司相关部门或委托独立审核机构对供应链进行现场评估。如果不能通过检验，跨国公司将取消订单。几乎所有在中国采购的跨国公司都进行自行验厂。例如，沃尔玛将义乌列为其全球采购基地，而"验厂"制度是其挑选合作企业的标准之一，通过"检验"的企业将获得长期供货资格，如发现供货商没有遵循当地法律和沃尔玛标准，沃尔玛就终止与其的合作关系。沃尔玛的"供应商标准"要求"供应商应遵守其营业地的地方及国家法规，或该国普行的地方标准（若普行的地方标准较高），提供雇佣合理的工资及福利"，除此之外，还规定了其采购商品的严格的标准。

2. 推行 SA8000

SA8000 即社会责任国际标准体系（Social Accountability 8000 International Standard），是由总部设在美国的社会责任国际组织发起，并联合欧美部分跨国公司和其他一些国际组织制定的。中国商务部将其定义为"社会责任管理体系"。该体系是一种以保护劳动环境和条件、劳工权利等为主要内容的新兴管理标准体系。SA8000 在西方发达国家政府的认同和首肯下迅速获得了广泛支持。跨国公司已经纷纷加入这一行列，它们要求产品配套企业和合作企业均要遵守这一标准，我国作为许多跨国公司供应链上的生产制造基地，已经成为该标准推行的焦点地区。例如，迪斯尼公司在我国采购汽车冰箱时，明确规定了"不得使用童工"、"不得使用非志愿劳工"、"不歧视"、"薪酬"等 12 个方面的要求，并声明："制造商将授权迪斯尼及其代理人（包括第三方）从事监测活动，包括不经通知，对制造设备及雇主提供的宿舍进行现场检查；审查有关雇佣事项的账簿和记录；以及同员工进行私人面谈。"耐克、阿迪达斯、家乐福、雅芳、通用电气、惠普等 50 多家跨国公司已经在我国开展了社会责任评估和审核，有些公司还在中国设立了社会责任事务部门。许多出口订单明确规定必须通过 SA8000 认证方能出口。

3．质量和环境管理认证

跨国公司采购中心的重要任务之一就是选择最具竞争力的供应商和采购商。由于供应链每个节点间"一荣俱荣，一损俱损"的关系，供应商和采购商的竞争力就是从事核心业务的跨国公司的竞争力，选择最具竞争力的供应商和采购商对于整条供应链的效率和价值创造起着举足轻重的作用。采购中心对供应商和采购商的选择已经不仅要求它们简单地提供产品，而是要求它们基于尖端的信息技术、高效的物流支持和完善的销售服务体系，以战略伙伴的身份与上下游企业进行整合化经营和价值创造。

跨国公司在选择供应商时建立了一整套综合评价指标体系，主要包括企业业绩、业务结构和生产能力、质量系统、企业环境以及技术创新能力等方面。如在质量管理系统中，对企业素质的要求是实行全面的质量管理，达到 ISO9000 质量管理体系标准，或达到国际公认的行业质量标准、环保标准、检验检疫标准等。发达国家目前高度重视 ISO14000 环境管理体系标准，大部分跨国公司要求中国企业通过这一认证。除此以外，出口到欧盟的商品还需要 CE 认证，出口到德国的还需要 GS 认证，出口到美国的还需要 FDA 和 UL 认证等。中国企业要想成为跨国公司供应链上稳定的一环，就必须认真研究这些标准、认证程序和要求，熟悉和掌握它们，并且积极跟踪国外相关的技术标准体系的变化和国际市场需求的变化，进行技术改造，以提高产品档次和技术含量，促进产品的更新换代。

4．ICTI 商业行为守则认证

国际玩具协会守则（ICTI，International Council of Toy Industries）倡导三大原则：一是"三不用"——不用童工、不用强迫劳动工、不用囚工；二是用工"不歧视"——员工不因性别、种族、宗教、社团倾向不同而受歧视；三是"奉守环保法规"。其审核涵盖：童工、囚工/强迫劳动工/工作时数、工资与补贴、歧视、工作条件、工作场所安全、EHS（环境、健康和安全）。

我国是世界第一大玩具生产、出口国，国际知名玩具跨国公司如美泰、孩之宝、跳蛙等都在我国进行玩具代工生产和采购。这些大型玩具跨国公司先后通过国际玩具协会宣布，我国玩具企业必须在 2006 年 1 月 1 日前获得《ICTI 商业行为守则》的认证，否则将从这些工厂退单。ICTI 认证要求由第三方审核，国际玩具协会专门指定了 6 家独立审核机构，并采取严格的审核方法：与当地法律进行核对，进行实地查验，同工人面谈。其中，工人面谈要求在独立的房间，不能有厂方代表在场，并做好面谈的保密。审核还非常重视查看文件的原始记录。

三、跨国公司在华供应链社会责任管理中存在的问题分析

不可否认，跨国公司在华供应链社会责任管理，有利于中国企业提高社会责任意识，推动企业落实社会责任，构建和谐社会，但目前跨国公司在华供应链社会责任管理也存在一些不容忽视的问题。

1．向在华供应链转移污染

某些跨国公司在我国投资设厂时，将污染严重、耗费资源的生产环节转移到我国，这些在华供应链成为污染源，加重了我国的环境压力，恶化了环境和生态系统，不利于我国可持续发展。2006 年 6 月，我国一份水污染报告公布 33 家知名跨国公司在中国的供应链企业榜上有名。违规公司涉及食品、电子、化工、机械制造等诸多行业，来自日本、美国、瑞士等国家。某些中国公众熟知的品牌，比如日资上海花王有限公司因"任意排放超标废水"被列入上海"2005 年第二批环保系统查处违法企业名单"。

2．跨国公司的供应链社会责任管理形式化，实质性行动不足

企业从事社会责任活动最大的动机是提升企业形象，而跨国公司追求利益最大化的本质使得跨国公司在关注安全生产、劳工标准、环境污染等高层次的社会责任管理的同时，更关心的还是价格、利润等自身经济利益问题。2004 年英国一家名为"企业社会责任网络"（CSR Network）的咨询公司对财富百强（总收

入最高）的公司进行了一次社会责任评估，只有两家企业在"考试"中成绩及格，并只有72家公司提交了社会责任报告。《2006年中国社会责任报告》指出：从履行社会责任的各项指标上来分析，内资企业总体情况要明显好于外资企业，甚至内资民营企业在多数指标上的表现都优于外资企业。

有些跨国公司推行供应链社会责任管理是迫于社会压力。因为西方国家有很多社会团体对其进行监督，一旦发现跨国公司的供应商破坏环境、虐待劳工，或是其他损害社会责任事件发生，马上就有人发起抵制。比如沃尔玛要求它的中国玩具供应商不能雇用童工，因为美国消费者不愿看到别人的孩子为自己的孩子生产玩具。

跨国公司供应链社会责任管理的实质性行动仍然不足。某些跨国公司未能理清供应链责任在企业治理中的位置，跨国公司对供应商所采取的措施仅停留在培训和审计两个方面，未能提供有效的可信的供应链激励方案。

3. 滥用市场地位导致供应链关系失衡，向中国供应链转嫁责任

有学者认为全球化经济体系已经形成了一个"金字塔"式的分层承包体系，跨国零售商和制造商处于金字塔的顶端，掌握了最大的话语权。它们尽力压低产品的采购价格，为了规避风险和追逐廉价劳动力，纷纷将生产外包到发展中国家。跨国公司由于掌握了销售终端，而且规模庞大，许多销售市场也基本形成了寡头垄断竞争的格局。发展中国家的加工装配制造等供应商如果不借助跨国零售商的销售渠道，将在竞争中趋于劣势地位，因此对跨国公司的销售渠道的依赖程度加深。某些跨国公司借助其在销售市场上的垄断优势，一方面以超低价采购商品，以及时实时供货控制库存成本，以延期付款形式占用供应商资金，部分跨国零售公司还会收取不公平的入场费、促销费、管理费、上架费等各类费用向供应商谋求利润。2006年6月曾发生的百安居与供应商之间的矛盾就足以说明问题，某供应商的大量货款被占用，导致其流动资金受到严重影响，陷入无钱发工资、无钱买材料的境地。而另一方面，改善供应链社会责任状况的成本支出，则全部由供应商承担。如供应链责任审计，也就是验厂的费用全部是由供应商承担的。西尔斯公司就在其《全球行为规范项目》中明确规定由于供应链责任审计所发生的费用由供应商承担。供应商如果要进行SA8000认证，费用就达数十万元之多。

在这样失衡的供应链关系中，跨国公司占据利润制高点，掌握多种盈利手段，还能将部分成本和风险转嫁给供应商。前不久美泰公司向中国玩具供应商转嫁责任的事件我们还记忆犹新。该玩具供应商达利公司与美泰公司已经有15年的合作历史，美泰玩具召回事件中不负责任的做法不仅导致达利公司遭受重大损失，而且使中国玩具出口受到负面影响。跨国公司标榜其为社会责任运动的推行者和倡导者，而供应商则成为被动的成本和风险承担者，因此，供应链社会责任管理可能沦为跨国公司的一种控制手段。

4. "验厂"结果失真

不可否认供应链责任审计是较为前沿的管理模式，是推动中国劳动密集型企业开始关心劳工、环境等社会问题的重要手段。也有研究表明，供应链责任审计普遍存在的问题是结果失真。

不同国家经济发展阶段不同，社会责任的实施不能操之过急。跨国公司的供应链责任准则代表的是先进国家的理念，在那里跨国公司有较为雄厚的经济实力，政策环境比较完善，各利益相关群体发展比较成熟，因此企业有履行社会责任的主观和客观条件。但在发展中国家，中小型加工制造企业经营时间短，企业管理体系不健全，财力不够丰厚，政策环境多变，利益相关群体不成熟，这造成了它们社会责任履行能力的不足。我国居于全球产业链分工的中、低端环节，决定了我国供应商缺乏国际市场的话语权而处于尴尬的境地：开展供应链社会责任审计，难以同时满足低价供货、及时供货和社会责任等多项要求，可能会失去贸易机会；供应链社会责任审计需要供应商支付较高的费用，改善供应链社会责任状况也需要较多投资；经常性验厂，采购商对加工成本了如指掌，从而让供应商失去议价能力。种种原因使得某些国内供应商采用多种手段对付供应链社会责任审计。如伪造出勤、工资单等各类文件，采用某些手段让员工配合验

厂、统一口径，贿赂验厂公司和人员，使之出具有利的验厂报告，等等，导致"验厂"结果失真。

5. 我国缺乏对跨国公司社会责任的系统规制

有些跨国公司的不良社会责任等问题都由国外率先披露才在国内引起注意，这主要是由于我国的社会责任监管体系以及监测手段还不完善，最突出的表现是各种标准滞后。目前在不少领域和行业，我国相关的质量标准、环境标准、劳工标准等远低于发达国家的标准，不少在国外早已属于超标的产品，由于我国质量标准和监管体系不健全而得以源源不断地生产、销售。据报道，中国外商投资企业协会投资性公司工作委员会发布了《北京宣言》，但承诺执行《北京宣言》的公司只有66家（全部会员115家，大多数是全球500强企业）。从宣言内容看，标准较低且缺乏实施细则，也缺乏有效的执行和监督机制。另外，我国一些地方政府在招商引资过程中，由于追求引资政绩，盲目引进了一些破坏我国生态环境、耗费资源的产业，并放松对跨国公司在我国履行社会责任的监管。

四、加强跨国公司在华供应链社会责任管理的对策建议

跨国公司强化在华供应链的社会责任虽已成为趋势，但供应链社会责任管理的绩效并不如人意。对此，笔者建议从以下几个方面努力：

1. 约束跨国公司滥用市场地位的权力，建立良好、平衡的供应链关系

供应链社会责任是供应链范围内所有企业遵守并履行社会责任的整体行动。良好、平衡的供应链关系是供应链社会责任得到高效落实的基础。只有企业间建立起相互信任、相互促进、共同承担的长期合作关系，才有可能获得持续的良好的供应链社会责任管理绩效。供应链核心企业是供应链中的枢纽，它们在渠道、品牌、技术、管理等方面掌握着控制性优势，它们的行为关系到供应链关系的好坏，因此供应链社会责任管理要求跨国公司约束其滥用市场地位的权力，肩负起协调供应链关系的重担。

一是跨国公司承担部分验厂费用。跨国公司应帮助供应链企业寻求多种方法降低供应商验厂成本，为供应商提供低成本、易获取的供应链资源和培训，在合同中为合格企业提供长期合作承诺，提高供应商履行社会责任的积极性。同时，加强对验厂机构的监督，整顿验厂中介市场秩序，使之成为以"信用"为基础的市场，一旦出现违规操作和职业操守问题则将之淘汰出局。跨国公司应进一步提高供应链社会责任管理在公司治理结构中的位置，从而在公司内部形成社会责任与经济利益的均衡力量。

二是协调供应链的成本与利益。供应链各企业由于承担社会责任必然要产生额外的成本，而且承担不同的社会责任还会使一些企业收益减少甚至亏损、破产，跨国公司与供应链进行利益分配时一定要处理好对这些企业的补偿问题。另外，当供应链中经济实力较弱的节点企业由于承担社会责任而出现某些运营困难时，跨国公司应从供应链社会责任管理出发，采取适当方式分担一定的社会责任成本，以获得供应链长期的经济效益和社会效益。

2. 发挥供应链经济利益共同体的积极作用

要实现跨国公司全球供应链可持续的社会责任，供应商之间可以形成某种形式的联合，如供应商协会，从而集合起足够的谈判力量，维护供应链的共同经济利益，提高供应链的社会责任绩效。

供应链作为一个系统，非常强调各节点企业的合作和互动。供应链的竞争优势就在于它的协同效应。在社会责任方面，各企业要明确各自的责任，同时更应明确供应链整体的利益所在，本着对各伙伴企业负责的态度，加强企业间的合作，积极促进"1+1>2"效果的实现。例如，供应链的研发或设计企业承担着产品设计质量的责任，如果忽略了所用原材料的成本、运输、保存、加工和回收利用，必然会对加工制造商、供应商等的运作产生不良影响。长此以往，会造成供应链企业之间的摩擦和争端，甚至会使战略伙伴关系破裂：也会使供应商和制造商在加工、回收利用、环境保护等方面履行社会责任受到限制。发挥供

应链经济利益共同体的积极作用，各环节企业的社会责任乃至供应链系统的社会责任无疑会得到充分的履行。

3. 建立和完善跨国公司在华社会责任机制

跨国公司社会责任行为虽多属自愿性行为，但我国政府的积极引导对于促进跨国公司在华履行社会责任行为将发挥重要作用。

首先，我国政府应当进一步完善《劳动法》、《消费者权益保护法》、《产品质量法》、《反不正当竞争法》、《反垄断法》、《环境保护法》等相关法律，切实有效地执行各项法规政策，以我国的法律为基准规范跨国公司及其供应链企业的社会责任行为。

其次，我国有关部门可以与跨国公司及利益相关者团体协商，在遵循我国现有各项法律法规、国家标准基础上，参考国际社会责任标准，制定符合我国国情的跨国公司在华社会责任标准和行为准则。在强化跨国公司社会责任实施机制方面，政府可加强对跨国公司社会责任行为的监控并进行年度评估，对于违背社会责任标准的行为进行道德劝导，及时纠错和惩罚不负责任行为；要求跨国公司采取相应管理措施，审核跨国公司社会责任规定和执行控制措施，督促其建立一套完整的履行社会责任机制；此外，政府还可建立跨国公司在华履行社会责任的激励机制，包括荣誉激励、政策激励、政府采购优先等，鼓励跨国公司在华采取积极措施承担社会责任。

最后，强化供应链企业社会责任的评审机制。供应链企业社会责任在中国的实施方式主要为跨国公司"验厂"、SA8000 认证、质量和环境管理认证、ICTI 商业行为守则认证等，中国企业要成为跨国公司的全球供应商、承包商等，只有通过跨国公司的社会责任评估和审核，才能与之建立合作伙伴关系。因此，应建立供应链企业社会责任的统一标准，强化供应链企业社会责任的评审机制，防止跨国公司滥用其在供应链上的主导地位，做到公平、公正、透明的审查。

参 考 文 献

[1] 卢岚，刘开明. 中国企业社会责任标准实施指南. 北京：化学工业出版社，2007.

[2] 王志乐. 软竞争力——跨国公司的公司责任理念. 北京：中国经济出版社，2005.

[3] 谭深，刘开明. 跨国公司的社会责任与中国社会. 北京：社会科学文献出版社，2003.

[4] 周凌霄. 论跨国公司企业道德的几个基本问题. 当代经济研究，2007，1.

[5] 周建雄. 审视跨国公司在华社会责任. 市场论坛，2007，1.

[6] 米尔顿·科特勒. "中国制造"该如何赢回尊重. 中国经营报，2007.

[7] 蒋米仁. 论述零售商主导供应链的企业社会责任行为. 商场现代化，2006，4.

[8] 卢岚，杨双毓，基于供应链管理的组织社会责任研究. 工业工程，2007，3.

战略人力资源管理对组织创新的
作用机理研究[*]

● 蒋建武[1,2] 赵曙明[2]

（1 深圳大学管理学院 深圳 518060；2 南京大学商学院 南京 210093）

【摘 要】人力资源与组织创新都是组织获取竞争优势的关键要素。当前分别探讨人力资源管理与组织创新的研究很多，但研究两者之间联系的成果较少，人力资源管理与组织创新研究处于一个相对孤立、割裂的状态。本文在分析组织创新的研究现状基础上，从知识资本、组织学习和组织氛围三种视角来探讨战略人力资源管理与组织创新两者之间的联系和互动机理，构建基于组织创新的战略人力资源管理实践理论模型，并提出以创新性的战略人力资源管理实践实现组织创新的途径。

【关键词】战略人力资源管理 组织创新 理论模型

在国际竞争日益激烈的态势下，创新已成为组织面临的最为紧迫的挑战。组织经营环境的急剧改变和不断的技术变革，要求组织持续创新。为了维持和巩固现有的地位，组织必须不断地引进新技术以产生新的业务和产品，或采取多样化的生产方式适应环境并且重新变革自身[①]。而在中国，创新甚至已成为国家层面的优先战略。组织创新不仅依赖于科研机构中的研发投资，更依赖于组织当中员工创造力的发挥。员工创造力是组织创新的主要元素，可以说，没有个体的创造力就没有组织创新。而员工创造力的发挥很大程度上依赖于组织当中人力资源的有效管理，人力资源管理涉及员工创造力发挥的整个过程，因此，有效的人力资源管理是激发、维持员工创造力，并将其最终转化为组织创新的重要保障。探讨人力资源管理与组织创新之间的关系和影响机制，将是重要的研究路线[②]。目前，分别研究创新与人力资源管理的成果已有很多，但研究两者之间联系的成果较少，人力资源管理与组织创新研究处于一个相对孤立、割裂的状态，人力资源管理对组织创新的影响过程尚不清晰。尤其对于下列问题还没有形成共识[③]，如：人力资源管理与组织创新两者是否存在互动关系？一定的组织创新是否需要相匹配的人力资源管理系统？人力资源管理是直接影响组织创新还是通过其他因素作为中介变量影响？哪些特定的人力资源管理实践或实践的组合对组织创新更加重要？对上述问题的回答，在理论上，可以进一步丰富人力资源管理与组织创新理论；

---

* 本文是国家自然科学基金重点资助项目 "转型经济下我国企业人力资源管理若干问题研究"（编号：70732002）、国家建设高水平大学公派研究生项目（编号：2007100676）的阶段性成果。

① Tsai, W., and Ghoshal, S.. Social capital and value creation：The role of intrafirm networks. The Academy of Management Journal, 1998, 41 （4）：464-476.

② 曾湘泉，周禹. 创新视角下的人力资源管理研究述评：个体、组织、区域三个层面的研究. 首都经济贸易大学学报, 2006, 6：12.

③ Shipton, H., et al.. HRM as a predictor of innovation. Human Resource Management Journal, 2006, 16 （1）：3-27.

在实践上，有利于组织找到正确发挥人力资源管理作用的途径，提升组织创新水平。

一、人力资源管理与组织创新关系研究回顾

较早研究人力资源管理与组织创新关系的学者是 Miles、Snow 和 Schuler、Jackson，但他们的研究结论存在差异。Miles 等人①认为，寻求新产品和新市场战略的企业应建立市场导向的人力资源管理体系，原因在于企业内部提供开拓新市场或开发新产品所必需的知识或技能难度很大，而且即使能提供也不能在短期内形成。因此，当组织从外部寻求实现组织创新战略的技能和资源时，宜采取市场导向型的人力资源管理系统。Schuler 和 Jackson② 则指出，采用创新型战略的组织的人力资源管理系统更需要强调内部导向，原因在于当采取创新战略时，公司需要员工能容忍不确定性和模糊性、具有创造力、能勇于承担风险和责任、长期导向、具有合作精神，而内部化的人力资源管理系统可以鼓励员工的上述行为，从而实现组织的创新战略。Miles 模型和 Schuler 模型的比较如表 1 所示。

表 1	Miles 和 Snow 模型与 Schuler 和 Jackson 模型人力资源管理实践比较	
	Miles 和 Snow 模型	Schuler 和 Jackson 模型
招聘和选拔	1. 强调买入人力资源	1. 外部招聘员工
	2. 几乎完全从组织外部招聘员工	2. 强调技术和研究能力
	3. 员工就业前进行心理测试	3. 高度的员工安全保障
	4. 较少的员工安全保障	
	5. 组织内的社会化过程很少	
培训	4. 技能识别和获取	6. 广泛运用培训
	5. 有限的员工培训项目	7. 员工对学习负责
		8. 工作中允许员工开发一些可用在本公司其他岗位上的技能
内部职业发展机会	9. 很少的内部职业发展阶梯	10. 广泛的职业发展路径
		11. 强制性的能力增长
绩效评价	12. 结果导向的评价过程	15. 过程和结果导向的标准
	13. 发现员工需求	16. 绩效评价很可能反映长期和基于团队的成果
	14. 部分或公司的绩效评价	

---

① Miles, R., and Snow, C.. Designing strategic human resource systems. Organizational Dynamics, 1984, 13 (1): 36.
② Schuler, R. S., and Jackson, S. E.. Linking competitive strategies with human resource management practices. Academy of management executive, 1987, 1 (3): 207-219.

	Miles 和 Snow 模型	Schuler 和 Jackson 模型
薪酬	17. 跨部门比较 18. 过程导向的绩效 19. 外部竞争性 20. 根据招聘需要确定薪酬	21. 更多的奖励 22. 内部公平 23. 较低的工资但允许员工入股，并且自由地选择薪酬的结构 24. 团队创新奖励 25. 基于能力的工资
其他人力资源管理实践	26. 较低的员工参与 27. 隐性的工作分析 28. 工作丰富化	29. 高度员工参与 30. 隐性的工作分析 31. 工作丰富化 32. 跨部门团队 33. 鼓励对新产品的销售情况进行反馈

注：模型基于 Jiménez-Jiménez, D., and Sanz-Valle, R.. Innovation and human resource management fit：An empirical study. International Journal of Manpower, 2005, 26（4）：364，有改动。

Jimenez 等人对上述两个模型进行了实证比较，研究结论发现人力资源管理系统与组织创新战略存在正向相关关系①②，Schuler 和 Jackson 的模型更能解释人力资源管理与组织创新之间的匹配关系，采取创新战略的公司更可能采用内部导向的人力资源管理系统。内部导向的人力资源管理系统有助于在组织内建立稳定的人力资源库（employee pool），鼓励员工承担风险和责任，强调自主参与，从而更可能鼓励员工产生新思想，并最终促进组织创新。也有研究者提出，不同的组织创新要求不同的人力资源管理实践③④⑤。这些研究者将组织创新分为管理创新、过程创新和产品创新。广泛（extensive）且精心设计（intensive）的员工招聘和选择、强调员工技能的培训和开发、基于业绩的薪酬回报等人力资源管理实践与产品创新的关系更强，而灵活的工作和组织设计、强调信息沟通和员工参与的人力资源管理实践则与过程创新和管理创新更相关。这些研究结论加深了人们对人力资源管理实践与组织创新之间的匹配理解，对于企业的管理实践尤其具有重要的指导意义。但遗憾的是，这些主张缺乏实证的检验。

① Stroh, L. K., and Reilly, A. H.. Making or buying employees：The relationship between human resources policy, business strategy and corporate restructuring. Journal of Applied Business Research, 1994, 10（4）：12-18.

② Jimenez-Jimenez, D., and Sanz-Valle, R.. Innovation and human resource management fit：An empirical study. International Journal of Manpower, 2005, 26（4）：364.

③ Leede, J. D., and Looise, J. K.. Innovation and HRM：Towards an integrated framework. Creativity and Innovation Management, 2005, 14（2）：108.

④ Leede, J. D., Bottom-up innovation：On the contribution of semi-autonomous work groups to product and process innovation. Dutch：University of Twenty, 1997：110.

⑤ Tidd, J., Bessant, J., and Pavitt, K.. Managing innovation：Integrating technological and organizational change. Chichester：Wiley & Sons, 1997：80.

还有部分学者关注单个人力资源管理实践与组织创新的关系。关于员工招聘与组织创新的关系，研究结论没有达成一致。部分学者实证发现创新战略和招聘之间不显著相关[1]，而另外一些研究结果则证实了组织创新和从外部招募之间的正向相关[2]。关于培训，大多数研究实证发现为员工提供的培训数量与创新有正相关关系[3]，从而提出公司要广泛应用培训，以发展创新所需的员工的技能和知识[4][5]。与此相反，也有部分学者发现两者负相关，认为组织只需在必要的时候从外部人力资源市场引进具有特定技能和知识的员工即可，所以他们建议企业只需进行小规模的培训[6]。绩效管理对组织创新的影响目前较不清晰。部分研究者指出，当员工预计到自己被考核或评价时，出于对评价过程和结果的焦虑，其创造力会降低，从而影响组织创新[7]。其他学者则认为绩效评价能提高员工受激励的水平[8]，开发式的、容忍错误的绩效评价系统是员工学习新知识的根本驱动力量[9][10]。绩效评价过程中的信息反馈有助于员工认识到已实现绩效与目标之间的差距[11]，从而激励员工更有创造性地工作。因此，如果绩效评价强调信息的反馈和允许员工犯错误，那么绩效评价能促进员工创造力和组织创新的提升。

综上所述，人力资源管理对组织创新的重要性已达成共识，但对于哪些特定的人力资源管理实践将促进或抑制组织创新，目前还没有形成一致结论，甚至不同的研究得出的结论完全相反。这表明人力资源管理实践与组织创新的关系受到诸多情境因素的影响，影响机理较为复杂。本文接下来从战略人力资源管理的视角分析人力资源管理实践对组织创新的作用机理。

二、战略人力资源管理对组织创新的作用机理

创新的组织通常具备如下七个特征[12]：（1）员工具有共同的目标认同和责任感；（2）鼓励员工冒险和承担风险，并能够容忍错误；（3）提倡开放性的沟通和决策参与，而不强调控制性；（4）强调组织和员工的学习性；（5）强调团队化的工作方式与合作并建立相互的信任；（6）培养员工的主动性并允许其

① Stroh, L. K., and Reilly, A. H.. Making or buying employees: The relationship between human resources policy, business strategy and corporate restructuring. Journal of Applied Business Research, 1994, 10 (4): 12-18.

② Raghuram, S., and Arvey, R. D.. Business strategy links with staffing and training practices. Human Resource Planning, 1994, 17 (3): 55-73.

③ Ding, D. Z., and Akhtar, S.. The organizational choice of human resource management practices: A study of Chinese enterprises in three cities in the PRC. International Journal of Human Resource Management, 2001, 12 (6): 946-964.

④ Beatty, R. W., and Schneier, C. E.. New HR roles to impact organizational performance: From partners to players. Human Resource Management, 1997, 36 (1): 29-37.

⑤ Mabey, C., and Salaman, G.. Strategic human resource management. London: Blackwell, 1995: 40-45.

⑥ Cascio, W. F.. Strategic human resource management in high technology industry. in Organizational Issues in High Technology Management, L. R. Gómez-Mejia and M. W. Lawless, Editors. JAI Press: Greenwich, CT. 1990: 61-62.

⑦ Shalley, C. E., and Oldham, G. R.. Effects of goal difficulty and expected external evaluation on intrinsic motivation: A laboratory study. The Academy of Management Journal, 1985, 28 (3): 628.

⑧ Harackiewicz, J. M., and Elliot, A. J.. Achievement goals and intrinsic motivation. Journal of personality and social psychology, 1993, 65 (5): 904-915.

⑨ Hrebiniak, L. G.. Complex organizations. The West series in management, ed. Anonymous. St. Paul: West Pub. Co, 1978: 32-33.

⑩ Nonaka, I.. A dynamic theory of organizational knowledge creation. Organization Science, 1994, 5 (1): 14.

⑪ Guzzo, R. A., Jette, R. D., and Katzell, R. A.. The effects of psychologically based intervention programs on worker productivity: A meta-analysis. Personnel Psychology, 1985, 38 (2): 275.

⑫ Lado, A. A., and Wilson, M. C.. Human resource systems and sustained competitive advantage: A competency-based perspective. Academy of Management Review, 1994, 19: 699.

有一定的自主权和自由度；（7）对变革和员工的创新行为进行及时奖励。为实现组织的上述特征，战略人力资源管理需要通过保证组织成员能够接受改变，并且通过提供必要的技能来实现组织创新①；尤其当战略性人力资源管理有一套用于提升探索性学习的机制，而这些机制又与发展知识、技能和态度相互并存的时候，促进创新的效果就将会被有效地放大②。

一般认为，战略性人力资源管理实践包含问题解决团队、灵活工作设置、员工广泛参与、稳定雇佣、目标导向的绩效管理、激励性薪酬政策等创新性人力资源管理实践③。这些实践对员工的自我意识及自我控制行为具有正面的影响，并将激励和促进员工成长与自我发展。以创新为导向的组织要求建立创新型的人力资源管理系统及相应的人力资源管理实践（见图1）。

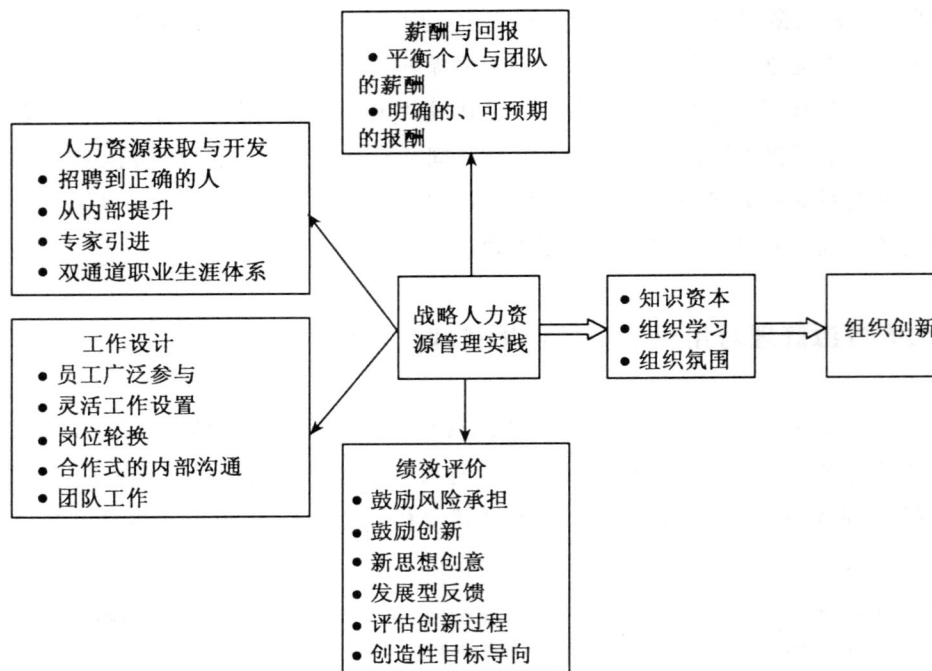

图1　战略人力资源管理对组织创新的作用机理图

战略人力资源管理从三个方面促进组织创新的实现：首先，战略人力资源管理能提升组织知识资本的存量，进而促进组织创新。创新是一个持续、演进的过程，涉及现存知识和新的科学知识的应用与重新应用。在竞争日益激烈的时代背景下，知识资本是组织所拥有的所有知识的总和，可以利用它来获取竞争优势④⑤。组织往往投资重要资源来开发员工的知识资本，战略性地增强组织的创新能力⑥。如 Collins 以组织创新能力作为绩效指标，研究了作为核心能力的知识创建能力对战略人力资源管理与组织绩效的中介作

①　Paton, R. A., and McCalman, J.. Change management. Sage, 2000：35-36.

②　Laursen, K., and Foss, N.. New human resource management practices, complementarities and the impact on innovation performance. Cambridge Journal of Economics, 2003, 27（2）：243-263.

③　赵曙明. 人力资源管理理论研究现状分析. 外国经济与管理, 2005, 27（1）：15-26.

④　Nahapiet, J., and Ghoshal, S.. Social Capital, Intellectual Capital, and the Organizational Advantage. The Academy of Management Review, 1998, 23（2）：242-266.

⑤　Youndt, M. A., Subramaniam, M., and Snell, S. A.. Intellectual capital profiles：An examination of investments and returns. Journal of Management Studies, 2004, 41（2）：335.

⑥　Tushman, M. L., and O'Reilly, C. A.. Winning through Innovation. Boston：Harvard Business School Press, 1997：135.

用①。研究结果显示，虽然战略人力资源管理和组织绩效之间没有直接的联系，但战略人力资源管理可以通过提高组织知识资本存量，继而推动组织的知识创造，最终促进组织创新。其次，战略人力资源管理实践可以促进组织学习，从而促进了组织创新。学习型的组织善于获取、创造、转移知识，并以新知识、新见解为指导，勇于修正已有的组织行为。在学习型组织中，组织成员能不断突破自己能力的上限，培养全新、前瞻而开阔的思考方式。系统化的战略人力资源管理实践的组合可以影响组织学习周期的每一阶段（知识创建、知识共享、知识执行），它能预测组织创新②。在具体操作上，一方面，战略人力资源管理能提供有关提高组织绩效所需要的知识、技能和态度，并建立一套鼓励员工探索性学习、识别新机会的制度和流程，从而促进组织创新。另一方面，战略性人力资源管理能建立必要的制度来提供组织成员的探索性过程，如通过项目式的工作方式、工作轮换，员工将反思并挑战现存的制度从而实现心智模式的转变；采用基于团队工作和工作轮换的组织更有利于知识的传播③，有利于在工作现场解决问题，保证组织能够利用距离任务最近的隐性知识。最后，战略人力资源管理通过影响组织氛围从而促进了组织创新。创新总是伴随着一定的风险的。创新意味着"试错"，需要去挑战组织现有的程序或制度，而这些都有一定的风险。创新需要一个有利的环境，如果在缺乏容忍错误、不鼓励创新与挑战、信息不能自由流通的组织氛围里，员工将出于对风险的担忧而缺乏创新的动力。因此，组织的创新不仅依靠个人的创造力，更需要组织内群体对新思想的理解和支持。创新的组织氛围有利于催生创新灵感、激发创新潜能、保持创新活力，组织能够容忍失败，能够给员工自由的创新空间和恰当的评价与鼓励。在此环境下，员工才敢于冒险与探索，成员之间形成团结、协作、竞争的关系，共享成功的经验与教训，共担失败的风险。鼓励员工参与、注重团队合作的战略人力资源管理可以为员工建立支持性的创新氛围，从而鼓励员工不断产生新的想法，继而促进组织创新。

三、提升组织创新的战略人力资源管理实践

第一，组织可以从企业内、外部获取或开发具有独特知识和经验的员工，提高员工能力。有效的人力资源规划政策、招聘和选拔政策可以吸引员工，提升组织创新所要求的人力资本存量；另外，创新也可以通过训练和学习而形成④。组织可以通过鼓励员工学习并提高其适应组织变革的能力来培育创新的能力。员工开发和培训有助于员工具备处理特定状况的技能，尤其在员工实现绩效目标的途径不可行或没有成效时，强调个人学习和员工培训有助于提高员工的积极性和积极面对逆境的能力，从而提高其创新的能力。

第二，强化组织的内部沟通与员工参与是组织学习和支持创新的重要方面。大多数有关沟通与创新的研究指出组织沟通的开放性对个人和组织创新绩效有着积极作用。合作式的和自由表达怀疑的沟通会对团队创新绩效产生正面影响，而争论式的及无法自由表达怀疑的沟通则会带来负面影响⑤。员工的参与机制

① Collins, C., Strategic human resource management and knowledge-creation capability: Examining the black box between HR and firm performance, Maryland, 2000: 11-13.

② Shipton, H., et al., HRM as a predictor of innovation. Human Resource Management Journal, 2006, 16 (1): 3-27.

③ Paton, R. A., and McCalman, J.. Change management. Sage, 2000: 36-38.

④ Drucker, P. F.. Innovation and entrepreneurship: Practice and Principles. London: Heinemann Press, 1985: 45.

⑤ Lovelace, K., Shapiro, D. L., and Weingart, L. R.. Maximizing cross-functional new product teams innovativeness and constraint adherence: A conflict communications perspective. The Academy of Management Journal, 2001, 44 (4): 779.

是非常重要的管理举措①②③。在参与导向的组织中，岗位轮换政策要求每个员工都要轮换三个以上岗位，工作改变会让员工有更多的接触新技术、新知识的机会，能了解工作的上游环节和下游环节，从而可以促进员工全面地把握自身及公司的现在和未来发展的状况，可以大幅度提高员工的创新动力。基于团队式的工作和工作轮换的方式，有利于信息交换与交流，促进员工了解多种专业知识，从而促进新的思想的产生④⑤⑥。另外，问题解决团队为员工提供参与决策的机会，同时也为员工贡献自身知识帮助企业解决长期问题提供了途径，使问题往往在出现之初便得到有效解决，从而提高了员工及时解决问题的能力。通过解决问题而积累的经验和知识有利于促进创新。

第三，新产品的开发需要组织重新分配资源、结合新的资源或者以新的方式结合现有资源。创新要求多样化的资源输入和结合能力⑦。而跨越正式结构的人际网络使得创新者能够在整个组织的层次上发现他们所需要的资源，从而促进创新。员工广泛参与和灵活的工作设置能在组织内部构建不同部门、不同层级之间员工的广泛联系，从产品质量、生产率、生产成本、客户需求和企业财务状况等方面为员工提供信息共享，使得员工能够将个人目标和组织目标联系起来；广泛的知识交流有助于开发员工之间以及员工与组织的关系，能保证发展和释放员工的知识。当工作团队中的成员被激励，情愿采取互动行为与其他成员互动，使用人力资本和社会资本来实现共同的组织目标时，工作团队能够生存并且发展正常的职能，最终实现目标。

第四，在工作设计上，工作内容的丰富化、挑战性和复杂性以及在工作权限上的适当自主权，都有利于促进人员的创新。分权化、扁平化的组织结构更易于促进员工的参与和沟通，进而有利于各项组织功能的创新⑧，减少纵向的管理层级和管理幅度，增加组织结构的弹性以促进创新⑨。如3M公司对技术人员工作设计的"15%规则"，它鼓励每个技术人员可用不超过15%的时间去完全按照个人兴趣来进行研发工作，而无论这些方案是否直接有利于公司，最终它极大地激发了技术人员的创造力和创新绩效⑩。虽然因工作量负荷过大而产生的工作压力对技术人员的创造力有负面影响，但由于工作任务的挑战性带来的压力却有利于促进员工创新⑪。

第五，在绩效考核与评估方面，为员工设定创造性的目标有利于增加其创造性绩效。倾向于积极的、

① West, M. A., and Anderson, N. R.. Innovation in top management teams. Journal of Applied Psychology, 1996, 81: 680-693.

② Amabile, T. M.. A model of creativity and innovation in organizations. Research and Organizational Behavior, 1988, 10: 123-167.

③ Robinson, A. G., and Stern, S.. Corporate Creativity, How Innovation and Improvement Actually Happen. San Francisco: Berrett-Koehler Publishers, 1997: 75-76.

④ Schumpeter, J. A.. The theory of economic development. An inquiry into Profits, Capital, Credit, Interest, and the Business Cycle. London: Oxford University Press, 1934: 18.

⑤ Gupta, A. K., and Singhal, A.. Managing human resources for innovation and creativity. Research Technology Management, 1993, 36 (3): 41-49.

⑥ Moran, P., and Ghoshal, S.. Bad for practice: A critique of the transaction cost theory. Academy of Management Review, 1996, 21 (1): 58-72.

⑦ Kogut, B., and Zander, U.. Knowledge of the firm, combinative capabilities, and the replication of technology. Organization Science, 1992, 3 (3): 383-397.

⑧ Hage, J., and Aiken, M.. Social change in complex organizations, New York: Random House, 1970: 85-86.

⑨ Burns, T. R., and Stalker, G. M.. The Management of Innovation, London: Tavistock, 1961: 112-113.

⑩ Alldredge, M. E., and Nilan, J. K.. 3M's leadership competency model: An internally developed solution. Human Resource Management, 2000, 39: 133-145.

⑪ Amablie, T. M.. A model of creativity and innovation in organization. Research in Organizational Behavior, 1988, 10: 123-167.

指导性的发展型绩效反馈过程有利于员工在随后的工作中表现出更高的创造力水平①。实行创造性的目标考核有多重好处：首先，具体的、富于挑战性的、可衡量的组织目标和个人目标有利于员工主动将目标分解为容易管理和实现的分阶段目标，而这种容易达成的目标易获得阶段性成功，从而获取成功的直接经验，培育了员工进行创新的乐观和自信。而且，强调多条可供选择的目标持续达成的途径及与目标相对应的行动计划，可以提升员工的"准备状态"，在目标指引下，员工可以利用内心演练，想象重要的即将发生的事件，预料可能出现的障碍，对意外情况进行假定分析，探讨应对计划的选择，从而增强处理障碍的应变能力和解决问题的能力。其次，明确而清晰的目标导向的绩效管理体系能使员工形成对现实认识的初步框架，即使困难和障碍出现，也会更激发员工克服困难的持久力，不会因暂时的困难而放弃，从而提高员工进行持续创新的动力。最后，目标导向的绩效管理还能鼓励员工享受迈向目标的过程中所获得的乐趣，而不仅仅关注最终的结果，员工在实现分阶段目标时更容易将成功归因于自身的努力，无形之中培育了员工的乐观情绪，建立了员工不断创新的信心。

第六，在战略人力资源管理中强调诚信领导也能增强组织创新能力，并且改善绩效和竞争优势②。领导与员工的有效沟通和互动，使员工可以直接向高层甚至最高管理者反映问题，这直接建立不同层级成员之间的沟通。尤其当领导者允许员工"试错"，并为下属创设支持性的工作环境而鼓励员工创新时，员工处理组织的需求和进行创新的动机也将更强。

① Shalley, C. E.. Effects of coaction, expected evaluation, and goal setting on creativity and productivity. The Academy of Management Journal, 1995, 38（2）: 483-503.

② 詹延遵，凌文辁，方俐洛. 领导学研究的新发展：诚信领导理论. 心理科学进展，2006，14（5）: 710-715.

外派人员跨文化适应成功及其四构面评价

● 刘俊振

（南开大学商学院　天津　300071）

【摘　要】论文在对外派人员跨文化适应影响与结果变量的相关文献进行回顾和评析的基础上，提出使用"跨文化适应成功"这一概念来取代之前学者们经常使用的外派成功概念，来直接衡量和评价跨国企业外派人员在东道国跨文化适应的结果与影响，进而提出包含外派人员跨文化适应力、外派组织绩效、外派家庭和谐发展以及东道国文化群体满意在内的四构面评价模型，并对各自构面的主要评价指标以及它们之间的作用机制进行了探讨。

【关键词】外派人员　跨文化适应　跨文化适应成功　外派适应成功的四构面评价

一、外派人员跨文化适应的结果与外派成功

以往研究发现，国际外派的成功与否深受外派人员在东道国文化适应状况的影响（Black 和 Mendenhall，1990；Sappinen，1993；Kealey 和 Protheroe，1996；Caligiuri，1997），跨文化适应是外派成功的有效预测变量（Oberg，1960；Detweiler，1978；Dinges 和 Baldwin，1983；Kealey，1989；Ruben，1989）。

相对于影响外派人员跨文化适应的因素，目前有关跨文化适应状况所造成的结果却较少为学者所关注[1]。在有关此方面的少数研究中，这些影响的结果包括以下指标：外派人员的工作满意度、非工作满意度（Shaffer 和 Harrison，1998）、提早结束任务归国的意愿（Takeuchi 等，2002）以及绩效（Kraimer 等，2001）。

事实上，如果组织能够了解跨文化适应所造成的结果，将有助于策划适当的人力资源政策，来减少外派任务的失败[2]。

根据菲尔德曼（Feldman）（1991）的研究，有四个重要的指标可以反映工作适应的后果[3]，它们是：（1）工作满意，它是反映工作适应最重要的指标；（2）维系公司的意图，即维持较高的组织承诺，不会有离职意图或倾向；（3）心理准备妥当；（4）工作绩效。

在国际人力资源管理文献中，"外派成功"最经常被用来评价外派人员的跨文化适应情况。外派成功（expatriate success）也称外派有效（expatriate effectiveness），其范围较广，涉及外派的整个过程，不但包

---

① Shaffer, M. A., and Harrison, D. A.. Expatriates' psychological withdrawal from international assignments: Work, nonwork, and family influences. Personnel Psychology, 1998, 51（1）：87-118.

② Takeuchi, R., Yun, S., and Russell, J. E. A.. Antecedents and consequences of the perceived adjustment of Japanese expatriates in the U. S. A.. International Journal of Human Resource Management, 2002, 13（8）：1 224-1 244.

③ Feldman, D. C.. Career management issues facing expatriates. Journal of International Business Studies, 1991, 23：271-293.

括外派人员在东道国适应良好，能够处理各种压力与紧张，工作绩效上佳，圆满完成外派任务，在东道国生活满意；而且还涉及外派人员能够顺利归国，重新适应母国的工作生活，通过外派增加了组织承诺，并能够欣然接受再次被外派的指派。

相对应的，外派失败则表现为没有完成外派任务或目标而提前回国（premature return），还包括外派人员虽然完成了外派任务，但在回国后离开组织。除此之外，外派失败还包括对外派经历有着负面的印象，影响到个人的职业生涯、家人的生活或配偶的职业生涯发展，以及不愿意接受再次被外派的任务①。

艾坎（Aycan）（1997）指出，外派失败首先意味着因为无法适应东道国的生活而提早结束任务，公司由此付出高昂的成本（Coperland 和 Griggs，1995）。除了财务上的损失外，公司的商誉可能受到影响，也可能因此丧失海外商机和市场占有率（Black 和 Gregerson，1991；Naumann，1992）。除公司损失外，外派人员也可能因为任务的失败而导致自尊心受损，或者在同事之间的名誉扫地（Mendenhall 和 Oddou，1985；Tung，1987）。再者，不成功的外派任务还可能使得外派人员对公司的承诺降低，并导致外派人员的海外绩效变差（Naumann，1993）。最后，外派任务的失败也可能不利于其他人接受外派任务②。

二、外派成功概念的缺陷与跨文化适应成功概念的提出

深入分析"外派成功"或"外派失败"的概念与内容以及相关研究，可以发现之前学者和研究人员使用"外派成功"来衡量外派人员跨文化适应的结果与影响，存在一些弊端。

首先，之前的学者主要从组织管理的角度定义外派成功的概念，其真正含义是外派任务的成功，未涉及外派中其他相关群体，因而局限了跨文化适应的影响和结果。虽然"外派失败"的内容中含有诸如外派人员自尊心受损、名誉损失、家庭损失等考虑，但这些影响更多是由于外派人员没有完成外派任务而引发的连带后果。

其次，"外派成功"包含的评价指标和研究变量较多，缺乏一个清晰的层次和结构。

最后，"外派成功"不能直接反映外派人员跨文化适应的结果，两者之间距离较远，中间还有很多变量，因此，用"外派成功"来衡量外派人员跨文化适应的结果与影响不准确。

相应地，我们可以使用"跨文化适应成功"这一概念来衡量外派人员跨文化适应的结果与影响，并可以将"跨文化适应成功"定义为个体在异文化环境中有效调适其工作、生活、互动、心理等构面，从而直接为其个人以及文化接触相关的群体带来的正向的结果与良性的影响。

三、跨文化适应成功四构面评价

外派人员跨文化适应涉及多个相关群体，该相关群体是由于外派人员在东道国履行外派任务以及进行文化接触而受到影响的个体、群体以及组织机构。这些相关群体包括母国企业组织（含母国企业中外派人员原先的主管、配备的母国导师以及人力资源部支持人员以及组织本身）；外派人员的配偶、子女以及家庭；外派人员在东道国子公司的上下级与同事；还包括与外派人员家庭生活密切联系的东道国邻居、社区以及与外派人员工作生活接触的东道国客户、供应商、朋友以及其他机构和人员。本文将之概括为以下

---

①　Forster, N.. The persistent myth of high expatriate failure rates: A reappraisal. International Journal of Human Resource Management, 1997, 8: 414-433.

②　Stroh, L. K., Dennis, L. E., and Cramer, T. C.. Predictors of expatriate adjustment. International Journal of Organizational Analysis, 1994, 2: 177-194.

四类外派人员跨文化适应相关群体：外派人员个体、组织、配偶与家庭以及东道国相关群体，详见图1。

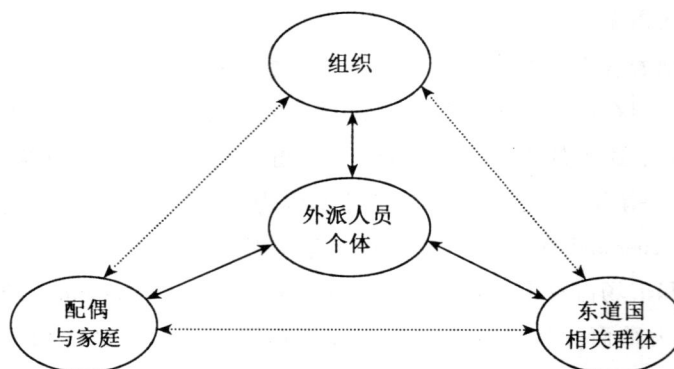

图1 跨文化适应相关群体

外派人员跨文化适应过程涉及这些相关群体，外派人员跨文化适应状况又影响着这些群体，因此，跨文化适应成功的评价应该包含这四个不同构面，并平衡这些构面，图2是本文提出的跨文化适应成功的四构面评价模型。

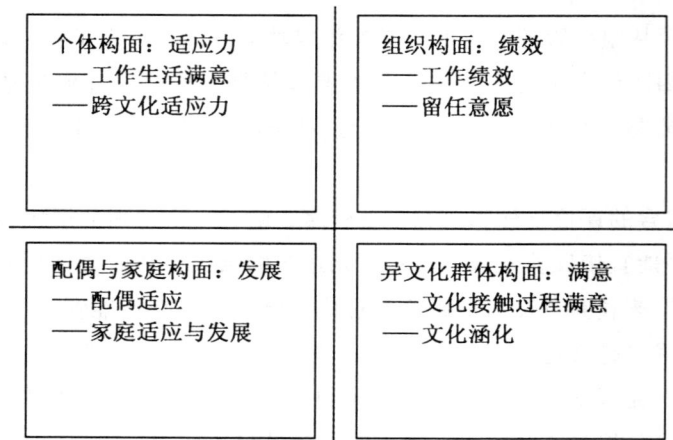

图2 外派人员跨文化适应成功的四构面评价模型

（一）个体构面的跨文化适应成功

1. 工作生活满意

很多研究指出，外派人员若能够成功地适应东道国环境，心理上就会增加舒适和自在的感觉，降低工作与非工作方面的紧张和压力，增加工作与非工作的满意度（Mendenhall 和 Oddou，1985；Black，1992；Sullivan 和 Bhagat，1992）。因此，评价跨文化适应成功个体构面的指标首先应该是工作生活满意。它是指外派人员在生理和心理两方面对工作环境、生活环境的满意感受，是个体对异文化工作生活的整体性和集中性反应。

2. 跨文化适应力

个体构面的另外一个重要指标是跨文化适应力，它也是一种综合性指标，反映了个体在应对跨文化适应时的一种综合能力，包括环境适应力、文化适应力、工作适应力以及生活适应力。它表现在个体在跨文化适应成功后，拓宽了国际视野，感知到自身跨文化经验、知识和技能的增加，从而能够在今后的工作中更从容地应对跨文化管理问题。同时还表现出对异文化的尊重、理解，提高了文化移情能力，逐渐形成整合的文化态度。当一个人能有意识地去认识文化差异、自觉地尊重文化差异并能积极地协调文化差异的时候，其跨文化适应能力就形成了。

具体而言，跨文化适应力是指能够为个体持续地带来在不同文化环境以及转换中保持良好适应，并与异文化中的个体或群体建立和谐关系，取得良好业绩的素质。个体的跨文化适应力能有效帮助其克服文化冲击，顺利达到良好的跨文化适应状态，提高绩效水平。

跨文化适应力往往与跨文化有效以及适应成功联系在一起。崔（Cui）和阿娃（Awa）（1992）指出，跨文化适应力包含人际能力、社交能力、文化移情（cultural empathy）、对模糊状况与不确定性的忍受力和弹性、问题解决能力①。汉尼伽（Hannigan）指出跨文化有效性所必要的素质与能力包括沟道技能、文化移情、建立与维持关系的能力、非判断性态度（non-judgemental attitude）以及处理心理压力的能力②。梵登博格（Van Den Berg）将跨文化有效的素质归结为以下三类：文化移情、沟通能力以及沟通行为。

总的来讲，跨文化适应力主要包括跨文化认知、跨文化意识与敏感、文化整合以及其他个人特质等四个方面内容，而个体在异文化中的沟通能力、人际关系能力和冲突解决能力则是跨文化适应力的基础。

首先，跨文化认知和理解能力是指能够准确认知和系统地分析不同文化表象与内在特征的能力。不同文化背景下，人们的认知、行为以及价值观有所不同，因此跨文化认知能力高的个体对各种文化观念与文化行为有着较为丰富的了解和较高的鉴别能力，并能准确地归纳出各种文化的特点。当然，跨文化认知同时还包括准确认知异文化的复杂性（如各种群体或社团的亚文化等），有效判断文化情境高低，从而避免简单概括、定型观念和错误归因。

其次，跨文化意识与文化敏感是指觉察不同文化差异并做出适当反应的能力与意识，文化敏感是以对文化丰富的感受和认知为前提的。也就是说，跨文化意识和敏感是在跨文化认知与理解能力的基础之上形成的。

再次，文化整合包括文化尊重和文化移情。文化整合表现为对自己文化的认知和自我意识，同时表现为对异文化的理解和尊重，即不对当地人抱有成见，不轻易批评其生活方式，不宣称文化有优劣之分。因为，每一种文化关于价值判断的标准在其文化体系下都具有某种合理性，只有站在其特定的文化体系角度来评价，才具有意义。此外，文化整合最终还表现为个体能够结合多种文化的精华，形成一种既不同于异文化又不同于原先文化的"第三种文化"乃至"全球文化"，从而帮助个体在不同文化之间进退自如，保持认知与行为的弹性。

最后，个体的一些重要特质也是跨文化适应力的组成部分，这些特质包括：思想灵活、没有偏见、随和、心胸开阔、能够容忍不同的意见和价值观；情绪稳定、谦虚顺从、乐观、轻松兴奋、自信、热情、兴趣广泛；容忍压力、不确定性及模糊性，有坚韧毅力和拼搏精神；积极主动、行为弹性、求同存异、懂得必要的让步和妥协。

（二）组织构面的跨文化适应成功

从组织角度评价外派人员的跨文化成功，会带有较多的功利色彩，其评价指标也主要为结果导向。这

---

① Cui, G., and Awa, N. E.. Measuring intercultural effectiveness: An integrative approach. International Journal of International Relations, 1992, 16: 311-328.

② Hannigan, T. P.. Traits, attitudes and skills that are related to intercultural effectiveness and their implications for cross-cultural training: A review of the literature. International Journal of Intercultural Relations, 1990, 14 (1): 89-111.

些指标包括外派人员在任职期内完成外派目标的程度、在东道国的工作绩效表现、是否能够顺利实现回任以及回任后的留任倾向等。国内外大多数研究是选择这些指标，以实证方法研究跨文化适应与外派成功（如组织绩效）的关系。

1. 跨文化适应成功的关系机制

虽然外派人员跨文化适应成功的组织构面主要指标是外派工作绩效与留任意愿，但跨文化适应并不是直接影响外派绩效和留任意愿，而是通过一些中间变量相互作用而引发的。通常，外派人员良好的跨文化适应为其带来较高的工作生活满意，并在此过程中，个体感知到组织的支持（perceived organizational support, POS）。这种满意和组织支持感知又使个体对跨国企业产生组织认同和组织承诺，外派人员基于社会交换，投入更多的努力在工作中，最终为组织带来高工作绩效，并有较强的动机留在跨国企业中。因此，从组织构面衡量跨文化适应成功可以大体从以下三个方面来进行：心理状态指标、投入性指标以及结果性指标。三类指标之间的作用机制详见图3。

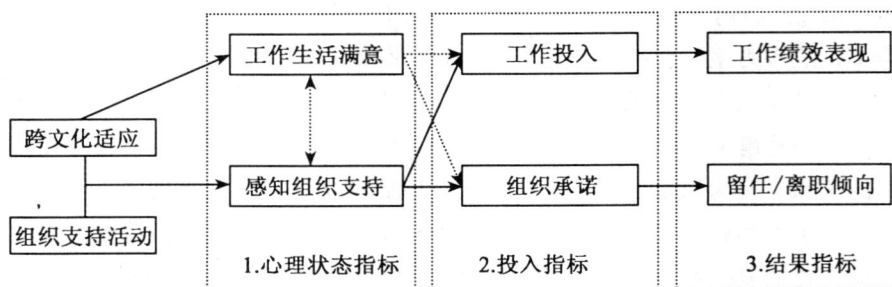

图3　基于组织构面的跨文化适应成功关系机制

首先，根据压力管理理论的观点，外派人员的满意度与工作适应、一般适应以及互动适应有关[1]。也就是，外派人员因为要适应新的文化与风俗习惯而产生的压力（Carter, 1989; Harris, 1989），可以借由降低压力，使适应上的困难获得舒缓（Black等, 1991），进而增加对海外生活的满意度（Nicholson和Imaizumi, 1993）。一些研究也发现，外派人员的跨文化适应越好，其工作满意度也越高（如Weiss等, 1967; Lee和Larwood, 1983; Shaffer, 1994; Harrison等, 2005）。

其次，在外派人员跨文化适应过程中，如果其组织能够提供多种形式以及高品质的支持活动，帮助外派人员在东道国顺利地实现跨文化适应，外派人员就极有可能产生较高的组织支持感知。

2. 投入指标与结果指标

首先，对外派人员而言，从日常工作中（包括工作中对上级、下级、同事、环境、工作本身以及报酬等）获得高满意度，这种愉悦的情绪将使外派人员在心理上更认同工作以及工作环境，进而使工作在个人生活兴趣中的重要程度得以提升，由此导致外派人员投入更多精力在工作上，并促进绩效的提升。同样地，由于溢出效应的影响，外派人员在东道国生活上较高的满意也将转移到工作中来，进而带来更大的工作投入和绩效的提高。

其次，外派人员工作生活满意度低，将带来低组织承诺，最终导致高离职倾向。先前的研究均发现工作满意与组织承诺正相关，与缺勤率负相关（Porter和Steers, 1973; Danserau等, 1974; Downes, 2002）。

再次，一旦个体感知到跨文化适应过程中组织提供的支持，基于交换互惠的观点就会产生一种义务

---

① Kraimer, M. L. , Wayne, S. J. , and Jaworski, R. A. . Sources of support and expatriate performance: The mediating role of expatriate adjustment. Personnel Psychology, 2001, 54 (1): 71-99.

感，从而激发员工更加努力工作来回报组织，继而影响其工作态度、工作行为与工作绩效，增加工作投入，甚至发展工作角色之外的、对于组织而言有价值的行为，即组织公民行为，以达到员工和组织的关系的平衡。

最后，感知到组织支持的个体会对组织产生正向的情感依附，加强员工与组织间的心理契约，认同组织的价值与做法（情感性组织承诺），愿意为组织付出，也会产生留在特定组织中工作的想法（规范性组织承诺），因此，感知组织支持将影响个体的组织承诺高低，并进而影响个体的留任意愿。当然，如果个体在东道国的文化适应中没有感知到跨国企业总部或东道国子公司提供的有意义的支持与帮助，一般不会对公司或者子公司有高组织承诺。那些凭借自己在东道国的打拼而适应良好的个体，或许还可能由于感觉自己在东道国适应良好而跳槽到其他组织。

3. 其他指标

组织由于外派人员跨文化适应成功而受益的方面还不止这些，诸如组织整体的跨文化智力资本的增加与积累、跨文化管理团队的形成与扩大以及组织为实施全球化战略的人才准备更加充分等。这些都是跨国企业最难得的"智慧财"，它能够帮助组织提升跨文化管理的能力，以便从容应对多元文化环境的挑战，顺利实现跨国企业的全球化发展战略，它们都是组织由此获得的长期收益。

（三）配偶与家庭构面的跨文化适应成功

从配偶与家庭的构面来评价外派人员跨文化适应成功，则意味着虽然经历家庭的迁移与转变或者外派人员的暂时离开，在经过一段调适后，家庭成员有着较高的生活满意，尤其是外派人员的配偶。同时整个家庭更为健全与和谐，家庭凝聚力、沟通力以及适应力不断提高，家庭在新的平衡点上实现和谐发展。

1. 配偶适应

关于家庭成员的适应问题，很多研究显示，外派人员配偶的适应以及家庭相关的问题是外派成功的主要因素，也是最经常被批评为导致外派失败的主要原因（Tung，1894；Harvey，1985；Fukuda 和 Chu，1994；Shaffer，1996）。同时，家庭因素是最经常用来检验外派人员是否能够顺利完成外派任务以及工作绩效表现的重要指标（Tung，1981；Black 和 Stephens，1989；Black 和 Gregerson，1991）。毕竟，良好的家庭成员适应能够产生快乐的、相互支持的家庭气氛，这对家庭中每个成员的社会、心理成长都帮助很大，因而能够有效完善家庭的功能（Paula，Caligiuri，Hyland，Joshi 和 Bross，1998）；而失调的家庭则产生负面、使人焦虑的家庭环境。

导致外派配偶适应困难的最经常的原因是配偶缺乏所在国语言方面的应有技能以及她们在与当地人建立联系方面存在问题，而沟通与关系方面存在问题可能会使外派家庭和配偶在每天日常的生活中都过分依赖外派人员。

另外，外派人员配偶有时发现在外国找到一份工作不太可能，这样会使她们过早地担任"家庭主妇"，这对于一些外派人员配偶而言是不可接受的，她们感觉工作和生活双重受挫。

外派人员如果携带正处于求学阶段的子女到国外，也会发现很难找到合适的学校，因为他们的孩子缺乏相应的语言技能。另外，不同国家对于儿童的医疗健康护理质量存在很大的差异，也同样会影响外派人员家庭的适应性。

2. 家庭适应与发展

每个家庭均存在一套家庭成员之间的互动法则，来稳定家庭系统的运作。当家庭中有成员改变了原来的家庭系统规则与生活方式后，原有的平衡系统就遭到破坏。但是，由于家庭系统是一个动态的机制系统，不论系统的改变给家庭带来压力还是危机，家庭都会进入调适和适应的过程，重新找到新的平衡点。

当家庭遭受压力与危机时，家庭拥有的资源将可以协助家庭渡过难关，因此，家庭资源是家庭适应的重要因素。麦克古宾和帕特森（McCubbin 和 Patterson）（1983）将资源分为以下三种来源①：（1）家庭成员个人资源：包括经济能力、教育（问题解决能力以及信息运用）、健康（生理以及情绪健康）以及心理资源。（2）家庭系统资源：家庭系统资源可在家庭面对危机或压力时保护家庭免受压力的影响，或激发家庭回应压力的能力，包括家庭凝聚力和适应力。（3）社会支持体系的资源：社会支持体系的资源是指提供家庭或家庭成员在情绪、自尊以及关系网络上的支持。社会支持类型有两种：一是非正式支持网络：主要来自亲戚、朋友、邻居、同事以及社区中非正式的资源；二为正式支持网络，包括来自专家或相关服务组织、民间机构或政府单位的资源。

因此，当外派人员离开自己的母国，到完全陌生的东道国工作和生活，其家庭面对巨大的改变，或者全家迁居到东道国，或者配偶子女留在母国。面对改变的压力，家庭开始会运用自身的资源，并修正对此事件的认知，逐渐发展出不同于以往的生活方式以及解决问题的模式，让家庭内的每个成员都能够重新找到自己在家庭中的角色，进而形成家庭系统新的平衡点。然而，并非所有的家庭都能在较短时间内顺利适应东道国生活或者家中暂时失去一位成员所带来的压力，有些家庭难以应对这种快速而重大的改变，短时间内无法抵抗该变化，加之家庭缺乏必要的协助资源或者无法学习到新的认知、态度以及能力，便可能面临家庭危机，影响原有家庭功能的正常运作，甚至由此瓦解。当然，有些家庭可能只是暂时失去功能，当家庭在危机中逐渐获得新的资源，或者认知方面得以修正，便可以重新恢复适应。

因此，总的来讲，家庭适应是一种连续的过程。当家庭面对危机、困境时，产生的结果有正向的，即良好的适应（adaptation）；也有负向的，即不良的适应（maladaptation）。具体结果和指标详见表1②。

表1　　　　　　　　　　　　　　　　家庭适应的结果

良好的适应	不良的适应
家庭越来越健全	家庭的完美性趋于恶化
提升家庭成员的成长	妨碍家庭成员的成长
提升家庭整体的成长	妨碍家庭整体的成长
增加家庭对环境的自主性和控制力	丧失家庭的自主性

（四）异文化群体构面的跨文化适应成功

外派人员在东道国工作和生活，由于接触异文化而需要在各个方面进行适应。相应地，外派人员在东道国子公司的上级、下属、同事以及公司外其他相关群体，也或多或少会被外派人员的母国文化影响。在两种文化接触和相互融合过程中，东道国群体也可能会调适或改变他们原有的行为、态度或价值观。因此，从他们的角度来评价外派人员的跨文化适应成功，应该包含外派人员与其互动交往中，他们的满意、心理舒适、感觉自在以及其他对他们而言有益的影响。

外派人员在东道国的跨文化适应过程与文化接触过程，影响到东道国相关群体的工作、生活、人际互

---

① McCubbin, H. I., and Patterson, J. M.. Family transitions: Adaptation to stress. New York: Brunner/Mazel, 1983: 150.

② McCubbin, H. I., and Patterson, J. M.. Family transitions: Adaptation to stress. New York: Brunner/Mazel, 1983: 150.

动的满意程度以及心理舒适程度，同时也会直接或间接地影响到东道国群体对自身文化的反思，并可能由此带来东道国个体或群体文化内容的改变与发展，即文化涵化。

涵化（acculturation）是指不同文化群体因持续的文化接触，导致一方或双方原有文化模式的变化或文化变迁①。在外派人员与东道国相关群体的文化接触中，东道国群体的文化（包括东道国子公司组织文化和东道国社会文化）也可能会由于受到外派人员母国或母公司文化的影响，而发生涵化。

贝瑞（Berry）（1990）认为涵化应包括两个层面：（1）文化层面或群体层面（cultural/group level）上的涵化：文化接触的群体在社会结构、经济基础和政治组织等方面发生的变迁；（2）心理层面或个体层面（psychological/individual level）上的涵化：卷入文化接触的个体在言谈、衣着、饮食等行为、价值观念、态度，乃至文化认同等方面发生的变化②。

涵化是一个文化选择、发展过程。当两种不同文化接触时，不论时间长短，双方都会觉察到文化之间的差异，并可以通过"借鉴"（borrowing）使两者差距缩小。但是，这种借鉴过程并不是对等的，在很大程度上要受到接触情景的性质、接触双方的社会经济状况，以及双方人口数量差异等因素的影响，从而在相互接触的两种文化之间形成了强势文化和弱势文化，或者主流文化与非主流文化。而且，通常是弱势文化在传统习俗、价值观等方面更多地受强势文化的影响，并被这种强势文化不断消融。

贝瑞（1990）根据个体对自己所属群体文化和其他群体文化的喜好取向区分了四种不同的文化涵化策略，分别是：整合（integration）、同化（assimilation）、分离（separation）和边缘化（marginalization）③。当东道国群体或个体既重视保持当地文化，也注重与外派人员等代表的文化群体进行日常交往时，他们所采取的策略就是"整合"；当个体不愿意保持自己东道国的文化认同，而与外派人员文化群体有经常性的日常交流时，他们所采取的策略就是"同化"；当东道国个体或群体重视自己的原有文化，却希望避免与外派人员文化群体进行交流时，就出现了"分离"；而当东道国群体或个体选择既不对自己原有文化保持认同，也不与外派人员文化群体交往时，其文化策略为"边缘化"。

在四种涵化策略与文化认同类型中，整合者为最佳，其核心在于对多元文化差异的尊重、承认和维护；边缘者为最差，因为他们既无法认同自己所属的文化，也不愿接受另外一种文化，将造成问题重重。

总之，外派人员跨文化适应由于文化接触而对东道国群体的文化产生影响，带来其自身文化的涵化。东道国个体或群体选择自身文化涵化的策略，能够反映外派人员跨文化适应的影响侧面，并从特定角度反映外派人员跨文化适应成功的程度。

四、结束语

外派人员跨文化适应成功不能单一地从组织绩效角度来研究和衡量。由于其文化适应过程涉及多个相关利害群体，所以多构面的外派人员跨文化适应成功评价更准确，也更科学。本文提出的外派人员跨文化适应成功四构面评价模型以及对一些评价指标的探讨，将或多或少对跨国企业外派人员的管理实践起到指导作用。

---

① Berry, J. W.. Psychology of acculturation: Understanding individuals moving between cultures. In: R Brislin ed. Applied cross-cultural psychology. Newbury Park, C. A.: Sage, 1990: 232-253.

② Berry, J. W.. Psychology of acculturation: Understanding individuals moving between cultures. In: R Brislin ed. Applied cross-cultural psychology. Newbury Park, C. A.: Sage, 1990: 232-253.

③ Berry, J. W.. Psychology of acculturation: Understanding individuals moving between cultures. In: R Brislin ed. Applied cross-cultural psychology. Newbury Park, C. A.: Sage, 1990: 232-253.

参 考 文 献

［1］ Berry, J. W.. Psychology of acculturation: Understanding individuals moving between cultures. In: R Brislin ed. Applied cross-cultural psychology. Newbury Park, C. A. : Sage, 1990.

［2］ Cui, G. , and Awa, N. E.. Measuring intercultural effectiveness: An intergrative approach, International Journal of International Relations, 1992, 16.

［3］ Feldman, D. C.. Career management issues facing expatriates. Journal of International Business Studies, 1991, 23.

［4］ Forster, N.. The persistent myth of high expatriate failure rates: A reappraisal. International Journal of Human Resource Management, 1997, 8.

［5］ Hannigan, T. P.. Traits, attitudes and skills that are related to intercultural effectiveness and their implications for cross-cultural training: A review of the literature. International Journal of Intercultural Relations, 1990, 14 (1).

［6］ Kraimer, M. L. , Wayne, S. J. , and Jaworski, R. A.. Sources of support and expatriate performance: The mediating role of expatriate adjustment. Personnel Psychology, 2001, 54 (1).

［7］ McCubbin, H. I. , and Patterson, J. M.. Family transitions: Adaptation to stress. New York: Brunner/Mazel, 1983.

［8］ Shaffer, M. A. , and Harrison, D. A.. Expatriates' psychological withdrawal from international assignments: Work, nonwork, and family influences. Personnel Psychology, 1998, 51 (1).

［9］ Stroh, L. K. , Dennis, L. E. , and Cramer, T. C.. Predictors of expatriate adjustment. International Journal of Organizational Analysis, 1994, 2.

［10］ Takeuchi, R. , Yun, S. , and Russell, J. E. A.. Antecedents and consequences of the perceived adjustment of Japanese expatriates in the U. S. A.. International Journal of Human Resource Management, 2002, 13 (8)

我国私营企业制度安排的优势与缺陷及其变量分析

● 何菊莲[1]　王燕磊[2]

（1，2　湖南师范大学商学院　长沙　410081）

【摘　要】我国私营企业是否应该尽快"走出家族制"，实行"公司化"改造，建立现代企业制度，是由企业既定的制度安排决定的。而企业制度本身并无优劣之分，只有适应与否之别。为此，对私营企业制度安排的优势与缺陷及其主要变量进行分析具有十分重要的意义。通过分析可看出，对我国大多数私营企业而言，私营企业家族制度仍处在其发展的有效范围之内，不应盲目地进行制度转换。

【关键词】私营企业　制度安排　优势　缺陷

一、引言

国内外研究者对家族企业的关注最早出现于美国。20 世纪 90 年代以后，家族企业成为学术界的研究热点，研究内容主要集中在以下几方面：

（1）关于家族企业生命周期、成长与发展问题研究。美国盖尔西克（Gerisck）等人（1999）提出了家族企业发展的三环模式，深刻揭示了家族成员在家族企业中工作的生命周期、企业的生命周期与家族企业所有权的空间关系，即盖尔西克（Gerisck）经典模型。卡洛克和沃德（2002）则更为全面地从生命周期出发考虑家族成员与企业的发展。在此基础上，建立了生命周期对家族企业的影响模型，即卡洛克和沃德（Carock-Ward）模型。刘伟东与陈风杰合著的《中小企业现代经营》一书中，用大量篇幅论述了家族企业的基本特征、类型、各国家族企业发展情况、我国家族企业存在的问题，并从社会化大生产的需要、生产力发展要求、中国传统文化的特点等方面论证了家族企业存在的客观必然性。宋素娟在《家族企业一定要退出历史舞台吗》一文中从企业生命周期理论、产权理论、组织角度等方面，详尽地阐述了家族企业存在发展的理论依据。付文阁在《试论中国家族企业竞争力》一文中认为，中国特定的文化环境、经济体制环境、融资及信用环境决定了家族企业是有效率、有竞争力的，家族企业的迅速发展也是必然的。

（2）家族企业治理结构研究。家族企业面临比非家族企业更为复杂的公司治理结构。家族企业能否构建一个优化的公司治理结构是其成长的关键所在。卡洛克和沃德（2002）将家族理事会引入了家族企业治理结构。刘长庚等著（2007）的《联合产权及企业内部治理结构研究》一书，在企业产权制度理论及内部治理结构研究方面进行了新的探索。

（3）家族企业的经营管理研究。如文岗著的《给中国家族企业开一剂药方》一书在对我国家族企经营管理的战略、人力资源、文化、品牌、传承、产权等方面进行深入调查的基础上，为我国家族企业在发展中出现的一些病症开出一剂剂药方，对解决家族企业在发展中遇到的一些问题，指导家族企业做强做大有一定的参考价值。张秀萍的《家族企业管理——中国企业管理的一个新课题》对家族企业生产经营中存在的问题、目前面临的挑战、家族企业如何获得持久竞争力等方面作了有益的探索。

（4）家族企业继承问题研究。盖尔西克（Gersick）等人（1997）认为，将家族企业经营管理从第一代过继给第二代能否成功的关键在于是否有一个成功的继承计划。许忠伟、李宝山（2007）在《基于企业家生命周期的家族企业传承问题研究》一文中探讨了家族企业子承父业中的种种冲突，提出了基于企业家生命周期的传承模式，并提出了具体的建议以帮助家族企业平稳过渡。

以上研究从不同角度、不同方面，用不同方法对家族企业进行深入分析，提出了许多独到见解，为全面、客观地认识我国的家族企业，提供了丰富的理论源泉。但笔者觉得这一领域还有很多问题，如家族企业目前是否必须进行制度转换等需作进一步研究分析。本文试图对这个问题作尝试性研究，力求有所突破，有所创新。

我国当前无论是理论界还是实践中，有不少人还在根本上把私营企业视为一种单一的、静态的、落后的企业制度。实际上，一种企业制度总是与它所存在的那个社会的政治、经济、文化环境相联系的，随着社会经济的不断发展，私营企业制度也在不断地演进，从单业主制、合伙制，一直发展到股份公司制。因而，在我国私营企业获得较普遍发展的当前，结合中国私营企业发展历史较短，大量的私营企业面临严峻形势的现实，对私营企业的制度安排的优势与缺陷及其主要变量进行分析，其理论和实践意义是显而易见的。

我国私营企业是在特定条件下产生的，并在计划经济的缝隙中成长壮大。正是一系列特殊的环境和条件，造就了我国私营企业普遍存在着不同于严格意义上的私营企业的以"家族制度"为特征的独特制度。目前，理论界普遍认为：中国私营企业的家族制度已成为制约这些企业持续成长的一个重要因素，主张政府利用合理手段，积极推进私营企业的改造，尽快"走出家族制"，建立现代企业制度。笔者通过对中国私营企业的分析，发现据此理论进行制度转换而导致效益下滑的企业不乏其例。针对这一现象，我们有必要对私营企业制度安排的优势与缺陷及其主要变量作深入研究，以期对我国私营企业的可持续发展有一定的参考与借鉴意义。

二、私营企业制度安排的优势

新制度经济学认为，制度是一种行为规则，这些规则涉及社会、政治及经济行为（舒尔茨，1962）。它通过提供一系列规则界定人们的选择空间，约束人们之间的相互关系，从而减少环境中的不确定性，减少交易费用，保护产权，促进生产性活动。随着社会经济的不断发展，私营企业制度也在不断演进，从单业主制、合伙制，一直发展到股份公司制。许多人认为，私营企业家族制度是一种单一的、僵化的、落后的企业制度，用家族的规则来管理企业也是一种落伍的管理方法。但是，私营企业家族制具有悠久的历史，世界上大多数私营企业仍然采用这一制度形式，充分证明私营企业家族制依然具有强大的生命力，有其存在的优势，这种优势主要体现在：

1. 创业成本的节省

私营企业创业之初，不仅资本有限，而且技术、管理、信息等资源极度匮乏，在这种情况下，家族内部资源正好可弥补这一不足。家族成员的参与常常是创业需要的低成本组织资源。

私营企业初创期，创始人急需企业的生存发展资源，但自有资金不足，因此必须对外筹资。但由于初创企业缺乏信用记录，企业行为和财务会计记录不规范，自行向社会筹资不可行，向银行贷款手续又过于繁琐，而且很难贷到款，银行只能给私营企业小额分散投资，信贷规模非常有限且期限短、不稳定，因此，私营企业初创的资产规模直接受企业主资金实力的约束。为抢占商机，家族常常成为私营企业创业所需资金的重要来源与首选目标。据调查，中国私营企业开办资金最主要来自创业者本人原有的劳动经营积累，约占56.3%，亲友借款占16.3%，其他大多为资金成本很高的民间借贷。不仅创业资金基本上是靠业主或者家族筹集，而且发展资金也基本是靠企业的自我积累。与初创时期的私营企业相比，目前私营企业的资金来源虽然有所变化，但自身积累和向亲友借款还是资金来源的主渠道。这从浙江省工商联合会的一次调查中可见一斑。据浙江省工商联合会对浙江省120名私营企业代表人士的调查，私营企业资金来源主要是自身积累，综合平均31.02%；其次是银行贷款，综合平均24.71%；再次是向亲朋好友借款，综合平均19.86%。

与其他企业相比，私营企业由于内部结构简单，管理层次少，可充分利用家族拥有的资金、人员、信息、场地，企业成员间具有较高的信任度和较强的奉献合作精神，大大减少企业初创和前期发展的不确定性与道德风险。其优势在于：能实现企业内部资源成本的最小化，尤其能实现企业内部资源之间整合成本的最小化。家族血缘关系网络成为一种具有明显比较优势的廉价组织资源，利用血缘、亲缘、地缘关系，私营企业实行家族制度容易获得创办企业所需的人力资本和物质资本，降低企业的创业成本，减少创办风险，有利于私营企业的创立与发展。因此，世界各国私营企业在初创与前期发展时期，普遍采用家族制度作为企业制度。

2. 决策效率的提高

私营企业产权制度的特征是家族成员拥有企业的财产所有权。在企业发展早期，创业者几乎完全拥有企业所有权，在以后的发展中，最大股份拥有者通常是他们的后继者。这种产权制度是企业做出最优决策的保证。正确的决策使企业盈利和发展，错误的决策则使企业亏损甚至破产。减少企业决策失误的一个重要保证是来自产权制度对决策者的激动与约束，即决策者必须对决策的后果（盈利或亏损、企业市场价值的增加或下降）负责。在私营企业里，企业的资本所有者就是决策者。这迫使他谨慎决策。因为决策失误，他和家族其他成员所拥有的资本就将付之东流，这种有着切肤关系的产权制度是减少企业决策失误的主要保证。而公众公司则不同，拥有决策权的一般是不拥有或拥有很少企业股份的经理。这就可能使经理在行使决策权时出现偷懒、疏忽、作弊的行为，从而侵吞企业资本所有者利益。因此，公众公司一直存在着如何约束经理的不负责行为或者说是如何激励经理做出最优决策的问题。由此可见，私营企业家族制的产权制度对企业的决策带来如下好处：一是有利于决策者更重视企业的长远利益而不被眼前利益所左右。二是有利于决策者当机立断，面对市场迅速做出反应。市场形势通常瞬息万变，许多机会如不立即把握就会消失。由此，家长式的决策有其合理性。而集体的民主决策，尤其是决策权是由不同机构（董事会、经理、部门经理等）相互制约而决定的情况下，往往拖沓以致贻误商机。三是由私营企业的产权制度所决定的这种决策机制可以减少决策中不同利益者的矛盾与摩擦。

3. 代理风险的规避

从产权制度来说，私营企业家族制度有利于降低代理成本。公众公司由于所有权与经营权相分离，面临的一个主要问题是信息不对称、责任不对等、激励不相容等代理成本问题。公众公司各种制度设计的一个主要目标，就是要尽可能降低代理成本。降低代理成本的途径有两条：一是通过企业内部产权结构的安排；二是培育竞争市场环境（完善的产品市场、资本市场以及经理市场不仅可以制约代理者的疏忽、偷懒、作弊行为，而且还可以筛选出优秀的经营者，从而降低代理成本）。然而，美国连续发生的诚信危机，说明即使在市场环境最为规范的美国，其现有的制度安排也没能从根本上解决代理成本问题。

私营企业由于所有权与经营权都集中在创业者身上，几乎不存在信息不对称、责任不对等、激励不相容等代理成本问题。当私营企业成员拥有更多股份而把经营管理的一般职能交给非所有者时，代理成本也是很低的。因为这些经营管理者不拥有主要的决策权，同时家族的控股者可直接通过董事会决定这些经营管理者的去留问题。私营企业由于产权高度集中于少数几个人，客观上使得所有者卷入企业生产经营活动很深，所有者有足够的动机和条件去确保企业扩张冲动最为强烈。所以，产权激励对私营企业来说是最为有效的。在这种产权关系下，出资者与经理的工作统一于雇主式企业家身上，因而不存在对经理的激励和监督问题，也不存在出资者与经理在企业目标上的冲突，有效地节约了企业的代理成本，最大程度地规避了代理风险。

4. 交易费用的降低

任何社会关系包括市场交易关系都要以一定的信任关系为基础。私营企业内部有一种特殊的人际关系，其行为主体之间的信任是全面而强烈的。交易更容易发生于相互信任的行为主体之间。这表现在私营企业的横向合作方面，家族血缘关系成为企业获取资金、技术、人才、信息、原料、土地和政策支持的一个主要手段。在企业发展过程中，企业家长和身居要职的家族成员所拥有的广泛的社交关系网络，是企业获得生存发展所必需的各种要素的重要途径。依靠血缘、亲缘、族缘、地缘组成的特殊人际关系网络，企业获取有价值的信息、稀缺的资源，争取风险小获利大的生产项目，从而在从愈来愈激烈的竞争中扬长避短，立于不败之地。因此，这种建立在特殊人际关系网络基础之上的交易模式有利减少搜索交易对象、发现价格、订立契约及履行契约的成本，可以减少不确定性和风险，为私营企业渡过力量薄弱、抗风险能力差的发展初期起了有效的作用。

5. 内部凝聚力的增强

私营企业的主要特征是其主要成员有着相互的血缘关系，有着许多共同利益，彼此之间具有天然的自我约束、自我牺牲精神，从而可使企业减少大量的监督管理费用，大大地提高企业的效率。正如盖尔西克指出的："家族企业从家族成员共有经历、身份及共同语言中汲取到特别的力量，当主要经营者是亲属，他们的传统、价值观念和特权都来自同一源头……最主要的是，在整个家族利益的名义下，可以要求承诺，甚至是自我牺牲。"[1] 这种精神（或这种企业文化）所产生的生命力是一般的非私营企业所难以具备的。正是由于这种精神的存在，企业内部更具亲和力，家族无须靠纯经济计算或契约就能保持对其自身的目标和利益的一致性。当企业陷入危机时，企业能表现出较强的内部凝聚力，员工会付出更多的劳动而不计较增加报酬，与企业共渡难关。这与建立在纳什讨价还价博弈均衡基础上的资本"民主制"相比，私营企业实行家族制具有更强的凝聚力，更能给企业带来合作博弈的利益。

三、私营企业制度安排的缺陷

改革开放以来，我国私营企业从原先的"缝隙经济"变为现在社会主义市场经济的重要组成部分、中国经济舞台上的生力军。在这一过程中，作为私营企业基本组织形式的家族制度发挥了无法替代的促进作用。但是，随着中国经济、社会、文化的不断发展，市场经济体制的逐步完善，国内市场的国际化，私营企业将面临更为激烈的国际竞争。在新的经济环境下，私营企业家族制度本身具有的一些局限性也就不可避免地暴露出来，并给企业的生存与发展带来各种障碍。私营企业制度安排的缺陷主要表现如表1所示：

---

① 克林·盖尔西克等．家族企业的繁衍．贺敏，译．北京：经济日报出版社，1998：2-4.

表 1 我国私营企业制度安排的缺陷及其不利影响

制 度 缺 陷		不 利 影 响	
封闭的产权制度	产权结构单一	无法满足规模经济需要，实现规模经济效应	不利于实现诸多外部利润
	所有权与控制权不分	难以提高企业的管理运作效率 无法获得资本与管理分工带来的收益	
	产权关系不清	导致产权纠纷，增加企业的交易费用 难以降低交易成本	
	忽视人力的产权安排方式	难以调动人力资本所有者的积极性	
任人唯亲的人事制度	任人唯亲的用人制度	难以获得高质量人才，造成士气涣散	不利于企业长期生存
	缺乏公平的激励机制	难以吸引和留住优秀人才，导致严重的人才危机	
集权式管理制度	作风武断，缺乏科学的决策、反馈控制和制约机制	易导致企业决策失误，增大企业经营风险	不利于企业管理现代化
	规则混乱，缺乏科学有效的运行机制	产品质量难以保证，成本难以控制，效率下降，企业缺乏竞争力	
	权力过分集中	有损组织的活力，因为它严重抑制了人才对创造欲、自由欲和地位欲的需求	
	家企矛盾，容易错位	家庭矛盾有可能上升为企业管理矛盾，对企业造成致命伤害	
狭窄的家族文化制度	五缘文化（亲缘、地缘、神缘、业缘、物缘）	企业缺乏高绩效的文化氛围和强有力的文化支撑	制约企业健康发展
	企业目标单一（只追求企业主的利润目标）	严重影响企业员工潜能的发挥，减弱企业凝聚力	
乏力的技术制度	缺乏技术创新理念	没有良好的创新氛围	影响企业长远的竞争力
	缺乏技术改造的热情	技术开发、技术改造投入力度明显不足，短期行为严重，企业生命力不强	
	缺乏有效的创新激励措施和保障措施	高水平科技人才缺乏，技术创新能力差，技术开发实力弱，技术落后，产品老化	

1. 封闭的产权制度，不利于实现诸多外部利润

我国私营企业三缘（血缘、亲缘、地缘）的产权制度在某种程度上适应了企业初创期的发展需要，但这种制度安排具有天然的封闭性，无法实现现代产权制度安排中存在的诸多外部利润，如规模经济、管理分工等。要获取外部利润，促进私营企业成长，必须使现有制度安排结构外的利润内部化，而要使外部

利润内部化，就急需产权制度创新。目前，我国绝大部分私营企业产权制度安排存在如下局限性：

（1）产权结构单一，无法满足规模经济的需要。私营企业单一产权主要表现为封闭的家庭或个人持有企业股权，不愿接受外界参股，企业的所有权和经营权高度一致。2001年底由工商行政管理部门登记注册的私营企业已有200万家以上，其中个人或家族拥有私营企业所占的比例最大，合伙型企业仅14万户，占总数200万户的7%①。

现实中，我国大多数私营企业一般以中小企业形式出现。企业规模的有限性一方面使企业由于无法获得规模经济带来的好处而不能降低成本，在竞争中处于不利地位，尤其对规模经济显著产业中的企业来说，更是个致命弱点；另一方面不利于技术创新，使企业没有充裕的资金投入新产品的研发，从而导致产品老化、技术落后，缺乏可持续发展能力，最终将在激烈的市场竞争中被淘汰。温州民间在过去20多年的创业过程中，积累了几百亿元巨额资金，却不能按现代企业制度方式大量集合，产生规模经济优势。因此，迄今没有产生有广泛影响力的现代大企业②。这就是说，私营企业这种产权制度安排无法实现规模经济效应，必须对其进行创新。

（2）所有权与控制权不分，无法获得资本与管理分工带来的收益。私营企业所有权与控制权的集中，在企业初创期保证了业主具有充分的经营自主权，做出的决策能更灵活地适应市场变化。但随着企业经营范围的扩展，所有权与控制权不分，既造成所有者的管理不堪重负，又易导致决策失误。而决策失误，整个企业就会一蹶不振。如果把控制权交给懂经营、会管理的职业经理人员，实现资本与管理的分工合作，将大大提高企业的管理运作效率。

（3）产权含混不清，难以降低交易成本。我国私营企业中，产权含混不清的现象比较普遍。主要表现在一是家庭出资成员或合伙人之间产权界定不清。企业创办时急需人力、资金而吸收家庭成员或其他合伙人直接参与，当时却很少有人对其产权关系进行明确界定，这就意味着不能明确谁应承担企业的资产风险责任。二是私营企业与外界相关组织的产权关系不清。三是增量资产部分产权不清晰。这意味着不能明确谁最可能从企业的赢利及资产增值和积累中获得好处，因而同一家庭或家族的人关心如何实际占有企业资产胜过关心企业利润目标及发展目标的实现。产权不清导致产权纠纷，增加企业的交易费用，而降低交易费用是有效产权制度安排所期望实现的目标。降低交易费用，要求企业进行产权制度创新。

（4）忽视人力，难以调动人力资本所有者的积极性。我国私营企业产权制度安排属于典型的"资本雇佣劳动"类型，业主拥有企业全部剩余索取权，而工人只获得固定工资收入。这样的产权安排方式，某种意义上适应了物质资本相对于人力资本更重要、更稀缺的情况。剩余索取权归业主所有，可使业主有更大积极性监督工人合理、有效地使用物质资本。但是，知识经济时代，企业发展的决定性因素不再是物质资本的规模，而是人力资本的数量与质量，人力资本相对作用的增强，产生了变革原来产权制度安排的要求，以充分调动企业人力资本的积极性。

2. 任人唯亲的人事制度，不利于企业长期生存

当前，现代企业的经营面临激烈的市场竞争，企业需通过各种考核制度，把最优秀的人才提拔到各个管理与技术的领导岗位上来。私营企业的经营也面临同样的市场竞争，但家族内部各个领导岗位的竞争，通常带有较严重的家族裙带关系，在人事安排上一般强调血缘、亲缘、地缘关系，企业的所有权和控制权只能在家族内部传递。因此在选人、用人时，更强调的是与本家族关系的亲疏而非能力和业绩。如表2所示，企业主对管理人员的选用标准中，有能力与技术只占21.8%，而关系密切、关系网、可靠等非能力因素却占78.2%。这种任人唯亲的用人制度使优秀人才得不到合理使用，必然成为私营企业发展的重要障碍。

---

①　程玉敏，王益宝．私营企业不同发展阶段特征分析．企业经济，2003，2：85-86.

②　张仁寿．民营企业需要再创新．中国农村经济，2000，8：10.

表2　　　　　　　　　　　　　　企业主对不同人员的选用标准①　　　　　　　　　　　　　单位:%

选用标准	老实可靠	关系密切可信任	关系户	有技术	有关系网	其他
管理人员	32.2	43.1	0.8	21.8	1.0	1.0
技术人员	12.8	11.3	0.8	74.4	0.4	0.3
工人	65.7	10.8	4.6	15.5	1.9	1.5

表3　　　　　　　　　　　　　　　部分私营企业接班人情况②

公司简称	现任董事长	接班人	二者关系
万向集团	鲁冠球	鲁伟鼎	父子
红豆集团	周耀庭	周海红	父子
华西集团	吴仁宝	吴协东	父子
横店集团	徐文荣	徐永安	父子
兰州黄河	杨纪强	杨世江	父子
天通股份	潘广通	潘剑清	父子
广东榕泰	杨起昭	李林揩	翁婿

　　表3列出了部分私营企业的接班人情况。可见这种"子承父业"式继任模式，不仅已经有家族企业这样做了，而且将有大量的家族企业会采用这样的方式去延续企业的生存。③

　　未来的竞争首要的是人才的竞争。私营企业要获得高质量的人才，实现长期发展目标，重要的是创新其用人制度，建立一整套选人、用人、育人、留人机制。

　　3. 集权式管理制度，不利于企业管理现代化

　　中国社科院社会学院、全国工商联研究室共同组织对21个省市自治区的250个市县区的1947家中小私营企业进行抽样调查显示：我国中小私营企业所有权与管理权紧密结合，决策权和管理权高度集中在业主手中，"董事长兼总经理"是最普遍的老板身份，企业创始人在企业中处于独一无二的地位，掌握着企业的经营决策权、用人权和财权，通常实行集权式管理。集权式管理在创业初期和进行资本原始积累这一特殊阶段因灵活性高、道德风险小而显示出独特的竞争优势。但在企业具备一定规模寻求扩大发展时，在企业向现代化、国际化和集团化发展过程中，这种管理制度越来越暴露出其局限和不足，已成为制约企业发展的"瓶颈"：一是权力集中，作风武断，缺乏科学决策、反馈控制和制约机制。大多数私营企业的决策权、经营权和管理权高度集中在投资者尤其是业主手中，而不少业主身上又不同程度地存在着家长制作风，极易导致企业决策失误，增大企业经营风险。二是规则混乱，缺乏科学有效的运行机制。集权式管理的私营企业要么规章制度不严明，要么形同虚设，用人情代替制度，容易导致管理混乱，进而使产品质量难以保证，成本难以控制，效率下降，企业缺乏竞争力。三是任人唯亲，缺乏公平的激励机制和用人制度。其结果是外来的较杰出员工难以得到晋升，较高层次的成就需要和尊重需要得不到满足，企业因此难

　　①　中华全国工商业联合会，中国民（私）营经济研究会. 中国私营经济年鉴（1996）. 北京：中华工商联合出版社，1996：136.
　　②　许忠伟，于秀慧. 家族企业的传承冲突与解析. 湖北经济学院学报，2006，2：16.
　　③　许忠伟，李宝山. 基于企业家生命周期的家族企业传承问题研究. 生产力研究，2007，9：70.

以吸引和留住优秀人才，导致严重的人才危机和士气涣散。四是集权者毕竟不是万能的，权力的过分集中与个人素质的有限性相矛盾。五是权力的过分集中有损组织的活力。因为它严重抑制了管理人员对创造欲、自由欲和地位欲的需求。六是家企矛盾容易错位。私营企业因集权无法摆脱家族而独立存在，家族成员在企业中位居要职，其关系又错综复杂，因而，一旦家庭成员间关系紧张，家庭成员矛盾就有可能上升为企业管理矛盾，对企业造成致命伤害。因此，私营企业发展起来后，要建立科学管理制度，以免影响企业健康发展。

4. 狭窄的家族文化制度，制约企业的健康发展

企业文化本身也是一种制度安排，良好的企业文化能形成有效的激励机制和约束机制。

我国私营企业是在短缺经济环境中，在脱贫致富的强烈欲望支配下发展壮大起来的，靠的主要是私营企业家敏锐的市场嗅觉、灵活的经营方式、吃苦耐劳的精神和敢为天下先的胆略。这些私营企业家开始并没注意到企业文化、管理理念等问题，但企业发展起来后，也没有加强企业文化建设。目前我国多数私营企业有的只是"五缘文化"，即所谓的亲缘、地缘、神缘、业缘、物缘。换言之，指以宗族亲戚、邻里乡党、宗教信仰、同行同学、物质媒介等为纽带结合成的社会人际关系。"五缘文化"作为一种原则，具有对一些人群的排斥力。重要的是，此种聚合力并非以社会的现代性和现代技术革命、知识经济、信息社会所需要的整合力为准则，企业缺乏有凝聚力的文化氛围和强有力的文化支撑，因此，私营企业大多只能停留在"地缘/行业"的密切结合点上，这样的文化特征明显过于狭窄和陈旧，因而具有巨大的风险性。现代企业要求对信息资源的足够拥有，对革命性技术的限时掌握，对本领域的先行拓展，对这些要求，私营企业大多只能望洋兴叹。同时，许多私营企业文化是"家长式文化"，实行的是业主长期自发形成的价值观念，与现代企业文化相距甚远。有的私营企业根本不能平等对待员工，只知实行高压政策，甚至限制员工人身自由，不知倡导企业精神；有的私营企业只知用金钱物质刺激，不懂培育企业奋发向上的价值观；企业目标单一，只追求企业主的利润目标，至于员工目标、社会目标、文化目标，则不知为何物……所有这些，都严重影响企业员工潜能的发挥，减弱企业的凝聚力。正因为我国私营企业的经营者在价值观念、道德准则、经营理念、行为规范等方面的缺陷，许多曾经辉煌的私营企业都只能"各领风骚三五年"，缺乏可持续发展的能力。

企业文化是企业的灵魂，而一个没有灵魂的企业是不可能长久的。对我国私营企业而言，企业文化制度创新任重道远。

5. 乏力的技术制度，影响了企业长远的竞争能力

技术创新在本质上不是一种市场现象，而是一种制度现象。这是因为，首先技术创新的进程依赖于一套复杂的制度安排，其中不仅包含产生创新的制度，而且包含确定产权和契约关系以及分担外部性风险的制度等。其次，技术创新取决于新知识的积累，而新知识的产生又是制度发展过程的结果。所以，技术创新在相当大程度上依赖于制度投资和制度创新，它本质上不是市场现象，而是制度现象①。

在当前，尽管一些私营企业取得了快速增长，但是普遍存在技术创新能力不足、技术储备较少、市场分析和科学决策能力薄弱、持续发展后劲不足的情况。从我国私营企业的实际运行看，大多数起步于短缺时代、受惠于廉价劳动力的私营企业不是缺乏创新，就是大量依靠初级的模仿型创新来维持市场生存。换言之，目前我国私营企业大多从事的是劳动密集型产业，生产的产品或提供的服务一般是大众化的、普通的。企业的产品在某方面必须是独特的，即技术上是领先的，具有不可替代性，这样，企业及其产品才具有发展能力和竞争能力。优胜劣汰，淘汰的正是那些技术落后的企业和产品。我国私营企业涉足的大多是传统行业，与新技术不能很好衔接。2001 年江苏省企业调查局组织全省 13 个省辖市企调系统开展了一次

---

① 谭崇台. 发展经济学的新发展. 武汉：武汉大学出版社，2001：112.

私营经济发展问题专题调查,共调查了261户私营企业。调查显示,73.9%的私营企业无科研部门,42.5%的私营企业研发费用低于当年营业收入的1%,企业科技投入的不足,使产品科技含量偏低,一些产品销路不畅,调查显示,只有24.5%的私营企业的主要产品通过了ISO系列认证,11.1%的企业主营产品处于国际领先水平,39.4%的企业主营产品处于国内领先水平,有一半的私营企业,其主营产品处于一般或较差的水平。近40%的私营企业产品产销率低于90%。很多私营企业由于存在"小富即安"思想,不求进取,缺乏技术创新的理念,往往热衷于扩大规模多赚钱,缺乏技术改造的热情,不愿把钱花在技术改造和技术进步上面,因此,技术开发、技术改造投入力度明显不足,短期行为严重;再加上私营企业高水平科技人才的缺乏,致使不少私营企业技术创新能力差,技术开发实力弱,产品落后,影响了企业持久的竞争能力。

创新是知识经济的灵魂,也是企业兴旺发达的关键。我国不少私营企业对创新特别是制度创新的重要性认识不足,其制度安排存在着如上所述的劣势,制约了企业的进一步发展。因此,制度创新是私营企业发展的必由之路。

四、决定私营企业制度安排的主要变量

如上所述,私营企业家族制度具有节省创业成本、提高决策效率、规避代理风险、降低交易费用、增强凝聚力等合理性或独特功能。这也是私营企业具有顽强生命力的内在根源。正是私营企业本身所固有的这些内在优势,才使得私营企业家族制度不仅在发展中国家而且在发达国家,不仅在商品经济发展初期,而且在现代市场经济中,都是一种普遍的企业制度。

许多研究结果表明,当今中国的私营企业普遍采用家族制度。由于家族制度是中国私营企业的主体,全盘推翻家族制,实际上等于推翻私营经济。一种企业制度总是与它所存在的那个社会的传统、经济、文化环境相联系的,在某种社会环境下,私营企业家族制度有着比非家族制度更多的优越性,否则,不可能获得普遍的发展。因而,我们不能孤立地根据一种抽象的标准去评价某种形式的企业制度,更不应以这种抽象标准来选择企业制度。

笔者认为,私营企业是一种多元的、动态地发展着的企业制度,现代企业制度是一个相对的、动态地发展着的概念。一种企业制度是否"现代"并不取决于是否具有公司架构,而是决定于企业既定的制度安排,是否有利于降低企业内部生产要素所有者之间分工合作所需的交易成本;是否有利于对企业核心生产要素——企业家提供有效的激励和约束;进而是否能够为企业的可持续发展提供长期稳定的制度保证。不同制度环境和不同成长阶段下企业所需的生产要素的特征不同,企业既定规模边界和最优制度选择也应不同。因此,必须深入分析决定私营企业制度安排的主要变量。

1. 企业所处的发展阶段

从国际国内可比较的经验看,只有当企业发展需要吸收更多股本以扩大规模和提高技术水平时,才会在所有权上要求家族以外的投资者入股,在股权结构上打破家族制;然后才有吸引家族以外人士参加管理的要求和压力,在企业治理结构上打破家族垄断。从中国的总体看,"家族制度"的局限只是大型私营企业发展中出现的新问题,对中小型私营企业而言,家族制度仍处在其发展的有效范围之内。因为中国的市场经济与企业的发展历史还很短,尤其在广大的中西部地区,至今尚缺乏足够数量与规模的私营企业。即使是东部地区,私营企业的发展历史也不到20年,大多数企业处在创业与发展初期。由此,如果急于否定私营企业家族制度,开放创业家族产权所实现的规模经济收益小于由此引致的企业内部交易成本的上升,是不经济或非理性的。只有随着经济发展和企业规模扩大,创业家族内部所能动员的稀缺资源已无法满足企业既定成长阶段实现规模经济所需的生产要素(人力、资本、企业家才能等)投入,封闭的产

权结构明显阻碍了外来要素所有者的加盟时，优胜劣汰的市场竞争法则及创业家族出于自身利益的考虑，使他们必然有比企业外部人更为强和迫切的企业制度变革需求。因此，私营企业所处的发展阶段，应成为其决定制度安排的主要变量。

2. 企业产品与所处产业的性质

企业生产经营的产品与所处产业的性质，也是决定企业制度安排的重要变量。因为并不是所有的产品或产业都具有明显的规模经济效应。具体情况可以从四个方面来说明：第一，在一些技术已经标准化、产品差异性不强的劳动密集型行业里，企业面对的是一个近乎完全竞争的市场结构，由企业经营规模所引起的市场竞争优势并不明显。在这种产品与产业中，私营企业家族制度往往能发挥其经营灵活、反应灵敏、决策快捷、调整迅速等优势。第二，如果企业的产品与产业比较分散，呈现多元化、专业化特征，家族力量明显不够，就应向公司制发展，反之，可用家族制度管理。第三，如果企业生产的产品或所处的产业，科技含量高，从业人员大多从事创新性劳动，许多工作靠人的潜力，家族成员的素质适应不了企业的发展，这就要引进人才，用现代企业制度去调动员工积极性，促进企业的发展。反之，家族制度是有效的制度安排。第四，如果企业是靠老总的个人专利发展起来的，或企业产品的市场是靠几个长期固定的客户维持的，而客户又由老板控制，那么家族制度是有效的制度选择。

3. 企业的规模与效率

企业规模与效率是否受家族制度束缚，应作为衡量私营企业制度适用边界的基本标准。一般来说，企业规模不是很大，凭家族成员的能力完全可驾驭，就没必要实行两权分离增加代理成本。也就是说，在特定的企业规模边界下，家族制度是降低企业交易成本的最佳制度安排。当然，随着企业的发展与规模的扩大，仅靠私营企业内部成员的素质，越来越难以适应企业对技术、管理人员的需求，进而导致企业经营效益的下降，此时，私营企业的家族制度适用边界将被突破，就应适时地推动私营企业的家族制向现代企业制度转变。《中国私营经济年鉴（2001）》的数据表明，随着企业规模的扩大，私营企业重大经营决策由主要投资人决定的比重呈递减趋势，分别从 1993 年的 63.6%、1995 年的 54.4% 下降到 2000 年的 43.7%；而由主要投资人和主要管理人员共同决定的比重则略有上升，由 1993 年的 20.7%、1995 年的 25.6% 上升到 2001 年 29.1%。这从一个侧面显示：随着企业规模的扩大，专职经理人员已有一定的比例进入决策高层。因此，企业规模是私营企业家族制度适用边界的重要决定因素，其基本趋向是：伴随着企业规模的扩大，私营企业家族制逐渐向现代企业制度演进。这一趋向还可以从表 4 进一步得到印证。

表4　　　　　　　　　　　　　　　不同规模私营企业决策方式

企业规模（实有资产 总额：万元）	企业主本人 单独决策（%）	董事会 共同决策（%）	企业主和主要管 理人员共同决策（%）
30 以下	68.90	5.30	25.60
30～100	62.00	13.40	24.50
100～200	51.10	20.40	28.50
200～500	50.10	24.90	24.90
500～1000	45.40	26.50	28.10
1000 以上	28.80	47.70	23.40

从整体上看，中国私营企业存在的时间还不长，企业的规模还比较小，家族制度仍然有较大的发展空间和制度适用作用边界。

4. 企业所处的外部环境

在一个要素市场发达、法治完善、信用体系健全的社会里，私营企业向社会开放产权的相关交易成本可以通过一系列专业化的制度安排（如专业化的信用评级机构、猎头公司、经理人市场等）和讲求"诚信"的商业文化环境来部分地加以稀释和化解。但在一个要素市场发育程度不高、法治不完备、信用体系缺失的社会里，由于社会交易成本过于高昂，即使企业内部最基本的职能分工也不得不借助亲缘、血缘、地缘形成的信用关系网来维系的时候，私营企业家族制向非家族制变迁，不可能得到有效的实质性的推进。因此，私营企业家族制度的适用边界，不仅取决于企业本身，也取决于企业所处的外部环境。作为微观的企业制度安排及其制度效率，不能不受到宏观的外部环境的制约与影响。

就私营企业发展的宏观外部环境来说，我国近年来为扶持私营经济的发展做了大量积极的工作，但另一方面也存在不少问题。首先是贷款问题。由于观念和政策的缘故，很多银行宁愿贷款给一些经济效益差的国有企业，也不愿给私营企业帮助，即使允许贷款也有很多限制。其次是土地问题。其主要表现是租金不合理、开发利用成本太高、手续太繁琐，很难做到公开、公正、公平。在土地征用上，一些部门规定私营企业不能征地，使生产型企业发展受到限制。另外的问题是政府对私营企业在证券融资市场上的活动管理控制较严。私营企业发展到一定规模，往往有上市融资的要求，以减轻企业资金不足的压力，但目前我国私营企业股票上市和债券发行的数量在整个上市企业中所占的比例微不足道。特别是在一些垄断性较强的行业，如金融、铁路、电力和电信等，私营企业受到了排挤，私营企业进入市场往往要付出远远高于国有企业的代价。这些限制妨碍了大型私营企业的扩展。

此外，私营企业家族制度的适用与否，还与企业间是否存在有效的分工协作配套关系有关。在一个区域性产业集中的地方，私营企业家族制的适用性会得到增强，反之，家族制度的有效性就会削弱。如浙江的私营企业实行家族制的较多而且经营得不错。一个重要原因是区域性的产业集中，每个企业只生产产品中的一个部件或一道工序，企业间存在高度的依赖性与关联性。这使得每个企业的经营活动都很单纯，管理起来比较简单，家族制管理足矣。但如果私营企业不具有这样的分工协作关系，要做成综合型企业，既要管生产，又要管销售，还要管科技研发，所有的部门和环节都由家族成员管理，容易出现漏洞，还是采取两权分离的现代企业制度好。

五、结论

私营企业的基本规定性是"家族控制"，它的基本内容是通过家族关系形成资源配置网络、市场交易网络和企业控制网络。因此，私营企业家族制度是一种外延广、适应性强的企业制度，它不断从古典形态发展为现代形态。所以，应避免把家族制度看成单一的、静态的、僵化的、落后的企业制度。私营企业家族制度的存在有深刻的社会、经济、文化基础。在中国，根深蒂固的"家族化"传统，特殊主义的人际交易模式，社会信用和职业经理人的缺失等，加大了私营企业的制度变迁成本，强化了家族制度的有效性，使家族制度成为大量私营企业的理性选择。它适应了这个阶段中国私营企业的生产、技术、资金、市场等方面的特点，是一种合理有效的制度安排。因此，在中国当前不能简单地号召，更不能用行政手段"走出家族制"。

私营企业存在自己的制度适用边界。企业的发展阶段、产品与产业的性质、规模与效率、外部环境等，是决定其边界的主要变量。在大多数情况下，私营企业的制度创新是一个连续渐进的演化过程，即逐渐从古典式家族制发展为现代式家族制，只有在家族制度框架容纳不了企业规模扩大及继续发展要求时，才会发生制度变革，即走出家族制，实行现代企业制度。

综上所述，不能对私营企业的制度创新一概而论，要视不同行业、不同规模、产业特点、产业性质、外部环境、创新力量等多种因素而定。换言之，企业制度本身并无优劣之分，只有适应与否之别。制度安排发挥效率的基础和条件发生了变化，原有的制度安排就会变得不相适宜，为对新的经济社会条件做出反应，私营企业就应该进行制度创新。如果企业规模不大，经营基础较好，实行家族制度规范运作能促进企业成长，经济成本又低于综合效益，企业就不必人为地向所谓的现代企业制度硬性推进；而如果实行家族制度已经严重地制约着企业的发展，管理交易成本又高，甚至危及其生存，则不要故步自封，而应遵循企业成长规律，将现代企业制度的优势引入家族制，实现二者的优势互补，并最终建立起现代企业制度。

参 考 文 献

[1] 盖尔西克等．家族企业的繁衍．贺敏，译．经济日报出版社，1998.

[2] 程玉敏，王益宝．私营企业不同发展阶段特征分析．企业经济，2003，2.

[3] 张仁寿．民营企业需要再创新．中国农村经济，2000，8.

[4] 谭崇台等．发展经济学的新发展．武汉：武汉大学出版社，2001.

[5] 张厚义，明立志．中国私营企业发展报告．北京：社会科学文献出版社，2002.

[6] 应焕红．浙江民营企业产权制度研究．中国软科学，2001，12.

[7] 甘德安等．中国家族企业研究．北京：中国社会科学出版社，2002.

新经济下知识与组织关系：
组织治理与知识治理的对比分析[*]

● 刘明霞

（武汉大学经济与管理学院　武汉　430072）

【摘　要】 新经济的飞速发展使知识成为决定企业竞争优势的根本来源，但知识在生产要素中的脱颖而出，对企业传统管理和组织治理提出了重大的挑战，越来越多的学者开始关注并研究知识与组织间的关系。本文根据研究角度把相关文献分为"组织治理"和"知识治理"，在对比分析的基础上剖析了各自的假设、研究范式及相应的问题，提出了一种生产成本-交易成本分析范式，它可以使交易成本理论和企业知识理论相对统一起来，很好地解释了新经济下的知识与组织关系，不仅有助于组织治理理论的深入发展，而且为新兴的知识治理提供了研究思路和可行路径。

【关键词】 组织治理　知识治理　生产成本　交易成本

20 世纪 90 年代以来兴起的新经济，使知识日益成为竞争优势的来源。一大批知识型企业、高科技企业快速成长起来，成为资本市场上市值比重逐年加大的一支队伍。然而，知识在诸多生产要素中的脱颖而出，对企业传统管理和组织治理提出了重大的挑战。近十年来，有不少学者开始关注知识与组织间的关系，产生了一系列研究成果。但传统企业理论和企业知识理论各自的缺陷，使得知识与组织关系研究缺乏一个统一理论范式的支撑，严重制约了知识治理和组织治理的理论发展。

一、传统企业理论和企业知识理论的缺陷

1. 新古典企业理论

新古典企业理论建立在一系列假设之上，如完全理性、市场完备、信息完全和对称、厂商规模很小没有规模效应、没有外部性等，把进入市场的企业和消费者作为最小分析单位，把企业看作是将投入变为产出的技术转化（用生产函数表示），企业在某种意义上是生产性知识的储藏室，但该理论只把企业看作一个技术"黑箱"，没有研究企业内部，因而没有详细探寻企业组织中知识的作用。

新古典企业理论事实上是隐性假设所有企业具有同样的知识、技术诀窍和生产能力，长期内具有同样的生产函数。这个致命的缺陷使得它无法解释"社会的能力为什么在特定的时间以特定的方式而不是其他方式整装在一起"的框架，另外合约完美无成本和企业生产性知识储存无成本的假设也排除了经济分

　* 本文的研究得到国家自然科学基金项目"发展中国家跨国公司逆向知识转移及其治理机制研究"（编号：70872086）、教育部人文社会科学研究项目"中国企业国际化逆向知识转移的理论与实证研究"（编号：08JA630058）的资助。

析的可能①。

2. 以交易成本和产权为核心的企业契约理论

科斯在《企业的性质》一文中提出了解释企业存在及其边界的交易成本理论，后在威廉姆森的发展下成为解释治理结构的主流理论。科斯指出企业的性质在于由企业家分配资源而不是价格机制，生产在企业内发生而不是在市场是因为在企业内生产的交易成本低于在市场上生产的交易成本。在企业内，一种生产要素（或其所有者）无须与那些同在企业内并与之合作的生产要素签订一系列的契约。企业家通过雇佣契约取得生产要素所有者在较长期内服从企业家指挥的无限度承诺，因而通过企业家指挥生产要素所有者的行为，企业生产节省了交易成本。

威廉姆森从有限理性和机会主义行为假设出发，发展了科斯的交易成本理论，将交易成本分为事前交易成本和事后交易成本，并提出交易频率、资产专用性、不确定性共同决定了交易的治理结构是市场、关系合同还是企业。

用交易成本理论解释新经济下的组织有两个缺陷。一是企业家对雇员的命令控制只能解释19世纪特定雇主-雇员关系的组织类型，如泰罗式的大规模生产组织，不能解释高科技企业和职业经理人管理的企业。高科技企业里，高度专业化的雇员共享决策权，对他们的工作议程和项目开发有相当大的控制权。后一种组织里，具有专业化知识和管理技巧的职业经理人既是雇员（非雇主）又是决策者。二是科斯的交易成本局限于"利用价格机制的费用，包括为完成市场交易而花费在搜寻信息、谈判、签订契约等活动上的费用"，尽管威廉姆森后来做了扩充，但新经济下基于知识的组织，其交易成本不全属于这些性质。

詹森和麦克林的委托-代理理论分析了所有权与经营权分离企业的代理成本（本质也是交易成本），把企业看作是缘于代理成本的契约体，认为代理成本是代理人的自我利益与委托人的利益发生冲突的结果，因而委托人的监督支出、代理人的保证金支出和剩余损失被界定为代理成本，用来解释企业的组织结构。按照代理成本产生的逻辑，如果决策权集中到尽可能少的代理人手中而且由委托人密切监控他们，代理成本要比分权决策时要小。然而，近些年的管理发展挑战着这一推理逻辑，分权决策模式更被理论界和业界所称道，许多知识型企业和跨国公司都转向了分权治理模式。代理成本理论不能提供充分的理论框架来解释"在监督批准机制没有相应增加的情形下为什么给予代理人更大的自主权反而成功"②。

哈特和格罗斯曼的产权理论从契约的不完全性出发，用基于物质资产的所有权来解释企业的边界，提出对物质资产所有权的拥有是在契约不完全情况下行使权力的基础，而且对物质资产所有权的拥有将导致对人力资产的控制，因此企业"由其所拥有或控制的资产（如机器、存货等非人力资产）所组成"③。然而，所有权理论没有把所有权和控制权分开，认为所有权提供了实施控制的权利，哈特本人也承认该理论不能解释所有权和控制权分离的大型公司。另外，该理论只重视物质资产，认为人力资产是可替代的，当然不能解释人力资产比物质资产更重要的新经济下的企业。

3. 企业知识理论

以知识为基础的企业理论即企业知识理论由资源基础理论、企业能力理论剥丝抽茧发展而来，是近年来最新的、尚在发展之中的企业理论之一。该理论将企业视为"知识集合体或一体化制度"，并从知识的隐性和离散分布性出发，解释了企业的存在、边界和异质性以及竞争优势。隐性知识本身的不可交流性和

① Winter, S. G.. On Coase, competence, and the corporation. Journal of Law. Economics, and Organization, 1988, 4（1）:163-180.

② Gorga, E., Halberstam, M.. Knowledge inputs, legal institutions and firm structure: Towards a knowledge-based theory of the firm. Northwestern University Law Review, 2007, 101（3）: 1 123-1 206.

③ Hart, O.. An economist's perspective on the, theory of the firm. Columbia Law Review, 1989, 10: 1 157-1 173.

复杂性导致不存在一个发展完善的"知识"市场的条件下，企业是比市场更好地传递、组合和创新知识的一种组织。由于知识难以通过市场交易而积累，只能在企业内部积累，所以知识的获取和利用分别决定了企业的纵向和横向边界。企业的异质性缘于企业在生产过程中形成和积累的知识的差异性。知识的差异性和难以模仿性使得知识尤其是隐性知识成为竞争优势的来源。

虽然该理论深化了对企业本质及其异质性的认识，但它只把企业的知识本质作为既定前提，而没有进行解释。另一方面，对于知识的积累、获取和转移，以组织学习和吸收能力为核心的知识管理理论又把该理论引入了难以操作的认知领域。企业知识理论对知识的重视和对知识过程怎样组织的忽视，注定了用它解释新经济下的知识与组织关系的跛脚性。

4. 三种理论缺陷的总结

综上所述，由于每个理论的内在缺陷，单独使用每一种理论都不能充分地解释新经济下的知识与组织关系。新古典理论把企业看作"黑箱"，对企业具有同样的知识、技术诀窍和生产能力的隐性假设决定了它无法解释企业的知识方面，另外对完全理性、信息对称、契约完备无成本的假设也决定了它同样不能解释企业制度和组织方面。企业契约理论放弃了新古典理论的后一类假设：科斯从契约并不是无成本的而是存在交易成本出发；威廉姆森从行为者是有限理性而不是完全理性，因而存在契约风险出发；委托-代理理论从信息不对称出发；产权理论从契约的不完全性出发，这些契约理论共同剖析了企业的内外部"交易性"，但是，企业契约理论仍坚持了新古典理论的前一类假设——企业知识同质性，坚持企业的技术、资源禀赋是稳定不变的，人力资产是可替代的，因而没能认识到企业的"生产性"和知识的交易性，只能解释旧经济下非知识决定的组织方面。企业知识理论恰好相反，放弃了新古典理论的前一类假设，揭示了企业的"生产性"，但同时它又忽略了企业的"交易性"，能解释新经济下的知识方面却不能深刻地解释组织方面。

二、新经济下的知识与组织关系研究："组织治理"角度与"知识治理"角度

正因为传统企业理论和企业知识理论各自的缺陷，不少学者致力于新经济下的知识与组织机制关系的研究，即"知识—组织/治理机制—知识"的关系。本文根据研究角度的差异把相关文献分为"组织治理"与"知识治理"。两者是同一问题的两个方面，且随着知识经济的深入发展，当竞争从基于规模完全转变为基于知识时，两者将趋于一致。

1. "组织治理"角度

组织治理角度是基于对交易成本理论的补充，研究知识特别是知识属性对组织边界和内部治理结构的影响。该角度研究的出发点是解释新经济下出现的组织结构、组织形式与组织边界。研究方法以实证为主，研究的偏重点是治理机制的选择和组织边界的解释，主要分布于组织外部治理、内部治理和公司治理三个领域。

组织外部治理集中于战略联盟和企业间关系治理中知识要素的决定作用。Contractor 和 Wonchan Ra（2002）研究了知识属性对联盟治理的影响，并提出了依据三个知识维度选择联盟形式的理论模型[①]。Homin Chen 和 Tai-Jy Chen（2003）实证检验了战略联盟的治理结构与交易要素、资源要素的关系，结果发现除合资联盟与交易要素相关外，其他三种联盟治理结构（合约联盟、交换联盟和一体化联盟）均与

---

① Contractor, F. J., Wonchan, R.. How knowledge attributes influence alliance governance choices. Journal of International Management, 2002, 8: 11-27.

资源要素有关①。Dwyer 和 Flynn（2005）考察了跨国公司与中小企业战略联盟的治理模式和知识交换的关系，验证了联盟成员所提供知识的性质及价值对联盟治理有重要影响②。Heiman（2002）侧重知识的隐性和复杂性对企业间合作治理的影响，认为知识的这些属性提高了知识转移的成本，为降低成本出现了知识管理实践，知识管理实践提高了知识显性度，但知识显性度的提高产生了机会主义风险，后者必须通过选择有效的治理形式来防范③。Mayer（2006）侧重知识溢出对企业间关系治理的影响，指出知识考虑不仅影响企业边界，而且影响供应商与客户合约的构造，实证分析的结果也表明知识溢出的可能性导致不同治理机制的采用，因而知识的创造和保护是理解治理决策的重要因素④。

组织内部治理集中于知识特点或类型对组织内部结构和权力配置的影响。Birkinshaw 等（2002）用跨国公司的样本实证分析了知识的可观察性和嵌入性对组织结构的影响，发现知识的可观察性和嵌入性都与跨单元整合有关，而只有知识嵌入性与单元自主权有关⑤。Gorga 和 Halberstam（2007）提出企业生产过程中所使用的知识类型和企业绑定该知识的程度将影响它的组织结构，基于三类知识：嵌入在物质资产中的知识、嵌入在组织中的知识、嵌入在个体身上的专有技术知识，分别提出了与三种治理机制（市场、分权式的企业科层、集权式的企业科层）之间的假设关系。

在知识的载体——人力资源与公司治理方面，由于交易成本理论不能解释"在相似的激励安排下为什么有的成功有的失败"，有些学者提出了"互补性"的企业观点。这些观点并没有完全否定物质资本所有权的重要性，但主张物质资本不是唯一控制企业和分享企业剩余的要素。如以方竹兰（1997）为代表的"人力资本应该拥有企业产权"的主张⑥，以 Gorton 和 Schimid（2000）为代表的"资本所有者与劳动者合作控制企业"的观点⑦等。人力资源参与企业所有权和控制权的观点表明知识载体——人力资源特别是知识型员工对公司治理结构的影响。

以上研究显示，知识已成为组织安排的一个处于主导地位的新要素，然而以产权和交易成本为核心的主流企业理论没有涉及知识层面，不能充分解释知识经济下缘于知识要素所导致的组织结构和边界的变化以及治理机制的选择，所以，当前组织治理研究是修正还是放弃主流理论成为争议的焦点，也是组织治理研究角度的难点。从现有文献看，大多数学者在继承主流企业理论的基础上纳入知识考虑要素，即以交易成本理论和企业知识理论相结合的方式构建研究框架，虽然证实了知识影响组织的事实，但尚未深入剖析知识影响治理机制的内在机理。

2. "知识治理"角度

"知识治理"是最近几年新出现的一个研究主题，该概念一提出即吸引了学术界的注意。这一研究角度的出发点是知识管理在企业实践中的失败，使人们转而探求知识管理的制度基础，研究内容是不同的组织机制如何影响知识过程，如知识生产/创造、转移和共享，或支持知识过程的治理机制。

因为知识转移对跨国公司竞争优势的建立至关重要，所以知识治理研究大多以跨国公司为对象，探讨

---

① H. Chen, Tai-Jy Chen. Governance structures in strategic alliances: Transaction cost versus resourced-based perspective. Journal of World Business, 2003, 38（1）：1-14.

② O'Dwyer, M., O'Flynn, E.. MNC-SME strategic alliances: A model framing knowledge value as the primary predictor of governance modal choice. Journal of International Management, 2005, 11：397-416.

③ Heiman, B. A.. Knowledge and governance in collaborations. University of California, Berkeley, 2002：1-158.

④ Mayer, K. J.. Spillovers and governance: An analysis of knowledge and reputational spillovers in information technology. Academy of Management Journal, 2006, 49（1）：69-84.

⑤ Birkinshaw, J., Nobel, R., and Ridderstale, J.. Knowledge as a contingency variable: Do the characteristics of knowledge predict organization structure? Organization Science, 2002, 13（3）：274-289.

⑥ 方竹兰. 人力资本所有者拥有企业所有权是一个趋势. 经济研究, 1997, 6：36-40.

⑦ 杨继国，安增军. 企业理论的演进逻辑及其发展方向. 中国工业经济, 2004, 7：91-97.

跨国公司内知识治理的必要性及治理机制。Cohendet 等（1999）指出全球化企业被看作是一个能力的集合体、知识的处理器，这种认识为治理机制及相关激励问题提出了分析框架，即围绕知识处理和知识社会化设计适合知识型组织的恰当的激励机制和合约①。Foss 和 Pederson（2002）明确指出了跨国公司知识研究的缺陷，倡导关注知识转移的组织手段，从而把学者的目光从知识管理拉向了知识治理，但他们只实证检验了三种组织手段（互依、内部贸易和自治）分别对三种来源知识的转移有效性②。同样，Mahnke 和 Pedersen（2004）也认识到跨国公司研究尽管从一开始就把知识作为解释跨国公司存在、边界、内部结构和竞争优势的重要因素，但迄今为止对特定的治理安排如何支持跨国公司价值创造的机理还缺乏认识。他们提出的知识治理框架显示多样化的知识流（内部和外部、纵向和横向）通过知识治理机制来实现价值创造，而知识治理机制受到各参与主体的动机和认知的影响。知识交流的各参与方出于各自利益而产生不同的动机，有可能出现机会主义和道德风险；另一方面，尽管各参与方有良好的意愿，但不同的认知水平（指知识和信息的不对称）会导致知识交流复杂化。只有选择适当的治理机制来协调各参与主体的"动机"和"认知"，才能促进知识流动③。Cheng、Choi 和 Eldomiaty（2006）认为跨国公司里成功的知识转移和流动不止一种治理结构，并简单地提出了三种基本的治理结构：交换（exchange）、权利（entitlement）和赠与（gifts），多数跨国公司需要组合使用④。

有少数学者以一般组织为对象，分析了知识过程中的治理问题并提出了相应的解决机制。Osterloh 和 Frey（2000）从知识的显性和隐性出发，指出内在激励适用于隐性知识转移而外在激励适用于显性知识转移，因为隐性知识需要转移时，市场手段的使用会导致知识扣留，而显性知识可交易，利用价格机制交换或奖励则不存在问题⑤。Nooteboom（2000）借用交易成本理论指出了知识交换和知识共同生产中需要治理的问题，如协调问题、代理问题、知识交换专用性投资的套牢问题、知识交换中的溢出和搭便车问题等，这些问题必须采取多种治理形式来加以控制，如一体化、责任契约和关系契约等⑥。而 Nickerson 和 Zenger（2004）则从需要解决的问题是可分解的还是不可分解的特点出发，说明不可分解问题要求个体分享专门知识，而分享知识的动机或能力受到个体认知能力和自利倾向的限制。知识的散布性与个体的自利行为共同导致知识侵占和策略性积累这两种交换风险。因此，必须选择最优治理机制并实施激励才能提高知识交换效率（科层机制对不可分解的问题最有效，而市场机制对可分解的问题最有效）⑦。

Grandori 和 Foss 在知识治理的理论发展上进行了开创性的研究。Grandori（2001）在批判主流企业理论没有充分解释企业边界的基础上，提出用知识治理来拓展企业理论，取代现有的基于契约和基于知识的两种企业理论⑧。Foss（2006）则倡导把知识治理作为一个独立的领域，并探讨了知识治理的研究基础及

① Cohendet, P., Kern, F., ect. Knowledge coordination, competence create and integrated networks in globalised firms. Cambridge Journal of Economics, 1999, 23: 225-241.

② Foss, N. J., Pederson, T.. Transferring knowledge in MNCs: The role of sources of subsidiary knowledge and organizational context. Journal of International Management, 2002, 8: 49-67.

③ 王健友. 知识治理的起源与理论脉络梳理. 外国经济与管理, 2007, 6: 23.

④ Cheng, P., Ju Choi, C., Eldomiaty, T. I.. Governance structures of socially complex knowledge flows: Exchange, entitlement and gifts. The Social Science Journal, 2006, 43 (4): 653-657.

⑤ Osterloh, M., Frey, B. S.. Motivation, knowledge transfer, and organizational forms. Organization Science, 2000, 11 (5): 538-550.

⑥ Nooteboom, B.. Learning by interaction: Absorptive capacity, cognitive distance and governance. Journal of Management and Governance, 2000, 4: 69-92.

⑦ Nickerson, J. A., Zenger, T. R.. A knowledge-based theory of the firm: The problem-solving approach. Organization Science, 2004, 15: 617-628.

⑧ Grandori, A.. Neither hierarchy nor identity: Knowledge-governance mechanisms and the theory of the firm. Journal of Management and Governance, 2001, 5: 381-399.

研究内容，启发了人们对知识治理"地基"问题的思考。Foss在剖析了知识运动中微观基础缺乏、正式组织机制和组织成本被忽视的基础上，提出知识治理应以"个体行为及其互动"为基础，以知识交易为分析单位，以正式组织机制为研究对象，以个人层面的知识如何整合成组织层面的知识为研究内容，相应的研究主题为：（1）激励、动机与知识过程；（2）影响知识过程的治理机制；（3）知识过程相关的风险及如何通过治理机制来防范①。

上述研究主要是把交易成本理论、组织行为学理论甚至社会交换理论组合起来，探求知识过程与知识管理的制度设计和安排，侧重于组织内治理，定性分析较多。如前所述因为企业知识理论未涉及交易成本和组织方面，所以如何搭建起知识理论和组织理论间的桥梁成为研究的难点。总体来说，由于知识治理是新兴领域，研究文献很少，研究范式还不明确，基本要素如知识治理的分析单位、理论基础和理论逻辑尚不清楚且存在分歧，这些问题的存在很大程度上制约了"知识治理"的发展。

3. 对两种角度研究范式的反思

如前所述，交易成本理念集中于契约问题和治理，知识的作用没有考虑；而基于知识的理念则集中于知识和学习，组织的作用没有充分考虑。所以一些战略学家提出，被看作是交易成本理论核心的契约问题其实是第二位的，知识和能力的影响更加重要，交易成本理论的学者应该响应Williamson（1999）的号召，把能力和知识更好地纳入交易成本理论中，知识理论的学者也需要考虑治理可能影响知识创造和保护的不同方式。组织治理角度和知识治理角度正是遵循这样的思路分别从两方面入手的（见表1）。前者以交易成本理论为重心，引入了知识理论及其要素；后者以企业知识理论为重心，引入了交易成本理论及其治理要素。虽然偏重点不一样，但两种视角采用了同样的理论组合，不过，两种视角都存在问题。组织治理角度只能停留于现象的表面，不能深入解释"知识为何影响治理"的内在机理。但该角度毕竟有较完备的交易成本理论作支撑，知识属性用笼统的知识成本就补充了基础框架。而知识治理研究视角相对来说存在的问题较多，分析单位、理论基础、理论逻辑都不清楚，研究无从下手，这也是当前该领域成果甚少的原因之一（当然企业知识理论本身不完善也是一个重要原因）。比如说分析单位，有"问题"（Nickerson和Zenger，2004）、"知识单元"（Simonin，1999）、"知识交易"（Foss，2006）之争，虽然学科领域研究不必具有唯一的分析单位且研究问题不同可能分析单位也不同，但至少应该明确知识治理这个具体领域恰当的分析单位是哪些，否则会造成整个知识运动的混乱（Foss，2006）。国际战略变革管理期刊2008年的知识治理专刊征稿中四个主题的第一个主题就是："知识治理的正确分析单位是什么？知识交易？问题？能力？"由此可见明确基本要素对知识治理理论发展的重要性。

表1　　　　　　　　　　　　　　　　两种研究角度的对比

	组织治理角度（知识—组织/治理机制）	知识治理角度（组织/治理机制—知识）
出发点	解释新经济下的组织形式、组织边界、治理模式	知识管理在企业实践中的失败
研究重心	治理机制的选择和组织边界的解释	知识过程（知识生产/创造、转移、交换、共享、保护）
研究领域	组织间治理、组织内治理、公司治理	组织内治理
研究方法	实证分析较多	定性分析较多
研究基础	以交易成本理论为重心	以企业知识理论为重心

---

① Foss, N. J.. The emerging knowledge governance approach: Challenges and characteristics. Druid Working Paper, No. 06-10, Danish Research Unit for Industrial Dynamics, 2006: 1-25.

	组织治理角度（知识—组织/治理机制）	知识治理角度（组织/治理机制—知识）
难点	传统企业理论如何适用于新经济下的组织解释	如何搭建知识理论和组织理论间的桥梁
解决手段	把知识属性（包括知识载体人力资本）纳入治理分析框架	倡导把制度经济学、组织行为学纳入知识理论框架
存在的问题	实证研究检验了知识与组织之间存在关系，但没能深入剖析知识影响治理机制的内在机理	知识治理的分析单位、理论基础、理论逻辑尚不清楚
两者的联系	同一主题的不同方面 知识经济的深入发展使竞争从基于规模完全转变为基于知识时，两者一致	

回过头来讨论，为什么两种理论组合在一起没有达到战略管理学家期望的结果？本文认为，原因在于两种理论只是简单地结合在一起，而它们各自的分析单位及其性质、理论逻辑全然不同。要想深入地整合，必须统一它们的分析单位和理论逻辑。交易成本理论以交易成本为分析单位，用不同治理机制和组织模式的交易成本比较来解释治理机制和组织模式的选择。但它对生产成本没有提及，隐含的假设是价格理论已经告诉了我们所有关于生产的信息（Gorga 和 Halberstam，2007）。企业知识理论以知识为分析单位，关注价值创造，治理机制的选择和组织边界的变化以是否有利于知识转移、共享和创造为标准。知识创造过程可看作是知识生产过程，而知识转移、共享和交换可看作是知识交易过程，即知识所有权或使用权的转移。前者具有生产成本，后者具有交易成本，知识生产成本和交易成本的降低不仅有利于最大化知识过程的净收益，而且有利于更多地转移、共享和创造知识。因此，知识转移、共享和创造的最大化可以通过知识成本（生产成本与交易成本）的最小化来实现。相应地，企业知识理论就可以"知识的生产成本和交易成本"为分析单位，直接与组织经济学联系起来，能很好地解释治理机制和组织模式的选择。事实上，有部分文献或直接或间接地提到过成本，如转移成本、组织成本（Foss，2006）、知识成本（Gorga 和 Halberstam，2007）、比较成本（Grandori，2001），只不过没有具体分析而已。因此，企业知识理论和交易成本理论的分析单位可以一致，即以成本为核心。

三、新经济下的知识与组织机制关系：生产成本-交易成本分析范式

1. 生产成本与交易成本

这里交易成本采用张五常的概念，"交易成本是一系列制度成本，包括信息成本、谈判成本、拟定和实施契约的成本、界定和控制产权的成本、监督管理的成本和制度结构变化的成本。简言之，包括一切不直接发生在物质生产过程中的成本"。相应地，生产成本是直接发生在物质生产过程中的成本，可理解为直接消耗的生产要素的成本和生产要素的使用成本。传统经济下，物质生产过程的输入要素是物质资产（机器、土地、资本等）与劳动力，其中劳动力不需要具有专业知识，知识是嵌入在机器、工艺流程中的（Gorga 和 Halberstam，2007），不同治理机制长期内的生产成本相似而交易成本明显不同。新经济下，知识扩张和知识分工不断细化，导致知识分散、知识差异和知识不完备，信息不对称问题更加严重，大量隐性知识、地方性知识（local knowledge）散布并嵌入在个体劳动力和组织身上，知识成为物质生产过程中体现差异的重要输入要素，相应地，新经济下的生产成本就包括了比重很大的知识成本（这也是技术含量高的产品比含量低的产品价格要高的原因之一）。而知识本身既是输入也是产出，知识与知识的相互作

用能产生新的知识，知识生产过程的直接成本就是知识的生产成本。因而，新经济下的生产具有二重性：物质的生产和知识的生产，两者既可能独立，也可能交织在一起。另外，知识所有权或使用权的转移即知识交易也有交易成本，缘于知识隐性和信息不对称引致的机会主义，或缘于知识散布性，即使不存在机会主义也需要协调知识的成本，等等。Gorga 和 Halberstam（2007）指出，知识协调成本是重要的交易成本，但能力和协调问题与传统理论关注的契约风险明显不同，不能归入一般交易成本概念中，应独立出来研究。所以，新经济下的生产过程涉及两类交易成本：知识交易成本和一般交易成本（契约相关的）。同生产成本一样，两者既可能独立也可能交织在一起。不同治理机制的生产成本和交易成本都是不同的，治理机制和组织模式的选择应基于这两类成本的考虑。

2. 知识成本与一般交易成本的二阶位性

为研究方便，本文把知识的生产成本和交易成本合起来称为知识成本，而直接发生在物质生产过程中的非知识成本（土地、资本等）在长期内是相同的，显然上述生产成本和交易成本就可用知识成本和一般交易成本说明。传统经济下，由于知识主要嵌入在机器、工艺流程中，知识成本不显著，所以交易成本处在第一阶位。而知识经济下，知识特别是隐性知识是竞争优势的主要来源，因而知识的获取（包括生产和交易）最为重要。组织的治理决策中，知识的生产成本和交易成本考虑是第一阶位的，一般交易成本是第二阶位的。知识的生产是具有知识的员工（或组织）在与其他知识员工（或组织）相互作用的过程中创造出来的，因而它是知识投入及其相互作用的函数，知识投入不仅指员工的知识存量，还包括投入的知识分布。知识投入越多、知识分布越广、相互作用越强，知识生产越多或越容易生产。知识的生产成本决定于被生产知识的属性和生产时的组织模式，隐性知识、不可分解的知识、复杂性知识其生产成本明显高于显性的、可分解的、简单化的知识，具有群体特征的组织模式其单位知识生产成本（不包括协调成本）小于个体独立特征的组织模式。因此，在企业或网络中，不管是隐性知识还是显性知识的生产都要比市场机制下更有效率。知识交易成本是知识交换、转移、共享等知识运动中所产生的相关成本，如协调成本、机会主义和信息不对称引致的成本。显性知识、可传授知识可以交易且易转移，交易成本低，而隐性知识难以交易和转移，所以交易成本高。对于隐性知识的转移，内在激励最有效，价格机制不适合（Osterloh 和 Frey，2000）。所以相对市场结构来说，隐性知识在企业结构里能更好地共享和转移。在网络结构里，由于各方有保护自身隐性知识的倾向和缺乏激励、信任等协调机制，隐性知识交易成本比企业结构要高，但比市场结构要低。因而，如果把企业看作是物质资产和知识资产集合体的话，它的存在是因为比市场更节省知识成本和一般交易成本（如表2所示），这同样可以解释企业的纵向边界。在集权与分权问题上，由于决策的质量取决于所基于的相关知识，如果与某个决策有关的知识能够集中到组织中某个单一的点上，那么集中决策是可行的。否则的话，决策权的配置就要取决于决策所需要的相关知识的转移成本（知识交易成本）与决策权转移（分权或授权）引致的一般交易成本的比较。若前者大于后者，分权更有利。

表2   不同治理结构的知识成本和一般交易成本的比较

	一般交易成本	隐性、显性知识生产成本	隐性知识交易成本
市场	大	大	大
网络	居中	小	居中
企业	小	较小	小

以上用生产成本-交易成本范式分析了知识如何影响治理机制，反过来，同样可以根据它来选择更有利于知识生产和交易的治理结构（如市场、科层、混合）和协调机制（如合约、指导、激励、报酬、沟通、信任、管理风格、组织文化等）。由于知识的差异性、知识的复杂性和利益冲突，单一的治理机制可能无效，需要对各种知识治理机制进行组合以促进知识的生产与交换。这注定了知识治理要远比组织治理复杂，当前知识治理研究尚处于起步阶段，本文提出的生产成本和交易成本分析范式把知识与组织经济学联结了起来，使组织/治理机制的经济分析成为可能，为知识治理研究提供了一条可行的路径。

商业银行治理结构对
代理成本影响的实证研究

● 屈 韬

（广东商学院经济贸易与统计学院　广州　510320）

【摘　要】本文采用 Panel Data 模型实证检验了商业银行治理结构的主要特征对权益代理成本的影响，以期寻找经理层控制下影响代理成本的决定性因素，发现完善法人治理机制的有效途径。研究发现：董事长与行长两职分离有利于缓解委托-代理矛盾。在内部法人机制不完善的情况下，"一股独大"仍有一定的存在空间。在资本充足的银行，委托-代理问题可能更突出。国家在对国有商业银行实施资本救助的同时，应加强对资金运用的监管，防止国有资产流失。

【关键词】商业银行　代理成本　委托-代理问题

一、引言

所有权与控制权分离，产生了委托-代理问题。商业银行的代理问题错综复杂，包括股东与经营者之间的权益代理问题、大股东与小股东之间的投票权代理问题、存款人与经营者之间的债务代理问题、管理者与政府之间的社会代理问题等。Prowse（1997）、Caprio 和 Levine（2002）指出：由于信息密集型特征，接管、产品市场竞争等外部治理机制的作用较弱，银行治理更多依赖董事会等内部治理机制，目标是要降低代理成本，保护投资者利益，提高治理绩效。以往对转轨经济国家公司控制问题的研究主要集中在非金融公司，银行扮演的是监督和参与角色，如日本的主银行制和德国的全能银行制，对银行自身的治理问题较少触及。随后发生的巴林银行、大和银行和住友商社事件，反映出银行内在的不稳定性和风险监管的脆弱性，在此背景下，对金融公司和商业银行的研究逐年升温。Tabalujan（2002）认为东南亚金融危机暴露了印度尼西亚银行业公司治理的系统性缺陷。Anderson（2003）在系统性研究 1977—1996 年间日本银行治理结构后提出，因缺乏外部激励，低效的治理结构加重了日本银行危机，延缓了银行重组。

本文主要探讨权益代理问题，它是内部人控制问题的核心，源于经营者在股权、债权控制过程中产生的目标偏离，突出表现为过度的在职消费和工资、福利的过度增长。文章通过面板数据模型实证检验商业银行治理结构对权益代理成本的影响，以期寻找"经理层控制"下影响代理成本的决定性因素，发现完善治理机制的有效途径。本文的结构为：第二部分为文献回顾与相关假设，第三部分描述了研究样本和实证研究方法，建立权益代理成本与治理结构的相关模型。第四部分对模型进行了分析和讨论。

二、文献回顾和研究假设

1. 外部监事

Fama 和 Jensen（1983）、Brickley 和 James（1987）、Weisbach（1988）等人的理论和实证研究表明，外部监事有利于维护股东利益，监督银行高层管理者。外部监事不包括：银行及其附属机构的官员或前任官员；官员的亲戚；与银行已建立或有意向建立商务往来关系的顾问、律师等。我国《股份制商业银行独立董事和外部监事制度指引》（下称《指引》）第 7 条规定：商业银行监事会中至少应当有 2 名外部监事；第 30 条规定：股份制商业银行应对外部监事或独立董事支付报酬和津贴。招商银行、深圳发展银行和中国银行自 2002 年，华夏银行自 2003 年，兴业银行和建设银行自 2004 年开始披露外部监事指标。对未披露外部监事的年度，我们以受薪监事替代外部监事。根据《中华人民共和国商业银行法》（1995 年颁布）第 17 条、第 18 条的有关规定，监事包括股东监事和职工监事。前者主要来自企业股东，更关注关联贷款，而不是银行经营；后者则因缺乏社会保障，威慑于与银行之间的行政隶属关系甚至是雇佣关系，对银行有较强的依附性，不敢大胆行使监督权和话语权。多数银行依法设立了监事会，但因信息获取困难、经营者地位强势，难以行使其法定意义上的监督权。我国《公司法》第 55 条、第 119 条规定：监事会行使职权所必需的费用，由公司承担。这意味着监事会聘请律师、会计师监督公司业务和财务所需的费用开支将受制于管理层，监事职权因缺乏应有的经费保障而流于形式。据此假设：

H1：外部监事比例应与对权益代理成本负相关，但由于监事会职能虚置、监督权行使困难、设立时间短，这种影响可能不显著。

2. 董事会规模

Hermalin 和 Weisbach（1997）认为，董事会是股东与管理者之间契约问题均衡解的一部分。资源依赖理论表明：扩大董事会规模和董事会构成多元化可以产生外部环境网络，确保更广阔的资源基础。根据代理理论和组织行为学的观点，董事会人数增加可以增强董事会的监控能力，但同时也会带来相应的成本，如降低董事参与董事会会议的积极性和达成意见的可能性，使决策速度趋于缓慢。Mak et. al（2002）的研究表明：新加坡、马来西亚公司的托宾 Q 值与董事会规模负相关。Eisenberg et. al（1998）发现，在芬兰的小型或中小型公司，董事会规模与盈利性负相关。Carline et. al（2002）发现英国公司在并购发生后董事会规模与经营绩效的增长负相关。据此我们假设：

H2：董事会规模是影响代理成本的显著性因素，与代理成本正相关，与治理绩效负相关。

3. 董事会构成

董事会构成是衡量董事会独立性的重要指标，常用的衡量方法有：（1）外部董事占董事会成员的比例。外部董事指由公司外部人（非控股股东或非公司经理）担任的董事。（2）非执行董事占董事会成员的比例。非执行董事指仅具有董事身份，不负责公司业务执行的董事。（3）独立董事占董事会成员的比例。独立董事指不在银行内部任职且与银行没有股权关系的董事，其外延小于外部董事和非执行董事，因此又称独立非执行董事。该指标在国外的文献研究中最常用。外部董事与绩效的关系，学术上尚未得出一致的结论。多数研究认为，外部董事有利于保护股东利益，改善治理绩效。但也有实证研究发现二者不相关。Kose 和 Senbet（1998）认为，如果外部董事不称职或不愿约束管理者，将导致监管职能失效。随着外部控制权市场日趋健全，外部董事发挥作用的空间变小，也可能影响其监控职能。（4）受薪董事（不包含只领津贴董事）占董事会成员的比例。理论上，受薪董事比例越高，说明内部董事越多，董事会的独立性越差。依据《指引》第 30 条，多数银行规定：独立董事从本行领取报酬和津贴，股东董事从股东单位或关联单位领取报酬。这说明中国情况恰恰相反：受薪董事比例越大，说明独立董事越多，但其独立性受到质疑。据此我们假设：

H3：董事会的独立性应与权益代理成本负相关，但在外部董事的独立性受到质疑的情况下，这种影响并不显著。

4. 两职合一与否

即是否存在董事长与总经理（行长）两职合一的情况。根据代理理论，两职合一意味着银行行长集决策控制权与决策管理权于一身，董事会难以对其有效行使监督、考核、聘任和解雇职能，监管效率被削弱，委托-代理矛盾趋于恶化（Pi 和 Timme，1993）。因此，两职分离有利于约束职务消费，减少代理成本。Horiuchi 和 Shimizu（2001）对日本的研究表明：当银行监管者空降成为银行高层管理者时，银行资本充足率、经营业绩均呈下降趋势，不良贷款增加。但根据管理理论，两职合一使权力集中，有利于减少董事长和总经理间因意见分歧产生的协调成本和交易成本。如果 CEO 具备管理和决策能力，可大大提高决策效率，改善经营绩效。Harrison、Torres 和 Kukalis（1988）发现，资产回报与两职合一正相关，外部董事比例与两职合一显著负相关。这暗示两职合一有助于管理者统一而强有力的领导。绩效欠佳的企业，可通过两职分离，确保董事会的独立性。在公共企业①，两职合一有利于保护组织利益（Reddy，1998），两职分离则可能增强官僚作风和治理开支（Hart，1995）。关于银行业董事会结构和特征对治理绩效的影响，我们收集到的国内文献非常少，国外研究也尚未得出一致的结论。部分研究显示，治理绩效不会因两职分离而变得更好，公司决策也不会因此更为明智（Brickley et. al.，1994）。我国《股份制商业银行公司治理指引》(2002 年) 第 30 条、第 32 条明确规定：商业银行应当设立独立董事制度。股份制商业银行董事长和行长应当分设，董事长不得由控股股东的法定代表人或主要负责人兼任。可见，两职分离是我国商业银行解决委托-代理问题的主要途径，但由于上市银行全面实施独立董事制度的时间不长，且带有明显的政府主导性质，研究中我们假设：

H4：两职分离应与权益代理成本负相关，但短期内这种负效应并不突出。

5. 资本充足率

资本充足率是衡量银行稳健性的重要指标。较高的自有资本促使股东更加关注银行经营，以减少道德风险。Berger 和 Mester（1997）认为，资本充足的金融机构是有效率的。当银行杠杆率高、资本率低时，管理者利益与股东利益可能趋于一致，更具风险偏好型特征，倾向于投资风险项目以使存款价值最大化。因此，高杠杆的银行较低杠杆的银行面临更为严格的政府监管。

美国联邦存款保险公司促进法案（1991）规定，应尽早关闭存在金融问题的银行，对资本充足率低的银行尽早采取纠错行动。我国国有商业银行（除中国银行外）均未达到资本充足要求，银行事实上是负资产运营。对是否应施加政府救助以提高银行资本充足率的问题，日本研究者 Diamond（2001）警示：只有存在有生存能力的借款人，才可实施资本金援助。我国国有银行尚未实行破产制度，资本充足率的要求存在软约束，在市场不健全、信息非对称的情况下，政府对陷入经营困境的银行实施再融资救助，反而会激励银行"低水平努力"，盲目投资和消极监管，陷入更大面积的亏损。因此在对注资行为缺乏立法规范、对注资后的监督考核缺乏硬性约束的情况下，内部人控制行为令人担忧：对银行注资过多可能留下管理者租金，出现工资增长速度快于盈利增长速度、持续低效运营的"双窘"局面。注资过少则可能较不注资更糟糕，浪费政府资金。政府应把握好资金注入的量，并在注资的同时要求提供裁员及相关的管理计划。据此我们假设：资本充足率低的银行，股东与管理者的利益趋于一致，权益代理成本小。资产剥离、紧缩信贷和注资援助等政府行为有利于提高资产充足率，但在缺乏破产制度约束和有效监管的情况下，也

---

① Reddy（1998）将政府企业（government enterprise）、中央或国家公司、公共部门（public sector）、银行、金融保险机构统称为公共企业（public enterprises）。

会负面激励管理者的寻租动机，使权益代理成本增加。

H5：在政府救助和治理机制不完善的情况下，资本充足率与权益代理成本正相关。

三、样本选取与变量定义

权益代理成本的度量颇为困难。在职消费是度量"经理层控制"下权益代理成本的最直接指标，曾为陈冬华等人（2005）在上市公司的研究中采用。但我国现行会计制度并未规范该披露项目，部分银行仅披露非重大的在职消费项目，不同银行间的数据缺乏可比性。本研究拟采用 Ang、Cole 和 Lin（2000）曾使用的运营支出率指标，即经营费用与主营业务收入之比，来量化权益代理成本。经营费用被界定为总费用减去产品销售成本、利息费用和经理报酬，即"为组织和管理企业生产经营所发生的费用"，是所有经营性收支项目中内涵最模糊、外延最广的项目。该项目往往成为五花八门的在职消费的"避风港"，可在一定程度上度量经营者的代理成本（吴淑琨等，1998；曾庆生等，2006）。运营支出率越高，说明权益代理成本越大，委托-代理矛盾越突出。

我们选取了披露数据相对全面的招商银行、上海浦东发展银行、中国民生银行、兴业银行、中国华夏银行、中国建设银行、中国银行和深圳发展银行等八家银行进行研究，数据源自 2001—2005 年各银行公布的年度报告，共计 40（8×5）个观察值。研究以运营费用率（EB）为因变量，设定有关董事会规模（OSN）、结构（OUTSIDER）和独立性（DOUBLE）以及监事会结构（OTDIR）的指标为自变量，同时考虑银行规模、劳动投入、网点增长对运营支出率的影响，将员工增长率（INCE）、网点增长率（INCP）、资本充足率（CAPADEQ）、资产规模（LNSALE）、总部所在地（LOCATION）、国内生产总值增长率（IGDP）作为控制变量，采用面板数据建模方法，以 Eviews 统计软件为分析工具，依次检验平行数据之间是否存在个体固定效应、自相关或异方差，以确定影响权益代理成本的线性回归模型。各研究变量的定义见表 1。

表 1 研究模型中的因变量和自变量代码

变量 （代码）	定 义	描 述	预期 影响
EB	运营费用率 ＝经营费用÷主营业务收入×100%	用于度量权益代理成本	
STATE	若控股股东或终极控制人为国有企业或政府部门，STATE＝1；否则，STATE＝0	为国家控股哑元变量	＋
OSN	董事会成员数	衡量董事会规模对委托-代理问题的治理影响	＋
OUTSIDER	OUTSIDER＝外部董事÷全体董事×100%	衡量董事会独立性与权益代理成本的关系，若未公布外部董事比例，以受薪董事比例替代	-/ *
DOUBLE	若董事长与行长两职合一，为1；否则，为0	检验两职合一对权益代理成本的影响	-/ *
OTDIR	OTDIR＝外部监事数量÷监事总数×100%	衡量监事会独立性对治理效果的影响，若未公布外部监事比例，可用非受薪监事比例替代	-/ *
LNSALE	LNSALE＝lg（负债账面价值＋资产总市值）	当存在规模经济时，单位代理成本随规模增加而降低；当存在规模不经济时，单位代理成本随规模增加而增加	＋/-

变量 （代码）	定　义	描　述	预期 影响
IGDP	国内生产总值增长率	通常国内生产总值越高,地区物价水平随之提高,公司的管理成本会越高	+
LOCATION	若总部在北京,为1;若总部不在北京,为0	为总部所在地哑元变量,总部越靠近首都,行政干预越强,代理成本越高	+
CAPADEQ	资本充足率 $= \dfrac{核心资本 + 附属资本}{风险资本} = \dfrac{核心资本 + 附属资本}{\sum(资产 \times 风险权重)}$	反映银行杠杆率高低对权益代理成本的影响,自有资本越充足,说明银行杠杆率越低	+
INCE	员工增长率（2002—2005年）	衡量劳动投入变化对管理成本的影响	+
INCP	网点增长率（2002—2005年）	衡量增减网点对管理成本的影响	+

注:"+"表示根据文献研究,二者应正相关;"-"表示根据文献研究,二者应负相关;"+／-"表示需要视情况而定;"*"表示根据文献研究,二者关系应不显著。

四、实证分析

1. 描述性统计分析

表2给出了各非哑变量的主要描述性统计量,从表中可以看出,在样本期内,运营支出率（EB）、网点增长率（INCP）平均为29.0%和35.8%,呈正偏、尖峰性,不服从正态分布。后者可能受异常值的影响:2002年,中国华夏银行的经营网点从17家跃升到211家,增长达1141.18%。外部董事占比（OUTISIDER）、外部监事占比（OTDIR）、国内生产总值增长率（IGDP）均值分别为27.4%、31.5%和8.9%,且负偏、平峰性不明显,服从正态分布。董事会人数（OSN）平均为14.525人,资本充足率（CAPADEQ）平均为8.7%,两变量均有负偏、尖峰性,不服从正态分布。员工增长率（INCE）、银行规模（LNSALE）平均为11.7%和9.190,均呈正偏性,平峰性不明显,服从正态分布。

表2　　　　　　　　　主要指标的简单描述（2001—2005年）

变　量	Mean	Med	Max	Min	Std	Skew	Kur	J-B	Prob	Obs
EB	0.290	0.274	0.570	0.147	0.081	1.727	6.966	46.093	0.000	40
OUTSIDER	0.274	0.286	0.529	0.000	0.153	−0.431	2.368	1.903	0.386	40
OSN	14.525	15.000	19.000	0.000	4.841	−1.978	6.610	47.813	0.000	40
OTDIR	0.315	0.286	0.667	0.000	0.184	−0.136	2.206	1.175	0.556	40
H	0.260	0.057	1.000	0.012	0.378	1.235	2.660	10.368	0.006	40
GVSHARE	0.338	0.107	1.000	0.000	0.388	0.807	2.047	5.854	0.054	40
OSHARE	0.479	0.000	17.890	0.000	2.824	6.079	37.978	2285.442	0.000	40

变量	Mean	Med	Max	Min	Std	Skew	Kur	J-B	Prob	Obs
IGDP	0.089	0.095	0.099	0.075	0.009	−0.556	1.696	4.894	0.087	40
CAPADEQ	0.087	0.086	0.136	0.023	0.020	−0.645	5.638	14.373	0.001	40
INCE	0.117	0.117	0.480	−0.156	0.142	0.287	2.920	0.489	0.783	35
INCP	0.358	0.095	11.412	−0.231	1.798	6.033	37.615	2239.630	0.000	40
LNSALE	9.190	8.835	11.390	7.200	1.202	0.681	2.137	4.332	0.1_5	40

注：Mean 表示均值，Med 表示中位数，Max 表示最大值，Min 表示最小值，Std 表示样本标准差，Skew 表示偏度系数，Kur 表示峰度系数，J-B 表示 Jarque-Bera 统计量，Prob 表示 J-B 对应的概率值，Obs 为观察个数。

2. 单位根检验

如果一非平稳时间序列对另一非平稳时间序列回归，则 T 检验和 F 检验无效。1997—2005 年间，银行业经历制度变革和结构突变，可能极大地影响到回归结果，有必要检验该时间序列面板数据的平稳性。表 3 报告了非哑变量的 LLC 和 IPS 单位根检验值。可以看出变量 EB 不存在单位根，是平稳数据，因此回归分析中没有必要对 EB 进行差分。影响变量中除 CAPADEQ 和 LNSALE 无单位根外，其他较难判断。但只要 EB 是平稳数据，回归结果就不会受到影响。

表3　　　　　　　　　　　　各变量的 LLC 和 IPS 单位根检验结果

变量	LLC 检验		IPS 检验	
	T	Prob	T	Prob
EB	−5.51	0.00	−1.756	0.04
OUTSIDER	−1.576	0.06	0.829	0.80
OSN	−3.020	0.00	0.215	0.58
OTDIR	−3.934	0.00	−0.816	0.21
IGDP	−5.072	0.00	−0.582	0.28
CAPADEQ	−10.175	0.00	−3.134	0.00
INCE	−4.357	0.00	−0.818	0.21
INCP	−3.102	0.00	−0.088	0.46
LNSALE	−5.839	0.00	−2.846	0.00

注：T 为其检验统计量的值，Prob 是其对应的概率值。

3. 相关性分析

表 4 给出了非哑变量间的简单相关系数。数据表明：仅变量 CAPADEQ 与 EB 线性相关。董事会成员数（OSN）与 EB 正相关，外部董事比例（OUTSIDER）、外部监事（OTDIR）与 EB 负相关，但均不显著。这证实我国商业银行治理结构主要为满足法规规定，但因职能虚设、时间短、见效慢等原因，外部监事和外部董事的治理作用并未真正发挥。通过散点图分析，我们发现 EB 和其他变量间除线性关系外没有其他关系。因此，在考察影响 EB 的因素时，我们只需考虑 CAPADEQ 和其他哑变量。

表 4 变量间的简单相关系数

变 量	CAPADEQ	EB	IGDP	INCE	INCP	OSN	OTDIR	OUTSIDER	LNSALE
CAPADEQ	1.00								
EB	0.41**	1.00							
IGDP	−0.14	0.21	1.00						
INCE	0.13	−0.19	−0.14	1.00					
INCP	−0.01	0.00	−0.12	0.67**	1.00				
OSN	0.34**	0.02	0.08	0.35**	0.16	1.00			
OTDIR	0.31*	−0.03	−0.12	0.15	−0.08	0.45**	1.00		
OUTSIDER	0.03	−0.01	0.33**	0.28**	0.15	0.70**	0.01	1.00	
LNSALE	0.13	0.22	0.27**	−0.50**	−0.18	−0.63**	−0.17	−0.53**	1.00

注：* 表示在 10% 的显著性水平下显著，** 表示在 5% 的显著性水平下显著。

4. 回归分析及模型确立

我们以 CAPADEQ 为自变量、EB 为因变量建立简单回归模型 1 和截面固定效应模型 2。为检验固定效应，经计算得：$F = 6.8954$，而 $F_{0.05}(7, 31) = 2.31$，在 5% 的显著性水平下显著，因此存在固定效应。查表得：当 $k = 1$，$n = 40$ 时，DW 统计量的临界值 $d_L = 1.44$，$d_U = 1.54$，因为 DW 统计量大于 d_U，所以不存在残差的自相关。

利用模型 2 得到的残差，计算得：$LM = 31.99$，而 $\chi^2_{0.05}(7) = 14.07$，所以存在异方差。我们改用考虑截面异方差的 FGLS 方法估计，得到存在异方差的截面固定效应模型 3。比较同方差和异方差的结果可知，异方差模型有了明显的改进。因此，我们认为模型 3 是拟合充分的模型，是该变量间关系的正确反映。

接着，我们加入 STATE、DOUBLE、LOCATION 等哑变量。由于变量间存在多元共线性，我们不考虑个体固定效应，估计结果见模型 4。结果表明：DOUBLE 和 STATE 对 EB 有显著性影响，但是模型回归的效果没有模型 2 和模型 3 好，也就是说，DOUBLE 和 STATE 是影响个体效应的潜在变量。各模型回归结果见表 5。

表 5 各模型回归结果

	模型 1	模型 2	模型 3	模型 4
α	0.144073*	0.112606*	0.207576*	0.178060
	(2.6388)	(2.6287)	(5.944)	(3.520830)
α_1		0.016042	0.031865	
		−0.020959	−0.019080	
α_2		−0.038611	0.038320	
		−0.054286	−0.056149	
α_3		−0.017899	0.018695	
α_4		0.098565	0.104316	
α_5		−0.066944	−0.064891	

	模型 1	模型 2	模型 3	模型 4
α_6		0.084093	0.060955	
CAPADEQ	1.672321	2.032717	0.945016*	1.341039*
	(2.7405)	(4.222)	(2.387)	(2.381)
DOUBLE				-0.144045*
				(-3.017)
STATE				0.089921*
				(2.653638)
LOCATION				-0.033478
				(-1.269)
F	7.51*	7.99*	31.99*	5.20
DW	0.595	1.58	1.90	0.904
F^*		6.8954*		
LM		31.99*		

注：(1) 参数估计结果下括号里的值为对应的 t 值。(2) F^* 为是否有个体效应的 F 检验统计量，LM 为是否有个体异方差的 LM 检验统计量。(3) * 表示在 5% 的显著性水平下是显著的。

五、结论与讨论

回归结果显示：两职合一（DOUBLE）和国有控股（STATE）对权益代理成本（EB）产生个体效应，资本充足率（CAPADEQ）是重要的影响因素。模型 4 显示，国有控股（STATE）与运营支出率（EB）显著正相关。这与假设一致，证实"一股独大"加剧了委托-代理矛盾，减持国有股对改善治理绩效有一定的现实意义。在董事会结构指标中，只有两职合一（DOUBLE）与权益代理成本（EB）负相关，回归系数通过 5% 的置信度检验，说明两职合一仍是我国银行治理的重要方式，董事长与行长两职分离有利于减少代理成本。总部所在地（LOCATION）与运营费用率（EB）的相关性不显著，说明政府干预不是权益代理成本增加的主要原因。在七个控制变量中，只有资本充足率（CAPADEQ）与运营费用率（EB）显著正相关。根据模型 3，资本充足率每增加一单位，EB 将增加 0.95 个单位。这与预期一致，暗示在治理结构不完善的情况下，通过政府行为提高资本充足率可能负面激励管理者的寻租动机，增加权益代理成本。据此，我们认为：董事长与行长的两权分离有利于缓解委托-代理矛盾。在治理机制缺失的情况下，国家在对国有商业银行实施资本救助的同时，须加强对资金运用能力的监管，防止国有资产大量流失而陷入资金黑洞。

本研究存在一定的不足。首先，不同银行财务报表的统计口径存在较大的差异，这为指标计算带来一定的难度。部分银行在后期报表中对前期报表数据进行了调整，但未披露调整的时间和依据，使数据取舍缺乏统一的标准。其次，《金融企业会计制度》（财政部和中国人民银行 1993 年颁布）于 2001 年重新修订，使该期间发生财务重组的银行所依据的会计政策发生变化，影响了重组前后报表数据间的可比性。原计划将研究区间分为 1998—2003 年和 2003—2005 年两个阶段，但因后阶段时间太短，且处于财务重组期，难以做出有说服力的计量分析。再者是研究指标的选择。由于市场机制不健全，本研究仍侧重财务指标，但受内部人控制的影响，财务指标未必真实反映企业的经营状况，从而影响结论的可靠性。

参 考 文 献

[1] Anderson, C. W., and Campbell, T. L.. Corporate governance of Japanese banks. Journal of Corporate Finance. 2003, 189.

[2] Ang, J., Cole, Rl, and Lin, J.. Agency costs and ownership structure. Journal of Finance, 2000, 55.

[3] Berger, A. N., and Mester, L. J.. Inside the black box: What explains differences in the efficiencies of financial institutions?. Journal of Banking and Finance, 1997, 21.

[4] Brickley, J., Coles, J., and Terry, R. L.. Outside directors and the adoption of poison pills. Journal of Financial Economics, 1994, 35.

[5] Brickley, J. A., and James, C. M.. The takeover market, corporate board composition, and ownership structure: The case of banking. Journal of Law and Economics, 1987, 30 (1).

[6] Capiro, G., Jr., and Levine, R.. Corporate governance of banks: Concepts and international observations. Paper presented in the Global Corporate Governance Forum Research Network Meeting, 2002, 5.

[7] Carline, N. F., Linn, S. C., and Yadav, P. K.. The influence of managerial ownership on the real gains in corporate mergers and market revaluation of merger partners: Empirical evidence. Working Paper, University of Oklahoma, 2002.

[8] Diamond, Douglas W.. Should Japanese Banks Be Recapitalized?. Monetary and Economic Studies (Bank of Japan), 2001, 19.

[9] Eisenberg, T., Sundgren, S., and Wells, M.. Larger board size and decreasing firm value in small firms. Journal of Financial Economics, 1998, 48.

[10] Fama, E., and Jensen, M.. Separation of ownership and control. Journal of Law and Economics, 1983, 26.

[11] Harrison, J. Richard, David L. Torres, and Sal Kukalis. The changing of the guard: Turnover and structural change in top-management positions. Administrative Science Quarterly, 1988, 33.

[12] Hart, O.. Firms, contracts, and financial structure. Forthcoming, Oxford University Press, 1995.

[13] Hermalin, B., and Weisbach, M.. Endogenously chosen boards of directors and their monitoring of the CEO. American Economic Review, forthcoming, 1997.

[14] Horiuchi, A., and Shimizu, K.. Did Amakudari undermine the effectiveness of regulator monitoring in Japan?. Journal of Banking and Finance, 2001, 25.

[15] Jensen, M.. Presidential address: The modern industrial revolution, exit and the failure of internal control systems. Journal of Finance, 1993, 48.

[16] Kose John, Senbet, and Lemma, W.. Corporate governance and board effectiveness. Journal of Banking & Finance, 1998, 22.

[17] Mak, Y. T., and Yuanto, K.. Size really matters: Further evidence on the negative relationship between board size and firm value. Working Paper, National University of Singapore, 2002.

[18] Pi, L., and Timme, S. G.. Corporate control and bank efficiency. Journal of Banking and Finance, 1993, 17 (3).

[19] Prowse, S.. The corporate governance system in banking: What do we know? Banca Naxionale del Lavoro Quarterly Review (March), 1997.

［20］ Reddy, Y. R. K.. Corporate governance and public enterprises: From heuristics to an action agenda in the Indian context. The ASCI Journal of Management, 1998, 27.

［21］ Tabalujan, Benny Simon. Why indonesian corporate governance failed-conjectures concerning legal culture. Columbia Journal of Asian Law, 2002, 15 (2).

［22］ Weisbach, M. S.. Outside directors and CEO turnover. Journal of Financial Economics, 1988, 20 (1-2).

［23］ 曾庆生，陈信元. 何种内部治理机制影响了公司权益代理成本——大股东与董事会治理效率的比较. 财经研究.2006, 2.

［24］ 陈冬华，陈信元，万华林. 国有企业中的薪酬管制与在职消费. 经济研究，2005, 2.

［25］ 吴淑琨，柏杰，席酉民. 董事长与总经理两职的分离与合———中国上市公司实证分析. 经济研究，1998, 8.

家族企业治理与信息传递机制：
一个理论分析框架[*]

● 石本仁[1]　　石水平[2]

（1，2　暨南大学管理学院　广州　510632）

【摘　要】 家族企业是世界各国或地区普遍存在的一种企业组织形式，在经济发展过程中占有越来越重要的地位，成为当前研究的热点。与此同时，我国民营经济近几年的迅猛发展也促进了家族企业的不断完善，更多的中小企业普遍采用了家族制管理模式。但我们研究发现，我国家族企业在发展过程中还存在诸多问题，尤其是信息透明度低，社会信任度差，从而导致其利用社会资本的能力低下。因此，本文以交易成本（信息搜寻）为着眼点，分析了家族企业存在的原因及其概念，以及信息披露对家族企业成长、绩效与传承的影响，提出了在治理过程中家族企业所有权和社会资本对信息披露的要求，进而构架了一个家族企业信息传递机制的分析框架，这将为我国家族企业信任机制的建立奠定良好的理论基础。

【关键词】 家族企业　交易成本　所有权　社会资本　信息披露

一、家族企业存在的原因及其概念

（一）家族企业存在的原因

自从钱德勒（Chandler，1979）将美国大型工商企业的成长过程概括为"经理式资本主义"的兴起和"家族资本主义"的衰落过程以来，主流经济学已经习惯将家族企业制度视为一种最终将被现代公司制度所取代的前现代古典企业形态。但是，这一规范性论断从来没有得到现实经验数据的充分支持。事实上，作为一种特定的企业组织结构，家族企业制度不仅是古老的，而且是现代的，不仅在家庭价值观浓厚的泛东亚儒家文化的国家中是普遍和重要的，而且在崇尚个人理性、经济成熟度高的西方市场经济国家中同样是普遍和重要的。在人类的过去和现在，家族企业都是广泛存在的企业类型。据 Gersick（1998）统计，美国《财富》杂志 500 强企业中大约有 1/3 是家族企业，意大利最大的 100 家公司中有 43 家家族企业，法国最大的 100 家公司中有 26 家家族企业，德国为 7 家；工业化国家的家族企业雇佣了 50% ~60% 的劳动力，其所创造的财富占 GDP 的 60% 以上①。很显然，家族企业的产生不是一蹴而就的，它有其客观存在的理论基础。

Coase（1937）首先提出了交易成本理论，他认为任何交易都是通过契约关系进行和完成的，而不同

---

* 本文是国家自然科学基金项目"我国家族企业信息传递机制研究"（编号：70572064）的阶段性研究成果。

① 克林·盖尔西克. 家族企业的繁衍——家庭企业生命周期. 北京：经济日报出版社，1998：64-69.

性质的交易需要搭配不同类型的契约关系，形成不同的治理结构①。因此，要节约交易成本，实现最大的效益，必须用差别的方式将不同的契约类型、治理结构或产权结构与不同的交易特征进行有效率的匹配。交易成本包括市场型交易成本、管理型交易成本和政治型交易成本。对一般企业来说，在完全竞争市场中，不会发生匿名式的交易。潜在的交易必须相互搜寻对方，一旦这些利益双方建立联系，他们各自还必须搜寻更多的交易对象。特别地，各方还得确定另一方是谁，他是否愿意以及是否能够履行他所达成的合约，这就是我们通常所讲的市场型交易成本。但对家族企业来说，因为其特殊的性质特征，使得内部家族成员之间的关系与管理成为其治理的核心。所以，家族企业在这种特殊的产权结构下，通过家族成员之间长期的默契合作来降低管理型交易成本，达到资源的合理配置。当然，这种默契是基于一种信任机制，即一种信息搜寻成本使得某种规模下的家族企业的管理型交易成本低于一般企业的市场型交易成本②。

另外，Williamson（1979）将资产专用性与合约中的交易成本联系起来，认为资产专用性的存在使得在有限理性的条件下，交易双方可能进行机会主义行为，从而导致了交易成本的上升③。所以，在未来预期收益不确定的条件下，追求成本最小化是合约安排的目标，资产专用性的高低将成为组织和市场划分的尺度之一。正因如此，家族企业从产生起就具备了它天然的资产专用性，这种与生俱来的优势使得外来的准入者变得异常艰难，高额的交易成本让家族企业立于不败之地。如果资产专用性的程度提高，天平将向着有利于内部组织的方向移动。其实，我们也可理解为资产专用性导致信息的不对称，这种外部信息的不对称实际上就是交易成本，也是家族企业存在的另一个原因。

（二）家族企业的概念

概念的界定是逻辑分析的起点和基础，但目前学术界还没有一本系统论述家族企业的专著，对家族企业的研究大多散见于一些社会学、管理学著作中。其中，Chandler（1979）给家族企业下的定义是：企业创业者及其最亲密的合伙人（和家族）一直掌有大部分股权，他们与经理人员维持紧密的私人关系，且保留高层管理的主要决策权，特别是在有关财务政策、资源分配和高层管理人员的选拔方面④。Gersick等（1998）也从企业资本所有权的角度界定家族企业，但由于不同家族企业的财产所有权的集中程度不同，再加上不同国家或地区的公司法的差异，用一个明确的量化标准来界定家族企业是不合适的。孙治本（1995）提出要以经营权为核心来定义家族企业，当一个家族或数个具有紧密联盟关系的家族直接或间接掌握一个企业的经营权时，这个企业就是家族企业⑤。Redding（1993）从文化的角度定义家族企业，他认为华人家族企业实质上是一种文化产物⑥。Chua等（1999）则从行为的角度定义家族企业，认为家族企业是由一个或几个家族监控或管理的企业，目的在于通过强势主脑去塑造和追求家族的愿景，并潜意识里希望企业能稳定地代代相传⑦。

---

① Coase, R. H.. The nature of the firm. Economica, 1937, 4：386-405.

② 需要指出的是，这种低管理型交易成本仅局限于家族企业的初始阶段，其规模效益和社会资本利用能力都很低。

③ Williamson, Oliver E.. Transaction cost economies：The governance of contractual relations. Journal of Law and Economics, 1979, 22：233-261.

④ 小艾尔费雷德·D. 钱德勒，看得见的手. 北京：商务印书馆, 1987：175-179.

⑤ 孙治本. 家族主义与现代台湾企业. 社会学研究, 1995, 5：52-56.

⑥ 雷丁. 海外华人企业家的管理思想——文化背景与风景. 上海：上海三联书店, 1993：47-51.

⑦ Chua, J. H., James J. Chrisman, and Sharma, P.. Define the family business by behavior. Entrepreneurship Theory and Practice, 1999, 23：19-39.

我国也有不少学者定义了家族企业。储小平（2000）认为华人社会中的一切社会关系网的核心内容是家族关系及由此延伸的泛家族关系，这是一种特殊的关系契约。华人家族企业的构建、治理效率和成长边界的很多谜底在很大程度上要通过对这种关系契约的解剖才能得以有效地解释①。金祥荣和余立智（2002）以创业家族是否掌握以及在多大程度上掌握企业的控制权作为区分"家族企业"与"非家族企业"的基本识别标准②。朱卫平（2004）将家族企业定义为，家族企业是指企业家个人拥有或与其家族（家庭）共同拥有占支配地位的所有权，并能合法地将其所有权在家族（家庭）内部传承的企业形态③。

然而，上述对家族企业的定义更侧重于通过识别家族企业的本质特征（如对所有权和经营权的控制以及家族联盟的控制等）来对其进行界定，从而将家族企业和非家族企业区分开来。但我们发现，家族成员在企业中的参与度及其变化与家族企业的演变成长的关系是非常有价值的研究领域。因为这种研究中变量的可测性强，可以使人们深入了解家族企业内部的治理结构运作方式和组织行为特征。要界定家族企业的定义，必须从企业控制权、家族成员与代际传承三个维度着手。因此，我们认为，家族企业是以家文化为核心，以血缘、亲缘关系为纽带，由一个或几个家族基本占有企业资产所有权，采取家长制决策和管理并经历了代际传承的一种企业组织形式。

二、信息披露对家族企业成长、绩效与传承的影响

（一）家族企业的成长

从家族企业存在的原因及定义可知，家族企业能够不断繁衍的背后是管理型交易成本和家文化的巨大影响，这为家族企业的成长、绩效与传承起到了重要的作用。储小平、李怀祖（2003）认为企业成长的标志主要体现在资本规模的扩大、组织结构的扩展和市场盈利能力的提高。对家族企业而言，资本规模的扩大表明家族企业要突破家族资本的封闭性，不断吸纳外部的社会金融资本；组织结构的扩展表明企业的委托代理链条要不断拉长，要逐步突破家族管理资源的封闭性，吸纳外部职业经理进入企业，并有效地对人力资本进行整合；市场盈利能力的提高表明家族企业要在有效融合金融资本和人力资本的基础上，建立广泛的商业网络或企业联盟，并能塑造具有特色企业文化的核心竞争力④。因此，家族企业成长的核心是如何与社会资本融合。他们构建了一个家族企业成长的路径模式（见图1）。

由图1可知，从家庭/家族企业到泛家族企业，泛家族企业向企业网络联盟的演变或向家族掌握临界控制权的演变是我国家族企业成长的两个主要路径。也就是说，并不是所有的家族企业成长的最终形态都是股份上市公司。有的保存家族企业基本形态，但与其他类型的企业结成网络联盟；有的家族企业的成长可能停留在某一阶段，甚至一直保持纯家族形态；有的企业在成长过程中可能越过一些阶段，有的可能在成长中越不过某一节点而被淘汰，有的可能在不同路径之间跳跃发展，但不管如何发展，所有家族企业在成长过程中都必须保持良好的信任机制，这样才能在不同程度上有效地利用各种社会资本。而这种信任机制的建立要求家族企业提供完善的信息披露，以满足社会资本的需要。

---

① 储小平．家族企业研究：一个具有现代意义的话题．中国社会科学，2000，5：51-57.
② 金祥荣，余立智．控制权市场缺失与民营家族制企业成长中的产权障碍．中国农村经济，2002，8：30-35.
③ 朱卫平．论企业家与家族企业．管理世界，2004，7：100-107.
④ 储小平，李怀祖．信任与家族企业的成长．管理世界，2003，6：99-106.

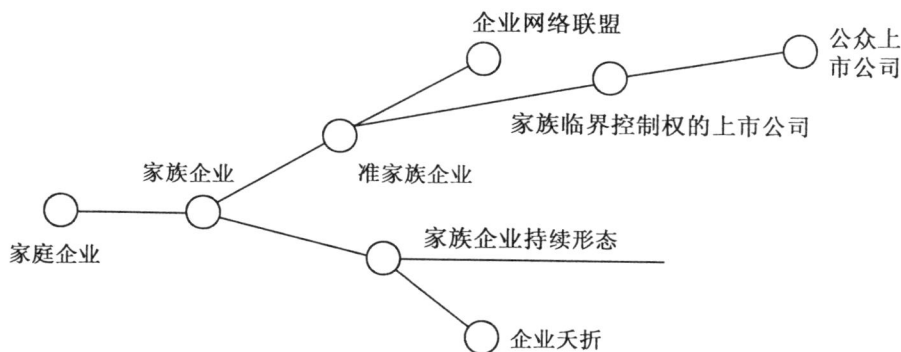

图 1　家族企业的成长路径①

（二）家族企业的绩效

家族企业是不是一种高效的企业组织形式，各国学者对家族企业组织的经济合理性及其管理绩效都存在不同观点。Chrisman 等（2002）研究发现，家族和非家族企业的短期绩效表现在统计上没有差异，但对它们引入控制代理成本机制后，其中的非家族企业的绩效将发生积极的改观②。传统家族组织与现代企业制度之间有着天然的相互抵触性，传统家族组织所孕育出的裙带关系是建立高效组织制度的最大障碍。这种矛盾体现为：（1）家族企业中家族成员之间财产关系的模糊性与现代企业"产权明晰"的内在要求之间的矛盾；（2）创业家族有限的物质资本动员能力与现代企业追求规模经济与范围经济的内在要求之间的矛盾；（3）家族企业内部产权（剩余索取权和剩余控制权）配置结构的封闭性与现代企业专业分工管理的内在要求之间的矛盾；（4）家族企业中企业家生命的时效性和不可继承性与现代企业对企业家人力资本再生机制的内在要求之间的矛盾；（5）家族企业薄弱的技术创新和品牌塑造能力与现代企业对核心能力的内在要求之间的矛盾。

另一方面，陈凌（1998）却认为，家族式组织和企业网络是亚洲经济组织的一种特征，这种特征本身是效率中性的，即家族式组织不一定是低效率的，在特定的情况下甚至比市场或科层更有效率和竞争力③。此外，Redding（1993）还认为华人家族企业既是一种高效的组织工具，又是这些企业"长不大，大必散"的组织根源。李新春（2002）则发现，1978 年以来，中国乡镇集体企业中的家族主义、家族制度不是限制，而是大大地加速了经济改革的进程，但是家族内外有别的伦理关系和信任结构会造成所谓"家族主义困境"，使其不能解决随着组织规模或交易的复杂性增加时出现的能力不足的问题④。

（三）家族企业的传承

在家族企业的定义中，我们特别强调的一个重点就是代际传承。因为对我国大部分家族企业来说，目前还仅仅局限在第一代的创业上，正处于新老交接的过程当中。另外，世界 80% ~ 90% 的企业可以划为家族企业，但 70% 的家族企业的生命周期只能存续一代，只有 30% 的家族企业可以延续到第二代，15%

---

① 转引自储小平. 家族企业的成长与社会资本的融合. 北京：经济科学出版社，2004：58-63.
② Chrisman, J. J., Chua, J. H., and Steier, L.. The influence of national culture and family involvement on entrepreneurial perceptions and performance at the state level. Entrepreneurship Theory and Practice, 2002, 26：113-130.
③ 陈凌. 信息特征、交易成本和家族式组织. 经济研究，1998，7：27-33.
④ 李新春. 信任、忠诚与家族主义困境. 管理世界，2002，6：88-90.

的家族企业可能延续到第三代（Ward，1997）①。是什么原因导致家族企业如此短命？特别是华人世界历来就流传着"富不过三代"这个带着宿命色彩的说法，因此华人家族企业成长中的"三代消亡律"也是一个普遍受关注的问题。陈其南（1986）特别比较了中日两国的家文化差异，认为中国人的家族制度是以家族系谱理念为中心的，而家户团体的构成和持续完全要建立在家族系谱理念的基础上。在日本和欧美的许多社会中，家族团体的构成往往是以其家户功能为决定因素，而家族系谱理念只居于辅助的地位②。也就是说，日本人倾向于把"家"看作是一个企业共同体，而家族成员不过是这个共同体的附属品而已。中国人则倾向于把家户或企业当作是系谱上的家族成员之附属品。前者为"家族企业化"，后者为"企业家族化"。福山（1998）也指出日本家族企业较容易突破血缘亲情的限制，实现专业化职业经理的制度化管理③。陈凌、应丽芬（2003）认为，中国家族企业要成功实现"子承父业"换代模式，必须在家族换代中认真思考权威转换、企业文化重新营造和企业"分家"等问题④。我们认为，代际传承的实质是寻找继任者，有能力的所有权继承人成为继任者是家族企业成功实现代际传承的关键，而成功的继任是企业和家庭内动力完美结合的结果。

综上所述，家族企业的成长、绩效与传承是否能够有序发展的一个重要前提就是信任机制的有效发挥，而这种信任是建立在信息传递基础之上的。胡军等（2002）运用交易费用的分析框架并结合现代契约理论，通过劳动契约及其规制结构分析对华人家族企业内劳动契约中存在的用关系替代正式制度、用家庭式责任强化关系的"关系治理"现象进行研究，发现各国及各类企业对不同类型劳动契约的注重源自不同类型劳动契约的达成与执行费用的不同，不同类型契约的费用差异取决于相应的制度对契约当事人行为的有效性，而制度对契约当事人行为的有效性与这种制度和当事人所受影响文化的适应性程度密切相关⑤。因而，完善的信息披露有助于家族企业的成长、绩效的提高和代际传承的顺利交接。所以，我们接下来从家族企业治理方面来进一步阐述家族企业的信息传递机制。

三、家族企业治理与信息传递机制：一个理论分析框架

Donnelley（1964）、Levinson（1971）、Barry（1975）、Hershon（1976）等认为，家族企业治理实际上由两个重叠的系统构成，即家庭系统和企业系统⑥。这两个"圈子"各有自身的标准、角色定位、价值观和系统结构。Gersick（1998）在此基础上提出了家族企业治理系统的三环模式，三环模式即把家族企业表示成三个既独立而又相互交叉的子系统：企业、所有权和家庭。家族企业的任何个体，都能被放置在由这三个子系统相互交叉构成的七个区域中，与企业有多种联系的人存在于两个或三个环的重叠区域。三环模式具备严密的理论性与现实的实用性，它不仅解释了家族企业中个人间的冲突、职责矛盾、权力界限等产生的原因，而且有助于分析家族企业内部各系统间复杂的相互作用。但是，所有这些没有考虑一个很重要的因素，那就是信息披露对家族企业治理的影响以及它们之间的内在关系。为此，我们从另一角度，即基于家族企业所有权、社会资本和信息披露方面提出了一个家族企业信息传递机制的三维分析框架

① Ward，J. L. . Growing the family business: Special challenges and best practices. Family Business Review，1997，10：323-337.

② 陈其南. 家族伦理与经济理性——试论韦伯与中国社会研究. 当代（中国台湾），1986，10：53-61.

③ 菲朗西斯·福山. 信任：社会道德与繁荣的创造. 海口：海南出版社，1998：102-111.

④ 陈凌，应丽芬. 代际传承家族企业继任管理和创新. 管理世界，2003，6：89-97.

⑤ 胡军，朱文胜，庞道满. 劳动契约、交易费用与关系治理——华人家族企业内部治理行为分析. 暨南学报（哲学社会科学版），2002，3：15-20.

⑥ Burkart Mike，Panunzi Fausto，and Shleifer Andrei. Family firms. Journal of Finance，2003，58：2 167-2 202.

（见图2）。

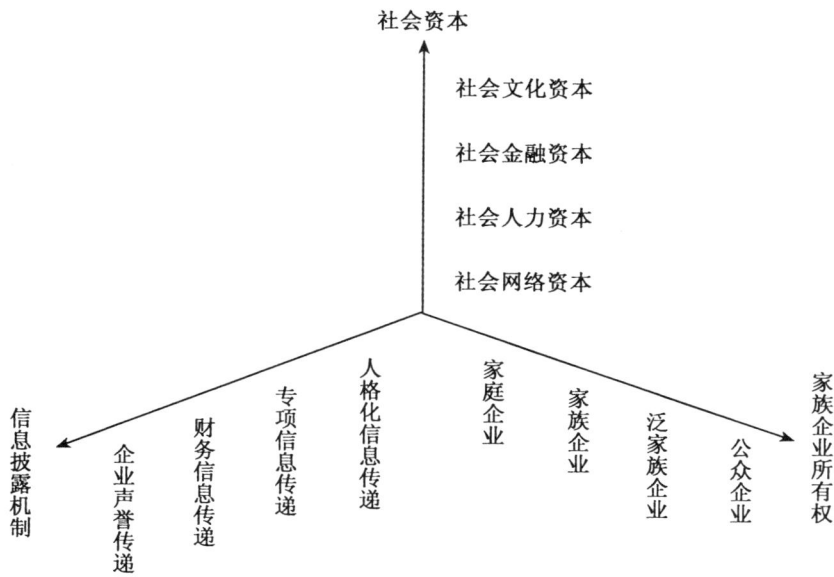

图2　家族企业信息传递机制的三维分析框架

我国家族企业治理与信息传递机制的具体构想如下：（1）建立一个家族企业的三维分析框架，从家族企业所有权的扩张、社会资本的利用和家族企业信息披露机制来论述三者之间的互动关系。在家族企业所有权的维度上，早期维系的纽带是非正式制度的血缘亲情，之后发展为正式的合约和制度，在更高的层次则是企业的文化和声誉；在家族企业利用的社会资本维度上，按层次依次为社会网络资本、社会人力资本、社会金融资本和社会文化资本。与此相对应，社会网络资本主要通过人格化信息的交流建立，社会人力资本和社会金融资本则依靠企业专门的资信和系统的财务信息来建立，而社会文化资本则处于所有社会资本的最高层次，它需要企业向外传递一种企业文化、知名品牌、社会声誉等来建立。（2）在所有社会资本的利用中，华人家族企业利用社会网络资本能力最强（储小平，2004），特别是其将家族企业外的关系泛家族化的现象尤其突出。而与此相对应的是华人家族企业对人力资本和金融资本的利用效率十分低下。因而我们将从文化、传统和社会学等多角度进行重点分析，找出其中的影响因素。（3）将我国家族企业的发展按其所有权的拓展进行分期，根据其发展各阶段的特点，以及不同社会资本对企业信息的要求，具体从人格化信息传递、专项信息传递、财务信息传递和企业声誉传递等方面建立相应的信息披露机制。

（一）家族企业所有权

家族企业制度的显著特点是，股权高度集中在家族或企业主个人手中。我国家族企业中以一家为主体的家族企业占绝大多数，管理者凭借在企业中的管理权威，使生产经营政策能够强有力地贯彻到企业的每个环节，并根据市场情况灵活调配生产策略、迅速适应市场变化。这种集中的股权结构在家族企业创办初期将家族及个人的命运同企业的发展紧密相连，以家族成员间的强烈信任感减少任何委托代理关系产生的监督和代理成本，使企业的利益同家族及个人的利益保持高度一致。以亲缘关系为链条形成强大的内部向心力和凝聚力，使家族成员能够各尽其能为家族和自己的最大利益而努力工作，使企业的发展取得成功。因此，Tagiuri 和 Davis（1982）提出的家族企业的家庭、所有权和企业的"三环模式"及 Gersick（1998）

的三环扩展模式成为家族企业治理研究的一个基础和重要指南①。

但事物都存在两面性，这种单一的所有权结构也相应地产生了难以克服的弊端。首先，在所有权结构单一的家族企业中，家族成员往往在企业的生产及发展过程中形成干扰，导致家族及其成员对企业的干预。其结果是将所有权关系与亲缘关系混淆，企业的内部管理建立在以亲缘关系为基础的平台上，造成企业的经营困境。其次，单一的所有权结构限制了家族企业发展再融资的途径，阻碍企业规模的扩大。家族企业尤其是中小型家族企业的资金来源主要依赖于家族内部，当企业正常发展的时候往往无力提供企业进一步发展所需的巨额资金。而通过其他融资方式又会产生稀释某些成员股权的可能，所以常常导致家族企业再融资过程的难度提高、时间成本过大、影响企业的规模发展。最后，高度集中的所有权结构阻碍了家族企业利用社会资本的能力。集中式的"人治"管理存在很大的不确定性，无法产生对管理者的制约及监督机制。将企业的发展捆绑成个人的发展，突出的是所有者的企业文化，使所有者产生不堪管理重负和经营决策失误等弊端。由此我们可看到，当家族企业规模较小时，单一的所有权结构促进了企业的发展。但是对于规模不断扩大的泛家族企业和拓展经营范围的大中型公众企业来讲，开放所有权并利用社会资本则是一条必经之路。

（二）社会资本

社会资本是"实际的或潜在的资源的集合体，那些资源是同对某种持久性的网络的占有密不可分的，这一网络是大家熟悉的，得到公认的，而且是一种体制化关系的网络."（布迪厄，1997）②。布迪厄对社会资本的描述体现在两个关键词上：一是网络；二是体制化。在布迪厄那里，社会资本就是一种社会网络，他指出："特定行动者占有的社会资本的数量，依赖于行动者可以有效加以运用的联系网络的规模的大小，依赖于和他有联系的每个人以自己的权力所占有的（经济的、文化的、象征的）资本数量的多少。"而这种社会关系网络必须被转化成体制性的关系，才能真正成为社会资本。因此，人们在生产社会资本时，要把诸如邻里、工作和亲属等客观存在的关系转变成从主观上感到有必要长久维持其存在（如感激的心情、尊敬、友谊等）的关系。另外，科尔曼（1999）认为社会资本产生于持续存在的社会关系，而这种社会关系的形成是资源交换的结果。行动者为了实现各自利益而相互进行各种交换，甚至单方转让对资源的控制，其结果形成了持续存在的社会关系③。但也有人认为社会资本即社会网络关系，有人认为社会资本是网络社会结构，还有人认为社会资本是一种社会网络资源。

我国家族企业目前信息透明度低，融资能力低下，没有有效地利用社会资本如网络资本、人力资本、金融资本和文化资本，而将家族企业与社会资本联结起来的黏合剂就是企业的信息传递机制（石本仁，2005）④。在家族企业的创建和发展阶段，企业信任主要以内部信任为主，范围限于家族成员之间，靠血缘亲情和创业者的权威来维系，这两个时期的企业经营管理以创业者的经验和感觉来进行，还缺乏一套成熟的制度化和程序化的管理体系。同时，企业内部的信息传递也建立在家族成员之间的一种自主沟通的基础上，无法形成一套程式化的信息流通渠道加工出企业完整的经营信息。在企业组织结构和会计体系上，都不存在一个合理的设计和一个完善体系。因此，以企业为对象的外部信任无法建立，企业的信用主要集中于创业者和创业家庭上。当家族企业规模进一步扩大，生产经营走向成熟阶段后，以职业管理人员为主

① Tagiuri, R., and Davis, J.. Bivalent attributes of the family firms. Working paper, Harvard Business School, Cambridge, M. A., 1982.

② 布迪厄. 文化资本与社会炼金术. 包亚明，译. 上海：上海人民出版社，1997：43-56.

③ 詹姆斯·科尔曼. 社会理论的基础. 北京：社会科学文献出版社，1999：72-81.

④ 石本仁. 中国私营经济的发展回顾与现状分析. 暨南学报（哲学社会科学版），2005，3：7-14.

的企业中层职能管理阶层开始产生，管理开始走向制度化和程序化；以反映日常生产经营信息和成本控制为主的会计体系也逐步形成，日常经营信息的加工和传递开始规范化。企业内部信任开始突破家族的边界，而家族内部信任矛盾却开始出现。企业经营信息对外的不透明性，使得企业的外部信任不能完全建立，但家族企业树立的社会形象、形成的品牌及声誉可以间接地建立社会信任。家族企业进入转型期后，如果在两个方面顺利实现突破，企业的信任就会充分建立起来。一个突破是在企业内部，企业高层管理实现职业化，由经过专门培训具有企业家能力的职业经理去从事企业的长期规划、企业总体评价、资源分配等战略性管理，企业内部信任和合作完全建立在制度化与程序化的基础上，从而真正突破家族血缘亲情的界线。另一个突破是在企业外部，当企业按现代会计体系建立起一套信息披露机制后，企业向外揭示的是完全脱离了个人、家庭或家族影响的、经过公证的真实的企业经营信息，因而，企业的外部信任得以充分建立起来（石本仁，2005）①。

（三）信息披露

信息披露重要性的一种体现就在于它引发了资本市场资源的重新配置，或者说信息披露具有一定的经济后果。Ball 和 Brown（1968）研究表明，公司年报信息的披露会引起股价系统地变动②。信息披露的经济后果并不局限于对股价的影响，它还会影响管理层、监管层，以及企业的其他利益相关者的决策。如果把企业视为一组契约的联结点，那么信息披露会对契约的各个联结方——投资者、债权人、监管层、管理层、企业职工、供应商、审计以及信息中介等产生各自不同的影响。Healy 和 Palepu（2001）认为，充分的披露有助于解决资本市场的逆向选择问题和代理问题③。同理，家族企业的充分信息披露也同样重要，但与股份公司还是不同，股份公司通过对企业的财务状况、经营成果和现金流量信息的揭示，为投资者和债权人等信息使用者正确进行相关决策提供指南，这就是我们通常所指的会计信息的决策有用性，它在减少信息的不对称方面起着至关重要的作用，能有效地降低财务信息使用者逆向选择的概率。但对家族企业而言，其信息披露在不同的阶段是不相同的，正如前面的成长路径选择不同，因而它要根据自身社会资本的利用能力选择相应的信息披露，以传递不同的信息，同时，它还会受到家族所有权的约束。

那么，信息披露对家族企业治理又会产生什么样的影响呢？陈凌（1998）认为，由于中国社会信息的规范程度低，有效的治理结构有时不是市场或科层式企业，而是家族式组织和企业间形成的战略网络。在信息不规范的情况下，信息的交流将受到极大限制，信息的扩散只能借助于面对面的人际交流。这时相对应的交易方式是家族和网络型交易。在家族型交易方式中信息集于家族首领，然后建立一种人际关系基础上的等级结构，这样的等级结构往往是个人魅力型的。家族式组织会利用久已形成的人际关系模式，建立企业长期合作关系或形成战略网络组织，但交易主体之间是平等的，并需经过谈判或讨价还价才能实现，因此，要使这种交易方式有效，交易主体必须拥有共同的信仰和价值观，显然这样的交易只能发生在人与人之间的长期关系之中，即将信息传递转化为信任机制以获得社会资本。刘平清（2002）指出，在不完善信息市场中，特别是人力资本市场和法制不健全的条件下，家族企业制度安排不失为一种适应性的信息选择机制。对优秀的社会公众成员，企业家习惯于用身份型方式同化他，或通过联姻的方式使之成为家族成员，或以身份加契约双管齐下的方式使之成为准家族成员④。这实际上是通过信息传递的方式，家

①　石本仁．我国家族企业各发展阶段的治理与信息披露研究．广东财会，2005，2：26-31.

②　Ball，R．，and Brown，P．．An empirical evaluation of accounting income numbers．Journal of Accounting Research，1968，6：159-178.

③　Healy，P．，and Palepu，K．．Information asymmetry，corporate disclosure，and the capital markets：A review of the empirical disclosure literature．Journal of Accounting and Economics，2001，31：405-440.

④　刘平清．协同进化：发达市场经济中家族企业成长模式研究．上海经济研究，2002，5：45.

族企业主选择优秀的人力资本进入企业核心层。家庭内部利他主义的存在，则使彼此间具有高度的认同感和一体感，从而形成密切合作的"公共知识"。王宣喻、储小平（2002）研究表明，不同层级的资本市场对企业信息披露的要求是不同的。越是高层级的资本市场，要求私营企业披露的有关经营方面的信息就越多；而在体制转轨状态，私营企业披露较多的信息以求在较高层级的资本市场融资有很大的风险。因此，私营家族企业更多地依赖低层级资本市场融资，即更多地通过民间资本市场，甚至是地下钱庄来融资①。

四、结束语

本文通过对家族企业的存在原因及其概念，以及家族企业的成长、绩效与传承和家族企业治理的理论分析发现，家族企业的信息规范度和信息披露特性对其所有权安排和利用社会资本产生重大影响。因此，我国家族企业信息传递机制的建立显得非常重要，特别是根据我国家族企业各阶段发展的特点，以及相应阶段所有权结构和社会资本对企业信息披露的要求来构建我国家族企业信息传递机制，这将为家族企业信任机制的形成和更有效地利用社会资本起到重要的作用。当然，理论分析框架研究的缺陷，必然会在一定程度上对研究结论产生负面影响。所以，对研究结论更深入的实证检验显得很有必要。我们认为，对本文所研究的内容作进一步的实证、调查、实地、实验和案例研究有助于得出更为严谨和科学的结论。

---

① 王宣喻，储小平．信息披露机制对私营企业融资决策的影响．经济研究，2002，10：32.

经济转型期的企业创新途径与政府政策

● 郑君君[1]　赵贵玉[2]

（1，2 武汉大学经济与管理学院　武汉　430072）

【摘　要】 未来我国经济的增长将依赖产业结构的升级和增长模式的转变，要实现这个目标，最为关键的是提高我国企业技术创新的数量和质量。本文在分析我国企业技术创新能力现状及技术创新的溢出效应的基础上，对我国企业在经济转型期可行的技术创新途径和政府政策进行了探讨。

【关键词】 技术创新　企业创新途径　政府政策

一、引言

历史的车轮已经驶入 21 世纪，伴随着经济全球化的浪潮，市场范围不断扩大，市场竞争日趋激烈，加之人民币大幅升值带来的我国劳动力成本比较优势的逐渐消失使得我国经济面临来自国内外的双重压力，粗放的经济增长方式已经无法维系我国经济持续高速增长，实现经济类型的转变成为我国经济软着陆的当务之急。

实现经济类型的转变关键在于技术创新，加强自主技术创新不仅可以推动企业及产业的发展，而且对提高整个国民经济的质量以及我国企业的国际竞争力具有决定作用。唐晓华、王伟光（2001）对经济转型期企业技术创新存在的障碍进行了分析，研究表明不尽完善的政企关系和政府创新管理部门协调不力等因素是影响企业技术创新的主要因素。袁志刚、朱国林（2001）研究认为技术创新有助于缓解收入分配差距继续恶化，从而有利于完成二元经济转型。吴贵生、王瑛（2002）以北京区域技术创新体系为例，研究了政府在区域技术创新体系建设中的作用。池仁勇、唐根年（2004）通过对区域技术创新效率的研究得到区域技术创新政策的制定应更加关注制度创新、产业布局和市场竞争环境的改善等方面。尚鸿涛（2008）研究了中小企业向循环经济转型的技术创新策略，指出技术创新是中小企业实现经济转型的关键。以上学者主要是从宏观的角度对技术创新进行了探讨，而本文则从社会福利的角度入手，在对技术创新的相关数据进行分析的基础上，对我国经济转型期的企业创新途径和政府政策进行了探讨，旨在为我国企业和政府制定相关政策提供借鉴和参考。

二、我国企业技术创新能力现状

近年来国内企业技术对外依赖程度高、制造水平偏低的问题日益突显，造成这些问题的最主要原因在于我国企业的自主创新能力严重不足，尽管部分企业的创新行为为我国经济发展做出了重要贡献，但从总体来说，由于起步较晚，基础薄弱，我国企业在技术创新方面还存在种种问题，这些问题集中表现在以下三个方面：

1. 科研经费投入不足

一般说来技术开发投入是技术创新的前提和基础，为了更加明确地说明两者之间的关系，我们对专利申请量和 R&D 投入进行回归分析。图 1 给出了 1992—2005 年各年的 R&D 经费投入及专利申请的数量和走势，从图中可以看出两者具有较强的相关性，用 SPSS 软件对两者进行回归分析，输出结果如表 1 所示。由表 1 知 R&D 投入量与专利申请量之间的相关系数为 0.993，说明两者之间具有很强的正相关性，且其回归方程可近似表示为：

$$\text{专利申请的数量（百件）} = 1.435 \text{ R\&D 投入（亿元）} + 216.871$$

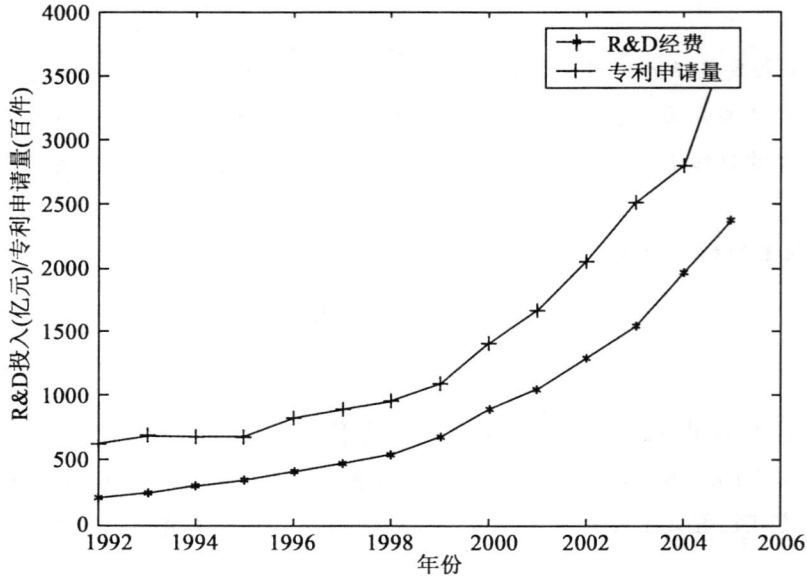

图 1　R&D 经费与专利申请量关系图①

表 1

SPSS 软件回归分析结果

Model Summary

Model	R	R Square	Adjusted R Square	Std. Error of the Estimate
1	.993ᵃ	.986	.985	118.82356

a. Predictors：（Constant），RD 经费投入

Coefficients*

Model		Unstandardized Coefficients		Standardized Coefficients	t	Sig.
		B	Std. Error	Beta		
1	（Constant）	216.871	53.295		4.069	.002
	RD 经费投入	1.435	.049	.993	29.520	.000

a. Dependent Variable：专利申请数量

此外，调整后的可决系数为 0.985，表明该方程的拟合优度比较高。以上分析充分说明了 R&D 投入与技术创新之间的紧密关系，R&D 投入的多少在很大程度上决定着技术创新的数量。

① 国家统计局. 中国科技统计年鉴（2006）. 北京：中国统计出版社，2007：1-53.

尽管科研投入对企业技术创新作用明显，但目前我国企业技术创新的资金投入水平普遍很低，与发达国家相比还有很大差距，且各省科研投入存在严重不平衡，政府投入的比重偏低。据统计，我国具有创新能力的大中型工业企业年均技术研发经费仅占其产品销售收入的 1%～2%，远远低于发达国家 5% 的平均水平。此外，从 R&D 经费投入占国内生产总值比重的国际横向比较（如图 2 所示）可以看出，我国 R&D 投入占国内生产总值的比重一直徘徊在较低水平，与发达国家的 2%～4% 相差甚远。

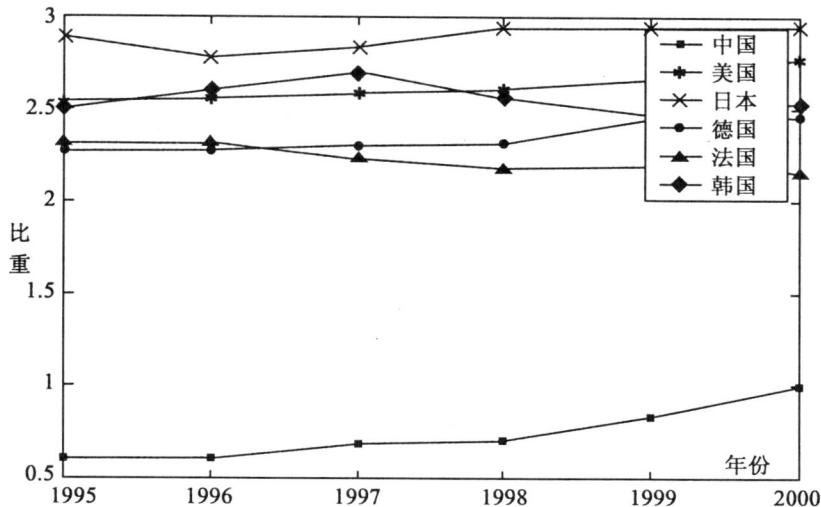

图 2　R&D 投入占各国 GDP 的比重①

　　2. 企业高级科研人员不足，创新意识淡薄

　　目前我国绝大多数企业在管理层面远远落后于发达国家，管理思想陈旧，创新意识淡薄，在经营过程中过于注重有形资本而忽视了无形资本。不少企业仍然存在着重规模、轻效率，重基本建设、轻自主创新，把技术创新的形式狭隘化，对技术创新选择的多样性缺乏认识，依赖于外部条件变化，缺乏创新的主动性等问题。另一方面，在企业 R&D 人员指标上尽管我国企业的 R&D 人员总数超过 50 万人，多于德国，接近日本，但该指标在劳动力中所占的比例仅是日本、德国的 1/10，这说明我国 R&D 人员与发达国家相比仍然严重缺乏。再者，我国科研人员创新意识淡薄，相关研究发现引进同等的技术设备，我国用于二次创新的费用仅为日本、韩国的 0.7%，这导致我国陷入不断从国外购买技术设备的恶性循环。

　　3. 技术创新的相关制度、机制不健全

　　一方面，国内尚未真正形成统一的大市场，资源优化配置存在诸多障碍，不仅导致了市场竞争机制的弱化，而且也导致企业技术创新原始动力不足。加之我国用人机制不完善，人才流动和利益的分配尚未完全与市场接轨，不能充分体现效率和效益原则，导致研发人员缺乏技术创新的愿望和热情。另一方面，我国现行的企业产权制度仍然存在很多问题，许多企业是政绩导向型经济的产物，缺乏长期的战略规划。技术创新周期长、投入大、风险高的特征决定了企业需要连续投入大量的资源，而需要面对相对滞后且不确定的市场收益。政绩导向型的企业必然会利用滞后期较短的活动实现短期收益以达到政绩目的，而非专注于收益高但滞后期长的技术创新活动。尽管近些年政府一直致力于国有企业改制，但已改制的企业普遍存在国家股一股独大的情况，许多企业受到的行政干扰仍然比较强，难以确立企业法人的独立利益、责任，使得现代企业制度并未真正在已改制企业中确立。这些情况削弱了企业的市场主体地位，降低了企业的风

　　① 国家统计局，科学技术部．中国科技统计年鉴（2002）．北京：中国统计出版社，2002：436.

险意识和技术创新的驱动力。此外，我国大量的科研单位属于非企业机构，和企业之间缺乏必要的信息交流与合作，其科研成果往往与市场相脱节，这也是造成我国创新成果转化率偏低的原因。

三、技术创新溢出效应分析

技术创新有其不同于其他产品的特点，其属性介于私人物品与公共物品之间。技术创新在应用的最初阶段，由于同类厂商短时间难以模仿以及知识产权保护等原因更多地表现出私人物品的性质。随着时间的推移，由于市场的信息功能等原因技术创新逐渐表现出公共物品的性质，它部分满足公共物品的非竞争性和非排他性。一方面，从企业的角度来看技术创新表现出私人物品性质的时间越长越好，企业可以在相对较长的时间内获得垄断利润；另一方面，从全社会的角度来看技术创新表现出公共物品的性质时间越长越好，技术相关信息外溢越多越好，社会得到的福利会相应增加。这是一对矛盾（见图3），如果企业的技术创新易被市场上其他企业所模仿，或者是相关技术信息过早外溢，龚柏兹曲线会提前向下弯曲，其结果是大大缩短了创新企业对该技术使用的时间，即由图中 A 点所对应的产品寿命缩短到 B 点所对应的产品寿命。这种情况下市场结构也由垄断变为完全竞争，创新企业因失去大部分垄断利润而无法有效补偿早期的创新投入，在竞争中反而处于劣势，这极大地挫伤了企业创新的积极性。市场需求向不利于创新企业的方向倾斜，创新企业所占的市场份额不断减少，市场的长期平均成本下降，模仿者却享受着分摊到的垄断利润和低成本。

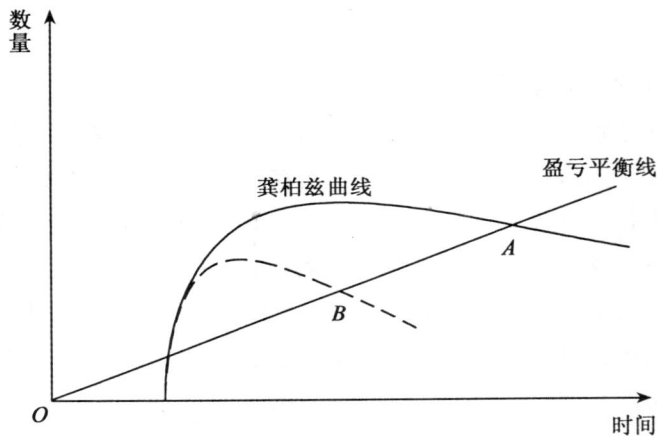

图3　技术创新模仿效应示意图

技术创新具有公共物品的性质，新技术的扩散能够实现社会福利的帕累托改进，具有较强的正外部性，这表现为技术创新的社会边际收益要高于创新主体的私人边际收益（见图4）。图中技术创新的边际生产成本可从理想边际成本、实际边际成本和管制缺位边际成本三个角度表示。一方面，企业根据自身利益最大化原则，由边际收益等于边际成本决定产量为图中 C 点对应的 Q；另一方面，根据社会福利最大化原则，技术创新的社会最优的数量为 D 点对应的 Q'。Q' > Q 说明在政府管制缺位的情况下，市场机制自动调节将使得技术创新供应不足，出现市场失灵，此时就需要一定的政府干预来弥补市场机制的不足。

基于以上对企业利益和社会福利两个方面的考虑，处在转型期的中国经济需要从企业和政府两个方面着手，在鼓励技术创新、维护企业利益的同时还要能够通过技术创新不断提高人民的生活水平。

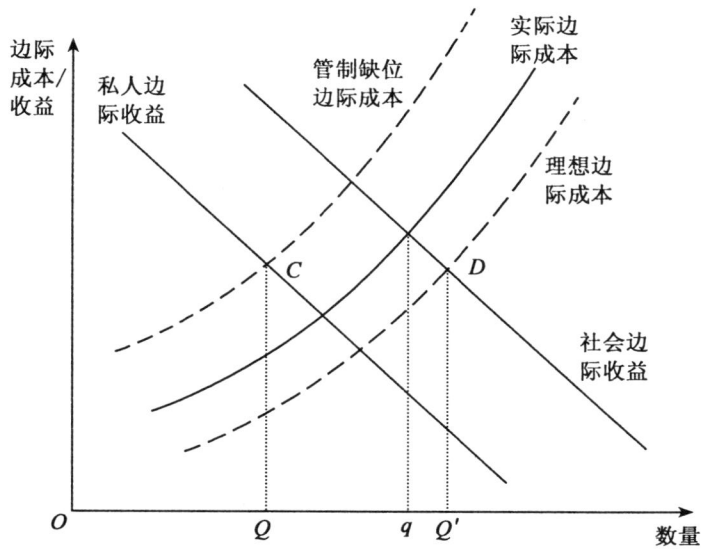

图 4 技术创新正外部性

四、企业技术创新途径及政府政策

1. 企业技术创新途径

由于过去我国大多数企业依靠扩大企业规模、增加固定资产投资等方式获取增额收益，这使得企业的创新人才和知识信息储备严重不足，极大地影响了企业的可持续发展，企业要想实现发展方式的转变必须做好以下几个方面的工作：

（1）增加企业的 R&D 投入，增强 R&D 投入的意识。发达国家之所以科技进步快，其中一个重要原因就是 R&D 投入占 GDP 的比重较高，较快的科技进步和技术更新反过来又促进 GDP 的增长，形成了一种互相促进的良性循环。众所周知，技术创新具有投资大的特点，根据国外相关统计，基础科学研究、科研开发和转化为社会生产力三者的投资比值一般在 1:10:100 左右，创新投入占销售收入的 5%，然而我国企业的技术创新投入一直徘徊在销售收入的 1%～2%，因此我国企业只有增加科研投入才能改变技术创新薄弱的现状。

（2）建立企业资本金制度，加快企业资产重组。国际经验表明资产重组有利于对存量资产重新进行优化配置、提高企业的资源配置效率、增强企业的创新能力，因此企业要正确认识兼并和重组以适应市场经济的发展和国际竞争的新形势。

（3）以人为本，加大人力资本投资，建立人才培养、引进、激励机制，注重产学研的结合。企业是技术创新的主体，人才是企业技术创新的基础，建立有效的人才培养、激励及绩效考核制度有利于优秀创新人才潜能的发挥。通过人力资源管理机制的改变提高企业的技术创新能力，形成人尽其才、宽松和谐的创新环境，克服长期以来我国企业"重硬件，轻软件"的弊病。此外，企业在人才管理方面要发挥自身的比较优势，切勿盲目创新，以自身知识资源比较劣势与对手的比较优势竞争，对于企业的局部资源劣势可以寻求与相关科研机构合作，将部分技术创新的任务进行外包，进而实现综合效益最大化。

（4）企业在技术创新的过程中要处理好原始创新和模仿创新的关系。相关研究表明技术开发的成功率与技术开发的时间有着紧密的关系，一般说来研究周期在 5 年以内的技术创新的成功率在 90% 以上，研究周期在 5～15 年的技术创新的成功率在 50%～90%，因此技术创新的周期越短，成功的概率越大。

一般说来，原始创新与模仿创新相比周期较长，一项重大技术从开始酝酿到成熟没有 5 年以上是不可能的，也就是说企业原始创新所面临的风险较模仿创新要高得多。在我国企业抗风险能力普遍不高的情况下，选择以模仿创新为主、原始创新为辅的企业创新策略较为切合实际。对于部分有实力的国内企业可以选择以原始创新为主、模仿创新为辅的企业创新策略，加快创新成果向名牌产品的转化，增强企业软实力，提高产品的附加值。

（5）建立健全企业的研发机构及工业化试验基地。企业的研究开发机构是技术创新的载体和基础，但技术创新不是目的，将技术创新转化为产品、生产力才是目的，因此要在保证科研开发的基础上健全工业化试验基地，促进技术向产品的转化。

2. 政府政策引导措施

上文通过对技术创新溢出效应的分析说明：营造激励创新的政策、法制环境是政府的重要职责。尤其在经济转型期，相关政策法规都需要随之改变，在此情况下政府正确的政策引导显得尤为重要。

（1）强化企业的创新主体地位。要想尽快实现经济增长方式的转变必须培育一批拥有自主知识产权、具有自主创新能力的企业。为此，政府应在法律、财税等方面采取措施，突出强调企业的创新主体地位，改变我国创新结构不合理的现状。具体措施比如用企业技术研发费用抵扣当年的应纳税额，对于国际领先的技术开发政府可以适当给予财政补助、人员支持等，对于企业引进国外先进的技术、设备等可以免除进口相关的税费，促进企业的模仿创新。与此同时在不违反国家法律法规的前提下，地方政府可以根据当地的产业结构、经济特点出台相关优惠政策，引导和鼓励企业积极参与技术创新。

（2）促进企业科研成果的转化。目前我国不仅在技术创新总量上低于欧美等国，在创新成果的转化方面也远低于欧美等创新型国家，因此我国政府应当在科研成果转化方面发挥更加积极的作用，推动我国科研成果向生产力的转化。一方面对于相关部门认定的重大创新成果政府应给予足够的资金扶持，尽快实现创新成果向生产力的转化，政府在加大资金扶持力度的同时可以增加如政府采购取向等政策性的倾斜，促进企业科研成果的转化。另一方面，政府还要做好技术创新的引导工作，加大宣传力度，引导企业建立以市场要求为导向的技术创新机制，提高科研成果的转化率，真正成为服务型政府。

（3）支持、鼓励技术创新项目的投融资。资金是制约企业技术创新的主要因素，在企业可支配的科研投入有限的情况下鼓励社会资金参与企业技术创新，有利于提高企业技术创新的效率。为此，政府需要在完善金融市场结构的基础上，提倡银行为科技项目提供贷款，引导风险资本流向具有市场潜力的创新项目，鼓励民间资本投资技术市场。

（4）注重知识产权的保护，保护自主创新的积极性。我国在经历了两次大规模的制定和修改与知识产权相关的法律之后，形成了一套较为完整的知识产权保护体系，但是在很多方面仍然存在欠缺，比如《商标法》对地理标志的保护不够，对侵犯他人知识产权的行为惩罚力度不够等。在更改当前相关法律不合理的规定的同时，针对市场发展出现的新情况应积极增加与之相适应的法律、法规，比如对高新技术领域知识产权的保护要区别于普通的技术创新，对于侵权行为的认定要有所发展。此外，还要加强知识产权保护方面的人才培养，增强企业的知识产权意识，从根本上解决侵犯知识产权的问题，积极参与知识产权国际立法，这些实质上都有利于我国企业发展。

（5）技术开发的过程中要高度重视该技术产品的能源的利用率，对能源利用率高的新技术、新产品给予激励。20 世纪六七十年代新兴的经济体不仅有日本和德国，还包括墨西哥和阿根廷等拉美国家，半个世纪后的今天，日本、德国成为了发达国家，而阿根廷等国家仍然处在发展中国家的行列，究其原因就是两者采取了不同的发展路径。20 世纪 70 年代，日、德等国采取了许多节能降耗的政策应对能源价格的高涨，如日本将国内成品油的价格提高了一倍，并通过大量的法规促使其走上低能耗的发展道路，能源利用率也因此提高了一倍以上。而墨西哥、阿根廷等拉美国家却采取价格管制、财政补贴等措施刺激需求，能源利用率不及发达国家 70 年代的水平（见图 5）。目前能源问题日益成为我国经济增长的瓶颈，未来中国是跻身于发达国家行列还是始终与发展中国家为伍很大程度上取决于我国能源政策。技术创新的成果在一定程度上代表着国家经济的发展方向，因此鼓励开发能源利用率高的新技术应该成为我国一项基本经济政策。

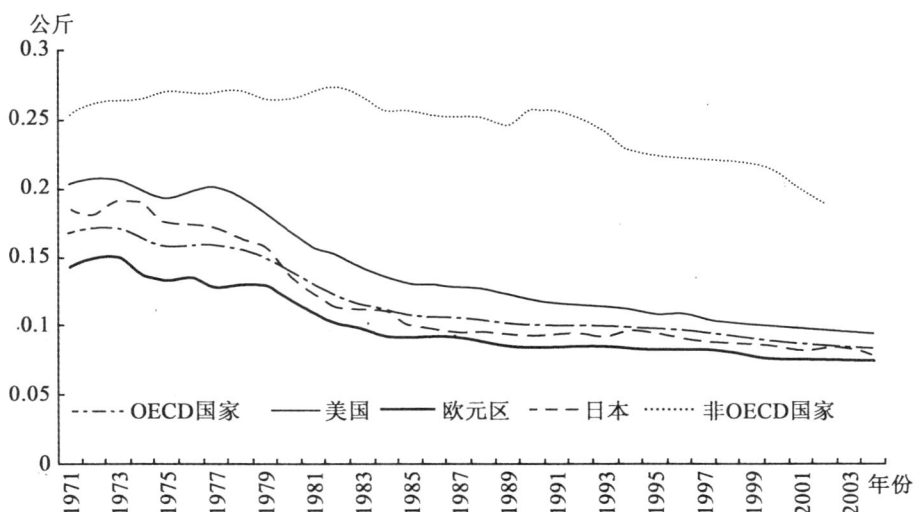

图 5　各国单位实际 GDP 消费的石油①

五、结束语

改革开放 30 年来中国经济迅猛发展，在全球经济新形势下，未来我国经济的增长将依赖三产业结构的升级和增长模式的转变。要实现这个目标，最为关键的是提高技术创新的数量和质量，因此强化政府的政策引导等服务职能、增强企业的技术创新能力显得尤为重要。本文在对技术创新的相关数据进行分析的基础上，对我国经济转型期的企业创新途径和政府政策进行了探讨，以期为我国企业和政府制定相关政策提供有益的借鉴和参考。

参 考 文 献

[1] 王春法 . 技术创新政策：理论基础与工具选择——美国和日本的比较研究 . 北京：经济科学出版社，1998.

[2] 王艺 . TRIPS 与我国知识产权保护 . 法制与社会，2008，1.

[3] 梁凯，李廉水 . 我国促进科技成果转化税收政策问题与对策 . 东南大学学报，2005，6.

[4] 国家统计局，国家科技部 . 2002 年中国科技统计年鉴 . 北京：中国统计出版社，2003.

[5] 唐晓光，王伟光 . 经济转型期的企业技术创新障碍分析 . 中国工业经济，2001，8.

[6] 池仁勇，唐根年 . 基于投入与绩效评价的区域技术创新效率研究 . 科研管理，2004，4.

[7] Aradhna, A.. Deregulation technology imports and in-house R&D efforts and analysis of the Indian experience. Research Policy, 2000, 29.

---

① 哈继铭，刑自强等 . 中国经济：2009 不是底 . 引自：北京中金公司研究部研究报告（内部资料），2008，10：7.

企业家创新联盟与经济增长

● 申津羽

（北京林业大学经济管理学院　北京　100083）

【摘　要】本研究首先就有关创新理论的企业家研究的相关成果进行回顾，在结合前人研究成果的基础上，根据企业家追求目标的不同对企业家进行分类，分析其经营活动，最后提出了不同类型企业家创新联盟的基本稳定模型，这也是本研究的主要创新之处，并就该模型未来的发展与应用提出了建议。

【关键词】创新　企业家　经济增长

一、引言

目前，越来越多的经济学家们特别关注企业家在整个国家经济增长中的作用。在西方国家，由于经济趋于成熟，经济学家们更注重对于企业家的技术创新和市场开拓的研究；我国改革开放 30 年来的经济高速发展在很大程度上也得益于企业家创新精神的释放与发挥，企业家们是经济增长这一过程中的创新者、组织和协调者、领导和管理者、风险承担者；是经济增长的核心力量、决定性因素，同时还是技术进步的推动者和组织者。

创新，是指把一种从来没有过的关于生产要素的"新组合"引入生产体系，而这种新组合包括以下内容：引进新产品、引进新技术、开辟新的市场、开辟原材料新的供应来源、实现工业新组织（熊彼特，1942），创新活动同时也是一个累积的过程，在这个过程中每一项创新都给下一项创新做出了反馈。众所周知，在竞争激烈的市场中，企业承担不起让偶然性和运气支配创新的风险，因此，市场上强大的竞争压力迫使企业家们系统地、大规模地支持创新活动，而任何一个企业因创新努力而取得的成功又会迫使其竞争对手们努力开展创新活动。这就导致了在发展最快的经济部门中企业与企业展开异常激烈的军备竞赛，其中最重要的武器便是创新，于是有些企业在这场竞赛中发展成为大公司，也有些企业被淘汰出局。但这并不意味着被淘汰出局的企业家创业的失败，它只是为他们下次革新和创办新企业提供了经验以及新的营养基。基于此，笔者认为由于企业家追求的目标不同，不同类型的企业家们必然会思考在这场竞赛中如何使企业立于不败之地，获得自身的满足。

不同类型企业家的创新联盟基本模型是对企业家创新与经济增长关系研究进行的进一步思考。从现有的文献来看，还没有适用性强、稳定性较强，且能反映其特征的模型被提出。关于企业家精神、创新理论以及它们对经济增长影响的研究成果越来越多，其中从创新理论的发展来看，早在 20 世纪 70—80 年代，一些学者就提出了创新的"双核心理论"（the dual-core theory of innovation）（Daft，1978；Damanpour 和 Evan，1984；Knight，1987 等），体现了全面创新的思想，接着哈佛大学商学院 Christ Ensen 教授又提出破坏性创新理论，该理论指出，破坏性创新是通过推出一种新型的产品或服务而创造了一个全新的市场，这是对于创新理论的又一突破，它推动了创新理论的新发展。然而关于企业家创新联盟与经济增长关系的研究，虽然经济学家 Hoselitz、Baumol、Leff、Soltow 等曾提出把经济绩效的差异归结于企业家创新，David Audretsch 和 Roy Thurik（2001）认为 21 世纪经济将由"管理型经济"向"企业家经济"转变，并发展了 Romer（1986）和 Krugaman 等人的内增长理论，提出企业家精神通过知识的扩散推动经济增长的机制，只出了"最优产业结构"模型来定量研究企业家精神对经济增长的影响，并没有思考如何将企业家精神即创新行为最合理地结合形成稳定的企业家创新联盟模型以促进经济增长。目前这方面的文献还不够成熟。Hitt 等经济学家已经对企业内部战略控制和财务控制方式与企业自主创新和外部创新的关系进行了研究，Lawrence（1967）还从信息的角度对企业家联盟的不确定性进行了深入的分析，主要包括三个方面：信息的清晰度不高、反馈时间过长和因果关系的不确定性。

企业家创新与经济增长的关系不仅在国外受到极大关注，在国内对于该问题也有大量的研究，如：以许庆瑞教授为首的一批学者于 2002 年在国际上首次提出了"全面创新管理"（total innovation management，TIM）的创新管理新范式，著名经济学家张维迎在其《论企业家：经济增长的国王》一书中指出企业家的行为以创新作为特有目的，企业家精神是创新的逻辑起点，对企业组织的创新类型、组织类型及其管理风格进行选择。通过对以上的研究成果的回顾，笔者希望在此基础上将企业家类型与创新联盟结合在一起思考，试图从该角度建立合理的纵向与横向企业联盟关系以促进整个社会公共福利的增长，提出不同类型企业家创新联盟模型的基本结构。这一模型通过对企业家追求的目标进行分类，提出合理的创新联盟对企业及整个国家的发展都有理论意义和现实意义。

二、不同类型企业家创新活动的分析

在经济增长理论的研究中，鲍莫尔将创新和企业家行为纳入理论的中心地带，指出企业家创新是经济发展背后最大的可能性。这种可能性主要体现在对内生技术进步的研究，而企业的技术进步又是企业家创新活动的结果，因此整个社会经济的增长就是企业的技术进步，是全社会所有不同类型企业家创新活动的总和。

1. 企业家在经济中的角色研究

在规范的理论文献当中，企业家这一术语是由 18 世纪的康替龙（Richard Cantillon）引入经济学理论的，他在《一般商业之性质》（1755）一书中，将从事经济活动的人，如商人、农民、手工艺者等都称为企业家。他认为，企业家是一个风险承担者，是以确定的价格购买并以不确定的价格卖出的人。笔者较推崇熊彼特对企业家的定义，即企业家能够大胆而富有想象力地突破现行的商业模式的惯例，不断寻求各种机会推出新的产品和新的生产工艺，进入新的市场并且创造新的组织形式，即提出创新是企业家的职能（William J. Baumol，2004），而萨伊（Jean Baptiste Say）、伊沙雷尔·克泽勒（Isral Kirznar）、费兰克·奈特（Frank Knight）、卡森（Mark Casson，1982，1991，1995）、莱宾斯坦（Leibensteun）等许多经济学家都已经在企业家理论的发展中，提出了自己对企业家的定义，有一致也有差别，这是由于企业家在经济中的角色很多，对企业家给予一个完整的定义是很困难的，只能给出一个描述性的定义。经济学研究的是企业家精神的经济影响，如 Cantillon、Kirzner；社会学和心理学则是解释企业家的个性特点，如 Mccelland、Brockhaus；管理学则着眼于企业家的管理实践，包括公司战略的形成、公司企业家精神和内创企业家精神，由此可见，对于企业家与经济增长的关系是值得我们深入剖析研究的。

2. 对企业家创新活动的分析

企业家的经营管理活动是非常复杂的，由于企业家是具有主观意识的、能动的、动态的人，他们有着不同的发展企业动机，根据他们对财富、权力和地位的欲望、需求目标（物质与非物质需求，其中物质方面的需求包括现期需求和远期需求，是对财富的偏好；非物质方面的需求则包括荣誉、成就感等，是对事业的偏好）的偏好不同，笔者将企业家大致分为两类：事业偏好型企业家与财富偏好型企业家，这样的分类并不涉及哪种企业家更好或更坏的问题，而是基于此，将企业家分类与企业家创新联盟问题联系起来，形成更为合理稳定的创新联盟。实际上，根据马斯洛原理，在现实中并不是每个人都有动机和决心去开创新的事业，对于大部分企业家来说，最初的创业初衷只是谋生和赢利，获得物质上的满足，但是在他们的事业发展中，或者在他们有了一定经济基础的时候，他们往往重新创办、发展、管理、改革自己的企业，不惜承担企业运行中的风险和造成的危机，成为事业偏好型的企业家，获得自我价值的实现。

（1）财富偏好型企业家的创新活动。对于财富偏好型企业家来说，企业利润最大化是相对重要的目标，只要在一个领域中的生产经营活动是有利可图的，无论短期或是长期，他们都会加入该领域，并时刻关注市场的动向，随时准备进行生产；而当机会消失时，又会立即转向更有可能获得利润的领域。在创新过程中，为了回避风险，他们更注重对于财务的控制而展开渐进式创新（鲍莫尔式的模仿创新），也就是对现有技术进行改进，从而引发的渐进、连续的创新。这种渐进式创新的特征就是，它在某个时点的创新成果并不明显，但有巨大的累积效应，且受经济和市场因素的影响更大。从成果看，它不仅强化了企业的生产和技术能力，同时还能强化企业、顾客和市场之间的关系，效果延续性强，要求企业家不断完善经营环境，并提高管理能力，通过持续不断的局部积累或改良创新，形成由量变到质变的过程，最终实现根本性创新。因此，财富偏好型企业家不愿意从事需要花费较多资源才能产生效果的突破型创新。

（2）事业偏好型企业家的创新活动。对于事业偏好型企业家来说，在资源上他们拥有比较优势，获得成就感以及荣誉是企业经营目标中相对重要的部分，他们对于企业所经营的领域并不是非常关注，而更多地追求经营过程本身，不是由过程导致的结果。因此，对于事业偏好型企业家来说，这些荣誉本身就构成对其行为的一种约束力，他们所从事的领域一般是他们比较擅长的领域，在创新过程中，他们拥有大量的资本，所开展的是突破型创新，即投入、产出或流程根本性或者显著改变的创新。它往往会改变人们的思维和应用方式，具有的不确定因素相对较多，会对产业变革产生重大影响，"摧毁"旧产业，创造新产业。这种巨大变革不仅会影响整个行业的变化，而且会导致整个国家乃至全世界的变化。显然，对于这一类创新的管理需要长期、周密的战略规划，巨大的研发投入和切实的实施计划与管理，由于事业偏好型企业家的追求目标，他们愿意在一项创新中使企业取得更高的荣誉、获得成就感。

（3）对企业家创新活动的评价。财富偏好型企业家在市场中表现出更强的传统导向倾向。在财富的驱动下，他们会将资本投入创新，以获得更大的利润，因此，他们获得的创新有可能作为一项专利出售，或者努力成为自己的秘密武器，以便成为市场上该行业的寡头企业，而不会实施战略控制，因为战略控制需要花费企业家很多的时间和精力（Goold 等，1990）。而事业偏好型企业家在市场中表现出来的创新导向性更强，在成就感的驱动下，他们将资本重点投入创新而非生产中，他们获得的创新更希望与同行分享，注重战略控制，这对于企业保持创新氛围具有非常重要的意义（Drucker，1985）。当然在开始创新和获得回报之间存在一个很大的时间差，期间会遇到很多障碍，使得他们的沉没成本增多，同时增加企业的机会成本，然而他们所拥有的人力资本使他们有能力对企业的技术创新、管理创新等方面进行全面管理，有能力设计良好的战略控制系统来激励企业员工开展需要经过很长时间才能进入市场、有重大意义的产品或工艺创新（Hoskisson 等，1991）。

在笔者看来，无论是单一的财富偏好型企业家在财务上注重控制还是单一的事业偏好型企业家在战略上注重控制，单一的突破性创新和渐进式创新都是无法创造出最大的企业利益与社会福利的，只有两者结合，如鲍莫尔所说重大的创新主要来自有创造力的个体企业家或中小企业，但要把原创性的创新转化为大规模的创新，转化为生产率和福利的增长，则非大企业莫能为。同样，突破型创新产生以后，更需要一个渐进的过程去不断地完善它，让它不断经过积累、改造、反馈的过程扩大最终产品市场，这对于获得创新的最大收益是非常重要的。正如约翰逊博士所说的，在这个世界上除了生就是死的时候，会使企业激发出丰富的想象力，保持它们在市场上的地位，企业家会努力让创新成为惯例化活动，企业之间合作与竞争相辅相成，也正是由于企业内部系统化的创新活动，一个行业中所有企业在生产新产品和创建新工艺的过程中的竞争以及企业之间在创新和运用创新上的协作（William J. Baumol，2004），促进了整个国家经济的增长。

三、企业家创新联盟基本结构的提出

传统商业智慧的理念是：永远不要让竞争者知道你正在做什么，企业的竞争优势来源于它拥有的独特产品和生产过程，因此企业会尽可能地阻止或预防其专有技术向外传播，但是美国 Novell 公司普说成功的秘密在于分享你的秘密，随着技术创新及其传播速度的加速，企业家们在充分利用和改进自身核心优势产品的同时，还必须拓展新的技术领域，在当今科学技术迅猛发展的情况下，没有哪一家企业能长期垄断一切技术，企业家们必须创新，同时创新产品生命周期的日益缩短，增加了企业研发的紧迫性和风险，降低了研究与开发新技术投资的收益，在这种情况下，进行创新联盟成为企业家们必然的选择，这是一种战略选择，是经济发展的要求。最初，企业家们大多以简单分散独立的方式参与市场竞争，但他们会慢慢发现自身追求目标与企业实际生产状态的差别，当今世界知名企业无不推崇采用企业技术创新联盟作为新时代的重要竞争手段，这对于各国经济以及社会公众的福利都具有重要的理论意义与现实意义。

基于本研究前面的分析，笔者认为在不同类型的企业家进入创新联盟时，应该形成如图 1 所示的两种类型企业家创新联盟的基本结构模型。

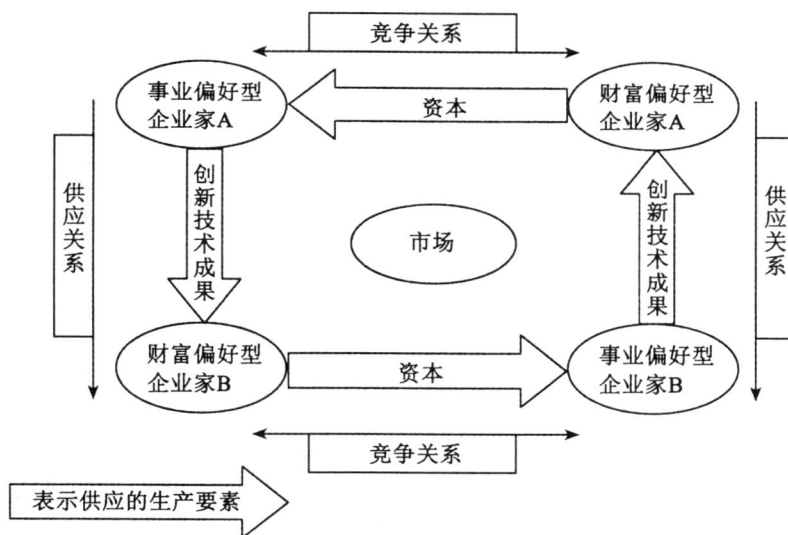

图 1　企业家创新联盟结构图

这个模型以两个不同类型但在业务上有着紧密的联系的企业家为核心组成，企业创新联盟是企业家之间为了共同的战略目标而达成的合作安排，其实质是突破企业有形界限，横向上扩大范围，纵向上加大深度，按照专业分工协作原则建立起来的协作关系。在模型中，存在事业偏好型企业家 A 与财富偏好型企业家 A、事业偏好型企业家 B 与财富偏好型企业家 B 处于同行业的竞争关系，事业偏好型企业家 A 与财富偏好型企业家 B、事业偏好型企业家 B 与财富偏好型企业家 A 处于上下游的供应关系。基于前面的分

析研究可知，财富偏好型企业家 A 愿意向事业偏好型企业家 A 支付资本以获得他们的突破性创新技术成果，减少自己的研发时间与投入资金，以获得更大的盈利（财富偏好型企业家 B 的情况同于 A）；同时事业偏好型企业家愿意向财富偏好型企业家提供他们的突破性创新技术成果，以获得自己的社会成就感和名誉，最终达成了两者的联盟，延伸和整合了各企业的优势功能，实现集中的竞争优势和迅速满足市场动态的需求，获得各自最大的目标的满足与整个社会经济的增长。该模型有以下几个方面的优点：

（1）具有更强的稳定性。这个模型对企业家追求目标的划分突出了其典型本质：事业与财富。以往参与联盟的企业家，由于企业家类型相同，在形成联盟之后双方企业只追求自身利益而忽略了联盟的长期性和稳定性，最终导致资源投入和收益结构的不平衡而造成合作关系紧张，直至导致联盟解体。而如果企业家的目标不同，不同类型企业家形成的创新联盟更具有稳定性，并且会在利润最大化的驱使下使大量的联盟以外的成员被该联盟所吸引，而联盟内部成员为了自身的利益也不会退出，这样合作各方投入与收益的对称、竞争地位的平衡以及合作目标的兼容等问题相对易得到解决。当然在形成联盟过程中双方利益分配的问题、棘轮效应、政府政策的问题笔者没有进行考虑，只是提供最简单的模型结构，供有关学者做进行一步探索。

（2）明确了各个企业应该进行创新的侧重点，促进了国家整体经济的增长。事业偏好型企业家倾向于采取战略控制，并导致突破型创新；财富偏好型企业家倾向于采取财务控制，从而导致渐进式创新，因此，如果两者能够有机地结合，那么不仅可以使两家企业在技术创新以及管理创新上所投入的沉没成本降低，而且对于整个行业发展提供新的营养基，有利于整个国家公众利益。在横向上：两家竞争企业如 A企业的员工可以免费接受两家企业提供的培训，并派到竞争对手的企业协助建设不熟悉的设备等。由于一家企业的一种创新可能在某些方面比同类其他竞争企业强，但在另一些方面却不如对方，企业之间能形成双向的技术咨询和协助服务，两个不同类型的企业家则能提供更加不同以往的、突破性成果的进一步改进，使之更有用而形成超加型（superadditive）的共享企业，使经济增长在这种分工下显著提升，也许这两个企业的联盟会形成寡头企业，控制市场上终端产品的价格，当然这时就需要政府采取一定的措施去控制，本文不予考虑。在纵向上：上下游企业间的互补技术供应与其兼容技术的数量成正相关，因此缺乏配套技术供应的联盟是难以持久的。只有利用两个企业各自专有的能力、资金、设备和已建立的市场基础，以更低的成本、更快的速度得到更高质量的互补技术供应和支持，各自发挥其优势，事业偏好型企业家提供的技术与财富偏好型企业家提供的资金相结合，并时刻关注市场和技术的最新变化，根据这种变化去建立一个动态的创新联盟网络，让彼此在各自的价值链优势环节上展开合作形成互补型（complementary）共享企业。当然期间也会产生纵向排斥（vertical foreclosure），即上游的技术要素所有者企图阻止其技术被下游企业利用的情形，本文不予考虑。

（3）合理优化整个市场上的资源。资源优化是企业家进行创新联盟能实现的主要成果之一，也是联盟成员企业之间进行联盟的重要方式。由于单独的一家企业创新需要付出高昂的沉没成本，企业家们都把自身的资源集中配置到具有核心竞争优势的活动中，将企业的其他活动交由外部联盟企业完成，实现信息和资源的共享，充分利用现有的生产要素，更好地获取规模经济效益，并通过创新联盟对企业内部重新调整好生产要素的匹配关系、规范处理好各种矛盾问题，建立起融合适应的决策机制、管理机制、约束与激励机制、人才引进和使用机制、经营机制、分配机制等，进而才能有机地衔接好"研、产、销、供、管"等诸多环节，提高技术、人才、成果、市场、资金、设备、劳动力等创新要素的整合度，确保各种创新活动能够协调、规范、高效地运作，即减少因不能使用他人的新技术或者缺乏技术支持而产生的成本，也即浪费性竞争和创新风险，维持稳定的竞争格局和态势，使企业在快速变化的市场环境中获取长远的竞争优势，增加产品销售量，扩大市场占有率，最终形成整个市场资源的充分合理利用。

四、总结与展望

目前大量的文献是关于企业家分类以及企业创新机制的研究，也有大量关于企业间通过技术联盟来形成的共同合作集团以获得自身企业的最大利益的研究，但是这些研究中没有讨论企业合理地联盟之后对于整个社会福利的影响，以及在联盟过程中企业家类型不同对联盟后效益的影响，笔者提出的这个模型清晰地再现了在企业创新联盟中最为稳定的结构，希望对我国目前企业经营中普遍存在的管理落后、技术薄弱导致的竞争力低下问题提出一些建议。

首先，企业家们应该清楚地知道独立创新的自主创新时代已经过去，不同类型的企业家们需要有意识地达成事业型偏好-财富型偏好组合，即突破型创新与渐进型创新的网络企业家创新联盟结构形式，这样有助于促进各创新要素协同；同时努力营造市场导向的创新型文化氛围，有利于集中优势资源，进行管理创新和技术创新，获取市场竞争优势，促进经济的增长。

其次，在发展中国家最缺乏的是进行决策的人才，即企业家人才，我国目前处于经济调整时期，社会尤其需要一大批各式各样的人才充当企业家的角色，即笔者在本研究中考虑的两种类型的企业家，明确区分企业家与职业经理人，实现自我超越，而企业家素质的培养中最重要的就是对于道德的培育，因为这不仅是防止不法经营活动最有效的方法，而且能促进整个国家公民利益的增加。

总之，时代的发展、竞争环境和顾客需求的变化、创新理论的发展、企业面临的实际困难、创新过程本身的复杂性等都要求不同类型的企业家创新必须具备系统观、动态观，进行全面创新。当然本文对于企业家在联盟过程中可能产生的不确定因素，如企业家之间存在欺骗、退出联盟以及政府的宏观调控等因素不予考虑，而关于联盟的类型如在技术上的产权合作、合约联盟，本文也不考虑。本文是在鲍莫尔等经济学家创新理论以及众多学者研究基础上的进一步研究。

参 考 文 献

[1] 熊彼特. 经济发展理论. 何畏，等，译. 北京：商务印书馆，1990.

[2] Christ Ensen. 困境与出路. 北京：中信出版社，2004.

[3] 许庆瑞，刘景江，赵晓庆. 技术创新的组合及其与组织、文化的集成. 科研管理，2002，23（6）.

[4] 张维迎. 企业的企业家理论-契约理论. 北京：三联书店，1995.

[5] William J. Baumol. 资本主义的增长奇迹. 北京：中信出版社，2004.

[6] 侯先荣，吴奕湖. 企业创新管理理论与实践. 北京：电子工业出版社，2004.

[7] Audretsch, D. B., and Thurik, A. R.. Capitalism and democracy in the 21st century: From the managed to the entrepreneurial economy. Journal of Evolutionary Economics, 2000, 10.

[8] Hitt, M. A., Hoskisson, R. E., and Moesel, D. D.. The market for corporate control and firm innovation. Academy of Management Journal, 1996, 29 (5).

[9] Milliken, F. J.. Three types of perceived uncertainty about the environment: State, effect, and response uncertainty. Academy of Management Review, 1987, 12.

[10] Drucker, P. F.. Innovation and entrepreneurship. New York: Harper&Row, 1985.

上市公司大股东"掏空"行为的市场反应[*]

——基于重大资产收购关联交易的实证研究

● 李　姝[1]　翟　睿[2]

（1，2　南开大学商学院　天津　300071）

【摘　要】本文采用实证分析的方法，以上市公司和大股东之间的重大资产收购关联交易为研究点，通过事件研究法，对关联交易公告日前后的市场反应进行检验，从而证实大股东确实存在通过关联交易"掏空"上市公司的行为，进而损害了投资者的利益。通过实证检验，作者发现当上市公司大股东以较复杂的持股方式控制上市公司时，此时其控制权和现金流权的分离度大，"掏空"上市公司、侵害投资者利益的动机大大增强。同时作者将上市公司最终控制人类型作了详细的划分，并对其在模型中分别加以回归，得出相应的结论。最后针对以上检验发现的问题，给出了相应的对策建议。

【关键词】掏空　投资者保护　市场反应　关联方

一、问题的提出

在我国"一股独大"是普遍现象，在缺乏制度性约束的情况下，从自身利益出发把上市公司资源据为己有，是每个大股东当然的选择。控股股东有动机通过不正当的关联交易、资金担保及占用资金等手段"掏空"上市公司，侵害中小股东利益。

投资者是证券市场的基石，要保证证券市场持续、健康发展，就要保护好投资者的利益。控股股东"掏空"上市公司的表现多种多样，本文的着眼点集中于上市公司重大资产收购关联交易行为。为规范上市公司关联交易和减少大股东资金占用情况的发生，证监会出台了一系列措施加以管制，比如 2001 年证监会发布了《关于上市公司重大购买、出售、置换资产若干问题的通知》；2003 年证监会为解决大股东占用上市公司资金问题以及上市公司为大股东及其关联人乱担保问题，发布了《关于规范上市公司与关联方资金往来及上市公司对外担保若干问题的通知》等。上市公司也以为了减少关联交易为理由，与大股东发生了大量的资产购销交易。本文试图通过对此行为的实证研究，检验证监会诸多措施的出台是否发挥了作用，以及是否如上市公司声称的那样为了减少关联交易而与大股东频繁发生资产购销交易，抑或更多的还是向大股东输送利益。

* 本文是南开大学人文社会科学校内青年项目（编号：NKQ07009）的阶段性研究成果，同时也是南开大学"985"工程项目"中国企业管理与制度创新"创新基地阶段性研究成果。

二、文献综述

La Porta（1999）研究了 27 个国家企业的控制链，发现最终控制人（ultimate controller）通过金字塔式控股结构和交叉持股等方式获得了超过他们现金流权的控制权，在控制权私人收益的驱使下，造成对中小股东的掠夺行为。当整体环境对中小股东的保护不到位时这种掏空行为更加严重，这一点在新兴市场表现得尤为明显。此后，Lins，K.，Servaes，H.（2002）又提出大股东控制造成控制权和现金流权的高度分离，导致上市公司经营效率低下和价值下降的观点。Johnson，La Porta，Lopez-de-Silanes 和 Shleifer（2000）用"掏空"一词形象地描述了控制性股东将资源转移出上市公司的现象，具体表现为过高的管理者薪酬、贷款担保、稀释股权等多种形式。在这一研究背景下，许多学者对控制性股东掏空公司的行为进行了大量的实证检验。Bebchuk 等（1999）以及 Wolfenzon（1999）根据其模型得出结论：当上市公司与企业集团有关联关系时（集团内的公司通常由同一个控股股东控制），控股股东掠夺外部股东的概率很高，控股股东通过在集团内部公司之间的商品和劳务交易以及资产和控制权转移等方式来掠夺上市公司的财富。Bertrand、Mehta 和 Mullainathan（2002）以印度资本市场为例，实证检验了企业集团内部的利益输送行为。研究表明集团内部的"收益震动"（earnings shock）表现为从现金流权比例低的公司向现金流权比例高的公司传递的特征，而且大股东的利益侵占倾向于通过非经常性项目从现金流权比例低的公司向现金流权比例高的公司转移，大股东侵占资金越多的公司，其市净率（market-to-book ratio）也越低。Bae、Kang 和 Kim（2002）则从市场反应角度对韩国企业集团内部的并购活动进行了研究，结果表明集团公司的控制性股东利用集团公司内部的兼并活动来掏空上市公司，控制性股东在兼并中获得了大量的私有利益，而小股东的利益却受到了损害。

Albuquerque 和 Wang（2004）用参数 η 来测量投资者保护程度。η 越高，意味着内部人牟取私人利益需要越大的边际成本。如果 $\eta = \infty$，意味着内部人牟取每一单位的私人收益都要付出无穷大的成本，内部人得不偿失，这就有效地杜绝了内部人窃取公司利益的现象，外部投资者的利益便得到了有效的保护。Johnson 等（2000）证明，控股股东过度的隧道挖掘是导致 1997—1999 年亚洲金融危机的三要原因。Bertrand 等（2002）则进一步指出，隧道挖掘可能降低整个经济的透明度以及歪曲会计收益数字①。

我国学者近年来对我国上市公司控制性股东"掏空"公司的行为也进行了大量的实证研究并取得了一定的经验证据。唐宗明和蒋位（2002）的研究表明，中国上市公司大股东侵害中小股东的程度远高于美英等国家。苏启林等（2003）发现，我国家族控股股东与其他国家一样，也通过对投票权与现金流权进行分离来侵占中小股东的利益。谭劲松和郑国坚（2004）则通过对"青岛海尔"案例的分析发现大股东在权衡使用利益输入和利益输出两种利益输送手段的同时，也利用法律监管制度的不完善对利益输送过程进行透明化处理。

在对关联交易的实证分析方面，李增泉、孙铮和任强（2004）、贺建刚和刘峰（2004）分别从股利政策、资产交易和股票价格的信息含量等不同角度提供了所有权结构影响控股股东"掏空"行为的经验证据。在对我国上市公司频繁与其关联方发生关联交易的原因分析上，李学峰（2003）指出，大股东投票权的非完备性导致大股东无法通过二级市场获得与中小股东同样的获利权，所以其必然会利用对上市公司的控制权来"掏空"上市公司，从而追求自身利益的最大化。郑志刚（2005）在总结了国外研究成果的基础上，通过建立模型研究得出中国一些民营资本和外资倾向于采用金字塔持股方式来控制企业，便于大股东通过隧道挖掘行为来实现对中小股东的盘剥。

---

① 即增加了信息不对称的程度，从而使外部投资者对企业财务状况的评价更为困难。

对于规范关联交易、遏制大股东掏空行为的研究方面，何孝星（2001）指出，应当大幅度提高独立董事在董事会中所占比例。郑钢、王克岭（2003）提出设立独立董事薪酬基金等。在表决权制度方面，王艳（2002）主张建立表决权信托制度。李明辉（2002）通过研究指出，应当在《公司法》中明确控股股东的诚信义务，完善重大关联交易"股东大会批准制度"，强化关联方股东表决回避制度，规定控股股东的民事赔偿义务、补偿责任以及为中小股东诉讼提供制度保障，引进派生诉讼制度等。王棍、肖星（2005）通过实证检验，发现机构投资者持股有利于降低关联方的侵占程度，因此建议大力促进机构投资者参股上市公司。

三、研究设计及数据来源

（一）研究假设

基于以上的研究结论和对我国实际情况的分析，本文就大股东对于上市公司的利益侵占问题提出如下假设：

当上市公司的股权集中度高或者较为分散时，大股东侵占上市公司利益的成本相对较大；只有当大股东所持股权比例能够实质性地控制上市公司并且现金流权较低时，大股东才具有强烈的动机通过向上市公司出售资产的关联交易方式进行利益侵占。

假设1：这种"掏空"行为与上市公司股权集中度存在着U形关系。

假设2：当大股东以复杂的持股结构控制上市公司，使其控制权和现金流权分离较大时，更易发生"掏空"行为。

当上市公司的最终控制人为国家或省级政府时，由于其下属的集团绝大部分处于行业领头羊的地位，甚至某些为垄断型企业，拥有绝对优势，实力雄厚，因而侵占上市公司利益的动机一般较弱；而当最终控制人为省级以下政府时，其监管的企业集团实力相对不足，因此比较而言，侵占上市公司利益的动机会更大。当最终控制人为集团或个人时，也存在类似的情况，即侵占上市公司利益的动机较大。

假设3：最终控制人为国务院国有资产管理委员会或省级国有资产管理委员会时，"掏空"的可能性较低。

假设4：最终控制人为省级以下国有资产管理委员会、集团或个人时，更容易发生"掏空"。

（二）变量设置

1. "掏空"程度衡量

对于大股东对上市公司的"掏空"，进而侵害中小股东利益的衡量难以找到直接的替代变量，且收购资产的真实价值也很难从公开披露的信息中准确判断。因此本文采用事件研究法（event study）①，以关联交易公告日后若干天的市场反应即累积非正常报酬率CAR作为模型的被解释变量，来分析此类关联交易公告对股价的影响，即通过事件发生前后股价变化情况来分析事件的信息含量，从市场反应来间接判断上市公司与大股东之间的资产收购关联交易是否损害了中小投资者的利益。

（1）事件日的确定。本文把资产收购关联交易公告日作为事件日（记为 $t=0$），如果公告当天为非交易日，则将公告日后的第一个交易日视为0时刻。如果上市公司对该交易事项多次公告，则以首次公告日

---

① 事件研究法的原理是如果市场是理性的，那么事件是否产生影响将立即通过价格反映出来，并可以通过对较短时间内价格变化的分析来加以测量。

作为事件日。

（2）事件窗口的确定。事件日前后的一段时间称为事件窗口。窗口长短的选择可能会对模型的效果产生影响，过长的窗口可能会受到其他一些事件或因素的影响，产生噪音干扰，但若窗口过短又难以对市场反应有完整的体现。基于以上考虑，本文选择了以关联交易公告日前后15天（记为 $t = [-15, 15]$）为事件窗口。

本文选择以市场调整法来计算非正常报酬率，即 $AR_t = R_t - R_{mt}$，则累积非正常报酬率的计算公式为：

$$CAR_t = \sum_{t=0}^{T} AR_t$$

2. 变量定义

模型中所用变量如表1所示：

表1 变量定义表

	变量名	简单描述
解释变量	GAP	上市公司第一大股东持股比例与第二、三大股东持股比例的差额,%
	HOLDWAY	虚拟变量，表示上市公司最终控制人持股方式，若是金字塔或交叉持股方式为1，否则为0
	STATE	虚拟变量，表示上市公司最终控制人类型，若是国务院国有资产管理委员会或省级国有资产管理委员会为1，否则为0
	BPROVINCE	虚拟变量，表示上市公司最终控制人类型，若是省级以下国有资产管理委员会为1，否则为0
	GROUP	虚拟变量，表示上市公司最终控制人类型，若是集团为1，否则为0
	PERSON	虚拟变量，表示上市公司最终控制人类型，若是个人为1，否则为0
控制变量	RATIO	上市公司收购大股东资产占上市公司当年初总资产的份额,%
	MTB	上市公司上年末市值账面比率（market-to-book ratio）
	DEBRATIO	上市公司上年末资产负债率
	RELATION	虚拟变量，表示关联交易收购的资产是否与上市公司主营业务相关，若相关为1，否则为0
	PAY	虚拟变量，表示关联交易资产收购的方式，若是现金收购为1，否则为0
	AST	虚拟变量，表示关联交易资产收购的资产形态，若是实物资产为1，否则为0
	UE	未预期盈余
	LIQSHARE	年末流通股占总股本的比例,%

（三）数据来源

本文选择2004年和2005年我国A股市场（包括沪市和深市）上市公司的重大资产收购关联交易行为进行实证分析。实证研究中所需数据来自CCER数据库、CSMAR数据库和巨潮资讯网（www.cninfo.com.cn）。

本文资产收购关联交易是指上市公司向控股股东及其附属公司收购资产（包括实物资产、无形资产、债权等）的行为。其中上市公司重大资产收购关联交易数据的选取标准为：收购总价占上市公司当年初总资产4%以上。此外，剔除了被ST、PT及数据不全且难以获取的公司，最终确定的研究样本量为2004年89个样本点，2005年75个样本点①。

四、描述性统计与模型构建

（一）描述性统计结果

两年样本的描述性统计结果如表2和表3所示：

表2   **2004年样本简单描述性统计**

变 量	样本量	均值	中位数	最小值	最大值
CAR [0, 15]	89	-0.0035	-0.0036	-0.2297	0.1529
SHARE 1	89	0.4503	0.4431	0.0660	0.7403
SHARE 2	89	0.0869	0.0555	0.0009	0.3399
TOTAL 3	89	0.5665	0.5966	0.0722	0.8541
GAP	89	0.3341	0.3006	-0.1127	0.7018
HOLDWAY	89	0.19	0	0	1
STATE	89	0.46	0	0	1
BPROVINCE	89	0.18	0	0	1
GROUP	89	0.11	0	0	1
PERSON	89	0.24	0	0	1
MTOTAL	89	30588.87	14311.50	2145.00	451300.00
TOTALASSET	89	520817.72	174397.46	50497.87	14482400.00
DEBRATIO	89	0.4525	0.4292	0.1192	0.8139
MTB	89	2.8860	2.4164	1.1851	7.0898
RELATION	89	0.85	1	0	1
PAY	89	0.76	1	0	1
AST	89	0.19	0	0	1
LIQSHARE	89	0.4065	0.3915	0.1503	1
UE	89	-0.0025	-0.0222	-4.6017	3.1727

---

① 由于2003年在上市公司年报中上市公司最终控制人对上市公司的持股关系图未作披露要求，而本文模型中一个重要解释变量——最终控制人类型，要由此项披露整理而得，考虑到若2003年模型中缺少此变量，则与2004年、2005年的可比性将大大下降，所以作者在实证研究中只选取了2004年和2005年的数据。

表3

变 量	样本量	均值	中位数	最小值	最大值
CAR［0，15］	75	−0.0131	0.0124	−0.8754	0.2154
SHARE 1	75	0.4400	0.4487	0.1466	0.7157
SHARE 2	75	0.0943	0.0669	0.0011	0.3399
TOTAL 3	75	0.5705	0.5738	0.2731	0.8795
GAP	75	0.3096	0.3105	−0.1955	0.6617
HOLDWAY	75	0.23	0	0	1
STATE	75	0.41	0	0	1
BPROVINCE	75	0.29	0	0	1
GROUP	75	0.08	0	0	1
PERSON	75	0.21	0	0	1
MTOTAL	75	27166.15	16310.00	3125.00	227000.00
TOTALASSET	75	234376.24	185496.38	47492.48	79821.31
DEBRATIO	75	0.4778	0.4790	0.1099	0.8713
MTB	75	2.2364	1.9836	1.0253	8.2280
RELATION	75	0.69	1	0	1
PAY	75	0.73	1	0	1
AST	75	0.12	0	0	1
LIQSHARE	75	0.3843	0.3704	0.1503	0.6398
UE	75	0.0186	0.0303	−1.0715	1.4843

  以上表 2 和表 3 对 2004 年和 2005 年样本公司股权结构、基本财务数据和关联交易特征变量分别进行了简单描述性统计。分析表中统计结果，可以发现两年中样本公司前三大股东持股比例之和平均在 56%以上，其中第一大股东持股比例平均在 45%和 44%，中位数分别为 44.31%和 44.87%，而第二大股东持股比例的均值和中位数分别仅为 9%和 6%左右；第一大股东持股比例与第二、第三大股东持股比例的差额的均值分别为 33.41%和 30.96%。虽然 2005 年比 2004 年的前三大股东持股比例之差有所降低，但总体来看上市公司的股权集中度还是较高的，大股东控制现象明显。持股方式为金字塔或交叉持股的上市公司占样本量的 20%左右。另外，样本公司中，最终控制人类型为国有的占 70%以上，其中又分为国家级、省级国有持股和省级以下国有持股两类，其余 30%的上市公司的最终控制人类型为集团或个人。上市公司年初资产总额平均分别为 520817.72 万元和 234376.24 万元，资产负债率分别为 45.25%和 47.78%，数值较高，市值账面比率均值分别为 2.89 和 2.24。在上市公司与大股东发生的资产收购关联交易中，资产收购价格平均分别为 30588.87 万元和 27166.15 万元，占上市公司当年年初资产总额比例分别为 5.9%和 11.6%，两年相差较大。所收购资产分别只有 19%和 12%为实物资产，85%和 69%的收购与上市公司

主营业务相关，平均70%多的收购交易是采用现金支付的方式。

（二）模型建立

为了实证检验具备何种股权结构特征的上市公司易与大股东发生重大资产收购关联交易行为，即大股东进行利益侵占，本文建立如下模型进行多元回归分析：

$$CAR_i = \beta_0 + \beta_1 GAP^2 + \beta_2 HOLDWAY + \beta_3 STATE + \beta_4 MTB + \beta_5 DEBRATIO + \beta_6 RATIO + \\ \beta_7 RELATION + \beta_8 PAY + \beta_9 AST + \beta_{10} UE + \beta_{11} LIQSHARE \tag{1}$$

$$CAR_i = \beta_0 + \beta_1 GAP^2 + \beta_2 HOLDWAY + \beta_3 BPROVINCE + \beta_4 MTB + \beta_5 DEBRATIO + \beta_6 RATIO + \\ \beta_7 RELATION + \beta_8 PAY + \beta_9 AST + \beta_{10} UE + \beta_{11} LIQSHARE \tag{2}$$

$$CAR_i = \beta_0 + \beta_1 GAP^2 + \beta_2 HOLDWAY + \beta_3 GROUP + \beta_4 MTB + \beta_5 DEBRATIO + \beta_6 RATIO + \\ \beta_7 RELATION + \beta_8 PAY + \beta_9 AST + \beta_{10} UE + \beta_{11} LIQSHARE \tag{3}$$

$$CAR_i = \beta_0 + \beta_1 GAP^2 + \beta_2 HOLDWAY + \beta_3 PERSON + \beta_4 MTB + \beta_5 DEBRATIO + \beta_6 RATIO + \\ \beta_7 RELATION + \beta_8 PAY + \beta_9 AST + \beta_{10} UE + \beta_{11} LIQSHARE \tag{4}$$

下文实证回归分析以事件公告日后15日内的累积非正常报酬率的数据作为被解释变量。

以股权集中度指标 GAP 作为衡量股权结构特征的替代变量。如前文分析所述，大股东控制的股权结构主要体现为两方面效应：利益侵占效应（entrenchment effect）和利益趋同效应（alignment effect），实际中更多地体现为哪种效应则与大股东控制权和现金流权的分离程度有关。分离程度大，则更多地体现为利益侵占效应，反之亦然。因此增加控股股东的现金流权可以使得大股东与小股东之间的利益趋于一致，从而减弱大股东与小股东之间的代理问题。根据以上分析，我们认为上市公司大股东的利益侵占行为与股权集中度之间应该是一种二次函数的曲线关系，因此在模型中引入了 GAP^2（第一大股东与第二、第三大股东持股比例的差额的平方）作为解释变量，并预期在模型中其系数应该为正，即大股东利益侵占的动机与第一大股东和第二、第三大股东持股比例的差额呈"U"形关系。与此同时也考察了最终控制人对上市公司的持股方式，一般说来金字塔式持股结构或交叉持股会造成控制权和现金流权的分离，所以预期该解释变量的系数为负。另外对于上市公司最终控制人的类型，本文作了较为详细的区分，分为国家或省级政府、省级以下政府、集团和个人四大类，最终控制人类型是本文重点考察的一个解释变量，因此作者逐一将这四种类型控制人分别纳入模型加以回归。

此外，模型中还加入了一些控制变量，具体包括市值账面比率（MTB）、上市公司关联交易收购资产占上市公司当年年初总资产的比例（RATION）、是否与上市公司的主营业务相关（RELATION）、收购资产的支付方式（PAY）、所收购资产的形态（AST），以及上市公司年末流通股占总股份比例和未预期盈余等。

五、实证检验

（一）资产收购关联交易的市场反应检验

为了检验上市公司向大股东及其附属公司收购资产的关联交易是否一种利益侵占行为，从而侵害了中小股东的利益，我们通过事件研究法来检验资产收购关联交易的财富效应。如果在事件公告日期间，市场获得了显著的负的非正常报酬，说明上市公司向大股东及其附属公司收购资产的行为受到了投资者的抵制。大股东为实现控制权私人收益通过向上市公司出让资产的方式来进行利益侵占，从而损害了中小股东的利益。关联交易公告后市场反应如图 1 和图 2 所示。

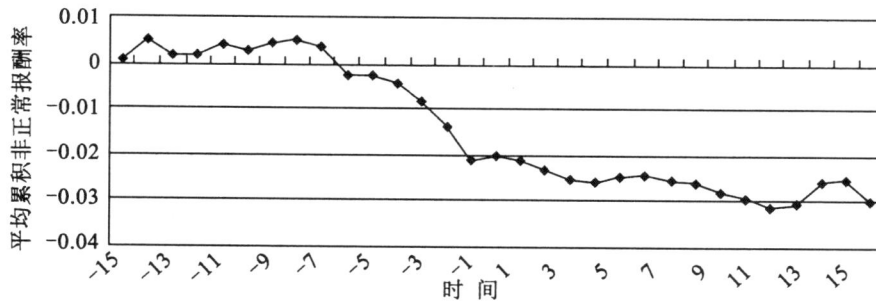

图 1 2004 年资产收购关联交易时间公告日前后 15 天的平均累积非正常报酬率曲线

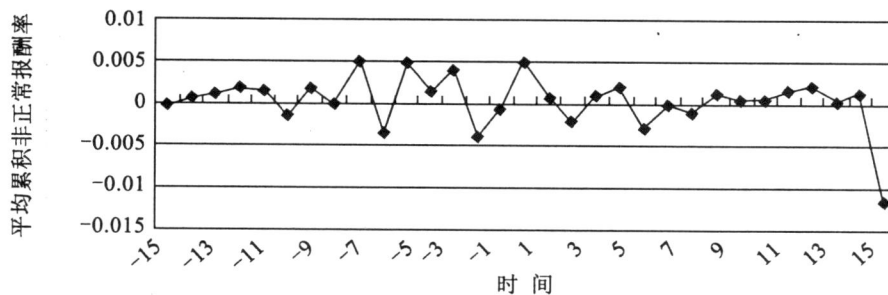

图 2 2005 年资产收购关联交易时间公告日前后 15 天的平均累积非正常报酬率曲线

以上两图表明，2004 年在事件公告日前 15 天至前 4 天，市场没有做出剧烈反应，而从事件公告日前 3 天起至事件公告日当天，市场作出了剧烈的负反应，至公告日后 15 天，一直保持着负反应。这在一定程度上说明市场可能存在信息提前泄露的现象。同时也证明，大股东向上市公司出售资产的关联交易可能构成了一种利益侵占的行为，投资者对此给予了抵制性的反应。然而在 2005 年，市场反应则略有不同。在事件公告日前 15 天到前一周市场反应比较平稳，而从事件公告日前一周至事件公告日后一天市场出现较大幅度波动，从事件公告日后一天开始，市场反应波动趋缓，直到公告日后第 14 天，市场才作出了剧烈的负反应，似乎市场反应存在严重不足的现象。这可能是由于 2005 年是我国正式实施股权分置改革的第一年，市场关注的焦点大部分集中于股权分置改革的问题上，从而影响了对其他较重大事件的反应。这一点在下文的回归结果中也有所表现。

（二）回归结果及分析

本文采用 SPSS13.0 统计软件对数据进行处理和加工，考虑到 2005 年的股权分置改革，作者预期会对市场产生一定影响①，因此文章对 2004 年和 2005 年数据分别进行了回归（见表 4 和表 5）。

1. 2004 年模型回归结果及分析

从总体上看四个模型调整的 R^2 均达到 0.2 以上，最好的达到 0.282，模型的拟合效果还是不错的。方差膨胀因子远远小于 5，不存在多重共线性的现象。具体到各解释变量，二次项 GAP^2 的回归系数为正，

---

① 作者的预期得到了实证检验的证实，见后文结果及分析。

97

表4 2004 年模型的回归结果

解释变量	模型 1	模型 2	模型 3	模型 4
INTERCEPT	− 0. 130 ***	− 0. 114 **	− 0. 122 ***	− 0. 111 **
GAP^2	0. 090	0. 115 **	0. 118 **	0. 116 **
HOLDWAY	− 0. 039 **	− 0. 050 **	− 0. 052 ***	− 0. 045 ***
STATE	0. 045 ***			
BPROVINCE		− 0. 033 *		
GROUP			− 0. 035	
PERSON				− 0. 015
MTB	0. .009	0. 011 *	0. 009	0. 009
DEBRATIO	0. 027	0. 038	0. 027	0. 025
RATIO	− 0. 131	− 0. 166 *	− 0. 108	− 0. 158 *
RELATION	− 0. 026	− 0. 024	− 0. 014	− 0. 024
PAY	0. 033 *	0. 033 *	0. 028	0. 030
AST	0. 039 **	0. 035 *	0. 032	0. 036 *
UE	− 0. 009	− 0. 010	− 0. 015 *	− 0. 012
LIQSHARE	0. 149 **	0. 147 **	0. 165 **	0. 162 **
Adj-R square	0. 282	0. 223	0. 214	0. 200

注：* 、** 、*** 分别代表在 10% 、5% 、1% 的水平上显著。

与预期一致，且除了在第一个模型中不太显著外，在后三个模型中都在 5% 的水平上显著，从而说明事件公告日后的市场累积非正常报酬率与股权集中度之间存在"U"形关系，与我们前面分析是一致的，支持大股东控制的利益侵占效应和利益趋同效应假定。在股权集中度低的情况下，由于大股东没有取得对上市公司的实质性控制权，其实现利益侵占行为是相对较困难的。而在大股东实质性控制上市公司之后，股权集中度的提高只是伴随大股东现金流权的增加，而大股东控制权却并未发生太大变化，由于增加大股东的现金流权可以限制大股东利益侵占的动机，从而表现为大股东控制的利益趋同效应。只有当大股东以某种方式能够使控制权大大高于现金流权时，才有强烈的动机"掏空"上市公司，侵害中小股东利益。这便与模型中考察的另一解释变量 HOLDWAY（最终控制人的持股方式）密切相关，结果显示该变量系数为负，且在第一、第二和第四个模型中在 5% 的水平上显著，在第三个模型中在 1% 的水平上显著，强有力地验证了金字塔式持股结构或交叉持股结构等类似复杂的持股结构，使控制权和现金流权的分离度大大增加，以这种方式来控制上市公司的控股股东更有动机进行利益侵占；同时市场也对这些公司的重大资产收购关联方交易做出了强烈的负向反应。对于不同的最终控制人类型，其系数也都与预期一致，即最终控制人为国家或省级政府的，其系数为正，且在 1% 的水平上显著，说明总体来看这类上市公司被"掏空"的可能性会低于最终控制人为其他类型的上市公司，投资者利益较少受到损害。最终控制人为省级以下政府时，其系数为负，且在 10% 的水平上显著，由于其监管的集团即上市公司的母公司与第一种类型的集团相比，其自身实力稍显不足，在其将优良资产剥离上市后，有动机侵占上市公司的资源以支持自身的发展。与此类似，当最终控制人为集团或个人时，系数也均为负，但结果不太显著。可能有如下原因，我国的非国有上市公司在上市时，有相当一部分是采用"买壳上市"的方式，其最终目的也是希望能从上市公司那里更便捷地获得更多的资金。而且由于我国资本市场还不是很完善、很健康，奖惩不够分明，即使上市公司被查出有违规行为，侵害了中小股东的利益，其付出的代价也不足以警示其他企业。因此，非国有上市公司并没有动机在保护投资者利益方面比国有上市公司付出更大的努力做得更好，反而有动机借着资本市场对国有上市公司的某些"纵容"之机"浑水摸鱼"，获得较高的非正常收益，置中小投资者利益于不顾。至于其结果不太显著，可能是投资者对最终控股的集团或个人的实力并不很清楚，难以明确判断其是否进行了利益侵占，所以其市场反应也不是很明显。

同时我们还发现，变量MTB的回归系数显著为正数，即市值账面比率越低，市场累积非正常报酬率越低。这与Johnson et al.（2000）的研究结果一致，当投资者对公司未来前景预期不好时，更担心大股东对他们的侵害。至于上市公司的资产收购当年初的资产负债比率，该变量回归系数为正，即负债比率较低，上市公司会有更充裕的自有资金去支持大股东"掏空"行为，但不是很显著，这也从另一个侧面说明了即使上市公司自有资金不足以支持大股东的"掏空"，也能够利用上市公司的"有利"身份，筹措到大股东"掏空"所需要的资金，正是因为上市公司具备这样的特点，也就顺理成章地成为了大股东"掏空"的对象。

还有一点值得注意，即作为控制变量的流通股比例系数为正，且在四个模型中均显著。La Porta等学者认为大股东持股在20%～50%时，最易发生"掏空"行为。我国上市公司第一大股东持股比例平均为36.53%，回归结果也说明在此水平上流通股比例越低，上市公司越易被大股东"掏空"，这也从一个侧面支持我国应当进行股权分置改革，从而对投资者保护起到一定的促进作用。

2. 2005年模型回归结果及分析

表5 2005年模型的回归结果

解释变量	模型1	模型2	模型3	模型4
INTERCEPT	-0.083	-0.041	-0.097	-0.097
GAP^2	0.101	0.112	0.139	0.139
HOLDWAY	-0.084**	-0.114***	-0.106***	-0.093**
STATE	0.060*			
BPROVINCE		-0.046		
GROUP			-0.024	
PERSON				-0.024
MTB	0.007	0.009	0.014	0.013
DEBRATIO	0.112	0.107	0.094	0.094
RATIO	0.241	0.218	0.255	0.269
RELATION	0.058*	0.067**	0.073**	0.069**
PAY	-0.014	-0.016	-0.017	-0.017
AST	-0.090*	-0.086*	-0.095*	-0.098**
UE	0.047	0.053	0.070	0.069
LIQSHARE	-0.175	-0.185	-0.123	-0.112
Adj-R square	0.253	0.240	0.220	0.222

注：*、**、***分别代表在10%、5%、1%的水平上显著。

从总体上看四个模型的调整的 R^2 均达到 0.2 以上，最大达到 0.253，模型拟合效果还是不错的。方差膨胀因子远远小于 5，说明模型不存在多重共线性的现象。具体到各解释变量，反映股权集中度的解释变量 GAP^2 系数为正，与预期一致，说明事件公告日后的市场累积非正常报酬率与股权集中度之间存在"U"形关系，但不显著。反映最终控制人对上市公司的持股复杂程度的解释变量 HOLDWAY，其系数为负，而且在第一和第四个模型中在 5% 的水平上显著，在第二和第三个模型中在 1% 的水平上显著，说明最终控制人对上市公司的持股方式的确对大股东的"掏空"行为有显著影响，即持股方式越复杂越容易发生大股东对上市公司的利益侵占，损害中小投资者利益。对于解释变量最终控制人类型，四种类型的系数均与预期一致，但只有最终控制人为国家或省级政府时，结果在 10% 水平上显著，也就是说该类型控制人控制的上市公司总体上比其他类型控制人控制的上市公司会较少受到大股东的利益侵害。还有一点值得注意的是在 2005 年的回归模型中，与 2004 年结果不同，控制变量流通股比例的系数为负，且不再显著。作者认为造成 2005 年某些解释变量不是很显著的原因，与 2005 年在我国推行的股权分置改革有很大关系，这在 2005 年回归结果中流通股比例反常为负即可表现出来。因为按照有关理论结合前文分析，我国上市公司的股权集中度较高，且有将近 2/3 的股份不能流通，这就大大增加了大股东侵害上市公司利益的可能性，所以流通股比例的增加可以抑制这种可能性，如 2004 年模型中表现的那样，流通股比例系数显著为正，即流通股比例越低，投资者对上市公司与大股东的资产收购关联交易越会作出抵制，市场反应越差。因而，受到股权分置改革的影响，市场对其他重大事件的反应有所削弱，造成与 2004 年相比，2005 年的某些解释变量不很显著。

六、结论与建议

（一）结论

（1）在股权结构上，我国国有股"一股独大"的现象仍旧没有改变，上市公司平均 40% 的股份掌握在国家手中，且股权集中度高，第一大股东持股比例截至 2006 年底为 36.53%，与其他几大股东持股比例相比高出许多，无法形成股权制衡的局面，因此极易造成大股东对小股东的利益侵害。

（2）日益复杂的持股结构造成了最终控制人控制权和现金流权的分离程度加大，从而增加了大股东"掏空"上市公司的动机。

（3）最终控制人为国家或省级政府的，这类上市公司被"掏空"的可能性低于最终控制人为其他类型的上市公司，投资者的利益较少受到损害。

（二）建议

1. 推进股权分置改革与优化股权结构

中国股市的很多深层次问题都与我国特有的政府偏袒国有利益的制度性安排有关。解决中国证券市场问题的目标是使中国股市真正走上市场化的发展轨道，使股市成为经济的"晴雨表"。为此，必须逐步解决股权分置问题，因为"非全流通"的股权设置是我国股市非规范化、非市场化的主要结症，也是很多国有上市公司掠夺行为的根源。然而，从产权角度来看，解决股权分置问题不仅是简单地对流通股股东给予补偿，更应该借此机会对产权结构和股权结构作一重大调整，也就是说在股权分置改革过程中，要考虑引入何种投资者才能取得更好的效果，达到令人满意的目的。目前我国的流通股过于分散，机构投资者比重过小，流通股高度分散化使得公众股东对上市公司缺乏有效的直接控制力。而国外的经验表明，在这方面机构投资者能够借助投票机制参与甚至主导公司的决策，以保证其权益不受侵害。因此，可以考虑对机构投资者的资产实施一定的流动性限制，使机构投资者真正成为稳定市场的中坚力量。

2. 控制权和现金流权分离的对策

控制权和现金流权的分离使大股东具有了"掏空"上市公司的动机。Tenev、Zhang 和 Brefort（2002）指出，解决政府作为控股股东的代理问题可以通过改变政府的控制权与现金流权的方式，比如将政府所拥有的股份转换为不具有投票权的优先股，这将改变政府现金流权的性质，使它们更像某种形式的税收，从而促使政府在不同的国有企业中发挥更加一致的作用。

然而无论是政府作为控股股东还是非政府作为最终的控股股东，减少其控制权与现金流权的分离都具有不小的难度，在尚未发现更好的解决方法前，加强监督和披露并且对关联交易实施一些限制性措施或许更为有效。

此外可对持股方式复杂的上市公司实行重点监督，不定期进行抽查，还可以建立必要的申诉制度，如中小投资者发现不当交易行为或不实信息披露后，可以向主管部门申诉，请求其对有关上市公司违规行为及时进行调查。

参 考 文 献

[1] 谷祺，邓德强，路倩. 现金流权与控制权分离下的公司价值——基于我国家族上市公司的实证研究. 会计研究，2006，4.

[2] 胡凯. 股权结构、会计操纵与投资者保护——来自中国上市公司的经验证据. 商业经济与管理，2006，4.

[3] 李增泉，孙铮，王志伟. "掏空"与所有权安排——来自我国上市公司大股东资金占用的经验证据. 会计研究，2004，12.

[4] 李增泉，余谦，王晓坤. 掏空、支持与并购重组——来自我国上市公司的经验证据. 经济研究，2005，1.

[5] 刘峰，贺建刚. 股权结构与大股东利益输送实现方式的选择. 中国会计评论，2004，4.

[6] 罗党论，唐清泉. 市场环境与控股股东"掏空"行为研究. 会计研究，2007，4.

[7] 沈艺峰，许年行，杨熠. 我国中小投资者法律保护历史实践的实证检验. 经济研究，2004，9.

[8] 苏启林，朱文. 上市公司家族控制与企业价值. 经济研究，2003，8.

[9] 唐宗明，蒋位. 中国上市公司大股东侵害度实证分析. 经济研究，2002，4.

[10] Arturo Bris, Christos Cabolis. The value of investor protection: Firm evidence from cross-border mergers, 2005, working paper.

[11] Bertean, Marianne, and Paras Mehta. Ferreting out tunneling: An application to Indian business groups. Quarterly journal of economics, 2002, 118.

[12] Friedman Eric, Johnson Simon, and Mitton Todd. Propping and tunneling. Journal of Comparative Economics, 2003, 31 (4).

[13] Franks, Mayer. Ownership and control of German corporation. Review of Financial Studies, 2001, 14 (4).

[14] Jian, M., and Wang, T. J.. Earnings Management and tunneling though related party transactions: Evidence from Chinese Corporate Groups. 2003, working paper, Hong Kong University of Science and Technology.

[15] Johnson simon, Boone, Breach. Governance in the Asian financial crisis. Journal of Financial Economics,

2000, 58 (1/2).

[16] Konan Chan, Shing-yang Hu and Yan-zhi Wang. When will the controlling shareholder expropriate the investors? . Cash Flow Rights and Investmenet Opportunity Perspective. Academia Economic Papers, 2003, 31.

[17] La Porta, Lopez-de-Silanes, and Schleifer. Corporate ownership around the world. Journal of Finance, 1999, 54 (2).

[18] La Porta, Lopez-de-Silanes, and Schleifer. Investor protection and corporate valuation. Journal of Finance, 2002, 57 (3).

[19] Lemmon and Lins. Ownership structure, corporate governance and firm value: Evidence from East Asian Financial Crisis. Journal of Finance, 2003, 58.

上市公司股权结构对资本结构选择的影响[*]

——理论与实证分析

● 王　治[1,2]

（1　湖南大学经贸学院　长沙　410076；2　长沙理工大学经济与管理学院　长沙　410076）

【摘　要】本文从公司治理的角度进行理论分析，并运用系列 OLS 回归方法实证检验了我国上市公司股权结构对资本结构选择的影响。经验证据表明：管理层持股比例对我国上市公司负债比率的影响不显著；股权集中度与债务比率负相关；国家股比例与企业负债比率负相关，而法人股与企业负债比率正相关；国有控股企业的流通股比例与企业负债比率正相关，而非国有控股企业的流通股比例与企业负债比率负相关。

【关键词】股权结构　资本结构　公司治理

一、引言

自 Modigliani 和 Miller（1958）对资本结构理论进行了开创性的研究以来，国内外学者对公司资本结构的影响因素作了大量研究，包括资产担保价值、企业规模、非负债税盾、盈利性和成长性等①。近年来，国内外一些学者从代理理论框架出发，着重探讨了股权结构与资本结构的关系。他们认为不同的股权结构、不同的持股主体在公司治理中的作用不同，导致企业在融资过程中的优序选择不同，从而影响资本结构中负债与权益资本的比例关系。股权结构在公司治理中的作用是混合的，导致股权结构与资本结构的关系也是混合的，研究结论存在较大差异。中国上市公司存在特殊的股权结构，股权高度集中，普通股划分为国家股、法人股和流通股，国家股和法人股不能自由流通，且因流通市场的不同而彼此处于分割状态。与此同时，中国上市公司存在严重的股权融资偏好，"内部人控制"的问题突出，资产负债率偏低。中国上市公司的股权结构究竟如何影响资本结构的选择，管理者持股、股权集中度、国家股、法人股和流通股究竟如何影响资本结构决策，这有待于理论分析和经验检验。本文试图回答这些问题。

二、理论分析与研究假设

1. 管理者持股与资本结构

管理者持股对资本结构选择的影响是混合的。一方面，Jensen 和 Meckling（1976）认为管理者持股有

---

[*] 本文为长沙理工大学博士基金资助项目"基于委托代理理论的企业非效率投资行为研究"（编号：1004161）的阶段性成果。

① 此方面的综述性文献可参见：肖作平. 资本结构影响因素实证研究综述. 证券市场导报，2005，11：35-38.

助于使管理者和外部股东的利益相一致，减少管理者在职消费、剥夺股东财富和进行其他非价值最大化行为的动机。管理者持股的增加减少了由所有权和控制权分离所引起的代理成本，因此，债务和管理者持股可看作控制代理成本的替代机制。并且，管理者较外部股东而言更偏好低债务水平，因为管理者面临着以不可分散的人力资本为形式的更高的非系统风险。随着管理者所持股份的增加，管理者风险厌恶程度增大，因此管理者更具有减少债务水平的激励；且随着管理者所持股份的增加，管理者固守职位性（managerial entrenchment）增强，管理者具有更多的自由度来控制公司债务政策的选择。Friend 和 Lang（1988）认为管理者持股比例与债务比率负相关，因为管理者持有的股份越多，他们越有动力和能力向下调整债务比率以适合自身利益。Friend 和 Lang（1988）、Jensen 等（1992）、Bathala 等（1994）、Firth（1995）对美国的经验研究表明管理者持股比例与债务比率负相关。另一方面，资产替代效应增加了债务代理成本，如果管理者股权增加会提高其风险厌恶程度，那么他们进行资产替代的动机可能减少。因此，随着管理者所持股份的增加，其利益更可能与债权人利益相一致，债务代理成本则可能减少。而 Harris 和 Raviv（1988）从公司兼并的角度指出，管理者会通过其所持的股份比例试图改变兼并的方法和操纵兼并成功的概率。他们认为，管理者可以通过提高债务水平来增加其股份。因此，管理者持股比例与债务比率正相关。Kim 和 Sorenson（1986）、Berger 等（1997）、Short 等（2002）对美国公司的经验研究支持了管理者持股比例与债务比率正相关的假设。由于我国上市公司管理层持股比例普遍很低，管理层持股对资本结构的影响可能是微弱的。本文提出假设：

H1：管理层持股比例对我国上市公司负债比率影响不显著。

2. 股权集中度与资本结构

股权集中度对资本结构选择的影响也是混合的：一方面，Berle 和 Means（1932）指出，股权高度分散导致两权分离条件下的经营者支配局面的出现，大公司的经理人员成为公司的实际控制者，分散的股东无意识也无能力对公司的经营决策施加影响。对于股权高度分散的公司来说，管理者利益很难与股东利益相一致，导致较高的代理成本；且在公司股权分散情况下，分散的股东们各自存在"搭便车"的动机，而不去监督管理者。Grossman 和 Hart（1980）指出，如果公司股权过于分散，就没有股东愿意积极监督管理者，因为监督费用大大高于监督回报。Shleifer 和 Vishny（1989）认为，所有权集中有利于增强对管理层的控制，因为这可以减少分散的股权结构所引起的"搭便车"问题。因此，如果债务确实能作为控制管理者在职消费的工具，大股东也许有激励对管理者关于公司债务政策施加压力。Friend 和 Lang（1988）认为大股东可能比管理者持有更分散的投资组合，因而比管理者更愿意追求更高的债务水平。而且，由于债务作为治理机制较其他直接干预的成本低，股东偏好于使用债务作为控制代理成本的机制。因此，股权集中度应与债务比率正相关。以美国企业为样本，Firth（1995）、Berger 等（1997）发现公司的债务比率与外部大股东的持股比例成正相关关系。Brailsford 等（2002）对澳大利亚企业的实证研究也证明了上述论点。另一方面，Pound（1988）认为，在很多情况下，公司大股东并不是"积极的监督者"，他们常常与经理人员相勾结损害中小股东的利益。La Porta 等（1998）发现在世界各地的大型企业中，主要的代理问题是由大股东掠夺小股东利益导致的。因此，考虑到大股东与管理者勾结侵害分散的外部投资者利益，股权集中度又可能与债务比率负相关。以美国企业为样本，Bathala 等（1994）发现公司的债务比率与外部大股东的持股比例成负相关关系。以英国企业为样本，Short 等（2002）发现公司的债务比率与外部大股东持股比例负相关。由于我国上市公司股权过于集中，大股东往往与管理者共谋，侵占外部中小股东利益，本文提出假设：

H2：我国上市公司的股权集中度与债务比率负相关。

同时，对于少数大股东的联盟治理结构，由于出现与第一大股东相抗衡的股东，第一大股东的行动会受到制衡，在股东大会和董事会上难以形成绝对控股权下第一大股东的"一言堂"现象。这些大股东又可通过董事会直接对管理层进行有效的监督，从而减少代理成本。本文提出假设：

H3：第一大股东和其他三大股东持股比例之差应与债务比率负相关。

3. 国家股与资本结构

国有资产管理机构作为国家股的"代理人"，其在公司治理结构中并不是积极的监督者，难以对管理者进行有效的监督和约束，有时甚至会出现所有权虚置缺位的情况。国家股权代表委派机制没有真正形成，没有解决好产权主体进入企业问题，国家股背后的产权模糊以及多重代理拉长代理链条，使所有者不能对管理者实行有效的控制和监督。由于国家股并没有真正地"人格化"，在公司治理结构中并不是积极的监督者，难以对管理者进行有效的监督和约束，本文提出假设：

H4：国家股比例与企业负债比率负相关。

4. 法人股与资本结构

与国家股不同，法人股比国家股更具有"经济人"人格化特征，法人股代表的资本不仅是国有资本，更多的是民营资本和集体所有资本。与个人股东不同，在选举的董事会和监事会中有法人股股东代表。除了对诸如管理层选择、资本结构政策和股利政策等重要问题有投票权外，他们能获得公司的内部信息，在任何时候有权向主要管理者询问公司的经营状况。法人股股东既有激励又有能力来监督和约束管理者，因而在公司治理结构中扮演着重要的角色。本文提出假设：

H5：法人股比例与企业负债比率正相关。

5. 流通股与资本结构

由于非流通股中的国家股比例与企业负债比率负相关，而非流通股中的法人股比例与企业负债比率正相关，本文对流通股与企业资本结构的关系提出以下假设：

H6：总体而言，流通股比例与企业负债比率正相关。其中，国有控股企业的流通股比例与企业负债比率正相关，非国有控股企业的流通股比例与企业负债比率负相关。

三、实证检验

1. 研究变量说明

本文研究的关键变量是我国上市公司资本结构及其股权结构。本文以资产负债率（即负债比率）代表资本结构变量，股权结构变量则包括管理层持股比例、非流通股比例、流通股比例、股权集中度、大股东联盟治理等。同时，还有许多公司特征因素会对公司资本结构的选择产生影响，如资产担保价值、企业规模、非负债税盾、盈利性和成长性等，为此本文在实证研究中将把这些重要的影响因素作为控制变量纳入分析。考虑到企业经营的连续性和长期性以及衡量指标的一致性，本文所选择的研究变量参考了先前的经验研究（如 Titman 和 Wessel，1988；肖作平，2004；顾乃康和杨涛，2004）。表 1 对这些研究变量进行了定义。

表 1　　　　　　　　　　　　　　　　　　变量定义表

变量名称	变量符号	变量定义
资产负债率	D/A	总负债/总资产
高管持股比例	MSO	高管人员所持股份[1]/总股本
非流通股比例	SS	非流通股数[2]/总股本
流通股比例	IS	流通股数/总股本

变量名称	变量符号	变量定义
股权集中度	FL	第一大股东所持股份/总股本
	OC	前五大股东持股比例之和
大股东联盟治理	FDO	第一大股东持股比例与其他三大股东持股比例之差
资产担保价值	TANG	(固定资产 + 存货)/总资产
公司规模	SIZE	总资产的自然对数
非负债税盾	NDTS	折旧/总资产
企业盈利能力	CASH	营业利润/总资产
成长性	GROW	Tobin's Q[3]

注：（1）高管人员所持股份包括董事、监事和经理人员所持有的股份；（2）非流通股数包括国家股和法人股；（3）本文采用 Smith 和 Watts（1992）的方法，用公司权益市场价值与负债面值之和除以公司总资产账面价值衡量 Tobin's Q 值。考虑到中国上市公司中大量非流通股的存在，公司权益市场价值用年末收盘价乘以流通股数量加上每股净资产乘以同年非流通股数量来计算。因此，Tobin's Q 值的数学表达式为：

$$Q = \frac{流通股股数 \times 年末收盘价 + 非流通股股数 \times 每股净资产 + 负债账面价值}{总资产账面价值}$$

2. 研究样本选择与变量的描述性统计

本文股权结构数据和资本结构数据来自中国经济研究中心（CCER）服务数据库以及华泰证券有限责任公司资讯中心提供的上市公司历年年度报告。样本的选取遵循以下原则：（1）不考虑金融类上市公司，这是鉴于国际上作此类研究时因金融类上市公司自身特性而一般将其剔除样本之外，本文选取非金融类上市公司 1998—2005 年的股权结构数据和资本结构数据为原始样本；（2）为避免异常值和其他资本市场的影响，从原始样本中剔除被 ST 和 PT 的公司以及拥有 B 股和 H 股的公司；（3）为保证公司经营行为的可持续性，剔除变更主营业务以及进行过资产重组的公司。最后剩下共 7495 个公司样本。考虑到我国上市公司非流通股主要由国家股和法人股构成，本文还以是否国有控股对总体样本进行划分，国有控股公司样本共 5904 个，非国有控股公司样本共 1591 个。国有控股上市公司的非流通股中国家股占大部分，而非国有控股上市公司的非流通股中法人股占大部分，从而分别考虑国家股和法人股对资本结构选择的影响。

表 2 是对样本公司研究变量的描述性统计。从表中可见，总体样本的平均资产负债率为 44.86%，说明我国上市公司的资产负债率偏低①，这可能是因为我国企业债券市场不发达，银行是公司外部债务的主要来源，且股价普遍被高估（研究样本的 Tobin'Q 最大值为 8.3325，平均值为 1.4832），公司偏好股权融资；管理者持股平均值为 0.64%，说明我国上市公司管理者持股的数量十分有限②；非流通股比重最大值达 96.40%，平均值为 62.32%，说明我国上市公司非流通股占其总股本的大部分。第一大股东持股比例最大值为 88.58%，平均值 44.30%；前五大股东持股比例之和最大值为 95.73%，平均值为 59.22%，说明我国上市公司的股权高度集中。第一大股东持股比例与其他三大股东持股比例之差最大值为 88.10%，平均值 30.59%，说明我国上市公司第一大股东持股比例与其他大股东持股比例相差悬殊。

---

① ①G-7 国家的总资产负债率（账面值）：美国、日本、德国、法国、意大利、英国、加拿大分别为 58%、69%、73%、71%、70%、54%、56%（Rajan 和 Zingales，1995）（参见 Rajan, R. G, and Zingales, L. What do we know about capital structure? . Some evidence from international date. Journal of Finance, 1995, 1: 1 421-1 461）。

② Friend 和 Lang（1988）研究发现，美国公司管理者持股平均值为 19.99%。

表 2　　　　　　　　　　　　　　　　　　　　变量的描述性统计

变量	总体样本 (7495)				国有控股样本 (5904)				非国有控股样本 (1591)			
	最小值	最大值	均值	标准差	最小值	最大值	均值	标准差	最小值	最大值	均值	标准差
D/A	0.0081	3.6246	0.4486	0.1916	0.0081	2.5263	0.4393	0.1782	0.0300	3.6246	0.4834	0.2316
MSO	0.0000	0.7481	0.0064	0.0504	0.0000	0.5121	0.0010	0.0113	0.0000	0.7481	0.0266	0.1047
SS	0.0000	0.9640	0.6232	0.1186	0.0000	0.9640	0.6306	0.1151	0.0000	0.8638	0.5957	0.1271
IS	0.0360	1.0000	0.3768	0.1186	0.0360	1.0000	0.3694	0.1151	0.1362	1.0000	0.4043	0.1271
FL	0.0195	0.8858	0.4430	0.1742	0.0313	0.8858	0.4692	0.1719	0.0195	0.8000	0.3458	0.1461
OC	0.0377	0.9573	0.5922	0.1287	0.0847	0.9573	0.6021	0.1268	0.0377	0.8183	0.5554	0.1293
FDO	- 0.3513	0.8810	0.3059	0.2677	- 0.3030	0.8810	0.3469	0.2627	- 0.3513	0.7979	0.1537	0.2283
TANG	0.0062	0.9483	0.4996	0.1760	0.0062	0.9483	0.5102	0.1748	0.0248	0.9336	0.4601	0.1749
SIZE	18.3224	25.7343	20.9898	0.8439	18.5926	25.7343	21.0406	0.8542	18.3224	23.1867	20.8010	0.7761
NDTS	0.0003	1.2422	0.1357	0.1249	0.0004	1.2422	0.1490	0.1330	0.0003	0.7521	0.0863	0.0691
CASH	- 2.5209	0.4449	0.0317	0.0872	- 1.6968	0.4449	0.0346	0.0729	- 2.5209	0.3113	0.0211	0.1263
GROW	0.6144	8.3325	1.4832	0.5435	0.7031	8.3325	1.4738	0.5150	0.6144	7.0939	1.5183	0.6372

国有控股样本与非国有控股样本进行比较发现，国有控股样本的平均资产负债率（43.93%）和 Tobin'Q（1.4738）要小于非国有控股样本的平均资产负债率（48.34%）和 Tobin'Q（1.5183），说明国有控股公司相对非国有控股公司更偏好股权融资；国有控股样本的管理者平均持股比重（0.10%）要小于非国有控股样本的管理者平均持股比重（2.66%）；而国有控股样本的非流通股平均比重（63.06%）要大于非国有控股样本的非流通股平均比重（59.57%）。并且，无论是最大值还是平均值，国有控股样本的第一大股东持股比例、前五大股东持股比例之和，以及第一大股东持股比例与其他三大股东持股比例之差，都要高于非国有控股样本，说明国有控股企业的股权集中度要高于非国有控股企业，并且是国有股"一股独大"。

3. 模型构建

本文应用一系列回归方程，采用 OLS 来检验我国上市公司特有的股权结构对资本结构选择的影响。为了得到管理者持股、非流通股（包括国有股和法人股）比重、流通股比重、股权集中度以及大股东联盟治理对资本结构选择影响的经验证据，本文建立的实证检验模型如下①：

$$(D/A)_{it} = \alpha_1 + \beta_1 MSO_{it} + \gamma \ (\text{control variables}) + \varepsilon_{it} \tag{1}$$

$$(D/A)_{it} = \alpha_2 + \beta_2 SS_{it} + \gamma \ (\text{control variables}) + \varepsilon_{it} \tag{2}$$

$$(D/A)_{it} = \alpha_3 + \beta_3 IS_{it} + \gamma \ (\text{control variables}) + \varepsilon_{it} \tag{3}$$

$$(D/A)_{it} = \alpha_4 + \beta_4 FL_{it} + \gamma \ (\text{control variables}) + \varepsilon_{it} \tag{4}$$

$$(D/A)_{it} = \alpha_5 + \beta_5 OC_{it} + \gamma \ (\text{control variables}) + \varepsilon_{it} \tag{5}$$

$$(D/A)_{it} = \alpha_6 + \beta_6 FDO_{it} + \gamma \ (\text{control variables}) + \varepsilon_{it} \tag{6}$$

---

① 本文通过皮尔逊相关关系（Pearson correlation）分析发现，样本公司的股权结构替代变量之间及各股权结构替代变量与以相应变量的平方作为新的变量之间存在显著的相关关系，故在建立分析所用计量模型时，每次只考虑一个股权结构替代变量，也没有考虑股权结构替代变量与企业资本结构之间可能存在的二次函数关系。

其中，α、β、γ 表示待估参数；ε 表示随机扰动项；it 表示第 i 个公司的 t 年度数据；资本结构、股权结构及控制变量见变量定义表。

4. 回归分析结果

表3、表4和表5是用 OLS 方法和 SPSS15.0 统计分析软件分别对总体样本、国有控股样本以及非国有控股样本估计上述模型的结果。

表3　　　　　　　我国上市公司股权结构对资本结构影响的 OLS 估计结果（总体样本）

	(1)	(2)	(3)	(4)	(5)	(6)
（常数项）	-0.730***	-0.687***	-0.734***	-0.768***	-0.678***	-0.817***
	(-13.694)	(-12.357)	(-13.840)	(-14.569)	(-12.602)	(-15.327)
MSO	-0.051					
	(-1.437)					
SS		-0.047***				
		(-3.056)				
IS			0.047***			
			(3.056)			
FL				-0.112***		
				(-10.381)		
OC					-0.089***	
					(-6.264)	
FDO						-0.069***
						(-9.926)
TANG	0.150***	0.149***	0.149***	0.149***	0.147***	0.151***
	(13.758)	(13.702)	(13.702)	(13.795)	(13.501)	(14.012)
SIZE	0.057***	0.057***	0.057***	0.061***	0.057***	0.062***
	(23.655)	(23.296)	(23.296)	(25.280)	(23.809)	(25.446)
NDTS	-0.284***	-0.274***	-0.274***	-0.240***	-0.259***	-0.249***
	(-18.845)	(-17.955)	(17.955)	(-15.521)	(-16.765)	(-16.310)
CASH	-1.212***	-1.205***	-1.205***	-1.185***	-1.194***	-1.194***
	(-59.311)	(-58.605)	(-58.605)	(-58.022)	(-58.018)	(-58.672)
GROW	-0.014***	-0.016***	-0.016***	-0.015***	-0.016***	-0.013***
	(-3.862)	(-4.173)	(-4.173)	(-3.971)	(-4.313)	(-3.576)
Adj-R²	0.374	0.374	0.374	0.383	0.377	0.382
F	746.718	748.654	748.654	774.868	756.618	772.407
sig	0.000	0.000	0.000	0.000	0.000	0.000
样本数	7495	7495	7495	7495	7495	7495

注：*、**、***分别代表在 10%、5%、1% 的水平上显著，括号内的数值代表标准差。

表4 我国上市公司股权结构对资本结构影响的 OLS 估计结果（国有控股样本）

	（1）	（2）	（3）	（4）	（5）	（6）
（常数项）	− 0.696 ***	− 0.645 ***	− 0.715 ***	− 0.734 ***	− 0.662 ***	− 0.762 ***
	（− 11.918）	（− 10.665）	（− 12.281）	（− 12.634）	（− 11.262）	（− 13.016）
MSO	− 0.673 ***					
	（− 3.972）					
SS		− 0.070 ***				
		（− 4.073）				
IS			0.070 ***			
			（4.073）			
FL				− 0.092 ***		
				（− 7.754）		
OC					− 0.092 ***	
					（− 5.804）	
FDO						− 0.053 ***
						（− 6.901）
TANG	0.159 ***	0.159 ***	0.159 ***	0.157 ***	0.156 ***	0.160 ***
	（13.312）	（13.264）	（13.264）	（13.220）	（13.053）	（13.400）
SIZE	0.056 ***	0.055 ***	0.055 ***	0.059 ***	0.057 ***	0.059 ***
	（21.163）	（21.016）	（21.016）	（22.424）	（21.598）	（22.356）
NDTS	− 0.282 ***	− 0.270 ***	− 0.270 ***	− 0.251 **	− 0.259 ***	− 0.260 **
	（− 18.285）	（− 17.249）	（− 17.249）	（− 15.809）	（− 16.280）	（− 16.574）
CASH	− 1.107 ***	− 1.093 ***	− 1.093 ***	− 1.080 ***	− 1.083 ***	− 1.091 ***
	（− 41.430）	（− 40.412）	（− 40.412）	（− 40.149）	（− 39.959）	（− 40.734）
GROW	− 0.024 ***	− 0.026 ***	− 0.026 ***	− 0.024 ***	− 0.025 ***	− 0.023 ***
	（− 5.480）	（− 5.889）	（− 5.889）	（− 5.534）	（− 5.788）	（− 5.288）
Adj-R²	0.323	0.323	0.323	0.328	0.325	0.326
F	469.735	469.935	469.935	480.627	474.135	477.557
sig	0.000	0.000	0.000	0.000	0.000	0.000
样本数	5904	5904	5904	5904	5904	5904

注：* 、* * 、* * * 分别代表在 10%、5%、1% 的水平上显著，括号内的数值代表标准差。

表5 我国上市公司股权结构对资本结构影响的 OLS 估计结果（非国有控股样本）

	（5.1）	（5.2）	（5.3）	（5.4）	（5.5）	（5.6）
（常数项）	− 0.876 ***	− 1.026 ***	− 0.968 ***	− 0.860 ***	− 0.824 ***	− 0.983 ***
	（− 6.681）	（− 6.910）	（− 7.177）	（− 6.661）	（− 5.882）	（− 7.592）
MSO	− 0.055					
	（− 1.374）					
SS		0.058 *				
		（1.666）				

109

	(5.1)	(5.2)	(5.3)	(5.4)	(5.5)	(5.6)
IS			-0.058*			
			(-1.666)			
FL				-0.133***		
				(-4.709)		
OC					-0.050	
					(-1.512)	
FDO						-0.093***
						(-5.081)
TANG	0.112***	0.114***	0.114***	0.119***	0.113***	0.121***
	(4.451)	(4.515)	(4.515)	(4.756)	(4.491)	(4.840)
SIZE	0.065***	0.070***	0.070***	0.066***	0.063***	0.070***
	(10.636)	(10.784)	(10.784)	(11.004)	(10.179)	(11.604)
NDTS	-0.142**	-0.134**	-0.134**	-0.125**	-0.135**	-0.124**
	(-2.235)	(-2.108)	(-2.108)	(-1.981)	(-2.131)	(-1.968)
CASH	-1.297***	-1.308***	-1.308***	-1.284***	-1.295***	-1.289***
	(-38.368)	(-38.662)	(-38.662)	(-38.231)	(-38.264)	(-38.528)
GROW	0.004	0.008	0.008	0.003	0.003	0.005
	(0.503)	(1.039)	(1.039)	(0.378)	(0.427)	(0.755)
Adj-R^2	0.499	0.499	0.499	0.505	0.499	0.506
F	264.520	264.816	264.816	271.280	264.653	272.494
sig	0.000	0.000	0.000	0.000	0.000	0.000
样本数	1591	1591	1591	1591	1591	1591

注：*、**、***分别代表在10%、5%、1%的水平上显著；括号内的数值代表标准差。

对于变量MSO，在总体样本中其系数为负但不显著，即管理层持股比例对上市公司负债比率的影响不显著，从而验证了假设H1。进一步按是否国有控股对总体样本进行划分，国有控股样本中变量MSO的系数是负的，且在1%的水平上显著；非国有控股样本中变量MSO的系数也是负的，但不显著。

对于变量SS，在总体样本中其系数是负的，且在1%的水平上显著。进一步按是否国有控股对总体样本进行划分，国有控股样本中变量SS的系数是负的，且在1%的水平上显著，非国有控股样本中变量SS的系数为正且显著。说明国有控股企业的非流通股比例与企业负债比率负相关，国家股比例越高，企业负债比率越低；国家股比例越低，则企业负债比率越高，从而验证了假设H4。而非国有控股企业的非流通股比例与企业负债比率正相关，法人股比例越高，企业负债比率越高；法人股比例越低，则企业负债比率越低，从而验证了假设H5。

对于变量IS，在总体样本中其系数是正的，且在1%的水平上显著。进一步按是否国有控股对总体样本进行划分，国有控股样本中变量IS的系数是正的，且在1%的水平上显著，非国有控股样本中变量IS的系数为负且显著。说明国有控股企业的流通股比例与企业负债比率正相关，国有控股企业的流通股比例越高，企业负债比率越高；国有控股企业的流通股比例越低，则企业负债比率越低。而非国有控股企业的流通股比例与企业负债比率负相关，非国有控股企业的流通股比例越高，企业负债比率越低；非国有控股企业的流通股比例越低，则企业负债比率越高，从而验证了假设 H6。

对于变量 FL 和 OC，无论是总体样本还是国有控股样本和非国有控股样本，其系数都为负且显著，表明我国上市公司的股权集中度（分别以第一大股东持股比例和前五大股东持股比例之和度量）与债务比率负相关，股权集中度越高，企业负债比率越低，从而验证了假设 H2。此外，变量 FDO 无论是在总体样本还是在分类样本中，系数均为负且在 1% 的水平上显著，说明我国上市公司第一大股东和其他三大股东持股比例之差与债务比率负相关，从而验证了假设 H3。

对于控制变量，无论是在总体样本还是在分类样本中，变量 TANG 系数均为正且在 1% 的水平上显著，表明资产担保价值和企业负债比率正相关，具有较高可抵押资产的企业有较高的负债水平；变量 SIZE 系数均为正且在 1% 的水平上显著，表明企业规模与其负债比例正相关；变量 NDTS 系数均为负且显著，表明非负债税盾与企业负债比例负相关；变量 CASH 系数均为负且在 1% 的水平上显著，表明企业绩效对资本结构具有显著的负向影响。变量 GROW 在总体样本和国有控股样本中，系数均为负且在 1% 的水平上显著，在非国有控股样本中，系数为正但不显著。

四、主要研究结论及其可能含义

本文利用我国非金融类上市公司 1998—2005 年的股权结构数据和资本结构数据，实证检验了我国上市公司股权结构对资本结构选择的影响，得出如下经验结论：

（1）总体而言，管理层持股比例对我国上市公司负债比率影响不显著。说明我国上市公司管理层持股比例普遍很低，股权激励对管理层和资本结构的激励作用不明显。国有控股企业管理层持股比例与公司负债比率的负相关且显著，说明国有控股企业存在"内部人控制"问题。

（2）总体而言，非流通股比例与企业负债比率负相关且显著。并且，国有控股企业的非流通股比例与企业负债比率负相关且显著，而非国有控股企业的非流通股比例与企业负债比率正相关且显著。说明非流通股中的国家股在公司治理结构中并不是积极的监督者，难以对管理者进行有效的监督和约束；而非流通股中的法人股却有激励与能力来监督和约束管理者，从而在公司治理结构中扮演着重要的角色。

（3）总体而言，流通股比例与企业负债比率正相关且显著。并且，国有控股企业的流通股比例与企业负债比率正相关且显著，非国有控股企业的流通股比例与企业负债比率负相关且显著。说明对于国有控股公司，国家股"一股独大"，导致严重的"内部人控制"问题，而其中流通股比例的提高将缓解这个问题；对于非国有控股公司，由于流通股股东不能监督管理者，管理者有意愿降低债务比率，回避风险。

（4）我国上市公司的股权集中度与债务比率负相关，说明我国上市公司过于集中的股权结构下大股东往往与管理者共谋，侵占外部中小股东利益。此外，我国上市公司第一大股东和其他三大股东持股比例之差与债务比率负相关，表明少数大股东的联盟治理结构能够使第一大股东的行动受到制衡，进而对管理层进行有效的监督，从而减少代理成本。

（5）对于控制变量，资产担保价值和企业杠杆正相关，具有较高可抵押资产的企业有较高的负债水平。企业规模也与其负债比重正相关。而非负债税盾与企业负债比重负相关，即非负债税盾可以替代负债融资中利息的作用，有较大非负债税盾的企业倾向于使用更少的债务。企业绩效对资本结构具有显著的负向影响，表明股东权益报酬低的企业增加杠杆将导致收入外流，会降低股东权益的价格和限制权益的发行。而受政府的非市场化融资安排的影响，经营前景差的国有控股企业能够得到更多的银行贷款的支持，即成长性与国有控股企业的负债比重负相关；对于非国有控股企业，成长快速的公司因具有良好的前景而与成长缓慢的公司相比倾向于使用更多的负债，即成长性与负债比率正相关。

参 考 文 献

[1] 泽维尔·维夫斯. 公司治理：理论与经验研究. 北京：中国人民大学出版社，2006.

[2] 肖作平. 股权结构对资本结构选择的影响——来自中国上市公司的经验证据. 当代经济科学，2004，26（1）.

[3] 顾乃康，杨涛. 股权结构对资本结构影响的实证研究. 中山大学学报（社会科学版），2004，44（1）.

[4] Modigliani Franco, and Miller Merton, H. The cost of capital, corporation finance, and the theory of investment. The American Economic Review, 1958, 48（3）.

[5] Jensen, M., and Meckling, M. Theory of the firm：Managerial behavior, agency costs and capital structure. Journal of Financial Economics, 1976, 3.

[6] Friend, I., and Lang, L. H. P.. An empirical test of the impact of managerial self-interest on corporate capital structure. Journal of Finance, 1988, 432（2）.

[7] Jensen, G. R, Solberg, D. P., and Zorn, T. S.. Simultaneous determination of insider ownership and dividend policies. Journal of Financial and Quantitative Analysis, 1992, 27（2）.

[8] Bathala, et al. Managerial ownership, debt policy and the impact of institutional shareholdings：An agency perspective. Financial Management, 1994, 23.

[9] Firth, M.. The impact of institutional stockholders and managerial interests on the capital structure of firms. Managerial and Decision Economics, 1995, 16（2）.

[10] Harris, M., and Raviv, A.. Corporate control contests and capital structure. Journal of Financial Economic, 1988, 23.

[11] Kim, W., and Soresen, E.. Evidence on the impact of agency cost of debt on corporate debt policy. Journal of Financial and quantitative analysis, 1986, 27（2）.

[12] Berger, P. G., Ofek, E., and Yermack, D. L.. Managerial Entrenchment and Capital Structure Decisions. Journal of Finance, 1997, 52（4）.

[13] Short, et al. Capital structure, management ownership and large external shareholders：A U. K. Analysis. Journal of the Economics of Business, 2002, 9（3）.

[14] Berlea, Means, G.. The modern corporation and private property. Macmillan, New York, 1932.

[15] Grossman, Hart, O.. Takeover bids the free-rider problem and the theory of corporate. Bell Journal of Economics, 1980, 11（1）.

[16] Shleifer, A., Vishny, R. W.. A survey of corporate governance. Journal of Finance, 1997, 35（2）.

[17] Brailsford, et al. On the relation between ownership structure and capital structure. Accounting and Finance, 2002, 1.

[18] La Porta, R., Lopez-de-Silanes, F., and Shleifer, A.. Corporate ownership around the world. The Journal of Finance, April 1999, 54（2）.

[19] Titman, S., and Wesels, R.. The determinants of capital structure choice. Journal of Finance, 1988, 43（1）.

[20] Smith, C., and Watts, R.. The investment opportunity set and corporate financing, dividend, and compensation policies. Journal of Financial Economics, 1992.

新会计准则体系下"会计对称理论"研究与应用

● 宋伟斌

（长沙理工大学经济与管理学院　长沙　410076）

【摘　要】 会计对称理论研究及其应用对提高经济信息质量，满足宏微观经济信息需求具有重要的理论与实践意义。对称性在会计领域各方面均有所体现，贯穿于会计准则体系与会计实务的全过程；会计对称性影响会计信息质量，表现为以对称性为联系方式发挥作用；鉴于对称性在会计领域普遍存在、基础作用方式和所导致结果的综合性特征，对其研究认识应提升到会计原则高度；在会计实务中，从对称的角度研究问题很容易做出准确的业务判断和正确的会计处理，提高会计人员自身的职业判断能力，提供更符合会计信息质量要求的会计信息；同时，会计对称性研究也有益于审计理论与实务的发展，提高审计工作质量。

【关键词】 会计对称性　准则对称性　对称性影响

一、问题的提出

会计信息使用者的信息需求成为制定准则需考虑和解决的主要问题，目标是通过会计准则的实施，提高微观企业组织的会计信息质量。然而，某种程度上，宏观经济决策比微观经济决策更重要。因为，一方面不同的会计技术方法对宏观经济指标的变动具有一定的控制力影响[1]，制定准则应考虑宏观经济决策失误的经济后果；另一方面，宏观经济决策所需信息大部分来自于会计信息[2]，反映一国的总体经济现实。

会计理论研究与准则制定为宏微观经济管理信息的需要服务，要求微观经济组织提供可靠、相关的会计信息。这种以会计目标为导向、会计原则为基础的准则制定方式要求会计信息质量在可靠基础上纵、横向可比，并应随经济环境的改善侧重相关性要求。从已有研究来看，相关性研究更侧重以会计原则为基础对企业内部确认、计量实务技术的研究[3]，对企业横向之间会计信息可比应遵循的确认、计量原则研究相对较少。由于会计政策的可选择性、企业的独特性以及客观不确定性等因素存在，企业仅依据会计信息质量
要求"相同的交易应采用相同会计政策"显然不足以实现横向可比性信息质量要求。作者认为，研究

---

① 葛家澍，林志军. 现代西方会计理论. 厦门：厦门大学出版社，2006：34-42.
② 高敏雪，杜欢政，王彦. 企业统计核算会计核算一体化. 北京：经济科学出版社，2000：7-14，75-102.
③ 葛家澍，林志军. 现代西方会计理论. 厦门：厦门大学出版社，2006：65-70.

"会计对称理论"，提升"对称性"为一项会计确认、计量原则，可在一定程度上提高可比性。本文在"会计对称理论"综述基础上探讨会计对称性应用原因，阐述新准则中体现对称性的内容及可能产生的经济后果，以及其对会计信息质量的影响，并以新准则具体会计规范为例研究对称性的应用。

二、会计对称理论评述

对称最初为几何概念，指图形或物体对某个点、直线或平面而言，在大小、形状和排列上具有一一对应关系，广义上指图形或物体或一个系统各部分之间的适当比例、平衡、协调一致，这种对等现象在物理学、化学、经济学等不同领域广泛存在，衍生出各式各样的对称和不对称内容，成为各学科普遍研究的问题。同样，对称性在会计领域普遍存在。

在信息不对称约束条件下研究会计理论与实务的文献很多，其他相关领域也在研究对称及对称破缺问题，并取得重大成果，比如米切尔·斯宾思（Michael Spence）教授多年致力于"不对称信息市场"理论的研究，用"市场信号"概念说明信息对市场行为的影响，为"逆向选择"、"道德风险"和"委托代理模型"的研究奠定了坚实基础[1]。

赵西卜教授（2004）提出会计对称理论，认为：理论上同一项经济业务在不同会计主体中的会计处理应保持对称性，即会计对称性是会计主体就其会计信息生成与报告而言，在记录经济交易、反映财务状况方面具有的外部和内部的信息——对应关系，包括生成会计信息时会计确认和计量的对等性，以及使用会计信息时信息报告的对等性；会计确认和计量的对称性可分为静态对称和动态对称，而动态对称又可分为内部对称和外部对称。静态对称主要是单一会计主体内部某一时点的平衡关系，复式记账的理论基础——资金平衡关系及依资金平衡原理而产生的复式记账法是其最典型表现，是对称性理论在微观经济主体中的具体应用。动态对称中的内部对称是指在单一会计主体内部，发生逆向业务时应采用与正向业务相反的会计确认方法。这种对称性主要表现为：提取减值准备—减值准备转回、销售—销售退回等。静态对称和动态内部对称已经基本运用成熟。动态对称中的外部对称是指交易发生后，交易双方对同一事项会计确认和计量的对等性。这种对称包括：投资—受资，债权—债务，销售收入—资产、成本费用等。其表现特征是：交易主体双方在初次确认和计量时要满足依据相同、摘要对应、时间一致、项目对称、金额相等几个条件。同时，从宏微观方面对"对称性"应用原因、不对称后果及对称性应用的经济后果、对称性应用思路进行了研究。李维新认为，财务会计决策有用性目标决定会计准则必须强调会计对称性，将对称性作为制定会计准则的一个重要原则加以对待[2]。

会计对称理论评述：对称性在会计中的应用不仅影响微观经济组织及其相关的利益团体，而且影响宏观经济决策，因此研究会计对称性理论对会计准则的制定与实施、指导会计实务具有重要作用和意义；基于静态内部对称性或内部对应性的应用研究已经基本成熟，在两个方面发挥作用，一是全面反映经济业务的来龙去脉，二是实现会计系统内部的牵制，限制会计系统内部"造假"[3]；基于动态的外部对称性研究应用则相对还不成熟，当前研究新准则的文献中，鲜有从会计外部对称性角度研究新准则的对称性及其导致的经济后果等问题。

---

[1] 赵西卜. 会计对称性理论及其在多层面信息需求中的应用. 会计研究，2004，9：53.
[2] 李维新. 制定企业会计准则应考虑会计对称性. 商业研究，2005，23：172.
[3] 赵西卜. 会计确认和计量的对称性及其在会计准则制定中的应用. 财务与会计，2004，11：25.

三、会计对称理论应用原因

（一）会计目标定位与会计信息微观需求首先决定对称性应用需要

财务会计目标定位有受托责任观和决策有用观两种，我国准则制定采用两者同时并存的折中观。两权分离导致信息不对称，产生委托代理问题，投资者与管理者相互之间存在利益冲突，"财务会计理论的基本问题就是如何进行这种协调，即如何协调会计信息的财务呈报与有效契约这两重角色之间的矛盾"①，换言之，是从社会的角度来确定信息的"适当数量"以解决信息有效供给不足的矛盾，会计准则的制定与实施则是解决这一问题的协调管制手段，尽量缩小需求者信息不对称问题。会计对称性的重要方面在于要求横向主体间建立有机联系，在初次确认、计量时约束交易双方报出财务信息口径，以缩小不同企业反映同一经济活动的信息差异，提高信息供求的对称程度和信息的横向可比性。

（二）会计对称理论是消除会计准则可能产生不利经济后果的有效途径之一

会计准则的制定与实施在宏微观上产生各种各样的经济后果，对称性研究针对这一问题为有效避免不利经济后果的产生提供了解决思路。

会计对称理论的研究丰富了会计和审计的理论与技术方法。通过对会计对称性表现形式、作用途径等方面的研究，创新会计理论方法内容，来指导会计规范与会计实务；以对称性理论研究审计程序和方法，为会计信息审计工作提供理论指导和实践应用思路，可以降低审计风险②。这些理论对准则体系的制定、会计实务规范、防范不利经济后果的产生无疑具有重要的理论指导意义。

会计对称理论的应用，有利于提高企业会计信息质量。在我国经济转型期次优经济环境下，结合现代技术手段在会计领域的运用，会计对称理论可在一定程度上减少乃至消除利用会计准则缺陷造假现象。比如，交易双方确认、计量的对称性处理以及提供的会计信息具有内在的相互印证性，在形成横向可比的基础上迫使内部信息拥有者提供更充分的信息，从而减少信息的不对称；再比如，在审计工作中经常依据交易双方的对称性联系，从被审计单位外部取得审计证据来证伪会计信息，这些外部审计证据因其"外部独立来源获取"而具有最强的证明效力，为会计信息质量提供外部保障。

会计对称理论的应用，有助于解决宏观经济核算中的数据失实带来的不利经济后果。随着经济的快速发展，研究机构（政府、国际机构、经济分析者等）对宏观经济信息的准确度要求越来越高。会计信息作为宏观经济信息的主要来源之一，其质量高低对宏观经济管理决策的重要性不言而喻。会计对称性应用使交易各方对同一笔经济业务处理表现出相同的经济本质，不仅提高了汇总会计信息数据的可比性，而且减少了国民经济统计中对基层会计数据的调整工作量，从而在很大程度上解决了国民经济核算数据中由于汇总数据不可比以及虚假等原因所导致的失真问题。

因此说，为什么要研究和应用会计对称性，尤其是动态外部对称，取决于会计目标（或会计信息需求）定位、会计准则制定实施可能的经济后果和会计对称性的重要作用。对称性不仅可以满足宏微观经济信息需求，而且可以避免不利经济后果的发生，所以研究会计对称理论及应用，对提高经济信息的质量具有重要的理论与实践意义。

---

① William R. Scott 著，财务会计理论．陈汉文，夏文贤，陈靖，等，译．北京：机械工业出版社，2006：239.
② 赵西卜．会计对称性理论及其在多层面信息需求中的应用．会计研究，2004，9：53.

四、对称性在新准则中的体现及其对会计信息质量的影响

新准则中会计对称性归纳起来主要体现以下几个方面：

（一）新准则体系实质国际趋同是会计对称性的重要体现

会计作为国际通用的商业语言，作为全球资源配置的基础性制度因素，促进了商业贸易和资本的国际流动，各国会计准则的国际趋同是适应国际经济一体化发展规律的必然结果。新准则体系立足国家战略发展需要，从国际层面上实现与国际财务报告准则的实质趋同，除尚存的极少数差异（包括关联方关系及其交易的披露等少数七个方面）外，中国会计准则不仅在整体框架（基本准则、具体准则和应用指南）与国际准则（包括编制财务报表的框架、各项具体国际财务报告准则）实现形式上趋同，而且各项具体准则也基本保持了一一对应的对称性，虽有较少项目分合调整，但不影响实质趋同。

我国已经开始着手与许多实施国际财务报告准则的国家和地区在会计准则等效问题上进行合作与研究。会计准则等效能够降低交易成本并提高会计信息可比性，对促进国际商业贸易往来以及国际投融资具有重要的作用和意义，因此，为我国取得各国认可的、可与国际接轨的、最高对称性层次的国际会计技术环境，将是实施我国企业"请进来，走出去"战略不可或缺的制度因素。

（二）新准则收益与成本的对称性可弥补企业社会责任规范不足

会计信息的生成与提供应能引导社会资源优化配置，保护各直接和间接利益相关者的利益，并在现有制度约束前提下以及公平基础上提高效率，形成企业与国家的长效发展机制，避免短期行为。新准则扩大了决策有用观范围，注重保护除投资者以外社会间接利益相关者的利益，把部分社会责任信息纳入会计准则规范体系，弥补"市场失灵"的盲区，比如部分企业存在经营获利但经营损害环境造成的潜在社会成本由国家、社会乃至部分公众承担的"市场失灵"现象，新准则规定将特殊行业保护环境的弃置义务纳入会计核算，体现企业自身获取收益与承担成本的对称。可见，一方面准则对称性规范有利于保障利益相关者的对等利益不受侵害，促进社会公平；另一方面完善企业收益与成本补偿机制和提高信息对称，更准确地反映企业经营效率、状况与管理者业绩，对企业微观和国家宏观经济长效机制的建立具有重要的促进作用。

（三）准则体系内部保持相互联系的对称性

在国际层面、社会层面新准则是相互联系的对称有机体系，在准则体系的准则间、单项准则内部、特定业务规范中都体现了对称性，并形成以对称性为有机联系形式的协调框架体系。

具体准则间对称性相互协调，表现为以基本准则为基点，各具体准则间相互协调，实现对称性一致。除购销（比如存货、固定资产、收入与金融工具等）等常规业务涉及的准则间对称外，还包括多个准则间的相互协调，如单独规范"资产减值准则"统一协调非流动资产减值会计问题（涉及协调准则至少9个）；准则间对称性规范内容，比如对超正常信用条件购买与分期收款销售商品的确认、计量均采用现值方法等一系列对称性规范，在准则间形成以内在对称性为相互联系形式的作用体系，而不是孤立的单项准则。

单项准则内部规范中，更强调信息外部对称性。准则中有许多外部对称性规范，非货币性资产交换准则与债务重组准则最为典型，强调初次确认与计量交易双方会计处理的外部对称性。非货币性资产交换准则强调互惠转让（即具有商业实质），着重解决非货币性资产交换换入资产成本按换出或换入资产公允价

值计量并确认转让损益，在公允价值不能可靠计量时采用成本计量模式；债务重组准则规定以非现金资产偿还债务，债权债务双方均采用公允价值计量。对称性会计处理有效维护价值流转体系的前后一致，体现资产真实价值，防止资产价值在流转过程中局部中断，人为造成价值表现扭曲，使会计报表信息更具有相关性。

特定业务规范中，外部对称性得到细化，从而更好地体现了交易本质。如根据金融资产转移准则规定，不符合"金融资产终止确认条件"的企业票据贴现属于企业融资业务，在贴现时按取得款项确认为负债记入"短期借款"，与外部债权人贷款业务保持对称性。其他对称性具体业务规范很多，在此不再赘述。

总之，会计对称性涉及会计领域多个层面、多个基础性环节，具体表现为综合的会计信息质量提高。按对称性表现层面，会计对称性可分为准则规范层面对称和企业实务层面对称。准则规范层面对称又可分为国际准则、国内准则、准则内部和特定业务规范层面对称。企业实务层面对称又可分为确认与计量和报出信息对称，其中确认与计量对称包括静态对称与内外部动态对称。

对称性在新准则体系中得到自然的全面体现，对会计信息质量的影响也几乎涵盖了基本准则中七个会计信息质量特征：

第一，对"可比性"会计信息质量特征的影响。对称性意义上的可比包含两层含义：第一层，相同的交易在不同企业或同一企业前后期采用一致的会计政策，保持横向、纵向一致，属普通可比含义上的对称。企业会计政策的可选择性，往往使这种一致性遭到破坏。第二层，同一交易在对应的不同企业初次确认、计量保持对称，采用一致的会计政策，从交易初始点保持对称性以约束交易各方，确保后续确认、计量会计处理的对称性基础，从而在一定程度上促使不同会计主体后续计量趋于一致，即根据交易事项所交织的网络联系进行约束可能更有效。

第二，对"实质重于形式"会计信息质量特征的影响。对称性要求初始确认、计量时交易各方对等处理，体现经济业务本质。对等处理不是根据企业自身的单独判断，而是根据各方共同决定交易事项的结果，侧重从交易各方共同认定角度做出判断，所以更客观，更能体现经济实质，具有外部独立性特征。另外，从交易对方角度认识经济实质，更容易对复杂业务做出确认、计量的职业判断，比如带追索权商业票据贴现，从银行角度很容易判断属融资性质，票据只是融资担保。

第三，对"可靠性"会计信息质量特征的影响。一方面，如上所述根据外部的独立性特征判断进行会计处理更可靠；另一方面，双方对等性处理客观上约束各方会计处理一致，为第三方印证——审计提供有效途径，如查询、函证、对应数据的核对等，也促进企业倾向于提供更可靠的信息，从而提高会计信息质量。

第四，对其他会计信息质量特征的影响。对"可理解性"而言，对称性联系的交易各方对交易本质的一致认同，实际上是企业以外第三方的一种认可，表明具有可理解性，必能提高经营者之外其他利益相关者的认同，而不是仅局限于提供会计信息清晰明了和便于理解；对"及时性"而言，对称性要求交易各方会计处理时点相同，避免处理时间不同导致信息数据重复；对"相关性"的影响显而易见，对称性提高了会计生成和提供会计信息的相关性程度。

第五，与谨慎性和重要性会计信息质量要求并行不悖。会计对称性要求初始确认和计量对等性相互印证，在某种程度上也是谨慎性的表现，后续计量中依据资产减值准则对资产价值进行调整；从重要性标准来看，成本效益的权衡伴随技术发展和会计人员技术水平的提高发生变化，比如信息系统的应用使精确的对称业务处理迅速而代价小，或批量精确处理才能发挥规模效应。

可见，对称性在会计领域各方面均有所体现，贯穿于会计准则体系与会计实务的全过程；会计对称性影响会计信息质量，表现为以对称性为联系方式发挥作用。鉴于对称性在会计领域的普遍存在性、基础作用方式和所导致结果——会计信息质量提高的综合性特征，对其研究认识应提升到会计原则高度，作为一项会计原则指导准则体系的制定与完善和会计实务。

五、会计对称理论在售后回购业务中的应用

会计实务中对称性应用很广，从对称的角度研究问题很容易做出准确的业务判断和正确的会计处理，不仅提高了会计人员自身的职业判断能力，而且可生成和提供更符合会计信息质量要求的会计信息，下面以售后回购中会计业务规范为例探讨外部对称性应用。

（一）案例源由综述

新会计准则（2006）对售后回购业务的规范体现了以存货为抵押物取得借款、回购价为到期支付本利和的抵押融资交易实质，会计处理对应关系清晰明了容易理解。同时，规范也存在着不足：融资业务与纳税业务混合处理；负债本金的确认、增值税形成资产的确认不完全。由此可能造成一定经济后果，包括：低估负债和资产，提供的会计信息趋于乐观，进一步造成企业融资约束；影响会计主体间信息对称，横向会计信息不可比，也影响以对称性关系为路径审计程序和方法的实施，影响审计工作的质量。

对售后回购业务提出改进建议：第一，分离混淆处理的两项业务，分别单独处理；第二，准确反映融资本金；第三，从整个业务期间考虑纳税业务，处理增值税纳税问题；第四，在报表附注中充分披露售后回购业务信息。其中：

融资会计处理：销售商品时，收到全部款项（商品价税合计）首先确认为一项货币资产，同时确认为一项负债（本金）；回购支付款项大于销售时价款的，差额在回购期内根据回购期限长短选择实际利率法或直线法按期计算确认各期应计提利息，计入财务费用；回购时，按支付全部价款减少资产和负债。

纳税会计处理：销售商品时，设置"递延增值税资产"科目核算将在未来抵消转回的资产，同时确认一项"应交税费——应交增值税（销项税额）"负债；销项税额与进项税额之间的差额可看作是预交增值税的收益或理财收益，回购时计入财务费用。

抵押商品会计处理：销售时记录售出商品去向，回购商品时作相反会计分录即可，反映商品购回。

（二）问题基于会计对称理论的改进

上述根据经济实质提出改进，未对购进企业会计处理进行描述，根据对称性关系，交易双方是债权与债务对称性关系，易知对称性的会计业务处理：

购买商品时，支付全部款项（商品价税合计）确认为一项债权，借记"其他应收款"科目，同时贷记"银行存款"科目；收到商品借记"库存商品"科目，贷记"其他应付款"科目，借记"应交税费——应交增值税（进项税额）"科目，贷记"递延增值税负债"科目。

购入至回购前：按期计提利息收益，借记"其他应收款"科目，贷记"财务费用"科目。

回购时，收到全部价款，借记"银行存款"科目，贷记"其他应收款"科目，借记"递延增值税负债"、"财务费用"，贷记"应交税费——应交增值税（销项税额）"科目。

六、结论与不足

结论：会计对称理论研究及其应用，对提高经济信息质量，满足宏微观经济信息需求具有重要的理论与实践意义。鉴于对称性在会计领域的全面体现、对会计信息质量的影响以及其发挥作用的方式，对其研

究认识应提升到会计原则高度；在会计实务中，从对称的角度研究具体会计处理，不仅可提高会计人员自身的职业判断能力，而且能提供更符合会计信息质量要求的会计信息，满足宏微观、国内外及企业内外部会计信息使用者的信息需求。

不足：在会计对称表现形式、对称性表现层面、对称性作用途径以及会计对称的内涵和外延等方面还有待进一步深入细致研究。

中国会计信息技术应用的发展进程评述：
试验、引导与理性

● 欧阳电平[1]　孟　涛[2]　苏晓笛[3]

（1，2，3　武汉大学经济与管理学院　武汉　430072）

【摘　要】中国会计信息技术应用的发展是伴随着中国市场经济体制改革进程而发展的。30 年来，经历了改革开放初期的试验期、市场经济体制转型时期的政府宏观政策引导下的快速发展期、市场经济体制建立和完善时期的企事业单位有自主需求的理性选择期；会计信息技术应用也从单项会计数据处理发展到部门级会计信息系统以及企业级会计信息系统。它们为中国的会计改革和提高企事业单位的经济管理水平起到了重要的作用。

【关键词】中国会计信息技术　应用　试验　引导　理性

我国将现代信息技术应用于会计领域始于 1979 年财政部和一机部拨款 500 万元用于长春第一汽车制造厂进行计算机辅助会计核算试点。30 年来，中国会计信息技术应用取得了长足的进步和丰硕的成果。会计信息技术的应用是我国企事业单位信息化的一个缩影，它折射了我国改革开放 30 年来经济发展与信息技术应用相互推动、相互促进的发展进程。本文将从会计信息技术应用的宏观环境、会计软件的研发目标和方法、会计软件运行的支撑平台、会计信息系统的应用特点等方面对 30 年来我国会计信息技术应用的各个阶段进行分析和总结，以利于中国会计信息化的进一步发展。

一、初始试验期：单项会计数据处理

单项会计数据处理是计算机应用于会计工作的初级阶段，国外从 20 世纪 50 年代延续到 60 年代末，我国从 20 世纪 70 年代末或 80 年代初开始到 80 年代后期基本处于这一阶段。

（一）中国经济处于改革初期，会计信息技术的应用处于起步阶段

20 世纪 70 年代末 80 年代初，中国经济百业待兴，人们对计算机在会计中的应用还很陌生。1981 年 8 月在长春召开的"财务、会计、成本应用电子计算机专题讨论会"上提出的"会计电算化"，吹响了中国会计信息技术应用的号角，开始了具有中国特色的会计信息技术的应用历程。这一时期，中国的经济和会计管理都还处在改革初期，人们对会计信息技术的应用还有一个认识过程。1983 年国务院成立了电子振兴领导小组，1984 年，中国人民大学、财政部科研所研究生部等大专院校开始与企业合作开发国产会计软件，开始了我国会计电算化的实践探讨。

（二）会计软件研发目标是提高工作效率，实现单项会计核算自动化

这一阶段，会计软件开发的主要目标是减轻会计人员的劳动强度，用来代替人工完成记账、算账、数据汇总统计等繁重的数据处理工作，提高会计业务处理的工作效率，改变会计人员的"账房先生"形象。会计软件的开发主要针对单项会计核算工作的数据处理进行编程，实现单项核算自动化，计算机起到的主要作用是一种数据处理电算化的工具。

（三）会计软件开发采用手工作坊式方法，会计软件功能简单

在此期间，会计软件的开发方法仅仅是采用简单的调查和需求分析以及结构化程序设计。软件需求调查、分析和程序设计基本上由程序员独立完成。会计软件的主要功能模块有工资核算、材料核算、固定资产核算、销售核算、账务核算、报表处理等。这些会计软件模块独立完成单项会计核算功能，提供单一性的业务数据的统计汇总资料。

（四）会计软件的运行支撑环境主要是微型计算机系统

这时期，微型计算机开始引入国内并应用于会计数据处理领域，主要的微机有 80×86 系列、PC/XT、PC/AT 等；支撑会计软件运行的系统软件主要有 DOS 操作系统系列、数据库管理系统 Dbase 系列和 CLIPPER 等；会计软件的编程工具主要有 Basic、Cobol、C 语言等。这时期我国信息技术应用的一个显著特征是：将国外引进的微机操作系统和数据库管理系统汉化（如 CCDOS、UCDOS），这对我国的会计电算化起到了很好的推动作用。

（五）会计部门内数据不能共享，没有形成基于计算机的完整的会计信息系统

在此期间，相互独立运行的单机会计核算软件，独立完成某项会计核算业务，相互之间没有联系，数据不能在会计部门内共享。这种会计核算软件完全模仿手工会计核算流程，竭力地接近手工记账习惯，会计业务内容、处理规则、职能分工等与手工会计系统基本一致，还没有形成真正意义上的基于计算机的会计信息系统。

二、宏观政策引导下的快速发展期：部门级会计数据处理

20 世纪 80 年代后期至 90 年代后期，我国会计电算化事业在政府宏观政策的引导下步入快速发展期。这一时期也称为部门级会计数据处理阶段或部门级会计信息系统应用阶段。

（一）中国经济处于向市场经济的转型期，政府宏观政策的引导起主要的推动作用

这一时期，中国的改革开放步入快速发展轨道，市场经济体制逐步建立；党的十一届三中全会提出"一切经济活动要以提高经济效益为中心"，企业的经济效益成为决定其生死存亡的大问题。市场经济环境促使会计不断变革，同时也对及时提供准确、全面的会计核算和管理信息提出了新的要求。为顺应企业会计电算化的要求，中国的会计软件公司如雨后春笋般地发展起来，先锋、万能、用友、安易、金碟、浪潮、新中大、金算盘等，短短十几年就成立了 300 多家专营会计软件的公司，从开发专用会计软件到通用会计软件、商品化会计软件，形成了庞大的国产会计软件市场。

在此期间，我国财政部和各级地方财政部门出台了一系列文件，为会计信息技术的应月起到了决定性的引导和推动作用。其一是规范了会计软件市场，使其从一个无序市场转变成有序市场，形成了统一、开

放、竞争、有序的格局，促进了会计软件水平的不断提高。其二是对我国会计信息技术的应用制定了具体的实现目标，包括大中型企事业单位、县级以上的国家机关、基层单位在何时甩掉手工账、实现会计核算自动化，以及对会计人员进行电算化培训，达到什么程度等都给出了具体要求，并将其纳入对单位和会计人员的考核指标，促进了企事业单位和会计人员电算化应用水平的提高。其三是加强会计电算化的组织领导和制度建设，各级财政部门成立了领导小组，建立了一系列规章制度，保障了各级单位会计电算化的实施。其四是会计电算化教育的发展，各高校开办了电算化会计方向或专业的学历教育，出版了各类会计电算化方面的教材，促进了会计电算化的理论研究和人才培养。

（二）会计软件的研发目标是提高会计信息系统效率，实现部门内信息共享

20 世纪 80 年代末，随着小型机和微型计算机在我国的普及，财务部门内越来越多的会计核算独立使用计算机处理。当财务部门内的计算机应用达到一定程度时，人们发现这种单项会计核算应用的诸多弊病，需要实现财务部门内的信息集成，使各种应用程序能够共享数据，以便及时提供全面、准确的会计核算信息。这就提出了部门级的会计信息系统应用需求。

这一时期，会计软件研发的主要目标是：以会计核算与会计内部管理需求为指导，将财务工作的重心从底层会计核算提升到为管理者的管理和决策提供及时、准确、全面的会计信息支持。要求会计软件综合处理企业各个业务环境中的会计信息，解决多用户、多应用共享数据的要求，使数据为尽可能多的应用服务，即任何会计数据由一个部门的操作员从一个应用程序录入，存入统一的数据库，按一定的规则处理和授权使用。这样可以减少数据重复输入、提高效率、避免差错、明确责任，同时被授权者能实时共享数据库中不断变化的信息。会计核算软件模块突破了传统的会计核算职能部门数据处理范围的局限，会计信息系统中各子系统有机地结合在一起，形成了整体性的会计信息系统，实现了会计部门内的数据共享。

（三）会计软件研发引入工程化方法，会计软件在核算的基础上增加会计管理功能

在此期间，会计软件的质量得到足够的重视，研发人员将软件工程方法引入会计软件的开发，主要有生命周期法、快速原型法、面向对象的方法等。将会计软件的开发、设计、运行整个过程作为一个工程项目管理，有利于整个会计信息系统质量的提升。尤其是我国财政部及时出台了《商品化会计软件的评审规则》和《会计核算软件基本功能规范》等一系列文件，以及各级地方财政部门出台的《用计算机替代手工账》等管理文件，使会计软件的开发过程和开发文档以及运行过程的维护文档都被纳入会计软件的管理范畴。部门级的会计信息系统的功能也逐渐完备，除了账务核算、成本核算等诸多核算子系统外，增加了财务预算、资金管理、财务分析、领导查询分析等会计管理功能模块。

（四）部门级会计软件的运行支撑平台主要是微机局域网或主机终端结构

在此期间，超级微机、小型机、中型机和大型机，以及局域网（如 Novell 网、PC 局域网）开始在我国广泛应用；计算机操作系统从 DOS 发展到 Windows95、UNIX、OS/2，以及网络操作系统 Netware、WindowsNT、UNIX 等；微机数据库管理系统从 Dbase 系列发展到 Foxbase、Foxpro、Codebase、Paradox 等，大、中、小型机的数据库管理系统 Sybase、Oracle、Informix、SQL Server、Db2 等也被广泛使用；编程工具从 C 语言发展到 C++语言，等等。局域网技术、数据库技术等信息技术的发展和引进为我国部门级的会计信息系统应用提供了系统支撑平台，满足了会计部门内各核算职能部门物理位置分布的办公需求，又能实现各核算职能部门之间的信息传递和数据共享。此间我国部门级的会计信息系统一般采用主机终端结构或微机局域网结构。主机终端结构一般使用一台（或增加一台备份机）大型或中型计算机做主机，负责整个会计部门的数据处理，使用分时操作系统（如 UNIX）为多个用户终端服务，实现会计部门内数据

的集中处理和共享。微机局域网结构又分为采用文件服务器的 F/S 结构和采用数据库服务器的 C/S 结构。前者通过文件服务器实现会计部门内各核算子系统（工作站）的信息传递和共享，会计核算工作由各个工作站完成；后者通过数据库服务器实现会计部门内各个核算子系统的信息传递和共享，会计核算工作由工作站和服务器共同完成，对部门内会计信息集成的支持程度较高，但会计应用程序设计较困难。

（五）部门级会计信息系统具有"信息孤岛"和"信息滞后"的局限性

部门级的会计信息系统是以会计部门为目标对象建立的，主要考虑财会部门的管理需求和功能，没有考虑与企业其他业务系统的联系，会计数据的采集和输入要被动地等待其他业务系统的业务员传递业务单据，再通过会计人员手工输入记账凭证，即会计软件的开发是从会计信息系统自身独立的目标和功能出发，依据会计科目体系进行分类采集、汇总、加工、储存和报告会计信息；会计信息系统与其他业务子系统之间形成相互独立的"信息孤岛"；会计信息系统对企业的经济交易活动只能进行事后的核算和分析，生产的会计信息是滞后的。这导致了财务信息与非财务信息、业务活动的物流信息与资金流信息以及财务会计与管理会计信息的分离，不能满足使用者信息需求的多样性，不利于企业管理者的管理和决策。

三、企业自主需求的理性选择发展期：企业级会计数据处理

经过我国政府宏观政策引导 10 余年的快速发展，从 20 世纪 90 年代末开始，我国会计信息技术应用进入企业自主需求的理性选择发展期。这一阶段，会计信息技术应用在部门级数据处理的基础上发展到企业级数据处理，又称为企业级的会计信息系统应用，是目前我国会计信息系统发展的主流方向。

（一）中国经济逐步与全球经济融为一体，企业对信息系统的应用有了自主需求

这一时期，我国的市场经济体制逐步健全，改革开放进一步深入，尤其是中国加入 WTO 后，全球市场竞争加剧，部门级的会计信息系统生产的会计信息的"滞后性"和"孤立性"已无法满足企业管理的需求。企业越来越深刻地认识到：信息系统、数字化管理是提高企业市场竞争力的重要平台和手段；通过企业信息系统的应用，使企业生产经营活动中的物流、资金流、信息流融为一体，在企业内畅通地流动，才能有效地支持管理和决策，推动企业管理的进步，从整体上提高企业的管理效益。这种认识上的进步最重要的是使建立企业信息系统的指导思想发生了深刻的变化，人们需要通过信息系统实现管理的进步和增值，而不仅仅是提高工作效率。

在此期间，国外先进的企业管理软件被引入我国，如制造资源计划（MRP II）、企业资源计划（ERP）、客户关系管理（CRM）、供应链管理（SCM）等。这些企业管理软件更重要的是体现了一种新的管理思想和管理模式的应用，管理软件打破了传统的组织结构、职能结构的限制，要求企业业务流程与会计业务流程按管理软件的模式进行改造或重构。我国的会计软件公司顺应时代发展的需要，1996 年，在北京召开的第二届全国会计电算化会议上吹响了"财务软件从核算型向管理型转换"的号角，以金碟、用友、浪潮、新中大、安易、金算盘等为代表的大型软件公司开始转向研发国产的"ERP"系统，推动了企业级会计信息系统的应用和发展。企业级的会计信息系统不仅是财务部门应用，而且涉及整个企业的业务流程、管理基础、人员岗位和素质等，是一个非常复杂的系统工程，弄不好将造成巨大的经济损失。因此，人们对企业级会计信息系统的应用开始趋于理性和成熟，大多数企业能根据实际需求建立会计信息系统。

（二）会计软件与企业管理软件的研发融为一体，实现企业内信息共享

企业级的会计数据处理中，会计信息系统作为企业管理信息系统的一个子系统，其设计目标应充分考虑企业整体的管理和决策对会计信息系统的需求。因此，会计软件作为企业管理软件的一个有机组成部件，会计软件的研发与企业管理软件的研发是融为一体的。从整个企业的目标建立会计信息系统，要打破职能部门壁垒的局限，企业要进行业务流程的改进，各个业务部门必须紧密协同，会计处理系统与业务处理系统一体化，在业务事件发生时能实时采集和处理会计数据，使会计信息系统不仅执行事后的核算和分析，而且能够进行有效的事中控制，从而使企业的物流、资金流、信息流和业务流整合为一体，彻底消除"信息孤岛"现象，实现整个企业的信息共享。企业级的会计数据处理能为企业中、高层管理者提供及时、准确、全面的财务与业务、财务会计与管理会计的综合信息，使会计信息系统的应用价值得以提升。

（三）管理软件的研发和生产规范化、标准化、部件化、流程化

在此期间，管理软件研发面临的最大问题是：为适应市场、业务或组织结构的变化，企业对管理软件的需求在不断发生改变；另外，每个企业或组织都有其个性化需求。然而，为保证管理软件的质量，软件公司需要软件具有一定的通用性和稳定性。管理软件无疑成为通用化和定制化冲突最严重的领域。由此，软件工程方法得以不断发展和完善，新的软件开发模型、开发方法和开发工具被应用到我国管理软件的研发和生产的全过程中。例如，我国的用友等大型软件公司采用的新的软件生命周期模型是一个增量式开发模型，将软件的研发和生产划分为"四个阶段、五个过程"。四个阶段指的是：规划、平台化、部件化、产品化。五个过程指的是：需求、分析、设计、实现、测试。这种增量式开发模型主要采用了基于"平台/部件"的技术架构，部件是软件的基本组成单元，它们之间是相对独立的，在平台的控制下可协同工作，从而完成特定的业务应用。同时，这些部件又是可重构的、可扩展的，能动态地完成不同管理软件的业务需求。这种开发模型不仅解决了"软件危机"问题，大大提高了软件的可重用度和可维护性，而且从根本上解决了企业个性化需求和快速实施之间的矛盾，从而提高了项目实施的成功率。新的软件开发方法是实现平台化、部件化的成功保障。如事件驱动的分析方法应用到业务建模分析，利用目前最先进的建模工具 Rational Rose，构建软件的逻辑模型，再利用基于组件的设计方法，抽象出软件部件。在软件开发工具和技术架构方面采用 J2EE 体系架构、B/S 结构、web 应用框架，以支持软件跨平台运行，支持主流数据库；在软件总体设计上采用 MVC 的设计模式，将业务处理、业务逻辑控制、业务展示分开，使软件的可扩展性更加灵活；等等。此间，国际上通行的 ISO9001/ISO9002 质量管理体系被引入我国进行软件质量控制，同时按照计算机软件规范要求完善系统设计、文档管理和测试工作，这些措施都是信息系统品质和可靠性的保证。

（四）企业级会计软件的运行支撑平台是基于企业网的三层式 C/S 或 B/S 结构

在此期间，互联网技术、接口标准和规范、网络安全技术、系统集成技术等都被及时地引进并广泛运用；视窗操作系统系列 Win98、Win2000、Win2003、WindowsXP，以及 LINUX、UNIX、OS/2 等操作系统不断更新升级；大、中、小型机的数据库管理系统 Sybase、Oracle、Informix、SQL Server、Db2 等，以及微机数据库管理系统的版本也不断翻新；开发工具，尤其是网络编程工具 Java、JSP、ASP、XML、HTML、Vc、Delphi、Eclipse、JEDITt 层出不穷；这些为我国的信息化事业提供了有力的技术支撑。

企业级会计信息系统是一种基于企业网（Intranet）连接的三层式 C/S 结构或 B/S 结构。这类结构的信息系统运行平台是通过 Intranet 将企业内部分布在不同地理位置的局域网连接起来的网络系统；应用分布式数据库技术，解决了管理层级比较多、地理位置分散、业务量较大的大中型企事业单位，或跨地域、

跨行业的企业集团的整个企业的数据共享与分布存储的问题。中间件技术、软构件技术和基于代理（agent）的软件组装技术为适应不同时期的会计业务流程改进或重构而自由选择并随时追加会计软件功能模块提供了技术支持。三层式 C/S 结构或 B/S 结构在客户机和服务器之间增加了一个应用服务器，使客户机只与应用服务器打交道，方便了应用程序的编写，同时又方便了会计人员的操作和使用。

（五）企业级会计信息系统具有集成性、及时性与较强的刚性控制

企业级会计信息系统作为企业管理信息系统的一个有机组成部分，会计系统与业务系统无缝连接，运行在同一个平台上；会计的业务流程与企业的业务执行系统融为一体，当业务事件发生时能够实时、自动采集财务会计和管理会计数据，并及时转换成资金流信息进行实时的事中分析控制；系统的集成性使企业各个业务部门的多个数据库在逻辑上是一个整体，无论是对内还是对外的会计报告系统都可以共享企业整体数据库中的数据，实现了财务会计与管理会计、财务与业务系统的集成。在建立集成的信息系统时，可以将业务的控制规则和会计的控制规则置入计算机程序，代替人工在业务执行过程中自动对业务进行控制，这种刚性控制有利于防范经营风险。

四、总结与展望

中国会计信息技术应用 30 年的发展进程表明：一方面，中国改革开放和社会经济的发展，促使中国会计不断变革以适应新形势的要求；另一方面，会计的不断发展迫切需要先进的信息处理技术来支撑，而科学技术的进步、现代信息技术的迅猛发展为中国会计工作的变革提供了技术基础，从而又促进会计改革进一步向前发展。这两个动因相互依赖，相互促进，使会计信息系统的目标、功能、结构在不断发生变化，形成了各个时期会计信息技术应用的特征。

（一）试验、引导、理性：与中国改革开放环境相适应的会计信息技术应用历程

与国外发达国家由企业自主需求推动信息技术应用的发展进程不同，我国会计信息技术的应用是伴随着中国市场经济体制改革进程发展的。无论是初始试验期、政府引导下的快速发展期，还是企业有自主需求的理性选择发展期，都见证了在我国市场经济体制改革和逐步完善的过程中，政府对于信息技术的引入和应用所担任的重要角色以及所起到的重大作用。30 年来，与我国各个地区改革开放发展不平衡一样，会计信息技术应用在不同的地区、不同的企事业单位、不同的行业发展也很不平衡；目前不少单位对企业级会计信息系统的应用有迫切的需求，但担心掉入"投资黑洞"而停滞不前。因此，我们需要区分各个地区经济发展的水平，分析不同企事业单位所具备的信息化的条件和环境，总结出前人的经验和教训，让后者少走弯路。

（二）单项核算、部门级、企业级：会计信息技术应用的发展规律和方向

无论是国内还是国外，将信息技术应用于会计领域都是从单项会计核算开始的，都经历了从单项会计数据处理到部门级会计数据处理再到企业级会计数据处理的发展过程。它反映了人们对会计信息技术应用的认识和需求有共性的规律：从仿真手工会计处理开始了解会计信息技术的应用，到提出会计部门内会计数据共享和信息集成的需求，再到企事业单位内数据共享和信息集成。这个规律表明：会计数据共享和信息系统集成是会计人员将信息处理与管理信息需求不断融合的过程，是新的信息技术不断引入和应用、会计信息系统不断成熟的发展进程。我国各个企事业单位要根据单位所具备的会计信息技术应用的基础和条件进行会计信息系统的集成，跳跃式的发展将产生很大的风险。当然，30 年来，我国已积累了不少会计

信息化人才和经验，会计人员应用计算机的能力有了很大的提高，对于新创企业或必须重组才能生存的企业，在具备建立企业级会计信息系统的基础和条件下，可以有高的起点。

（三）效率、效益、核心竞争力：会计信息系统目标、功能与结构的发展

会计信息系统的目标、功能与结构是随着管理目标的需求和信息技术的进步而不断发展的。从初始提高会计人员工作效率的单机核算系统到提高会计部门内管理效益的局域网结构或主机终端结构的会计信息系统，再到提高企业管理效益的会计与业务集成的基于企业网结构的企业信息系统，它表明经济管理对会计的需求确定了会计信息系统建设的目标和会计软件所具有的功能；企事业单位不同的组织结构、管理模式、地理位置的分布状况等决定了会计信息系统不同的物理结构，而信息技术的迅猛发展为实现各类会计信息系统的目标、功能和结构给予了有力的支持。企业集团以及供应链管理等各种新的管理模式和理念不断发展，也催生了新的会计管理模式和会计信息系统结构，如集团财务共享服务、会计服务外包、会计工厂等。这些会计服务模式和会计信息系统在我国发达地区已有运作，将成为今后一种新的发展方向。

参 考 文 献

［1］中华人民共和国财政部会计司．会计电算化资料选编（第二辑）．北京：中国财政经济出版社，1997．

［2］杨周南主持．计算机信息处理环境对会计理论与实务的影响及对策研究．北京：中国财政经济出版社，2002．

［3］欧阳电平，陈潇怡．论信息技术环境下会计信息系统的演进．武汉大学学报（人文科学版），2004，4．

珞珈管理评论［2009 年卷 第 1 辑（总第 4 辑）］　　　　　　　Luojia Management Review No. 1，2009（Sum. 4）

论流程制造业循环经济的价值流分析[*]

● 肖　序[1]　金友良[2]

（1，2　中南大学商学院　长沙　410083）

【摘　要】价值流分析是循环经济研究中的一个新兴手段。本文从流程制造业循环经济价值流分析问题入手，较深入地研究了价值循环流动的价位变化原理，提出了具体应用方法，可为企业开展循环经济价值流分析提供有效的应用指导。

【关键词】循环经济　资源价值　流程制造企业

一、引言

循环经济是物质闭环流动型经济的简称。它在深刻认识资源消耗与环境污染之间关系的基础上，以提高资源与环境效率为目标，采用资源节约和物质循环利用的手段，以市场机制为推动力，在满足社会发展需要和经济可行的前提下，实现资源效率最大化、废物排放最小化和环境污染最小化的一种经济发展模式。对企业而言，开展循环经济不仅需要政策、技术体系等方面的支撑，而且它也是一种建立在资金流动基础上的，并将物质、能量、时间、空间、资金等要素有效地整合在一起的综合经济问题①。从资金角度看，它伴随着企业内部物质的循环流动，将发生价值的高低变动，其结果会对企业的财务状况和经营业绩产生重大影响。目前，对于循环经济物质流分析的文献越来越多，从宏观到微观均有一些很好的成果，但价值流分析的文献极少，尤其是涉及微观领域的价值流分析方法尚处于理念阶段，并无完整的方法原理。为此，本文将从微观层面来探讨循环经济的价值流分析。

二、流程制造业循环经济价值流分析的问题

流程制造业生产过程的特点是：输入源头为资源（矿物质、生物质、水、空气等），经过功能不同的工序串联作业，协同（集成）运行，生产出大量的产品、副产品。与此同时，因消耗大量自然资源，也会产生大量的各种不同形式的废弃物，并带来大量的环境负荷。随着理念的转变、技术的进步，流程制造业存在着“减量化、资源化”的巨大潜力和可能，是推进循环经济的优先切入点，而现行的价值计算系

---

* 本文系中国铝业股份有限公司委托中南大学研究项目《以价值流分析为基础开展中国铝业循环经济发展模式及评价体系研究》（编号：EIS2006CCF08—1304）的阶段性成果。文中的理论模式与应用方法已在该公司下属的贵州分公司进行了数据计算检验，并提出了循环经济改善潜力诊断意见，取得了较好的效果。此外，应用本文的构想，还对贵州分公司的循环经济规划做了价值流分析的预测，得出了比较客观的结果。

① 《创建资源节约型环境友好型钢铁企业》编委会. 创建资源节约型环境友好型钢铁企业. 北京：冶金工业出版社，2006：128-131.

统却不能适应这一需求。以图 1 的原生铝工业的资源流为例,可从中发现以下几个比较特殊的问题。

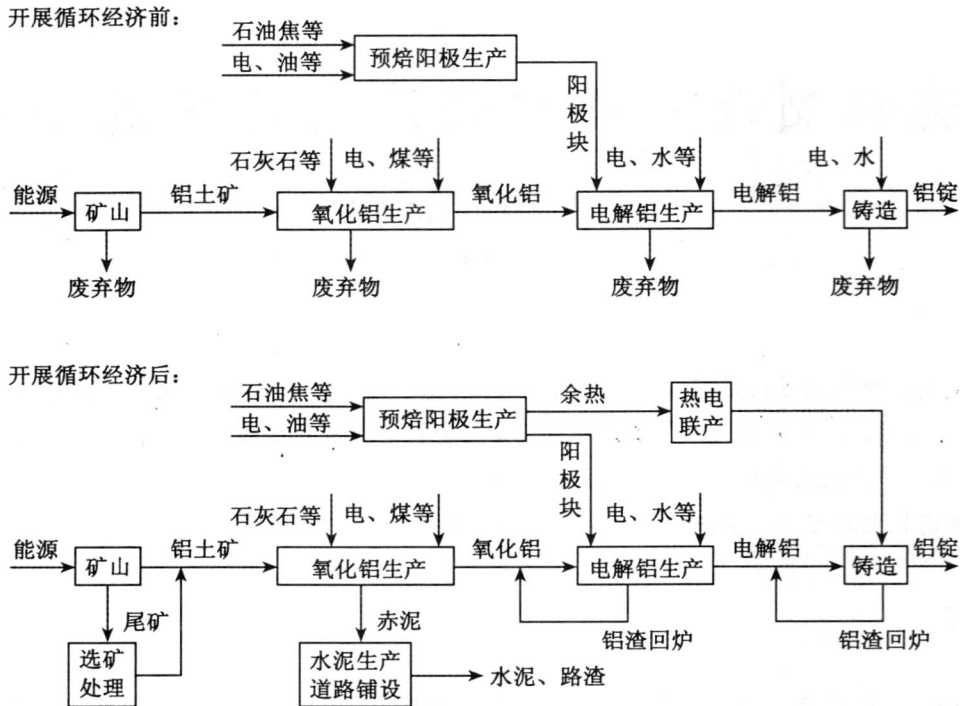

图 1　开展循环经济前后的原生铝生产的资源流路线比较

（1）现行价值计算系统难以客观确定循环经济资源流中的有效利用价值与废弃物损失价值,无法提供"减量化、资源化"决策的有用信息。在现行计算系统中,资源流成本一般采用产品成本的逐步结转法,即对上一步骤的半成品成本结转作为下一步骤的原材料成本,依此类推,最终得出产品的制造成本。这种产品制造成本可作为企业产品销售定价的参考,同时也是与收入配比、确定销售利润的一个重要参数。然而,以循环经济的观点看,这种成本数据并未单独划分废弃物带走的资源价值损失,无法为循环经济决策提供资源流动中的有效利用价值与废弃物损失价值信息,导致企业循环经济的开展无法利用现有的成本信息资料。

（2）现行价值计算系统难以适应循环经济方案的经济可行性评价的需要。循环经济的开展将改变原有的物质流路线,使一些废弃物循环变成新的材料,从而提高资源利用效率,减少环境污染物的排放。资源的循环利用将带来加工环节的增加,其经济附加值或利润会增加;另一方面,受技术经济合理性的限制,过高的闭路循环也会显著增加生产成本,降低利润空间。因此,这就需要采用资源价值流的计算、分析方式对其进行经济合理性评估。而现行价值计算系统无法绘制物质流路线改变所需的价值流图,使得循环经济决策前后的价值流图比较分析困难。

三、流程制造业的物质循环流动与价值循环流动

循环经济的核心是经济系统中物质的循环流动,如废物资源化、资源共享等。在流程制造中,物质常以主要元素作为典型(如钢铁厂的铁元素、有色工业企业的有色金属元素等),这种以一种或几种元素为标准确定的物质流,存在价值的循环流动,形成了物质循环与价值循环的对应逻辑关系。前者表现为资源

的物质流路线,后者则呈现出资源的价值流路线。

1. 生产流程的物质循环流动

对于流程制造企业而言,其生产流程是由性质、功能不同的诸多工序构成的系统。在产品的生产过程中,各工序按产品生产要求而分担不同的生产任务,使得各工序的生产工艺和设备不同,且各工序投入单位资源元素数量的产出量(合格产品数量)也大相径庭,即各工序的资源效率也不同。同时,随着生产条件的变化,各工序的资源效率也会发生改变。为便于分析生产流程中不同元素的流动规律,以及这种流动规律对该元素资源效率和环境效率的影响,可选用流程中某一元素 M 作为代表性元素,分析它的流动规律,以及对资源效率与环境效率的影响[1][2]。假设元素 M 是产品中的一个主要成分,那么,针对元素 M,可绘制生产过程的元素流图,如图 2 所示。

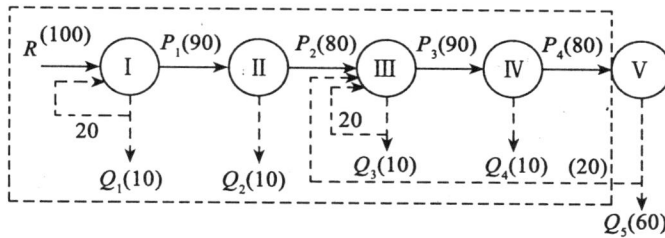

图 2 产品生产流程元素 M 流图(单位:吨)

注:第 I 阶段为材料生产阶段;第 II、III 阶段为半成品生产阶段;第 IV 阶段为产品生产阶段;第 V 阶段为产品使用阶段。

图 2 中,R 代表天然资源投入量,$P_i(i=1,2,3,\cdots,n)$ 为第 i 阶段生产产品产量,$Q_i(i=1,2,3,\cdots,n)$ 为第 i 阶段废弃物的排放量。上述各种物料的数量均按元素 M 的含量予以计算。

由图 2 不难看出,在元素 M 的流动过程中,不仅有天然资源的单向流动,还存在循环流动过程。它主要表现为下游生产阶段的废物,返回上游生产阶段或本阶段作为原料重新利用,也可将本生产阶段产生的废弃物出售,取得销售收入。据此,可分别计算元素 M 的资源效率和环境效率。

(1)元素 M 的资源效率。资源效率是指单位天然资源所能生产出来的产品量[3]。提高资源效率,就可用较少的天然资源生产较多的产品,减少废物和污染物向环境的排放,降低环境负荷。生产流程的元素 M 资源效率是指统计期内输入生产流程单位天然 M 元素量所能生产的最终合格产品 M 元素量。它等于最终合格产品 M 元素量除以输入该流程天然 M 元素量,即:

$$r = \frac{P}{R} \tag{1}$$

式中:r 为流程元素 M 的资源效率;P 为最终合格产品 M 元素量(单位:吨);R 为生产 P 吨产品输入流程的天然 M 元素量(单位:吨)。

对流程内各生产阶段来讲,阶段的元素 M 的资源效率等于统计期内该阶段生产合格产品 M 元素量除以输入该生产阶段原料 M 元素量,即:

---

① 陆钟武. 钢铁产品生命周期的铁流分析——关于铁排放量源头指标等问题的基础研究. 金属学报,2002,38(1):58-68.

② 陆钟武. 论钢铁工业的废钢资源. 钢铁,2002,37(4):66-70.

③ 戴铁军,陆钟武. 钢铁生产流程铁资源效率与工序铁资源效率关系的分析. 金属学报,2006,3:280-284.

$$r_i = \frac{P_i}{P_{i-1}} \tag{2}$$

式中，r_i 为第 i 个生产阶段的元素 M 的资源效率；P_i 为第 i 个生产阶段生产的合格产品 M 元素量（单位：吨）；P_{i-1} 为第 i 个生产阶段为生产 P_i 吨合格产品输入的原料 M 元素量（单位：吨）。

其中，P_{i-1} 包括上一阶段的 M 元素量、由流程外输入该阶段的 M 元素量或由天然 M 元素资源加工后得到的半成品量，但不包括阶段内部或工序之间循环的 M 元素量以及回收的 M 元素量。

以图 2 为例，则 $r = \frac{80}{100} = 0.8$，$r_1 = \frac{90}{100} = 0.9$，$r_2 = \frac{80}{90} = 0.89$，$r_3 = \frac{90}{80} = 1.12$，$r_4 = \frac{80}{90} = 0.89$。

（2）元素 M 的环境效率。与资源效率主要着眼于输入端不同，环境效率则描绘输出端的状况。它是指与单位排放物量相对应的产品量①。提高环境效率，就可在较少的污染物排放条件下，生产更多的产品。

生产流程的元素 M 的环境效率是指统计期内与生产流程单位排放物 M 元素量相对应的最终合格产品 M 元素量。它等于最终合格产品 M 元素量除以该流程排放的污染物 M 元素量，即：

$$q = \frac{P}{Q} \tag{3}$$

式中，q 为流程元素 M 的环境效率；P 为最终合格产品 M 元素量（单位：吨）；Q 为在生产 P 吨产品的过程中向外界环境排放的污染物 M 元素量（单位：吨）。

就流程内各生产阶段来讲，工序的元素 M 的环境效率等于统计期内该工序生产合格产品 M 元素量除以该生产阶段排放的污染物 M 元素量，即：

$$q_i = \frac{P_i}{Q_i} \tag{4}$$

式中，q_i 为第 i 个生产阶段的元素 M 的环境效率；P_i 为第 i 个生产阶段生产的合格产品 M 元素量（单位：吨）；Q_i 为第 i 个生产阶段在生产 P_i 吨合格产品时所排放的污染物 M 元素量（单位：吨），它包括该工序向外界输出的副产品、废品和其他排放物的 M 元素量（单位：吨）。

可见，元素 M 的环境效率是衡量生产过程中排放的污染物 M 元素量多少及环境状况好坏的重要指标。元素 M 的环境效率愈高，排放的污染物 M 元素量愈少，环境状况愈好。

就整个产品系统而言，研究物质循环流动的规律，目的是使得投入单位天然资源所产出的工业产品的数量显著增加，而排向环境的废弃物数量明显减少，即资源效率和环境效率大大提高，从而起到节约天然资源、保护环境的作用。

2. 生产流程的价值循环流动

资源价值循环流动以物质循环流动为基础，从循环经济的"资源价值"概念角度，描绘物质流在循环运动过程中的价值变化流程。

如果将产品的价值分摊给它的各组成元素，那么，产品中的每种元素都将成为价值的载体。若用元素 M 代表产品，则产品的价值就简化成元素 M 的价值。在产品生产过程中，伴随产品价值的形成，元素 M 的价位将发生变化②。

（1）元素 M 价位的确定。某股物质流中，单位质量的元素 M 离开某一生产阶段的价值，为该股物质流在这一阶段元素 M 的价位。它等于相应物质流的价值除以物质流中元素 M 的量。如某氧化铝厂生产 1 吨氧化铝的价值为 3200 元，由此算得氧化铝生产阶段铝元素的平均价位为 3200 元/吨。

---

① 戴铁军. 企业内部及企业之间物质循环研究. 沈阳：东北大学博士学位论文，2005：21.

② 毛建素，陆钟武. 物质循环流动与价值循环流动. 材料与冶金学报，2003，2：157-160.

元素 M 的价位反映工业系统对元素 M 的加工程度,元素 M 的价位越高,表示其加工程度越高,工业附加值也越高。如原生铝产品中元素铝的价位,普遍高于铝土矿中元素铝的价位,但它低于铝制品中铝元素的价位。这是因为,在由铝土矿转变为铝制品的过程中,各生产阶段均有不同程度的成本投入。然而,产品在生产过程中,各阶段一般会产生一定数量的废弃物,因此,元素 M 的价位应由资源的有效利用价值和废弃物损失价值两部分构成,同时又是投入材料成本与加工间接成本之和①,即:

$$RV_i = RUV_i + WLV_i = Cm_i + Cp_i \tag{5}$$

式中,RV_i 为第 i 个流程环节的资源价值(即元素 M 的价位);RUV_i 为第 i 个流程环节的资源有效利用价值;WLV_i 为第 i 个流程环节的废弃物损失价值;Cm_i 为第 i 个流程环节的单位材料成本;Cp_i 为第 i 个流程环节的单位间接成本。

上式中:

$$Cm_i = \frac{TCm_i}{Qp_i + Qw_i} \tag{6}$$

$$Cp_i = \frac{TCp_i}{Qp_i + Qw_i} \tag{7}$$

式中,TCm_i 为第 i 个流程环节的材料成本总额,其中包括从上一生产阶段输入的半成品成本、由外界输入及生产阶段之间循环至该生产阶段的材料成本;TCp_i 为第 i 个流程环节的人工及制造费用等间接成本总额;Qp_i 为第 i 个流程环节的合格品特定元素含量;Qw_i 为第 i 个流程环节的废弃物特定元素含量。

尽管在第 i 个生产阶段元素 M 的单位价值相同,但是,在各生产阶段产生废弃物的损失价值中,企业只能按照废弃物价值中的材料价值确定价位,对废弃物计算循环价值或出售价格,其中的间接成本需视为损失成本。因此,以公式(5)为据,理想的状态是将废弃物损失价值降低,向资源有效利月价值转化,增加利润或经济附加值。

(2)元素 M 价位的变化。由元素 M 价位公式可知,它经过不同阶段,将发生一系列的物理化学变化,每一阶段的输出端将形成有效利用价值(合格品价值)与废弃价值(废弃物价值)。在流程制造业中,每一生产阶段均会增加新的价值(成本)投入,从而导致元素 M 的价位均有不同程度的提高;而伴随产品的使用,元素 M 的物质不断磨损,其价值逐渐降低,形成较低的价位。按此思路,以图 2 为依据,可绘制元素 M 价位的变化,如图 3、图 4 所示。

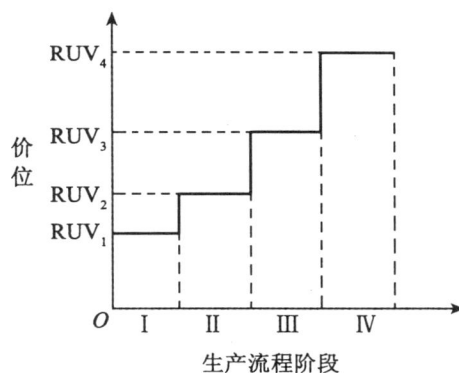

图 3　元素 M 生产流程合格品价位变化

---

① 肖序等. 中国铝业贵州分公司循环经济发展模式报告. 湖南:中南大学商学院实证会计与审计研究中心. 2007:12.

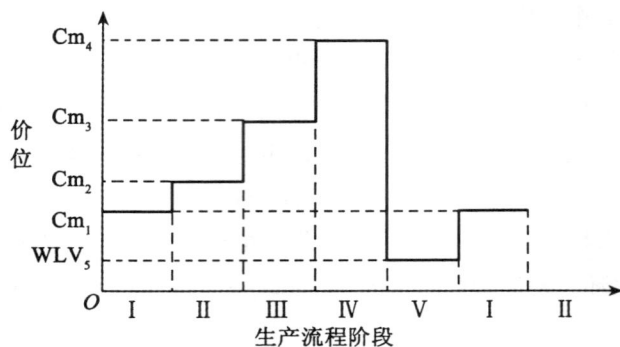

图4 元素M生产流程废弃物价位变化

在产品生产过程中，元素M主要以天然资源、半成品、产品和产品使用后排放的废弃物4种形式存在，相应地，元素M的价位大致分为以下几种：天然资源中元素M的合格产品价位（RUV_1）及废弃物价位（Cm_1）；半成品中元素M的合格产品价位（RUV_2、RUV_3）及废弃物价位（Cm_2、Cm_3）；最终产品中元素M的合格产品价位（RUV_4）及废弃物价位（Cm_4）；产品使用后排放的废物，看做废物资源，其中元素M的价位（WLV_5）。例如，图2中Ⅰ、Ⅱ、Ⅲ、Ⅳ各阶段均有不同程度的成本投入，使得元素M的价位不断上升。图3、图4所示正是这一价值变化的规律所在。而在图4的第Ⅴ（使用）阶段，元素M被大量废弃，回收的资源量较少，且形成由新到旧的变化结果，致使元素M的价位急剧下降，在该阶段，应按废弃物的回收价值计算元素M的价位。

（3）价值的循环流动。在产品生产过程中，伴随每股元素M物质流的循环流动，存在着价值的循环流动，而且，每股价值流的流量，应等于元素M的物质流量乘以元素M在该生产阶段相应的价位。根据图2中元素M的流量，以及图3中元素M的价位，可绘制出产品生产过程元素M的价值流动图，如图5所示。

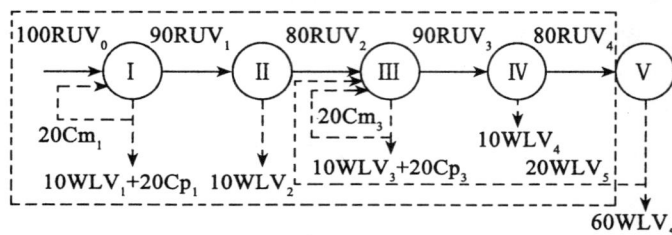

图5 产品生产流程价值循环流动图

由图5可见，在生产流程的各个阶段，都可能存在几股物质流的物料与价值投入，价值循环流动的存在，不仅减少了排污费，还增加了价值的产出。例如，图5中的第Ⅲ生产阶段，伴随物料的投入，共有$80RUV_2$、$20WLV_5$、$20Cm_3$三股价值流入，其中，$20WLV_5$、$20Cm_3$是伴随元素M的循环流动产生的，它的存在一方面增加了第Ⅲ阶段的输入价值和产出价值，另一方面减少了产品使用阶段（第Ⅴ阶段）的排污费，这对于生产者与消费者来说，价值的循环流动起到了"节支增收"的效果。

四、价值流分析在原生铝企业中的应用

铝企业的生产过程是资源、能源转化为产品、废品和污染物的代谢过程。按照生产流程的物质循环流

动与价值循环流动方法，可计算出原生铝工业企业在生产过程中的铝元素物质循环流动的资源效率与环境效率，并由此产生的价值循环流动信息。

1. 铝元素的资源效率与环境效率的计算

设某铝厂的生产流程主要由氧化铝生产、电解铝生产、铸造 3 个生产阶段组成。矿石从外界采购，也可将外界回收废铝直接进入电解铝生产阶段。现以生产流程为对象，计算流程铝资源在各生产阶段的资源效率与环境效率。

按照某铝厂 2007 年度平均生产数据所绘制的生产流程铝流图如图 6 所示。

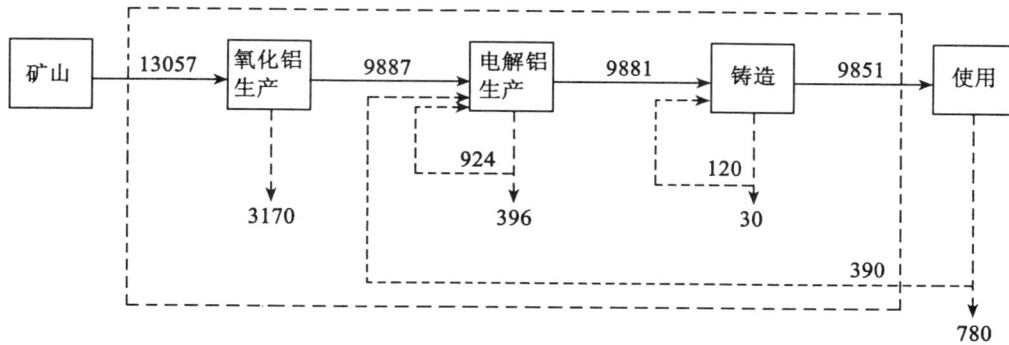

图 6　某铝厂生产流程的铝流图（单位：吨）

从图 6 可以看出，在铝产品生产过程中，氧化铝生产排放的废弃物全部对外排放，而电解铝和铸造生产线产生的废弃物一部分回收，一部分对外排放。根据图 6 及公式（1）和公式（2），可计算该厂铝资源效率为：$r = 9851/(13057 + 390) = 0.7326$，其中氧化铝、电解铝、铸造生产阶段的资源效率分别为：0.7572（9887/13057）、0.9614 [9881/（9887 + 390）]、0.9970（9851/9881）。

根据公式（3）和公式（4），可计算该厂的铝环境效率为：$q = 9851/(3170 + 396 + 30) = 2.7394$，其中氧化铝、电解铝、铸造生产阶段的环境效率分别为：3.1189（9887/3170）、24.952 [9881/396]、328.3667（9851/30）。

企业可根据上述计算结果，找出改善的重点环节（如氧化铝生产阶段），考虑采用更新材料、更换设备、加强管理或增加废弃物的回收利用环节，以改善它们的材料消耗及废弃状况，提高资源的利用效率，减少废弃物的排放，谋求达到循环经济"减量化、再利用、再资源化"的目标。

2. 铝元素的价值流分析

该厂根据生产流程的物质流路线以及成本计算方法（见公式（6）、公式（7）），可计算铝元素的价值流，如图 7 所示。

从图 7 可以看出，该厂各生产阶段都发生了损失成本。总损失为 3295 万元，其中电解铝生产阶段损失最大，达到 1814 万元，其次为氧化铝生产阶段，损失成本为 1072 万元。由总损失成本分析结果可知，氧化铝和电解铝生产线应是节能减排改善的重点，其结果可将损失转化为效益。据此，进一步分析改善的具体项目，可知：电解铝、氧化铝材料成本损失较大，分别为 754 万元和 670 万元，两者合计为 1424 万元，是循环经济改善的重中之重。因此，企业在考虑废弃物的损失数量的同时，应重点关注废弃物的损失价值，结合生产流程，确定改善重点，设定改善目标，进行流程环节的技术改造，增加设备投入，努力降低各流程环节废弃物的损失价值，多从外界回收铝资源，节约生产成本，提高企业经济效益。

值得强调的是，上述计算与分析仅针对生产线的价值流进行，以此为基础，还可按"工艺流程—分

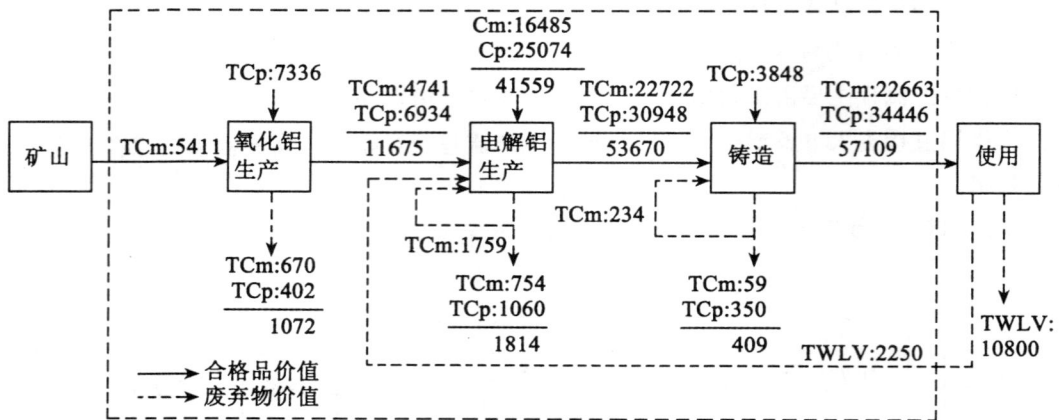

图 7　某铝厂生产流程的铝元素价值流图（单位：万元）

注：TCm 为材料成本；TCp 为间接成本；TWLV 为废弃物价值。

公司—总公司"三级组织层面进行资源价值流的计算与分析，如分公司层面可以"矿山—氧化铝—电解铝—铝加工—铝回收"形成串联生产线进行计算与分析；总公司则以各分公司为核算单位，按循环经济生态工业园模式，增加再生铝工程、铝电联营流程、废弃物转化建材等生产线，形成广阔的循环经济产品链来计算与分析资源价值流，并绘制出与之相匹配的资源价值流图。

综上所述，价值循环流动具有以下几个特征：（1）建立在物质的循环流动基础上，可结合物质的循环流动规律，特别是物质的动态循环规律，来研究价值的动态活动规律。（2）在企业的生产流程中，投入天然资源中的元素 M，以及作为废物中的元素 M，都具有一定的价值。（3）通过计算合格品的价值和废弃物的损失价值，并绘制资源价值流图，企业可对资源价值流进行现场诊断与分析、开展循环经济前后的比较评价，将其应用于循环经济资源路线优化决策中。

五、结论与创新

资源价值流分析以会计学理论与循环经济物质流路线为基础，以资源节约和物质循环利用为手段，在考虑资源效率和环境效率的同时，考虑企业资源循环的价值循环流动。它将物质看做价值的载体，运用流程制造业的资源价值流计算与分析体系，对其循环经济评价与决策研究具有以下创新意义：

（1）以循环经济物质流路线为基础，跟踪、描绘资源的物质流动循环与价值运动循环，采用会计学的成本理论，结合资源占用的来龙去脉、变化路径，可发现改善的潜力环节与价值转化金额，为工艺流程与技术创新的"废物减量化、再利用及再资源化"的评价与决策提供有用的信息。

（2）它与资源效率、环境效率指标相结合，可从价值、物质两个角度对企业现行生产过程做出评价，同时为循环经济的技术经济可行性决策提供预计的数值目标，为方案实施提供控制性数据参考。

（3）资源价值流计算与分析，可填补企业循环经济价值流分析的空白。目前，缺乏成本会计学理论与方法的支撑，使得现行的货币计量数据无法直接引用，导致企业难以实施价值流计算与评价。本文通过吸收、借鉴相关数据，以成本会计学理论为基础，构筑新的信息框架，以弥补这一空缺。

企业资产特性对负债水平的影响[*]

——基于我国上市公司 2000—2004 年的实证分析

● 覃家琦[1]　李嫦娟[2]

（1，2　南开大学商学院　天津　300071）

【摘　要】本文在现有理论基础上提出如下假设：企业资产的收益性、波动性、专用性、可塑性与负债水平负相关；流动性具有变现效应和易耗效应，当变现效应大于易耗效应时，流动性与负债水平正相关，否则负相关；可逆性与负债水平正相关。利用我国 749 家上市公司 2000—2004 年的数据，本文建立多元线性回归模型对这些假设进行了实证检验。面板分析结果表明，在收益性、可逆性上，研究假设获得实证支持；流动性的变现效应大于易耗效应从而与负债水平正相关；但在波动性、专用性、可塑性上，面板分析结果不支持研究假设。年度回归结果除可塑性在 2003 年、可逆性在 2004 年有出入外，其他结果与面板分析结果相同。

【关键词】资产特性　负债水平　实证分析

一、导言

在公司财务学的奠基之作 Modilgliani-Miller（1958）中，MM 证明：无论采取何种融资方式，公司投资决策不受影响。这被称为 MM 投融资不相关定理。但实践证明该定理并不成立，企业投融资之间存在互动，这既包括融资对投资的作用机制，也包括投资对融资的作用机制。我们注意到，在 MM 之后至今的近 50 年中，学术界在融资对投资的作用机制方面取得了长足的进展，经典的综述可参见 Harris-Raviv（1991）、Stein（2003）、童盼和陆正飞（2005），从中可看出负债融资对投资的作用机制大致有两方面：负债通过缓解管理者的代理问题、降低期限结构而抑制过度投资甚至使得投资不足；通过资产替代而导致投资过度。但在投资对融资的作用机制方面，相关探讨尚未引起充分注意。

我们注意到，在负债融资决策中，企业现有资产从如下两方面对负债起着决定性作用：首先，现有资产能否提供足够的现金流？其次，现有资产在企业破产时的清算价值有多少？如果现金流多并且清算价值高，那么债权人将愿意提供融资。但现金流和清算价值又受企业资产特性的影响。在公司财务学教科书中，经常提到的资产特性包括资产收益性（return）、波动性（volatility）和流动性（liquidity）；托宾和戈卢布（2000）提出如下资产特性：流动性、可逆性（reversibility）、可分性（divisibility）、可预见性（predictability）、收益性、在支付中的可接受性（acceptability in payments）；Klein、Crawford 和 Alchian（1978）、Williamson（2002）、Williamson（1988）提出资产专用性（specificity）；Alchian 和 Woodward

＊ 本文受南开大学 2007 年度人文社会科学校内文科青年项目（编号：NKQ07014）、南开大学亚洲研究中心项目（编号：AS0601）、教育部人文社科青年项目（编号：07JC790063）资助。

（1987，1988）提出资产依赖性（dependence）和可塑性（plasticity）。那么，这些资产特性对负债融资决策有何影响呢？

本文试图对资产的各个特性（收益性、波动性、流动性、可逆性、专用性、可塑性）对负债融资决策的影响进行实证分析。鉴于无法找到资产可分性与依赖性的度量方法，而资产可预见性与波动性具有同一性（可预见意味着波动小，不可预见意味着波动大），因此本文略去对可分性、依赖性、可预见性的分析。下文安排如下：第二部分提供各个资产特性影响负债融资的理论基础，并提出本文的研究假设；第三部分利用我国上市公司2000—2004年的面板数据进行实证分析；第四部分为结论与管理启示。

二、理论基础与研究假设

1. 资产收益性、波动性与负债融资

在公司财务学中，资产的收益性是指资产所具有的能够给资产所有者带来某种经济利益的特性，通常以资产收益率来度量，并且通常是随机变量，服从某个概率分布例如正态分布。与资产收益率密切相关的是资产波动性，体现为收益率的变动，通常以收益率的方差或标准差来度量。

在资产收益性与负债水平的关系上，根据Myers和Majluf（1984）的融资优序理论，公司将首先选择内部融资，然后是负债融资，最后是权益融资。由此，如果公司资产的收益性越大，则公司的留存收益会越多，可供内部融资的现金就多，需要通过负债来融资的数量就少，因此资产收益性与负债水平将成负相关。

在资产波动性与负债水平的关系上，Skarabot（2001）提出如下思想：如果企业各资产的波动性相互间比较相似，那么资产的整体价值也具有较小波动性，企业资产集合将可以提供联合担保，增加负债容量。如果考虑多期负债，则根据Fluck（1998），公司的现金流越稳定，即波动性越小，则负债融资越容易。

由此，我们提出假设1（H_1）：资产收益性与负债负相关，波动性与负债也负相关。

2. 资产流动性与负债融资

公司财务学也经常探讨资产的流动性，只是其理论不如资产的收益和风险理论那么成熟。自斯密、穆勒和李嘉图以来，学术界在两种意义上使用流动性概念。斯密（1972）从易主的角度来定义流动资本。这一做法在财务学中得到了保留，资产的流动性被定义为资产在持有期限内的换手能力：如果资产所有者能够在短期内便利地将现有资产转换为其他形态的资产，则称该资产为流动性资产（liquid assets），或称具有流动性，否则为非流动性资产（illiquid assets）。Amihud和Mendelson（1989）、托宾和戈卢布（2000）均在此意义上使用流动性概念。而穆勒和李嘉图从耗用快慢来定义流动资产。如果消耗得快，则为流动资产。上述两种意义为会计学所综合。会计学将"可以在一年或者超过一年的一个营业周期内变现或者耗用的资产，包括现金及各种存款、短期投资、应收及预付款项、存货等"，称为流动资产（current assets），否则为非流动资产（财政部，2002）。这里，"变现"是第一种意义上的流动性，"耗用"则是第二种意义上的流动性。

关于资产流动性对融资决策的影响，财务学教科书经常表述为如下内容：（1）通过短期负债来支持部分永久性流动资产和固定资产，这种融资政策称为"激进型"；（2）通过长期借款来支持部分波动性流动资产、永久性流动资产和固定资产，该融资政策称为"保守型"；（3）通过短期负债来支持波动流动资产、通过长期资金来源来支持固定资产和永久性流动资产，该种融资政策称为"适中型"。这也正是Myers（1977）、Hart-Moore（1994）曾经强调的"资产与负债相匹配"原理：如果资产是流动性的，则应通过短期负债来融资。

而从绝对数来看，由于流动性资产易于损耗，其抵押价值较小，从而能够支持的负债也较小。我们将这称为易耗效应。但如果从变现的角度来看，由于资产易于流动，其清算成本将较低，此时将能够支持更多的负债。我们将这称为变现效应。变现效应类似于 Amihud 和 Mendelson（1986，1989）的思想：增加流动性，投资者的要求回报率将下降，企业的资本成本将降低。从债权人的角度，如果企业资产易于流动，债权人将要求更低的回报率；同时，公司管理层从股东价值最大化出发，也将倾向于通过负债融资。

我们由此提出假设 2（H$_2$）：从易耗角度，资产流动性与负债负相关；从变现角度，资产流动性与负债正相关。

3. 资产可逆性与负债融资

按照托宾和戈卢布（2000），资产可逆性是指该资产持有者在再出售该资产时所获得的价值 P 占同期购买该资产所支付全部成本即重置成本 C 的百分比。对于一项完全可逆的资产来说，该百分比为 100%，表明当初购置的资产可以全部转化为等于该资产重置成本的现金。严格意义上的完全可逆性是难以想象的，任何资产的交换都必然伴随着某些成本支出，即使是完全流通性的资产也存在交易费用，例如现金交易也伴随交易成本。另一种极端的情形是完全不可逆。当买主以一定价格购买某资产后，买主再也无法将其变为现金，即 P=0，此时可逆程度为 0%。例如对于政府禁止出售的资产，一方面我们认为 P=0，另一方面可以认为 C 等于无穷大，这都会导致可逆程度为 0。又例如某种资产，对于现有的持有者它具有价值，但对于其他人则毫无价值，此时也会导致可逆程度为 0。但多数资产介于完全可逆和完全不可逆之间，与此相关的交易成本有两种：与交易规模无关的固定成本、与交易规模成比例的变动成本。显然，可逆程度越高，意味着一旦企业破产，这些资产的清算价值也越高，债权人也将更加愿意提供融资。

我们由此提出假设 3（H$_3$）：资产可逆性与负债正相关。

4. 资产专用性与负债融资

按照 Klein、Crawford 和 Alchian（1978）、Williamson（2002）、Williamson（1988）的定义，资产专用性是指在不牺牲资产的生产价值的条件下，资产可用于不同用途或由不同使用者利用的程度，这种程度越低，资产专用性越高，反之则越低。例如，具有高沉没成本的资产将具有某种专用性，因为高沉没成本的资产一旦改变用途，将无法收回沉没成本而蒙受损失。

有必要将资产专用性与上述资产流动性进行比较。专用性是根据资产用途改变的难易程度来划分的：本企业的资产越难以转移到其他企业的管理结构上，则该资产越具有企业专用性。而流动性则是根据易主和耗用的快慢或持有的时间长短来划分的：某资产越容易易主、耗用速度越快、持有时间越短，则流动性越强。企业的某类存货易于消耗，从而属于会计上的流动资产，但该存货可能难以转移用途而成为企业的专用性资产。Williamson（2002）曾经指出，企业会计上的固定资产可能是通用性资产，例如房屋建筑，而流动资产则可能是专用性资产，例如某些特殊的零部件。

在资产专用性对负债融资的影响上，Williamson（1988）认为，当资产专用性增加时，企业破产后的清算价值将下降，为此债权人所要求的收益率也即企业的资本成本将增加，这样债权人将不愿意提供负债。这一观点在 Williamson（2002）中已经提到过。随后，Vilasuso 和 Minkler（2001）进一步证明了上述结论。

我们由此提出假设 4（H$_4$）：资产专用性与负债负相关。

5. 资产可塑性与负债融资

按照 Alchian 和 Woodward（1987，1988），如果资产使用者在如何使用资产的决策上具有相当大的合法选择范围，则称该资产具有可塑性（plasticity）。可塑性意味着使用者可以在相当大的范围内任意支配这些资产。当可塑性与机会主义假设、高监督成本相结合时，可能产生道德风险。可塑性越强，产生道德风险的可能性越大，即资产使用者偷偷将预期结果偏向个人利益的可能性越大。但可塑性并不必然导致道德风险，只有资产的使用具有高监督成本，才会导致道德风险，例如现金可塑性强，但由于易于监督，所以一般并不导致道德风险。

在资产具有可塑性条件下，公司的现金流可能很低（因为现金流被企业管理者侵吞），并且企业资产的清算价值也较低（因为企业管理者可能将融资所获现金投资于各种债权人无法观测的领域如研发，这种投资产生较少的有形资产可供清算）。投资者预期到这点，将要求足够的控制权，而这只有当投资者成为股东时才可拥有；这也意味着，投资者将拒绝成为债权人。Alchian 和 Woodword（1988）由此认为，随着企业资产可塑性的增加，企业债权融资的成本将增加。

由此我们提出假设 5（H_5）：资产可塑性越高，债权人越不愿意提供融资，即资产可塑性与负债负相关。

三、基于我国上市公司 2000—2004 年的实证分析

1. 变量设计

我们拟采用如下方法来度量上述各个变量。

（1）负债率（DR）。因变量，表明企业资产中有多大比例的资产是通过负债方式募集的，度量指标为资产负债率，计算公式为负债合计/资产合计。

（2）资产收益性（RET）。自变量，表明企业资产所能够产生的收益与资产的比率，一般称为资产收益率或资产报酬率，等于息税前利润除以总资产。但本文强调的是企业资产产生现金的能力，现金比利润更能影响企业的融资决策，因此本文采用这一方法来度量资产收益性：经营现金流/总资产。

（3）资产波动性（VOL）。自变量，表明公司资产收益率的变化程度。在公司财务学中，波动性一般通过方差或标准差来表示，由此样本期间的波动性可以这样度量：先求样本期间收益率的平均值 $\overline{RET}$，然后计算各年收益率与平均值的差的平方 $(RET_t - \overline{RET})^2$，再计算 $\sum_i (RET_t - \overline{RET})^2$，最后用

$$\frac{(RET_t - \overline{RET})^2}{\sum_i (RET_t - \overline{RET})^2}$$

来度量该年的波动性。但我们认为，公司股票价格收益率的波动即 β 系数也许是更加有效的度量方法：第一，在有效市场假设下，股票价格能够反映所有的波动来源；第二，β 系数的计算涵盖了所有的交易日；第三，CCER 股票价格收益率数据库提供了各公司各年的 β 系数，数据的获取比较方便。

（4）资产流动性（LIQ）。自变量，表明公司资产的流动程度。公司资产中易耗和易变现的部分几乎都反映在流动资产中了，因此我们以流动资产/总资产来度量资产的流动性。这点和 Amihud 和 Mendelson（1986，1989）所研究的流动性不同，他们用股票的买卖价差（bid-ask spread）来度量流动性。

（5）可逆性（REV）。自变量，表明公司资产如果现在出售的话，其出售价格能在多大程度上弥补现在购买同一资产的成本。由于缺乏公司资产在二手市场的出售价格以及在一手市场的购买价格的数据，我们无法直接度量可逆性。作为间接的度量，我们拟采用证券市场数据来代替。但我国债券市场相对不发达，因此我们仅考虑股票市场，并采用上市公司的股票市场价格作为公司权益性资产的二手市场出售价格，而所对应的权益性资产的购买成本则可用权益性资产的账面价值来表示，由此，可逆性可用权益性资产的股市价格除以权益性资产账面价值来度量，而这正是市净率。

（6）专用性（SPE）。自变量，表明公司资产转移用途的容易程度。李青原、陈晓和王永海（2007）归纳了国内外度量资产专用性的六种方法。受此启发，我们采用（无形资产 + 在建工程 + 营业费用）/总资产来度量专用性，其中，无形资产的专用性较为公认；另外在我们看来，在建工程一般也极难转移用

途，例如"烂尾楼"往往长期无人接盘；广告费用的专用性也很强，但鉴于无法从公司财务报表中分离出广告费用，而该费用在会计上记入营业费用，因此我们以营业费用来代替广告费用。

（7）可塑性（PLA）。自变量，表明公司资产被管理层侵吞的容易程度。管理层侵吞公司资产的途径大致如下：工资福利、在职消费。有些文献将管理者的股权、期权也都算在管理者报酬中，这点确实没错。不过我们最终没有把管理者持股情况与可塑性联系在一起，因为，管理者持股比例或者期权份额越多，他们事实上侵吞公司资产的比例越低，即 Jensen 和 Meckling（1976）曾经指出的：公司管理层的持股比例越高，其代理行为越低。基于此，我们认为管理层持股情况不能度量资产可塑性。但工资福利和在职消费则不同，通过提高自己的工资福利，利用职务之便消耗公司现金，管理者难逃侵吞公司资产的嫌疑。二者在会计中均计入管理费用，因此，我们以管理费用/总资产来度量资产的可塑性。

上述各变量的含义及其度量方法总结如表1所示。

表1 　　　　　　　　　　　　　　　　　　变量描述

变量	符号	含 义	度量方法
被解释变量			
负债水平	DR	企业资产中负债所占的比例	资产负债率
解释变量			
收益性	RET	企业资产所产生的收益与总资产的比率	经营现金流/总资产
波动性	VOL	企业收益率各期偏离期望值的程度	公司的β系数
流动性	LIQ	资产耗用或变现的快慢	流动资产/总资产
可逆性	REV	出售资产获得的现金能够弥补初始购买成本的程度	市净率
专用性	SPE	资产转移用途的容易程度	（无形资产＋在建工程＋营业费用）/总资产
可塑性	PLA	企业资产被管理者侵占的容易程度	管理费用/总资产

2. 样本选择与数据来源

（1）样本选择。本文以我国沪深两市上市公司为研究对象，但不包括金融类上市公司。样本期间自2000年到2004年共5年。之所以选择这5年，主要是考虑如下两方面因素：首先是上市公司数量，2000年之前我国上市公司数量还不够多，1998年为820家，1999年为917家，而2000年则达到了1053家，样本量越大统计结果越具有代表性；其次，2005年4月29日，经国务院批准，中国证监会发布了《关于上市公司股权分置改革试点有关问题的通知》，这标志着我国上市公司再次拉开股权分置改革序幕；而伴随着股权分置改革的启动，上市公司的IPO和再融资则全面叫停，直至2006年5月7日，中国证监会颁布《上市公司证券发行管理办法》并于次日全面实施，我国股权分置改革后的股权融资才得以恢复。这段特殊时期导致样本公司的融资行为被人为中止，从而可能会影响到本文的实证结果，因此我们的数据只取到2004年。对样本的剔除标准如下：数据不详的公司；数据不足5年的公司；曾经具有ST、PT记录的公司；金融类公司；数据有特异的公司，主要是DR值过高的样本，例如DR值大于1，即负债/总资产的比值大于1，这类公司具有很高的财务风险，根据代理理论，此时公司可能会采取冒险的而非正常的投融资行为并影响本文的正常解释，因此我们剔除这类公司。

（2）数据来源。本文关于上市公司的财务数据与公司治理数据均来自CCER数据库。其中一般财务数据来自CCER一般上市公司数据库，该数据库已经剔除了金融类上市公司；而β系数数据则来自股票价格收益率数据库。

最终，我们获得 749 家公司，每家均具有 7 个指标，每个指标均具有 2000—2005 年共 5 年的数据，一共 26 215 个观测值。本文采用 Excel 进行数据的初步处理，采用 SPSS 14.0 进行描述统计和年度回归，采用 EViews 5.1 作面板分析。

3. 描述性统计

上述各变量按照年度计算的均值如表 2 所示，各变量的标准差如表 3 所示。

表 2 　　　　　　　　　　　　　　　　　各变量的均值

变量	Mean				
	2000 年	2001 年	2002 年	2003 年	2004 年
DR	0.4080312	0.4266189	0.4466447	0.4700805	0.4982069
RET	0.0488911	0.0516153	0.0551354	0.0459339	0.0495842
VOL	0.9503965	1.0480292	1.0705540	1.0657099	1.1185292
LIQ	0.5398366	0.5249309	0.5118312	0.5145556	0.5055821
REV	6.4015790	4.6131457	3.5656316	2.8274366	2.0280938
SPE	0.1143706	0.1099958	0.1149280	0.1141671	0.1136518
PLA	0.0356985	0.0406657	0.0437973	0.0443721	0.0521073

从表 2 可以看出，在样本期间，样本公司的 DR 均值保持在 0.4~0.5，并且从 2000 年到 2004 年呈逐年递增趋势，PLA 也呈逐年上升趋势，但 REV 均值呈逐年下降趋势。其他变量的变化不具有明显趋势。

表 3 　　　　　　　　　　　　　　　　　各变量的标准差

变量	Std. Deviation				
	2000 年	2001 年	2002 年	2003 年	2004 年
DR	0.15498876	0.16063558	0.15978354	0.17013364	0.18080592
RET	0.07705862	0.07552684	0.08227985	0.07791309	0.09670896
VOL	0.28323450	0.26061671	0.30586794	0.32771001	0.29535727
LIQ	0.17659596	0.18461413	0.18880042	0.19341591	0.19527143
REV	3.49699417	2.52561136	2.24655223	1.70052998	7.54541428
SPE	0.09812884	0.09143525	0.09134375	0.09382842	0.08995822
PLA	0.02332676	0.02880035	0.03229154	0.03022963	0.05141094

从表 3 可以看出，LIQ 的标准差呈逐年递增趋势，REV 的标准差在 2004 年前呈逐年递减，但 2004 年则急剧增大。PLA 的标准差整体呈逐年递增趋势，但 2003 年较之 2002 年有所下降。其他变量的标准差不具明显趋势。整体上，各变量的各年标准差变化不大，表明样本数据基本稳定。

4. 实证模型与结果分析

为了检验第三部分提出的假设，我们拟构造如下多元回归方程：

$$DR = \alpha_0 + \alpha_1 RET + \alpha_2 VOL + \alpha_3 LIQ + \alpha_4 REV + \alpha_5 SPE + \alpha_6 PLA + u$$

其中，α_0 为常数项，α_i（$i \neq 0$）为回归系数，u 为随机干扰项。根据第三部分的分析，我们预期：$\alpha_4 > 0$；α_3 可正可负，当 $\alpha_3 > 0$ 时表明变现效应大于易耗效应；其余的回归系数均为负。

首先利用 SPSS 14.0 分年度进行回归，结果如表 4、表 5、表 6、表 7、表 8 所示。

表 4 　　　　　　　　　　　　　　　**2000 年的回归结果**

Model		Unstandardized Coefficients		Standardized Coefficients	t	Sig.	Collinearity Statistics	
		B	Std. Error	Beta			Tolerance	VIF
1	（Constant）	0.281	0.031		9.104	0.000		
	RET	−0.285	0.075	−0.142	−3.830	0.000	0.891	1.122
	VOL	0.014	0.019	0.026	0.742	0.459	0.983	1.017
	LIQ	0.059	0.034	0.068	1.721	0.086	0.792	1.262
	REV	0.008	0.002	0.179	4.994	0.000	0.954	1.049
	SPE	0.124	0.059	0.078	2.107	0.035	0.882	1.134
	PLA	0.841	0.237	0.127	3.552	0.000	0.965	1.037
R	R Square	Adjusted R Square		F	Sig			
0.303	0.092	0.084		12.472	0.000			

表 5 　　　　　　　　　　　　　　　**2001 年的回归结果**

Model		Unstandardized Coefficients		Standardized Coefficients	t	Sig.	Collinearity Statistics	
		B	Std. Error	Beta			Tolerance	VIF
1	（Constant）	0.271	0.034		7.909	0.000		
	RET	−0.277	0.079	−0.130	−3.527	0.000	0.890	1.123
	VOL	0.036	0.023	0.058	1.576	0.116	0.907	1.102
	LIQ	0.087	0.034	0.100	2.594	0.010	0.815	1.227
	REV	0.013	0.002	0.211	5.704	0.000	0.887	1.127
	SPE	0.085	0.065	0.048	1.310	0.191	0.890	1.123
	PLA	0.389	0.201	0.070	1.934	0.053	0.937	1.067
R	R Square	Adjusted R Square		F	Sig			
0.311	0.096	0.089		13.208	0.000			

表 6   **2002 年的回归结果**

Model		Unstandardized Coefficients		Standardized Coefficients	t	Sig.	Collinearity Statistics	
		B	Std. Error	Beta			Tolerance	VIF
1	（Constant）	0.196	0.033		5.872	0.000		
	RET	−0.176	0.071	−0.090	−2.492	0.013	0.898	1.114
	VOL	0.098	0.020	0.188	4.999	0.000	0.833	1.201
	LIQ	0.145	0.032	0.171	4.535	0.000	0.834	1.200
	REV	0.016	0.003	0.231	6.049	0.000	0.810	1.234
	SPE	0.187	0.064	0.107	2.931	0.003	0.887	1.128
	PLA	0.008	0.176	0.002	0.046	0.963	0.939	1.064
R	R Square	Adjusted R Square		F	Sig			
0.349	0.122	0.115		17.159	0.000			

表 7   **2003 年的回归结果**

Model		Unstandardized Coefficients		Standardized Coefficients	t	Sig.	Collinearity Statistics	
		B	Std. Error	Beta			Tolerance	VIF
1	（Constant）	0.325	0.034		9.535	0.000		
	RET	−0.416	0.080	−0.191	−5.211	0.000	0.901	1.110
	VOL	0.033	0.020	0.065	1.688	0.092	0.826	1.211
	LIQ	0.128	0.034	0.145	3.785	0.000	0.817	1.224
	REV	0.018	0.004	0.183	4.800	0.000	0.830	1.205
	SPE	0.175	0.066	0.096	2.638	0.009	0.905	1.105
	PLA	−0.204	0.197	−0.036	−1.037	0.300	0.986	1.014
R	R Square	Adjusted R Square		F	Sig			
0.324	0.105	0.098		14.516	0.000			

表 8   **2004 年的回归结果**

Model		Unstandardized Coefficients		Standardized Coefficients	t	Sig.	Collinearity Statistics	
		B	Std. Error	Beta			Tolerance	VIF
1	（Constant）	0.277	0.033		8.476	0.000		
	RET	−0.158	0.068	−0.085	−2.326	0.020	0.897	1.114
	VOL	0.094	0.022	0.153	4.217	0.000	0.904	1.106
	LIQ	0.158	0.035	0.170	4.513	0.000	0.836	1.195

Model		Unstandardized Coefficients		Standardized Coefficients	t	Sig.	Collinearity Statistics	
		B	Std. Error	Beta			Tolerance	VIF
	REV	- 0.001	0.001	- 0.044	- 1.260	0.208	0.991	1.009
	SPE	0.175	0.073	0.087	2.398	0.017	0.901	1.110
	PLA	0.509	0.124	0.145	4.118	0.000	0.963	1.038
R	R Square	Adjusted R Square		F	Sig			
0.342	0.117	0.110		16.363	0.000			

根据上述五表的 R^2 值，六种资产特性对负债水平的解释仅局限于 9.5% ~ 12.5%，不过这也已经在一定程度上表明，我国上市公司在负债融资时受其资产特性的影响。根据 F 值，可以看出，变量的线性关系在总体上显著；并且根据 Tolerance 和 VIF 值，变量间的相关性较弱，即不存在多重共线性问题。根据 t 检验值，大部分变量能通过 5% 的显著性检验。下面从各资产特性的回归系数来分析各资产特性的作用。

（1）RET 的系数始终为负，表明负债水平与资产收益率负相关，这点与 H_1 相一致，表明企业在内部现金流比较充足的情况下，将降低外部负债融资，这点也可用融资的啄食顺序理论加以解释。但 VOL 的系数始终为正，表明资产波动性越大，负债水平也越高，这与 H_1 相矛盾。这点似乎不容易解释。根据资产与负债的匹配原理，负债支出是一种稳定的支出，从而必然要求公司现金流也应该是稳定的，否则债权人有理由怀疑公司经营不稳定，到期未必能够偿还负债从而不愿意提供负债融资。一种可能的解释是，在公司波动时，公司决策者通过增加负债，以向外界传递本公司经营状况稳定良好的信号，原因在于：负债需要稳定的现金流，公司敢于举债表明公司现金流稳定，负债越多表明现金流越稳定，于是，波动性越大的公司也就通过更多负债来向外界传递公司状态稳定的信号。

（2）LIQ 的系数始终为正，表明资产流动性的变现效应大于易耗效应，这点与 H_2 相一致。流动性资产的变现速度快，这相当于为负债随时提供担保，债权人将愿意提供融资。从公司的角度看，根据资产与负债期限匹配原理，流动性资产属于短期资产，应对应短期性融资，而只有负债才可提供短期融资支持，权益都属于长期融资，因此流动性资产越大，短期负债应该越大，最终导致负债水平增加。

（3）除 2004 年外，REV 的回归系数均为正，表明可逆性越高，负债水平越高，这点与 H_3 一致。但2004 年的回归系数为负，则表明可逆性会降低负债。对此的可能解释是，由于我们用市净率来度量可逆性，市净率高可能意味着公司股票价格被过度抬高。在市场热捧条件下，公司可能在后续融资时采取增发新股方式，从而降低了负债水平。从我国 1991—2005 年股票市场融资额与融资方式的数据来看，我国上市公司在 2004 年在增发和配股方面确实达到了一个新高潮。不过 2004 年的 REV 未能通过 5% 的显著性检验，因此回归系数为负可能不具有代表性。

（4）SPE 的系数始终为正，表明资产专用性越大，负债水平反而越高，这点与 H_4 相矛盾。原因或许在于，对于专用性资产，公司股东预期到其收益性较高，市场前景光明，从而不愿意让潜在的股东分享这些收益，但专用性投资又需要外部融资，因此现有股东宁愿采取负债方式获取资金，让债权人获取固定的收益，剩余收益由现有股东独享。而从债权人的角度，尽管专用性资产的清算价值较低，但其潜在的高收益性也颇为诱人，并且敢于投资专用性资产的公司，往往是规模较大、发展前景较好的公司，在债务清偿方面可能不会产生大的问题，这也会诱使债权人愿意提供融资。均衡的结果是公司负债增加。

（5）在 2003 年，PLA 的回归系数为负，而其他年度的系数均为正。如果是负数则与 H_5 相一致，表明可塑性导致公司现金流、资产清算价值均容易受到损害，公司债权人不愿意提供融资。但除 2003 年之外各年度的结果则表明，可塑性越高，负债水平越高，与 H_5 相矛盾。原因或许在于，对于可塑性高的公司，公司管理层确实容易采取机会主义行为侵害公司资产。但正如 Jensen-Meckling（1976）所指出的，公司负债由于是一种硬约束，有助于降低管理层的代理行为。在公司资产具有可塑性条件下，公司控股股东将希望通过引入负债来降低管理层对公司资产的掠夺。但债权人是否愿意参与呢？资产可塑性在理论上并不符合债权人的要求，我们认为要使债权人参与进来，公司股东必须在其他方面为债权人提供额外的保证。

上述分析是根据年度回归得到的。为了从整体上能够获得更加明确的结果，下面利用 EViews 5.1 进行面板分析。由于样本数量（749 家）较大，不适合采用个体固定效应，我们选择时点固定效应。回归结果如表 9 所示。

表 9　　　　　　　　　　　　　　　时点固定效应面板分析结果

Variable	Coefficient	Std. Error	t-Statistic	Prob.
C	0.309764	0.014189	21.83097	0.0000
RET?	− 0.272643	0.033211	− 8.209386	0.0000
VOL?	0.036128	0.009025	4.003211	0.0001
LIQ?	0.136173	0.015182	8.969284	0.0000
REV?	0.002773	0.000646	4.296232	0.0000
SPE?	0.152108	0.029547	5.148021	0.0000
PLA?	0.395485	0.076018	5.202509	0.0000
Fixed Effects（Period）				
2000—C	− 0.045520			
2001—C	− 0.024025			
2002—C	− 0.001153			
2003—C	0.021513			
2004—C	0.049185			
R-squared	0.107069	Mean dependent var		0.449916
Adjusted R-squared	0.104678	S. D. dependent var		0.168460
S. E. of regression	0.159399	Akaike info criterion		− 0.831876
Sum squared resid	94.87394	Schwarz criterion		− 0.813583
Log likelihood	1568.688	F-statistic		44.77340
Durbin-Watson stat	0.296916	Prob（F-statistic）		0.000000

根据 t 检验，所有的变量都通过了 1% 的显著性检验；根据 F 检验，方程在总体上呈线性关系；根据 R^2 值，方程能够解释的程度为 10.7%，虽然不算高，但至少从某种程度上表明公司的资本结构受到资产特性的影响。而在回归系数上，除了 RET 为负之外，其他变量的系数均为正，表明：（1）资产收益率越高，企业越倾向于内部融资，自然也就降低了对负债的需求，与 H_1 一致；资产波动性越大，公司反而越

倾向于负债融资，这点与 H_1 不符；（2）资产流动性的变现效应大于易耗效应；（3）资产可逆性高，将导致企业负债更多，这点与 H_3 一致；（4）资产专用性高将导致负债更多，与 H_4 相反；（5）资产可塑性高将导致负债更多，与 H_5 相反。对于其中与假设相反的实证结果的解释，与我们对年度回归中结果异常的解释相同。

四、结论与管理启示

企业的资本结构受到多方面因素的影响，本文关注的是企业资产特性的影响。在回顾相关文献的基础上，本文依次分析了企业资产的收益性、波动性、流动性、可逆性、专用性、可塑性对企业负债水平的影响，并由此提出如下假设：企业资产的收益性、波动性、专用性、依赖性与负债水平负相关；流动性具有变现效应和易耗效应，当变现效应大于易耗效应时，流动性与负债水平正相关，否则负相关；可逆性与负债水平正相关。

利用我国 749 家上市公司 2000—2004 年的数据，本文建立多元回归模型对所提出的假设进行了实证检验。面板分析结果表明，在收益性、可逆性上，研究假设获得实证支持，收益性与负债水平负相关，可逆性与负债水平正相关；流动性的变现效应大于易耗效应；但在波动性、专用性、可塑性上，面板分析结果与假设均相反。年度回归结果除 PLA 在 2003 年、REV 在 2004 年有出入外，其他结果与面板分析结果均相同。我们对波动性异常结果的解释如下：如果公司波动过大，那么公司决策者为了稳定外界猜疑，将通过举债来传递公司经营稳定的信号。对专用性异常结果的解释是：专用性资产往往带来丰厚的利益，而公司现有股东为了避免潜在股东的进入并分享专用性投资收益，将通过举债方式融资。对可塑性异常结果的解释是：公司股东为了降低公司管理者对公司资产的侵占，将通过引入债权人来约束管理者的行为。

本研究为我们提供了一些管理启示：（1）企业资产特性在某种程度上影响公司的资本结构，这意味着最优资本结构的决定将受到最优资产结构的影响，然而，公司资产结构随着公司的经营和扩张而经常处于调整之中，这使得资本结构也将一直处在动态调整中，最优资本结构的寻求也许是没有意义的，有意义的是资本结构如何跟随资产结构的变动而变动。（2）负债可能在某种程度上被当作改善公司治理的工具，其作用在于约束公司管理者的代理行为。（3）公司负债甚至可以作为信号传递的工具，向外界传递公司经营现金流稳定的信号。

参 考 文 献

[1] 奥利弗·E. 威廉姆森著. 资本主义经济制度. 段毅才，王伟，译. 北京：商务印书馆，2002.

[2] 詹姆斯·托宾，斯蒂芬·S. 戈卢布著. 货币、信贷与资本. 张杰，陈未，译. 大连：东北财经大学出版社，2000.

[3] 亚当·斯密著. 国富论（上卷）. 郭大力，王亚南，译. 北京：商务印书馆，1972.

[4] 中华人民共和国财政部. 企业会计准则. 北京：经济科学出版社，2002.

[5] 李青原，陈晓，王永海. 产品市场竞争、资产专用性与资本结构. 金融研究，2007，4.

[6] 童盼，陆正飞. 负债融资对企业投资行为影响研究：述评与展望. 会计研究，2005，12.

[7] Alchian, A. A., and Woodward, S.. Reflection on the theory of the firm. Journal of Institutional and Theoretical Economics. 1987, 143 (1).

[8] Alchian, A. A., and Woodward, S.. The firm is dead: Long live the firm—a review of oliver E. Williamson's the economic institutions of capitalism. Journal of Economic Literature, 1988, 26 (1).

[9] Amihud, Y. , and Mendelson, H. . Asset pricing and the bid-ask spread. Journal of Financial Economics. 1986, 17.

[10] Amihud, Y. , and Mendelson, H. . Liquidity and cost of capital: Implications for corporate management. Journal of Applied Corporate Finance. 1989, 2 (3).

[11] Fluck, Z. , Optimal finncial contracting: Debt versus outside equity. The Review of Financial Studies, 1998, 11 (2).

[12] Harris, M. , and Raviv, A. . The theory of capital structure. Journal of Finance, 1991, 46 (1).

[13] Hart, O. , and Moore, J. . A theory of debt based on the inalienability of human capital. Quarterly Journal of Economics, 1994, 109 (4) .

[14] Jensen, M. , and Meckling, W. . Theory of the firm: Managerial behavior, agency costs, and Ownership Structure. Journal of Financial Economics, 1976, 3 (4).

[15] Klein, B. , Crawford, R. , and Alchian, A. . Vertical integration, appropriable rents, and the competitive contracting process. Journal of Law and Economics, 1978, 21 (2).

[16] Modigliani, F. , and Miller, M. H. . The cost of capital, corporate finance and the theory of investment. American Economic Review, 1958, 48 (3).

[17] Myers, S. . The determinants of corporate borrowing. Journal of Financial Economics, 1977, 5 (2).

[18] Myers, S. , and Majluf, N. S. . Corporate financing and investment decisions when firms have information that investors do not have. Journal of Financial Economics, 1984, 13 (2).

[19] Skarabot, J. . Asset Securitization and Optimal Asset Structure of the Firm. Working paper. EFMA 2001 Lugano Meetings. http: //papers. ssrn. com/sol3/papers. cfm? abstract_id = 263088. 2001.

[20] Stein, J. . Agency, information, and corporate investment. in: Constantinids, G. , Harris, M. , and Stultz, R. . (eds.). Hanbook of the Economics of Finance, Elsevier, North Holland, 2003.

[21] Vilasuso, J. , and Minkler, A. . Agency costs, asset specificity, and the capital structure of the firm. Journal of Economic Behavior and Organization, 2001, 44 (1).

[22] Williamson, O. E. . Corporate finance and corporate governance. Journal of Finance, 1988, 43 (3).

石油行业用户满意指数模型及其鲁棒性研究

● 张　鹏[1]　关志民[2]　韩　侠[3]

（1，3　西南石油大学　成都　610500；2　国家自然科学基金委　北京　100083）

【摘　要】结合国内外用户满意指数的现状，针对石油行业的特点，本文共提出该行业的 6 类用户满意指数结构模型。石油行业用户满意指数是基于偏最小二乘法估计的结构模型。由于偏最小二乘法对结构变动和数据缺陷等具有很好的鲁棒性，目前大多数国家采用偏最小二乘法求解用户满意指数结构模型。本文介绍了偏最小二乘法的内外估计方法，利用仿真研究探讨了对石油行业用户满意指数模型简化的测评模型中的偏最小二乘法的鲁棒性。本文详细阐述了对于模型的不同规定、内部结构系数的真值和 PLS 估计值之间的偏差以及 PLS 对其 11 种不同规定的鲁棒性。蒙特卡罗模拟表明：当估计用户满意指数时，偏最小二乘法对多重共线性、偏态、数据缺陷、结构变动以及多种类型的模型偏差具有很好的鲁棒性。

【关键词】石油行业　用户满意指数　偏最小二乘法　鲁棒性　变量

一、引言

在激烈竞争的市场环境中，价格已经不能作为一种最有效的竞争武器，需要寻找其他的可以最大程度地留住现有用户、争取潜在用户的方法，用户满意（customer satisfaction，CS）战略正是适应这种需要的一种强有力手段。在美国，很多公司都定期进行用户满意指数调查与测评，并把测评结果作为改进管理、进行持续改进及战略制定、战略决策、决定报酬的依据。

用户满意指数（customer satisfaction index，CSI）是国际上近年来发展起来的一种用定量化的方法衡量一个国家的消费者或最终使用者对在该国内销售的消费型产品或服务的满意程度的宏观经济指标。它以消费者行为理论为基础，通过数理统计和计量方法对全国经济部门、行业中的大型企事业单位的用户满意状况进行分析评估，从而为宏观经济政策和微观企业战略的制定提供依据。西方国家进行用户满意测评的实践证明，用户满意指数不仅能够反映企业、行业、部门以至整个国家的经济运行质量，而且还能够对未来的发展趋势进行预测①。

我国石油行业拥有国际著名的企业集团，三大石油公司不仅在国内有庞大的油气田生产基地，在国外也拥有大量的油田和区块，按照我国石油行业的中长期发展规划，2010 年之后我国石油企业在国外的油气产量将逐步超过国内的产量。目前，石油企业的 GDP 已连年名列各行业前茅，成为我国社会经济发展的重要支柱产业。各类油气田生产和服务的配套企业已遍及全国各地，一些优秀的专业性油田工程技术队伍已走出国门，服务于国际市场，石油企业已成为保证国家能源安全的主力军。

---

①　Zhang Peng, Hu Qiguo, Han Xia, and Zhang Bin. Evaluation of the customer satisfaction index for wellhead blowout preventers in China's petroleum industry. Petroleum Science, 2005, 2 (3): 54-64.

本文以我国石油行业为对象，借鉴国外和我国其他领域研究成果，找出影响石油企业用户满意程度的主要因素和因素之间的因果关系模型（逻辑关系图），采用大量实际调查数据进行信度和效度检验，通过对模型的反复修正，得到能反映石油相关行业产品或服务的用户满意指数测评模型。在模型求解过程中，为了保证各个结构模型在各种企业内应用的鲁棒性，并克服调查数据质量缺陷的影响，引入了偏最小二乘法作为模型参数的估计方法。

二、石油行业用户满意指数模型

参考各国用户满意指数结构模型，根据中国石油行业的特点，制定石油行业用户满意指数（customer satisfaction index for petroleum industry，PCSI）模型，总共包括油田耐用消费品企业、油田消耗品企业、油田工程技术服务企业、油田第三产业、油田公用事业、油田机关部门等 6 个用户满意指数结构测评模型[1][2]。

油田耐用消费品企业用户满意指数模型（如图 1 所示）是一个因果关系模型。模型包括四个前提因素：品牌形象（image）、预期质量（expected quality）、感知质量（perceived quality）和感知价值（perceived value）。品牌形象、预期质量、感知质量、感知价值共同影响着用户满意度，而用户满意度又直接决定着用户忠诚，用户满意度的高低决定着用户的忠诚度。用户满意度既是品牌形象、预期质量、感知质量、感知价值四个变量的结果，又是用户忠诚的原因。

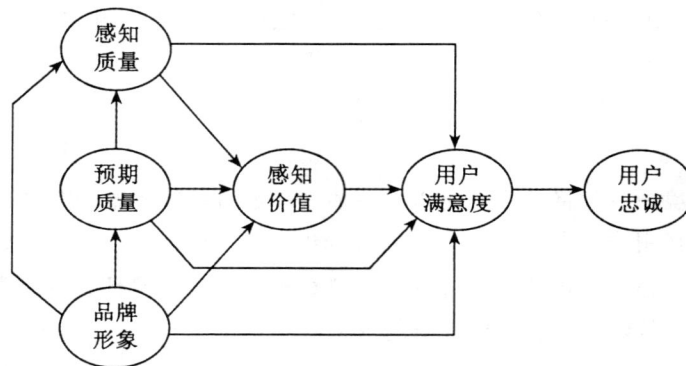

图 1　油田耐用消费品企业用户满意指数模型

油田消耗品企业用户满意指数模型（如图 2 所示）与油田耐用消费品企业用户满意指数模型存在一定的差别，主要表现在：第一，由于油田消耗品购买频率比较高，用户对产品的预期质量同感知质量往往不存在显著差别，而且用户购买后对购买前的预期回忆也不准确，油田消耗品企业用户满意指数模型中没有预期质量这个结构变量，模型只包括品牌形象、感知质量、感知价值、用户满意度和用户忠诚 5 个结构变量[3]。第二，在油田消耗品企业用户满意指数模型中，针对感知质量这一结构变量，可以选择更能反映油田消耗品具体特点的质量指标作为观测变量；针对用户满意度这一结构变量，取消与预期比较的满意度

① 张鹏，胡启国，张斌．石油企业用户满意指数测评模型研究．天然气工业，2004，8：35．

② Fornell，C..A national customer satisfaction barometer：The Swedish experience，Journal of Marketing，1992，56：6-21．

③ Fornell，C.，and Cha，J. Partial least squares. In：Bagozzi，R. P.（ed.）．Advanced methods in marketing research（Cambridge，M. A.，B. Blackwell），1994：52-78．

这一观测变量。

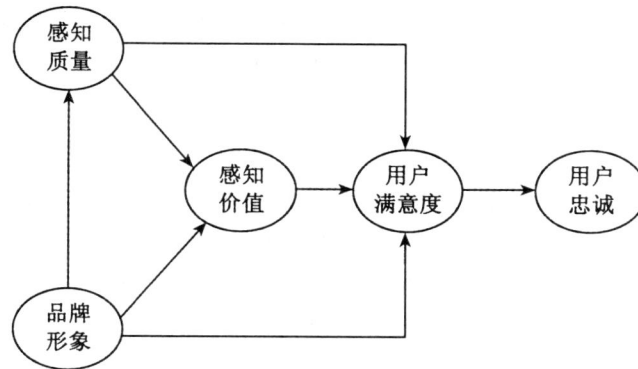

图 2　油田消耗品企业用户满意指数模型

　　石油工程技术服务大致包括物探、测井、钻井、井下作业、油田建设等。调查的共同项目一般有：技术服务耐用消费品水平、服务技术支撑、安全性、环保性、时间性、经济性、服务（工程技术服务实施前、中、后）、投诉处理、企业形象、员工素质等。针对服务对象的实际情况不同，其服务的技术性质是不同的，那么进行用户满意指数测评时，其测评指标是不同的，但它们有许多共性，针对石油工程技术服务企业共性，并结合石油企业的特点，设计出油田工程技术服务企业用户满意指数模型。该模型由 7 个隐变量构成（见图 3）。在结构变量中，形象、预期质量、感知质量硬件、感知质量软件和感知价值是用户满意度的原因变量，用户忠诚是用户满意度的结果变量。

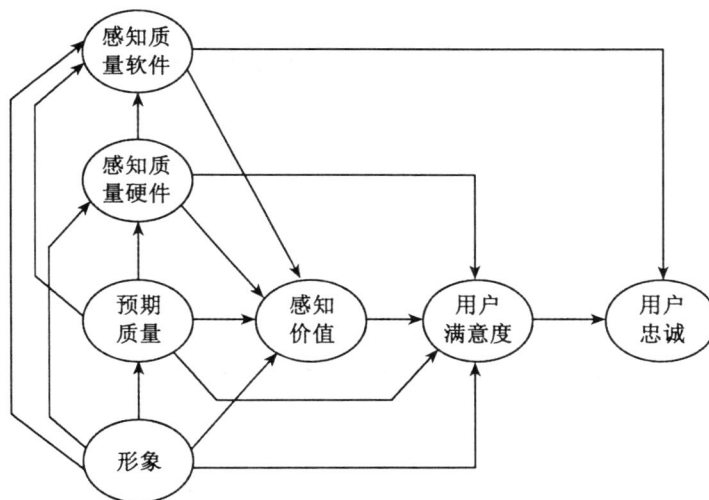

图 3　油田工程技术服务企业用户满意指数模型

　　油田第三产业用户满意指数模型的基本结构与油田耐用消费品企业用户满意指数模型相同（如图 1 所示），也包括 6 个结构变量，即品牌形象、预期质量、感知质量、感知价值、用户满意度和用户忠诚。它同油田耐用消费品企业用户满意指数模型的不同点在于：（1）预期质量对应的观测变量只有一个——总体预期质量；（2）感知质量对应的观测变量为总体感知质量、可靠性感知质量、响应性感知质量、保证性感知质量、移情性感知质量和有形性感知质量。

油田公用事业基本属于政府垄断性企业，主要涉及电力生产及供应业、煤气生产及供应业和自来水生产及供应业。它们均不能归属于耐用消费品企业、非耐用消费品企业或服务企业。它们的特点是：不论质量好坏，用户必须长期连续消费，且用户很难找到其他替代品；价格由职能部门确定而非由市场确定。公用事业的这些特点决定了用户采购前的预期质量很难划分出来，用户忠诚与否也不能直接由用户满意度决定。因此，油田公用事业用户满意指数模型（如图4所示）应该在油田耐用消费品企业用户满意指数模型中去除预期质量和用户忠诚这两个结构变量。

油田机关部门的服务主要涉及政府机关办事机构、职能部门等。政府机关部门的特点是：（1）它们是职能机构，行使政府职能，为公众服务；（2）接受服务者基本不涉及价格因素；（3）无论用户是否愿意，在必要的时候，必须接受服务。针对油田机关部门的这些特点，去除预期质量、感知价值和用户忠诚这三个结构变量。油田机关部门用户满意指数模型如图5所示。

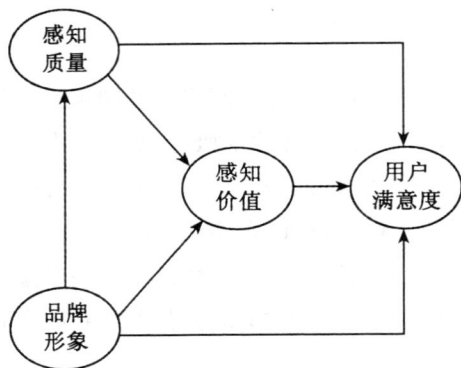

图4　油田公用事业用户满意指数模型　　　　图5　油田机关部门用户满意指数模型

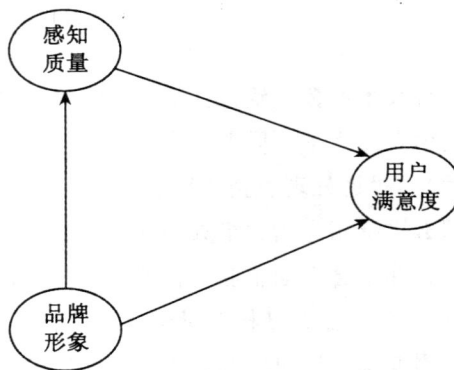

用户满意的主要后果是用户忠诚，主要动力包括与产品和服务相关的感知质量和感知价值等。在模型中，用户期望不仅是直接影响用户满意的动力，而且是间接通过感知价值和感知质量影响用户满意的动力，它们之间的联系需要进一步验证，甚至在一些案例中用户期望直接与用户忠诚相关。为了确保模型中的内在一致性以及在估计过程中取得最大的有效性和可靠性（假设模型是合理的），当估计隐变量（特别是用户满意指数）时，应能够尽可能地同时求解出内部结构的影响和测评模型中的相关权重[1][2]。

在模型的求解过程中，为了使模型具有很好的预测功能，当调查数据不能满足所有模型假设以及对渐近性要求不高时，模型的鲁棒性就显得非常重要。在PCSI模型中，显变量（可以直接测量的变量）的数目小于模型中需要求解的变量数目，模型求解难度大。1991年美国质量基金会（American Quality Foundation）推荐采用偏最小二乘法（partial least square，PLS）求解用户满意指数结构模型[3]，因为该方法具有很好的鲁棒性，目前大多数国家采用了这种方法。

PCSI模型可以描述成：

（1）隐变量之间的结构模型是：

$$\eta = \beta\eta + \tau\xi + \nu \tag{1}$$

① Cassel, Caes M., Hackl, and Peter. On measurement of intangible assets: A study of robustness of partial least squares. Total Quality Management, 2000, 11 (7): 897-908.

② Cassel, C. M., Hackl, P., and Westlund, A. H.. PLS for estimating latent variable quality structures: Finite sample robustness properties, Journal of Applied Statistics, 1999, 26: 435-446.

③ 张新安，田澎. 上海顾客满意指数模型及其稳健型研究. 管理科学学报，2005，19（3）：47-50.

式中，η 是内在隐变量（例如用户满意指数、用户忠诚因素）向量，ξ 是外在隐变量（用户满意和用户忠诚的驱动因素）向量，β 和 τ 是路径系数矩阵，ν 是误差向量。

（2）显变量模型为：

$$x = \Lambda_x \xi + \delta \tag{2}$$

$$y = \Lambda_y \eta + \varepsilon \tag{3}$$

式中，x 和 y 是显变量向量，Λ_x 和 Λ_y 是权重矩阵，δ 和 ε 是测量误差向量。

式（2）和式（3）是反映模型或外在直接模型，显变量是隐变量的观测变量。

对外生变量，显变量和隐变量间的关系为：

$$\xi = \pi x + \delta_\xi \tag{4}$$

式（4）称作 ξ 的构成模型或内在间接模型。

设计标准的石油行业用户满意指数模型调查问卷必须依据一定的原则，例如：（1）每一个问题只有一种概念；（2）问题言简意赅；（3）准确的措辞。通常来说，大多数国家用户满意指数的调查问卷中数值的设定范围是 1～10。最终将用户满意指数和其他隐变量的求解结果转化成 0～100 范围的值，"100" 表示用户满意指数测评的最高分数。

三、PLS 方法

偏最小二乘法（PLS 估计）是由 Herman O. A. Wold 提出的[1][2]。包含隐变量的线性结构模型不能用常规方法求解，例如普通最小二乘法（OLS）仅适合模型中所有变量都是可观测变量的情况，而隐变量的值不能求解。目前有各种不同版本的 PLS 算法，其主要区别在于拟合含有隐变量结构的方法有所不同[3]。

假设误差向量 ν 满足 $E\{\eta\,|\,\xi\} = 0$ 的条件，即条件线性期望值满足：

$$E\{\eta\,|\,\xi\} = (I - \beta)^{-1} \tau \xi = \Pi \xi \tag{5}$$

式中 β 是下三角矩阵。由式（5）求解的预测值 $\hat{\eta}$ 符合方差最小的原则。Wold（1985）将条件线性期望关系式（5）作为假设条件，模型的内部关系形成了一个递归的或者因果关系链系统。

假设显变量满足式（5）的条件，例如 $E\{y\,|\,\eta\} = \Lambda_y \eta$，并且假设载荷 Λ 能够确保每一个指标准确反映相对应的隐变量，那么显变量可以分成模块，每一模块与相对应的隐变量相关，不同隐变量之间的测量误差是无关的。

隐变量估计值定义为显变量的加权：

$$\hat{\eta} = w_\eta y \tag{6}$$

$$\hat{\xi} = w_\xi x \tag{7}$$

式中，权重 w 是依据测评模型是反映模型还是构成模型而定的。

PLS 算法的核心包括以下两步：

（1）外部估计：隐变量的值是由观测变量值通过式（6）和式（7）加权求解的，权重 w 是依据测评模型的类型而定的。如果关联是外在直接模型或反映模型，那么隐变量是与相应模块的指标的主要成分相

---

① 国家质检总局质量管理司，清华大学中国企业研究中心编. 中国顾客满意指数指南. 北京：中国标准出版社，2003：125.

② 王惠文. 偏最小二乘回归方法及其应用. 北京：国防工业出版社，1999：67.

③ Fornell, C., Rhee, B.-D., and Yi, Y.. Direct regression, reverse regression, and covariance structure analysis. Marketing Letters, 1991, 2：309-320.

关，权重 w 是隐变量和显变量之间的协方差。对于内部间接或构成模型，权重是隐变量和显变量之间的回归系数①。

（2）内部估计：隐变量的真值与通过对隐变量的加权方式求解的近似值是接近的。加权方式有：矩分析加权、因子加权和路径加权。

求解每一个隐变量是由内部结构和测评模型的类型两者决定的。在每一次迭代中，式（1）和式（4）被用来求解隐变量的近似值，该值是这两个公式的最优解②。在内部估计中，式（1）的预测残差平方和最小；在外部估计中，最小误差与式（2）至式（4）中的误差密切相关。

任意给定初始值，程序在内部估计和外部估计中相互转换直至收敛。

四、PLS 的鲁棒性

鲁棒性（robustness）是系统的稳健性。鲁棒控制（robust control）方面的研究始于 20 世纪 50 年代。在过去的 20 年中，鲁棒控制一直是国际自控界的研究热点。所谓"鲁棒性"，是指控制系统在一定（结构、大小）的参数摄动下，维持某些性能的特性。根据对性能的不同定义，可分为稳定鲁棒性和性能鲁棒性。如果所关心的是系统的稳定性，那么就称该系统具有鲁棒稳定性；如果所关心的是用干扰抑制性能或其他性能准则来描述的品质，就称该系统具有鲁棒性能。

偏最小二乘回归（PLSR）方法优于传统的 MLR、PCR 等算法，具有更好的鲁棒性，这里鲁棒性指的是当有新的样本数据加入时，模型的参数不会变化得很剧烈；且当输入变量中的个别点发生突变时，模型仍能保持正确的预报输出而不受干扰③。

五、模拟研究方法

从 PLS 程序的复杂性可以看出，很难用解析的形式来求解模型对显变量的有偏分布、显变量和隐变量或者模型结构的误规定（相应的回归量或者回归方程中的从属变量剔除，或者测评模型中存在显变量）和多重共线性的鲁棒性的大小④⑤。仿真研究可以简便而形象地理解上述所提到的缺陷。对石油企业用户满意指数结构模型进行仿真研究，得到一个简化的基本模型。该基本模型的 PLS 分析结果与从各种模型中分析得出的结果是可以进行横向比较的⑥。

1. 数据产生过程

数据是根据图 1 至图 5 的简化模型产生的，模型中包含了 3 个外生变量 ξ_1、ξ_2、ξ_3 和 3 个内生变量 η_1、η_2、η_3，内部结构定义如下：

① Cales Fornell, Michael D. Johnson, Eugene W. Anderson, Jaesung Cha, and Barbara Everitt Bryant. The American customer satisfaction index: Nature, purposes, and findings. Journal of Marketing, 1996: 7-18.

② 张鹏，张斌，胡启国．油田相关行业用户满意指数测评模型与方法研究．石油工业技术监督，2004，10：42．

③ 韩侠，张鹏，关志民等．石油企业用户需求的模糊聚类分析．石油工业技术监督，2007，23（10）：24-28．

④ Anderson, Eugene W. Class Fornell.. Customer satisfaction, productivity, and profitability: Differences between goods and services. Marketing Science, 1997, 16 (2): 129-147.

⑤ 杜晖，谢赞，赵平．中国用户满意度指数若干问题研究．消费经济，1999，2：49-52．

⑥ 米本仁．蒙特卡罗方法引论．济南：山东大学出版社，1987：26-44．

$$\eta_1 = \tau_{11}\xi_1 + \tau_{12}\xi_2 + \tau_{13}\xi_3 + \nu_1$$
$$\eta_2 = \beta_{21}\eta_1 + \nu_2 \tag{8}$$
$$\eta_3 = \beta_{31}\eta_1 + \beta_{32}\eta_2 + \nu_3$$

式中，η 是由 y 表示的。ξ 是由 x 表示的，测评模型是：

$$\xi_1 = \pi_1 x_1 + \pi x_2 + \pi_3 x_3 + \delta_1$$
$$\xi_2 = \pi_4 x_4 + \pi_5 x_5 + \pi_6 x_6 + \delta_2 \tag{9}$$
$$\xi_3 = \pi_7 x_7 + \pi_8 x_8 + \pi_9 x_9 + \delta_3$$

式中 η_i（$i = 1$，2，3）是反映方式（reflective）的，ξ_s 是构成方式（formative）的。π_s 和 λ_s 是相关系数，δ_s 和 ε_s 是随机误差。

$$y_{i1} = \lambda_{i1}\eta_i + \varepsilon_{i1}$$
$$y_{i2} = \lambda_{i2}\eta_i + \varepsilon_{i2}$$
$$y_{i3} = \lambda_{i3}\eta_i + \varepsilon_{i3} \tag{10}$$
$$y_{i4} = \lambda_{i4}\eta_i + \varepsilon_{i4}$$

假设模型系数已经确定，y_i 可以由 x 和随机误差 ν、δ、ε 来决定。对于基本模型，x 是由对称贝塔分布函数 $\beta(6 \times 6)$ 产生的；所有的 π_i 设成 1/3，τ_{i1} 设成 0.8、0.1 和 0.1，$i = 1$，2，3；$\beta_{21} = 0.5$，$\beta_{31} = 0.9$，$\beta_{32} = 0.3$，λ_{ij} 分别为 1.1、1.0、0.9 和 0.8，$i = 1$，2，3，$j = 1$，2，3，4；噪声 δ_i 和 ε_i 服从连续均匀分布，噪声 ν 服从正态分布，在所有的案例中，误差项服从均值为 0 的正态分布，其方差占相应的因变量方差的 30%①。为了与石油企业用户满意指数模型系统中使用的标度相同，显变量 x 转换成 10 标度（1 ~ 10）；求解完成后，将隐变量 ξ_i 和 η_i 的值转换成 100 分。PLS 程序估计模型系数 π、τ、β、λ 和隐变量的值。图 6 描述了数据产生的过程。

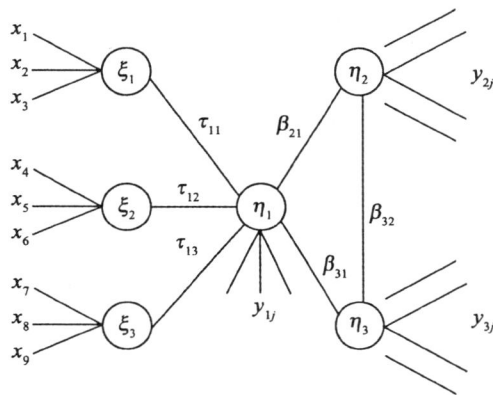

图 6　数据产生过程模型

2. 样本量

为了理解 PLS 对显变量有偏分布、误规定（相应的回归量或者回归方程中的从属变量剔除，或者测评模型中存在显变量）和多重共线性的鲁棒性，对于每一个案例，取各自的样本数量 $n = 50$ 和 $n = 200$。

3. 显变量的有偏分布

变量 x 服从 β 分布。如果 β 分布 $\beta(p, q)$ 中的参数 p、q 是相等的，假如基本模型中 $p = q = 6$，得到对称

---

① 张新安，田澎，张列平. 建立中国顾客满意指数若干问题的研究. 工业工程与管理，2002，3：18-22.

的分布值。为了研究有偏分布的影响，采用 $\beta(9,4)$ 分布，该分布提供了一个适度的右偏分布。

4. 多重共线性

为了研究显变量 x 两两之间的依赖程度的影响，引进了模块（如变量 ξ）之间的相互关系。使用乔勒斯基变换（Cholesky transformation）方法转换变量 x，R 矩阵为：

$$R = \begin{pmatrix} 1 & r & r^2 \\ r & 1 & r \\ r^2 & r & 1 \end{pmatrix}$$

式中 R 是指内部模块相关关系的值，r 为在同一个模块中相邻的两个变量 x 之间的相关系数，相关关系矩阵 $\sum$ [1] 由子矩阵 R、bR 和 b^2R 构成：

$$\Sigma = \begin{pmatrix} R & bR & b^2R \\ bR & R & bR \\ b^2 & bR & b^2R \end{pmatrix}$$

式中，b 为相邻的两个变量 ξ 之间的相关系数。考虑 $r=0$ 的情况，R 则是一个单位矩阵。在产生 ξ_S 之前，利用乔勒斯基变换将变量 x 转换成 10 标度。

5. 误规定

由线性回归理论可知，剔除回归变量将导致回归系数的有偏估计，因此建立正确的隐变量结构模型显得尤为重要。在仿真研究中，着重研究显变量或隐变量的错误剔除问题。在错误描述测评模型的情况下，考虑两种情况：（1）回归隐变量 ξ_1 对应显变量的错误剔除。（2）隐变量 η_1 对应显变量的错误剔除。误规定的后果取决于回归量的解释力度，考虑以下两种情况：回归隐变量之间相关系数的大小：$\tau=0.1$ 和 $\tau=0.8$，并且考虑隐变量 η_2 错误排除的情况。分析两种情况：当真实的 β_{21} 比较小，$\beta_{21}=0.5$；当真实的 β_{21} 比较大，$\beta_{21}=0.8$。表 1 总结了相关误规定的设计情况。

表 1　　　　　　　　　　　内部结构和测评模型中的误规定

情形	剔除变量
0	无
1	ξ 对应的显变量
2	η 对应的显变量
3	$\tau=0.1$ 的回归隐变量
4	$\tau=0.8$ 的回归隐变量
5	β_{21} 较小时的从属隐变量
6	β_{21} 较大时的从属隐变量

六、模拟结果

模拟研究的目的是理解结构方程模型中不同的误规定对 PLS 求解结果的影响程度。本文讨论的误规

---

[1]　林盛．基于 PLS 结构方程模型的服务行业顾客满意度测评方法及应用研究［博士学位论文］．天津：天津大学图书馆，2000：62.

定有：

（1）相应的外生隐变量的剔除；

（2）相应的内生隐变量的剔除；

（3）单一显变量的剔除。

其他模拟研究的内容有：

（1）改变样本量的大小；

（2）改变模型内部结构的其中一个路径系数的大小；

（3）隐变量和显变量的有偏分布之间的相互关系。

本文讨论的重点是 PLS 对以上 6 个方面是否具有很好的鲁棒性。仿真分析可以研究模型相关系数真值和估计值以及显变量和隐变量的观测值与拟合值之间的一致性问题。一致性估计表明隐变量的观测值和拟合值通常是逼近的，这是 PLS 算法优化的结果。

图 7 至图 17 形象地给出了真值与从模型的不同规定中同一组数据求解的 PLS 估计值之间的偏差，同时验证 PLS 能否很好地求解出模型结构系数。当该系数较大时，例如 $\tau_{11} = 0.8$ 或者 $\beta_{31} = 0.9$，可以观察到较小的负差，这个偏差的大小同时取决于模型结构的类型。在 η_2 从模型中剔除的情况下，β_{31} 的偏差变得显著减少，甚至是可以忽略的。β_{21} 的真值从 0.5 增加到 0.8 会增加 β_{31} 的偏差。在图 7 至图 17 中横坐标 1 表示 $\tau_{11} = 0.8$，2 表示 $\tau_{12} = 0.1$，3 表示 $\tau_{13} = 0.1$，4 表示 $\beta_{21} = 0.5$，5 表示 $\beta_{31} = 0.9$，6 表示 $\beta_{32} = 0.3$。

剔除一个外生隐变量、内生隐变量或者一个显变量都是研究的误规定情况。从图 7 中可以看出，剔除较大权重（ξ_1，$\tau_{11} = 0.8$）的外生变量可以导致其他两个外生变量的系数 τ_{12} 和 τ_{13} 的较大偏差估计。

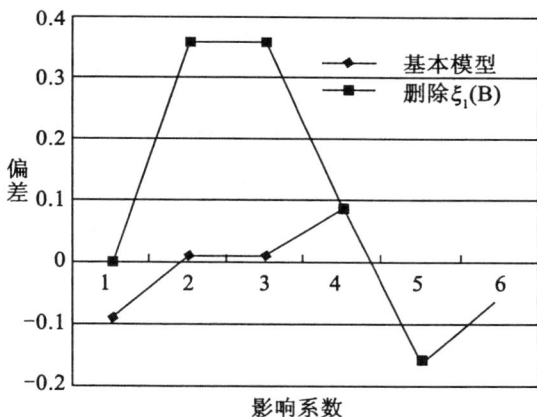

图 7 真值与估计值的偏差 图 8 真值与估计值的偏差

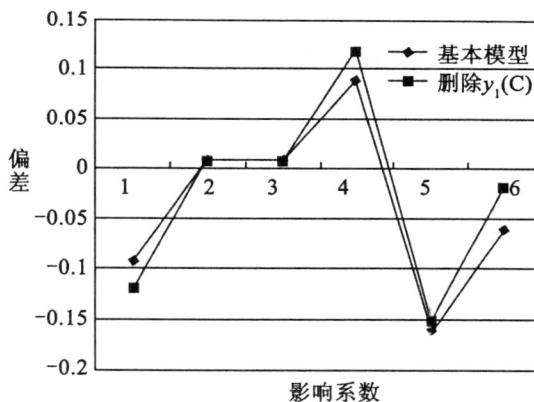

从图 8 中可以看出，剔出显变量 y_1 对各变量之间的影响系数的估计几乎没有影响，即 PLS 对模型剔除某一显变量具有很好的鲁棒性。

图 9 表明剔除其中任一内生变量对内生变量之间的路径系数产生较大的影响，而对于外生变量与内生变量之间的影响系数几乎没有影响。

如图 10 所示，当同时剔除较大权重（ξ_1，$\tau_{11} = 0.8$）的外生变量和剔除显变量 y_1 时，内生变量和其他外生变量之间的影响系数的估计值与真值之间的偏差明显增大；而内生变量之间的路径系数与基本模型的偏差大体相等。

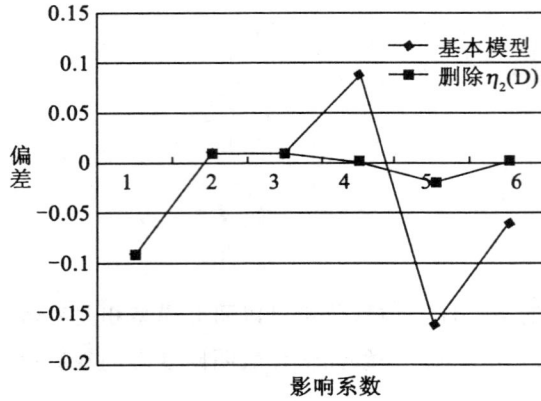

图 9　真值与估计值的偏差

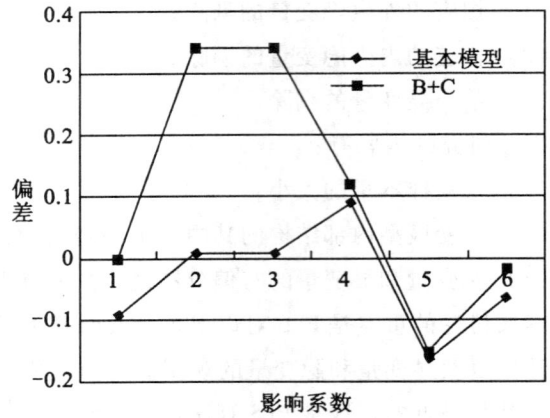

图 10　真值与估计值的偏差

如图 11 所示，当同时剔除较大权重（ξ_1，$\tau_{11}=0.8$）的外生变量以及剔除一内生变量时，外生变量与内生变量以及内生变量之间的影响系数都产生了较为明显的偏差，而且对比图 7 和图 9，当剔除外生变量与内生变量时，它们产生的影响互不干涉。

图 12 表明，同时剔除显变量 y_1 和一内生变量时，影响较大的是内生变量的剔除，特别是内生变量之间的路径系数较大（$\beta_{31}=0.9$）时影响效果更加明显。

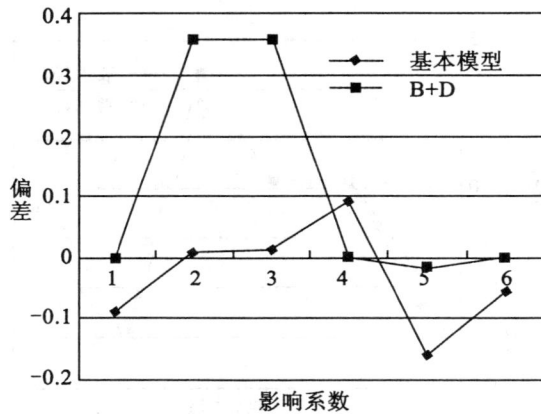

图 11　真值与估计值的偏差

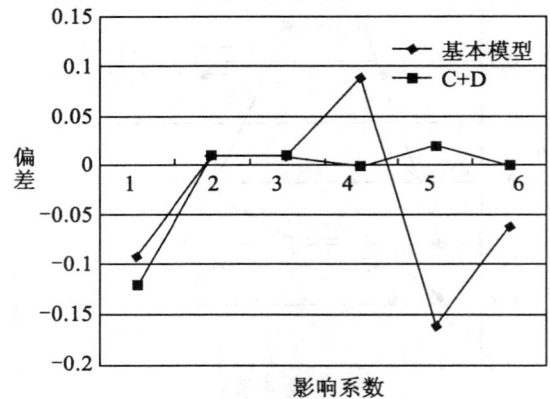

图 12　真值与估计值的偏差

图 13 表示的是同时剔出较大权重（ξ_1，$\tau_{11}=0.8$）的外生变量、显变量 y_1 以及一内生变量时的真值与估计值的偏差。从中可以看出，这同样导致了其他两个外生变量的系数 τ_{12} 和 τ_{13} 以及内生变量 β_{31} 的较大偏差估计。

图 14 很好地证明了 PLS 对多重共线性具有很好的鲁棒性，PLS 在解决 PCSI 中的多重共线性具有其他统计方法不可比拟的稳定性。

当内生变量之间的路径系数突然变大时，不会导致外生变量与内生变量之间的影响系数，而内生变量之间的影响系数不会发生明显的改变（如图 15 所示）。

当显变量数据调查结果呈现较为明显的有偏估计时，PLS 对其具有良好的鲁棒性。当内生变量之间的路径系数较大时，真值与估计值之间的偏差会有所减小，效果会更加明显（如图 16 所示）。

156

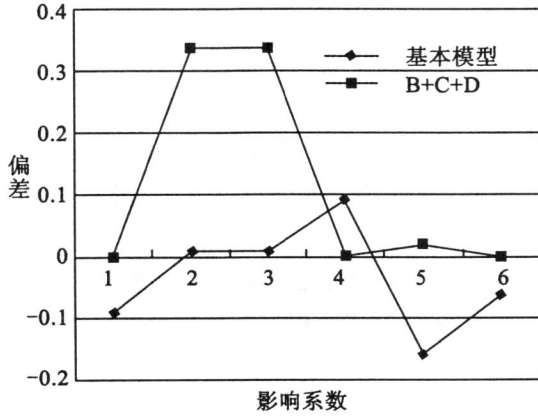

图 13 真值与估计值的偏差

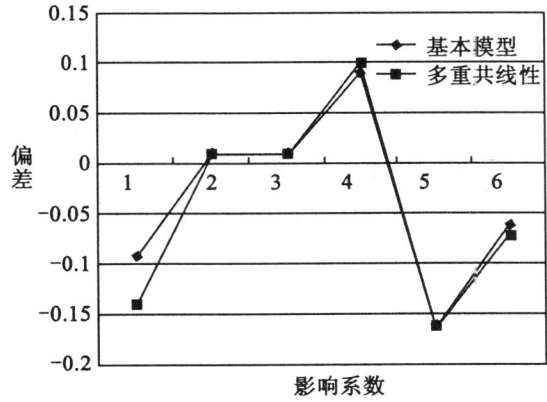

图 14 真值与估计值的偏差

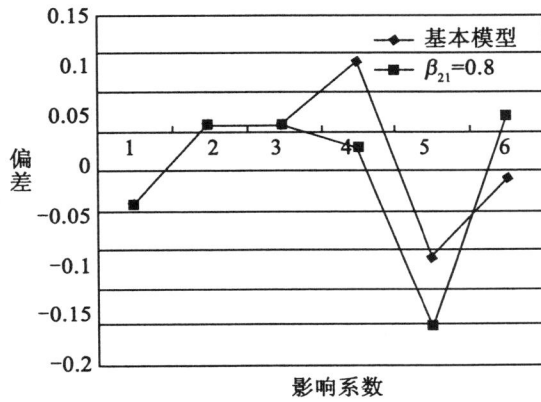

图 15 真值与估计值的偏差

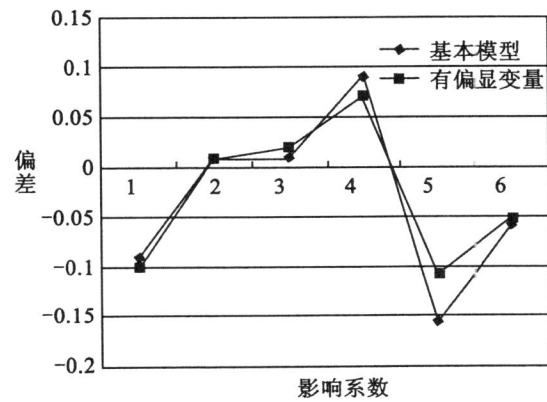

图 16 真值与估计值的偏差

普通的统计计算方法（如 OLS 等）对样本量的数目要求比较大，样本量的增加会提高计算的精度。如图 17 所示，在 PLS 中，样本量从 50 增加到 200，几乎对真值和估计值的偏差没有产生任何影响。这也说明利用 PLS 估计 PCSI 时，公司可以适当减少样本量的数目，以减少公司的调查成本。

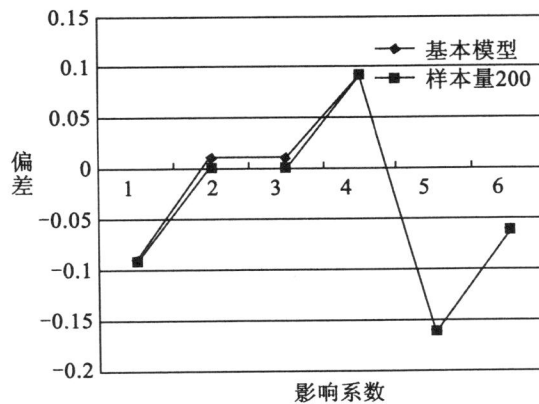

图 17 真值与估计值的偏差

七、结论

当运用 PLS 求解用户满意指数结构方程模型时，仿真研究给出了 11 种不同误规定的模型鲁棒性结果。研究证实：模型相关系数的真值和估计值以及显变量和隐变量之间的观测值与拟合值的一致性非常好。PLS 算法使模型的预测残差平方和达到最小，很好地拟合了显变量值和隐变量值。对于小系数和中等大小的模型系数，其真值和估计值之间的一致性取决于模型系数的大小。

显变量和隐变量的错误剔除、多重共线性和显变量的有偏分布是研究模型鲁棒性的重要指标。剔除变量的误规定对模型中较大系数的估计有一定的影响，而对显变量和隐变量的拟合值没有显著的影响；PLS 估计系数对多重共线性和显变量有偏分布具有很好的鲁棒性。

网络论坛营销方式的特征及运作原理分析

● 李北平[1] 吴鹏炜[2]

（1，2 武汉大学经济与管理学院 武汉 430072）

【摘 要】本文基于网络论坛的市场营销研究现状进行了分析，总结了网络论坛营销的基本特征和方法，系统地对网络论坛营销过程中企业的行为、论坛用户（消费者）的行为进行探讨，提出了企业如何正确运用网络论坛这一直接面对消费者的平台，主动做好网络论坛营销，实现信息的双向流动，从而达到全面提高企业营销绩效的目的，更好地服务于消费者。

【关键词】市场营销 网络论坛 市场营销方式

随着互联网的迅速发展和电子商务的普及应用，对传统的信息传播手段乃至个人和组织的行为产生了重大影响，其中之一就是对企业营销带来的革命性改变。利用网络这一便捷、低成本的平台来开展营销越来越受到各种类型企业的重视，诞生了网络营销这种全新的营销方式，网络营销正在成为企业营销方式中越来越重要，甚至是不可或缺的一种方式。

一、概述

网络营销是企业整体营销战略的一个组成部分，它是借助联机网络、计算机通信和数字交互式媒体来满足客户需要，实现一定市场营销目标的一系列市场行为。

网络营销是一个相当广泛的概念。就物理手段讲，它包括以 Internet 技术为主的信息传播手段和建立在 Internet 技术上的电子支付方式等；就所包含的过程而言，它包括基于 Internet 的信息收集、商业宣传、电子交易以及在线客户支持服务等多方面的内容。

网络营销可以初步解释为以互联网为媒体，借助互联网进行的包括理念、产品与服务的一系列面对客户的营销组合，包含多种营销工具，如网络广告营销、博客营销、E-mail 营销、搜索引擎营销等，网络营销目前还在不断发展之中，其概念和内涵也在不断更新，公认的、完善的网络营销的定义目前还没有得出，随着认识的深入处于不断变化之中。现阶段网络营销的核心思想，可以简要地概括为通过合理利用互联网资源（如网络营销工具和方法等），实现网络营销信息的有效传递，营造市场交易机会和有利于企业发展的经营环境。因此，一切可以实现网络信息传递的互联网工具，都可以成为网络营销的手段。

网络论坛作为互联网应用的一种重要形式，从最早的 Telnet、Usenet、Mailing List 和新闻组之类基于字符界面的 BBS 系统，发展到现在简便易用的基于 Web 的包含多种媒体方式的界面，也受到了一些有远见的企业的重视，并作为一种营销的新手段。

论坛都是按行业或兴趣来建立的，有一些主题高度集中，有一些相当松散，在论坛上可以传播对产品或者服务的体验，对消费者或者潜在的客户可以产生很大的影响。如果以论坛为媒介，参与论坛讨论，建立自己的知名度和权威度，并顺带着推广一下自己的产品或服务，运用得好的话，对企业所提供的产品或者服务的营销可以是非常有效的。由此，网络论坛营销这一全新的营销方式逐渐形成。

二、网络论坛的市场营销现状

从各种文献的检索来看，对网络营销的研究非常热门，但是，如果聚焦到网络论坛营销研究方面，目前我国在这方面开展的研究工作还不多。

中国网络营销论坛认为人们早就开始利用论坛进行各种各样的企业营销活动了，当论坛成为新鲜媒体的出现时就有企业在论坛里发布企业产品的一些信息了，其实这也是论坛营销的一种简单的方法，通过文字、图片、视频等方式发布企业的产品和服务的信息，从而让目标客户更加了解企业的产品和服务，最终达到企业宣传其品牌、加深市场认知度的网络营销的目的。

1. 市场营销理论的发展

自 20 世纪 50 年代，营销管理从经济学母体中分离，得以茁壮成长，今天，它已成为指导企业最有用的科学之一。

20 世纪 50 年代，通用电气公司的约翰·麦克金特立克阐述了所谓"市场营销观念"的哲学，声称它是公司效率和长期盈利的关键。他认为，当一个组织脚踏实地地从发现顾客的需要，然后给予各种服务，到最后使顾客得到满足，它便是以最佳方式实现了组织自身的目标。市场营销观念提出了企业市场致胜在思想上的"四大法宝"：顾客需求、目标市场、协调营销以及通过满足顾客需要创造公司利润。这一观念使得顾客与公司间的关系趋于双赢，即在满足顾客需求的同时也实现公司自身的目标。

20 世纪 60 年代，密歇根大学教授杰罗姆·麦卡锡（McCarthy）提出著名的"4P"组合营销理论，就是产品（product）、价格（price）、通路（place）、促销（promotion）。每个 P 下面都有若干特定的变量，见图 1。后来，因为服务业在 70 年代迅速发展，传统的组合不能很好地适应服务业的需要，有学者又增加了第 5 个"P"，即"人"(people)；又因为包装在包装消费品营销中的重要意义，"包装"（packaging）成为又一个"P"；20 世纪 70 年代，科特勒在强调"大营销"的时候，又提出了两个"P"，即公共关系（public relations）和政治（politics）。在 20 世纪 70 年代，当营销战略计划受得重视的时候，科特勒又提出了战略计划中的 4P 过程，即研究（probing）、划分（partitioning）即细分（segmentation）、优先（prioritizing）、定位（positioning）。这样，到今天营销组合已演变成了"12P"。

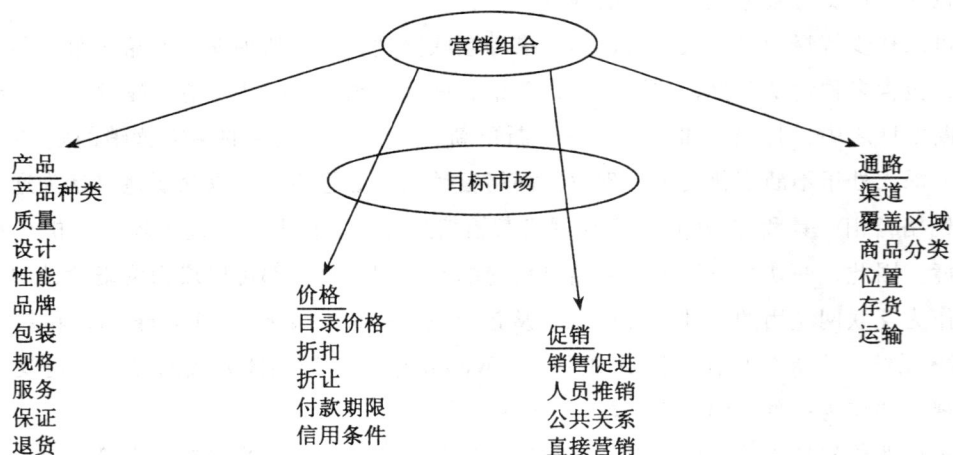

图 1　营销组合的 4 个 P

20 世纪 80 年代以来，一种新的营销战略观念在日本、欧美各国兴起，那就是顾客满意度（customer satisfaction）。科特勒认为满意是一种感觉状态的水平，它来源于对一件产品所设想的绩效或产出与人们的期望所进行的比较。所以，公司营销的目标就是提高期望同时提升绩效，两者结合，追求所谓的整体顾客满意（total customer satisfaction）。

1989 年提出的品牌资产理论，将"品牌"扩展为"品牌资产"，是 20 世纪 90 年代西方营销理论的一个重要创新，已成为西方跨国公司营销新战略的新源泉，并推动品牌建立进入一个新阶段。品牌管理也因此成为公司管理中的重大新领域，围绕如何做好品牌管理，出现了不少的专著和执行工具。

20 世纪 90 年代末提出的网络营销理论，利用已实现的全球网络为平台展开营销活动，是有史以来营销领域的最大创新。所引发的革命是全面的、多样的、层出不穷的，至今仍然是非常活跃的研究热点。

从市场营销理论发展的简单回顾来看，市场营销理论经历了从卖方视角到买方视角的转变，企业需要更多地关注客户的需求和客户的体验，细分不同客户的需求，并且去满足客户的差异化需求。而互联网这个平台的迅猛发展，为这种转变提供了便捷而成本低廉的手段，以互联网为平台开展营销活动正在进行有史以来营销领域的最大创新。正如卢泰宏教授所说，它使营销学长期追求的梦想成为可操作的现实（如将市场细分精细到一对一的地步），又使顾客关系发生了质的变迁（顾客参与的营销）。它使营销通路的效率和结构焕然一新，又使营销传播的游戏规则得以重新制定。

因此，网络营销的迅猛发展可谓应运而生，各种网络营销工具和方法迅速流行起来，相关理论研究也成为热点。

我们可以适当具体地把网络营销定义为：网络营销是以现代营销理论为基础，以互联网替代传统的报刊、邮件、电话、电视等中介媒体，对产品的售前、售中、售后各环节进行跟踪服务，自始至终贯穿于企业经营全过程，寻找新客户，服务老客户，最大限度地满足客户需求，以开拓市场、增加盈利为目标的经营过程。

网络营销的基本职能表现在 8 个方面：网络品牌、网站推广、信息发布、销售促进、销售渠道、顾客服务、顾客关系、网上调研。网络营销的职能比较简洁地概括了网络营销的核心内容，有助于改变对网络营销的片面认识，同时也明确了企业网络营销工作的基本任务。网络营销的职能是通过各种网络营销方法来实现的，同一个职能可能需要多种网络营销方法的共同作用，而同一种网络营销方法也可能适用于多个网络营销职能。

第一，从技术基础来看，互联网的飞速发展和广泛普及，成为全球性的快捷、便利的通信手段。网络技术改变了信息的分配和接受方式，大大提高了信息传播的效率和容量。迅速发展的互联网技术以及计算机软硬件的技术发展和价格迅速下降，无疑成为网络营销最基本的技术基础。

第二，从社会与消费者心理基础方面来看，网络营销的最大特点在于以消费者为主导，消费者拥有比过去更大的选择自由。他们可根据自己的个性特点和需求在全球范围内找寻满意的消费品，不受地域限制。网络营销也带来个性消费的回归。之所以称为"回归"，是因为在过去相当长的一个历史时期内，工商业都是将消费者作为单独的个体进行服务的。在这一时期内，个性消费是主流。只是到了近代，工业化和标准化的生产方式才使消费者的个性被淹没于大量低成本、单一化的产品洪流之中。另一方面，在短缺经济或近乎垄断的市场中，消费者可以挑选的产品本来就很少，个性因而不得不被压抑。但当消费品市场发展到今天，多数产品无论在数量还是品种上已极为丰富，现实条件已初步具备。消费者能够以个人心理愿望为基础挑选和购买商品或服务。更进一步，他们不仅能作出选择，而且还渴望选择。他们的需求更多了，变化也更多了。逐渐地，消费者开始制定自己的准则，他们不惧怕向商家提出挑战，这在过去是不可想象的。用精神分析学派的观点考察，消费者所选择的已不单是商品的使用价值，还包括其他的"延伸物"，这些"延伸物"及其组合可能各不相同。因而从理论上看，没有一个消费者的心理是完全一样的，每一个消费者都是一个细分市场。心理上的认同感已成为消费者作出购买的品牌和产品决策时的先决条件，个性化消费正在也必将再度成为消费的主流。

第三，消费者参与营销活动的主动性增强，尤其在一些耐用消费品（如电脑）的购买上，消费者会主动通过各种可能的途径获取与商品有关的信息并进行分析比较。这些分析也许不够充分和准确，但消费者却可从中获得心理上的平衡，减少风险感和购后产生后悔感的可能，增加对产品的信任和争取心理上的满足感。消费主动性的增强来源于现代社会不确定性的增加和人类追求心理稳定和平衡的欲望，而且人天生就有很强的求知欲。

第四，对购买的便利性的需求，一部分工作压力较大、紧张度高的消费者会以购物的方便性为目标，追求时间和劳动成本的尽量节省。特别是对于需求和品牌选择都相对稳定的日常消费品，这点尤为突出。网络提供 24 小时服务，不存在节假日或营业时间限制。消费者可随时查询所需资料或购物。查询和购物过程需时极短，程序简便快捷。在一些特殊的商品购买中这种优势更为突出。例如书籍的购买，消费者不必遍寻各大书店，也不会因本地书店没进货而求之不得。这一特点使网上购物特别受需要大量信息进行决策的分析型消费者或以缩短购物时间为目标的消费者青睐。

第五，价格仍然起重要作用。虽然营销工作者倾向于以各种差别化来减弱消费者对价格的敏感度，避免恶性削价竞争，但价格始终对消费心理有重要影响。即使在当代发达的营销技术面前，价格的作用仍旧不可忽视。只要价格降幅超过消费者的心理界限，消费者也难免不怦然心动而转投竞争对手旗下。网络营销能为企业节省巨额的促销和流通费用，使产品成本和价格降低成为可能。而消费者则可在全球范围内找寻最优惠的价格，甚至可绕过中间商直接向生产者订货。与电视直销或多层次传销相比，消费者不必负担高昂的广告费用或传销员的多层销售提成，因而能以更低的价格实现购买。

2. 网络论坛营销的基本特征

网络论坛营销作为网络营销的一种，其参与者与普通的网络论坛有所区别，参与网络论坛营销的有三个方面，包括企业、论坛用户、论坛。企业和论坛用户通过论坛这个平台进行交流。

根据论坛的基本特征和利用网络来开展营销的目的，网络论坛营销有如下六个基本特征：

（1）论坛的主题高度集中，往往集中到一大类产品或者服务上面。论坛都是按行业或兴趣来建立的，有一些主题高度集中，在进行论坛营销时，主题越集中，效果越好。

（2）论坛的参与性、交互性和平等性。论坛上的各方都可以平等地发言、讨论。营销方应该在论坛中积极参与讨论，注意看其他会员有什么疑难问题，如果能解决就积极回答，树立专业、权威、热心的良好形象，企业所推广的产品或服务，也会容易被大家所信任。

交互性的另外一个方面是，企业要积极从论坛的各种主题来分析客户的需求，收集有关产品和客户的各种信息。

（3）第三方的论坛往往比企业官方论坛更能吸引注意力。由于人们对广告有自然的抵触，第三方的知名论坛往往比官方论坛容易引起用户的注意力，更容易吸引更多的论坛注册用户。如奇瑞汽车的官方论坛远远比不上第三方的新奇军论坛那样人气旺盛。第三方论坛往往给用户一种中立的形象，论坛上面提供的信息容易被接受。

（4）要抓住主要矛盾，寻找所要营销的产品或者服务的主流论坛。一种产品往往在很多个论坛上讨论，这些论坛之间注册用户的人数也可能相差甚远，只有主流论坛才能吸引众多的用户，在这里进行网络论坛营销才能取得更好的效果。

（5）网络论坛营销不一定要推销某样产品，更重要的是推广一种营销理念。如果说网络论坛营销就是要在各个论坛里面发广告，那就是对网络论坛营销的一种误解。论坛里面的用户往往对广告发文已经司空见惯，不会引起他们的注意。在论坛中不发广告是基本的礼节，很多论坛会员很排斥发广告发软文的行为，有的论坛有可能封你的账号。网络论坛营销更重要的是通过积极参与，促进产品和品牌的形象，推广一种营销理念，在讨论过程中，主动地提供公司的有关信息，并收集客户所关注的信息。

（6）网络论坛营销需要的成本比较低廉，营销手段比较隐蔽。企业开展网络论坛营销，只需要少数具备较高专业知识水平和互联网论坛使用技巧的员工经常关注特定的网络论坛，甚至是每天抽出一定的时间到网络论坛上阅读、浏览、回复、收集信息即可，不需要其他费用。员工可以普通论坛用户的身份在论坛上发表观点，提高其他论坛用户的关注度，具有较强的隐蔽性，不容易引起反感。

三、网络论坛营销和其他网络营销方式的区别

作为网络营销方法的一种，网络论坛营销和其他网络营销方式也有着明显的区别。

首先，区别于网上商店，网络论坛营销并不直接销售商品，也不具备网上销售商品的收款和交付手段，其职能聚焦在交易前阶段的宣传和推广，宣传所要销售商品或者服务的品牌，介绍相关信息，吸引潜在的消费者，提高品牌忠诚度。网络论坛营销最后可能导致商品的销售，但是销售是通过传统的销售渠道实现的。

在介绍和推广商品的信息方面，网络论坛营销覆盖了网络广告的单向传递信息的功能，除此之外，还能够从论坛中获取消费者的有用信息，即信息的流动是双向的，既可以从企业流向消费者，也可以从消费者流向企业。网络广告是彻底的推销产品，而网络论坛营销不把推销产品作为主要目标，而是提供与产品相关的信息和知识。客户如果需要，就会根据这些信息和知识检索到企业的产品。

开展博客营销的基础是对某个领域知识的掌握、学习和有效利用，并通过对知识的传播达到营销信息传递的目的，这点与网络论坛营销有很大的相似之处。博客营销中信息的互动性和反馈及时性不及网络论坛营销。此外，博客营销往往是信息的一对多传播方式，而网络论坛营销中信息是多对多的传播方式。博客主人的专业知名性和权威性对博客营销的成败起到非常大的影响。相比而言，论坛营销不存在这样的问题。

博客营销、搜索引擎营销、网络广告营销等网络营销模式，营销行为往往非常明显和主动，具有很强的"功利性"特点。这种极强的目的性有一个比较大的缺点，可能让消费者产生一种企业在"王婆卖瓜，自卖自夸"的强势营销的感受。而网络论坛营销则可以很容易达到软营销效果，不去推销产品，而是提供消费者所需要的信息，被动地供其检索、参考，符合网络营销中消费者处于主动地位的特征。

1. 网络论坛对购买决策的影响

根据对消费者购买行为模式的分析，影响消费者购买行为的主要因素包括文化、社会、个人和心理因素，一个人的购买选择也受四种主要心理因素的影响，即动机、认知、学习以及信念和态度。

消费者的购买决策随着其购买决策类型的不同而变化，在购买牙膏、网球拍、电脑和汽车之间，存在很大的不同。较复杂的和花钱多的决策往往凝结着购买者的反复权衡，而且包含许多购买决策的参与者。

阿萨尔（Assael）根据消费者在购买决策过程中参与者的介入程度和品牌间的差异程度，区分了消费者购买行为的四种类型，包括复杂的购买行为、寻找多样化的购买行为、减少失调的购买行为和习惯性的购买行为。在复杂的购买行为中，品牌间差异很大，需要购买决策参与者的高度介入。

网络论坛所关注的商品之所以成为网络论坛的主题，就是因为品牌之间差异很大、选择多。消费者去网络论坛上查找信息，寻求帮助，实际上是期望购买决策过程中参与者高度介入。

因此，网络论坛营销的消费者发生的都是复杂购买行为。如果企业在主题网络论坛上积极参与，并取代了传统销售模式中高度介入的营销人员，对消费者的复杂购买行为产生高度影响，就形成了网络论坛营销方式。这也是网络论坛之所以演变成网络营销手段的原因。

网络论坛营销中的企业方，对作为消费者的论坛用户在如下方面将对其购买决策产生影响：

（1）影响消费者对商品与服务的选择。在网络环境下，论坛用户可以通过网络没有时间限制、没有地域限制地查找和获取所需要的商品信息和服务信息，可以方便地进行多目标的选择。即使像房地产这类地域性限制很强的商品，消费者也可以通过网络查找到大量的信息进行比较、选择，避免实际购房过程中需要奔波于多处楼盘的时间、精力浪费，可以快速将目标集中到有限的几个地方。商品的质量、售后服务等极受消费者关注的信息，原来是通过口碑相传方式传播的，知悉范围相当狭小，在论坛上通过用户交流的形式传播，可以更多地传播给其他潜在消费者。网络论坛营销中的企业方，可以在论坛中提供其他论坛用户（即潜在消费者）所关心的商品信息，从而合理地影响消费者对商品和服务的选择。

（2）影响消费者个性化需求的满足。网络营销的最大特点是以消费者为主导，消费者拥有比过去更大的选择自由，他们可以根据自己的个性特点和需求，在很大的范围内寻求自己所满意的商品，甚至向生产者发出定制信息。网络论坛一个非常重要的特点是信息的双向、准实时流动，不仅使企业的商品信息快速、直接到达消费者，而且通过浏览其他论坛用户发帖的形式，在论坛上也可以直接接收到来自消费者的信息，便于满足消费者的个性化需求。

（3）在论坛的用户群体中，既存在商品的已有消费者，也存在潜在消费者。已有消费者在论坛上交流商品的使用感受和维护信息，将"购后行为"与论坛上的其他用户分享，从而将自己对商品的真实体验传播给了潜在的消费者，影响着潜在消费者从媒体广告上所获得的感受。由于种种原因，一般消费者对很多广告行为传递的商品感受不认同，认为其中包含很多的虚假成分。如果是已使用商品的消费者传递出来的真实信息，那么容易被潜在消费者所接受，从而实际上影响了消费者对商品的选择。

（4）影响消费者对产品或者服务差别价格的选择。如果产品或者服务的价格不统一，或者发生了变化，消费者很快就可以从网络论坛上获取相关信息，如历次的汽油价格上涨或者下降，往往最先从网络论坛上获得真实的价格调整信息。这种价格差异信息传递到消费者之后，影响了消费者对商品和服务的选择。从网络论坛上获取价格信息，也降低了消费者购买商品的成本。

2. 网络论坛上消费者的主要行为特点

对于网络消费者的购买行为，已经有比较多的研究，并应用到网上商店、电子商务等方面的研究中。但是，网络论坛用户（也即商品的消费者）和网络消费者不一样，前者是通过互联网的电子商务实现购买行为，而网络论坛上消费者的购买行为多是在传统的实体市场上实现的，但是也不排除通过电子商务完成购买过程。

根据菲利普·科特勒的研究，消费者在实施购买过程中，分成五个阶段：问题认识→信息收集→对可供选择方案评价→购买决策→购后行为。购买过程早在实际购买发生之前就开始了，并且在购买之后很久还会有持续影响。

在问题认识阶段，也就是提出需求的阶段，论坛用户往往是因为产生了对一种商品的需求，主动搜索并参与商品相关的主题论坛，也有可能是在论坛的参与过程中，发现了新的需求，如萌生购买新款手机的念头，即使正在使用的手机其功能和性能完全满足自己的需求，只是通过用户之间的交流，发现新款手机更"佳"。

在信息收集阶段，网络论坛的消费者的目标是非常明确的。一般情况下消费者的信息来源有四种：个人来源，包括家庭、朋友、邻居和熟人；商业来源，包括广告、推销员、经销商、包装、展览；公共来源，包括大众传播媒体、消费者评审组织；经验来源，包括处理、检查和使用产品。网络论坛上，信息的来源集中到"个人"来源，这里的"个人"，就是论坛上的其他用户，这个"个人"的信息，又可能来自其四种信息来源，但是，具有了比较强的过滤性、真实性和体验性。实际上，消费者通过网络论坛获得的信息已经高度浓缩和过滤了，相比在网络上去搜寻的方式，信息来源已经比较集中，消费者可以收集到商品的足够多的信息。这也是很多人喜欢先到论坛上看看其他用户提供的信息，再作出购买决策的原因。

在可供选择方案评价阶段，消费者已经收集到了足够的商品对比信息，这些信息中影响选择方案的评价就是商品的"口碑"，即商品的使用反馈意见，在论坛上会找到相当多的这样的信息，影响消费者的选择。在普通的商品营销过程中，商品的口碑通过口头传达的方式，在一个比较小的知悉范围内传播。在网络论坛上，这个传播的范围就比较大。同时通过网络论坛，传播方式起到了"滚雪球"式的倍增作用。

购买决策阶段，五项购买子决策包括品牌决策、卖主决策、数量决策、时间决策、支付方式决策等，随着信息的收集，结合可供选择方案，购买决策实际上已经基本形成。

网络论坛用户往往会把"收集信息"、"可供选择方案评价"、"购买决策"混合起来考虑，这些信息既影响了对可选择方案的评价，也直接影响了购买决策。

购后行为阶段，网络论坛上的用户常采取的方式就是把自己的满意和不满意体会发布在论坛上，从而影响后续的购买行为，也对网络论坛上其他的潜在消费者产生重大影响。这里，既包括已有消费者与其他论坛用户分享的商品的使用心得、表扬、满意等正面信息，也包括商品的质量、使用、维护等不满意的负面消息，还包括对商品后续改进意见等中性信息。企业应对网络论坛上的消费者购后行为予以高度重视，及时给予回应，否则，有可能造成不良后果。一个极端的例子就是论坛之间流传的谣言，毁掉了海南香蕉种植业一年的收成。对网络论坛上的购后行为予以足够的重视，将有利于保持消费者品牌的忠诚度。

3．实施网络论坛营销的基本步骤

根据网络论坛营销的基本特点，企业实施网络论坛营销的基本步骤是：

第一步，分析商品或者服务是否适合网络论坛营销。

并不是所有的商品或服务都适合论坛营销。比如网球拍这种商品，就不适合采用网络论坛营销，网上可能根本就没有关于网球拍的专门论坛。如果企业自行建立一个论坛，也不会吸引用户的关注，达不到营销的目的。

可以根据网络论坛营销的特点，以及企业需要营销的商品或者服务的特点，来分析这种商品或者服务是否适合采用网络论坛营销。

一个简单的方法是在互联网上检索这类商品或者服务的主题论坛数量。如果关于这类商品的论坛数量比较多、影响大，从一个方面说明了该商品受到的关注程度非常高，比较适合采用网络论坛营销的方式来作为整体营销策略的一个重要补充。

第二步，选择完整的营销策略。

网络论坛营销只是企业实施某种商品营销中的一个重要环节，要实现整体的营销，还需要其他营销方法的配套使用，正如"4C"理论还要落实到"4P"理论上。确定整体的营销策略，从而可以选择网络论坛营销的具体方法。

第三步，选择商品合适的主题论坛。

选择商品论坛的关键点在于要找到目标市场高度集中的论坛。此外，要确定这些论坛中，哪些是排名位于前列、影响力大的论坛。实施网络论坛营销，不等于在所有相关论坛上撒大网，有限的资源要集中在关键的论坛上。

第四步，在论坛上注册账号，树立权威地位。

参与网络论坛营销，在论坛上注册一个账号是十分必要的，很多论坛上，匿名用户无法进入或只能浏览，不能发表意见。

第五步，开展论坛营销。

四、网络论坛营销方式的局限性

网络论坛营销也不是万能的，不适合所有的商品或者服务。开展网络论坛营销也存在一定的局限性。主要的局限性包括：

（1）适合开展网络论坛营销的商品有一定的限制。

（2）网络论坛营销的受众范围局限于网络论坛用户。虽然网络论坛用户不断增长，但是其范围还是有限的。

（3）网络论坛是一个平等的交流平台，竞争对手也可以利用网络论坛进行反宣传，处理不好会有不利的影响。

（4）网络论坛营销的效果很难得到有效的量化评估。

参 考 文 献

[1] 汤静．中小企业营销的新模式——论坛营销．市场研究，2007，12.

[2] 菲利普·科特勒．营销管理（第10版）．北京：中国人民大学出版社，2001.

[3] 卢泰宏．互联网营销教程．广州：广东经济出版社，2000.

[4] 冯英健．网络营销基础与实践（第1版）．北京：清华大学出版社，2002.

3G 手机推广战略研究

● 陈红儿[1]　　汪　彬[2]

（1，2 浙江师范大学工商管理学院　金华　321004）

【摘　要】3G 手机是我国通信产业优化升级的一大创新产品，是实现我国三级通信网络技术顺利发展的关键性产品。网络外部性、边际效用递增、正反馈机制、网络协同性、强口碑传播是 3G 手机的市场竞争特征。在市场推广的过程中，其受到互补性产品——3G 网络、传播媒介、消费者购买决策和新产品感知风险及未来预期等一系列因素的影响。通过透视 3G 手机市场扩散约束因素，建立 3G 手机驱动扩散战略模型，具体包括：营销组合驱动战略、互补品驱动战略、"体验—购买"驱动战略、异质性驱动战略、标准化驱动战略。实施这一系列驱动扩散战略，实现新产品快速渗透市场和扩大网络规模效应。

【关键词】3G 手机　推广战略　驱动扩散模型

一、引言

3G 手机自从投放全国八大奥运城市之后，愈加成为人们关注和谈论话题的焦点。从 3G 手机的功能来看，着实比前两代有了大幅度的提升，因此备受消费者的青睐和关注。然而目前制约 3G 手机推广的因素众多。譬如国内 3G 标准的不确定、牌照尚未发放、通信网络稳定性等问题都直接影响了国内厂商推出 3G 手机和消费者采用新产品的决策。技术进步的脚步始终不会停滞，第三代通信网络是未来发展的趋势，如何更好地推动技术进步，让消费者顺利地受惠于高科技，以扩大新产品扩散的网络效应成为通信产业的所面临的一个重大课题。

纵观国内外关于新产品扩散模型的研究文献，从最早研究新产品扩散的 Bass 模型到放宽限制性条件的 Bass 修正模型，目前国内外已经积淀了丰厚的理论研究。充分利用现有的新产品扩散研究理论，分析 3G 手机的特征，提出我国 3G 手机的扩散战略具有一定参考价值。然而，Bass 模型及其修正模型仅围绕着价格和广告因素对扩散的影响进行研究，网络产品具备很强的网络外部性、协同性、正反馈机制所引致的扩散模式异质性，同时还存在强的口碑传播。因此，本文针对 3G 手机市场竞争特征和市场渗透制约因素等理论依据，提出了实施营销组合驱动战略、互补品驱动战略、"体验—购买"驱动战略、异质性驱动战略、标准化驱动战略，以实现网络性新产品——3G 手机在市场中的顺利扩散。

二、3G 手机市场竞争特征与扩散影响因素分析

在网络市场竞争环境下，3G 手机具备网络产品的一般性特征，即网络外部性、边际效用递增、正反馈机制等。因此，以网络产品的一般性特征为分析框架能让我们对 3G 手机有更深层次的理解，研究其特

征、影响机制对分析提出新产品的扩散策略具有重大的意义。综合国内外有关网络产品以及新产品扩散的研究理论，我们认为3G手机受到消费者特征、预期和互补性产品等因素的影响。通过这一系列的理论分析，重点是为实施3G手机推广战略提供理论依据。

（一）3G手机市场竞争特征

1. 网络的外部性

网络产品区别于一般产品的最大特点是其具有很强的网络外部性即网络效应，它带给用户的价值随着用户的规模增加而增加。研究网络外部效用规律的梅特卡夫法则（Metcalfe Law）[1] 认为，网络的价值以节点数平方的速度增长，网络对所有人的总价值 $V = n (n-1)$。3G手机所能带给消费者的效用的大小直接受制于同种产品使用者的数量。采用者数量越多、群体规模越大，消费者获得的效用就越大。

2. 边际效用递增

根据夏皮罗（Shapiro）[2] 对网络的研究，网络外部性是指消费者的效用随着采用相同产品或可兼容产品的消费者总数的增加而提高，一项产品或服务的价值是由对该项产品或服务的需求者的人数决定的，采用者人数越多，产品或服务的价值就越大。这样导致网络产品在起步阶段发展缓慢，但达到临界容量后，随着网络本身的自组织能力增强，产品渗透呈现急速增长。我国3G手机刚刚投入市场试用不久，处于产品的导入期，在消费者使用数量有限的情况下，用户网络范围较小约束了其效用最大化的实现，但是随着使用者数量的扩大，网络规模不断扩大，消费者的边际效用会逐步提高。

3. 网络协同性

网络外部性表征了新产品的效用与互补兼容产品的性能直接相关。3G手机成功推广的至关重要的因素在于，能否尽快顺利地实现第三代通信网络技术标准的协调一致。国内众多的手机厂商和消费者正在关注3G网络的标准化问题，因为如果选择标准上发生偏差，不论是厂商还是消费者都将面临较高的转换成本。由我国通信网络运营商大唐集团成功研发的TD-SCDMA（时分同步码分多址接入），被国际电信联盟（ITU）确定为国际第三代通信网络的三大主流无线接口标准之一，实属我国移动通信界对国际通信界的一大贡献，也标志我国在移动通信领域已经步入了世界领先的行列。

4. 正反馈机制

国外学者凯兹（Karz）和夏皮罗（Shapiro）将网络效应分成两种形式，即直接网络效应和间接网络效应。直接网络效应指的是使用一种产品的用户可以直接增加其他用户的效用，它强调消费者需求之间的相互依赖性。间接网络效用主要产生于基础产品与辅助产品之间技术上的辅助性，这种辅助性导致了产品需求上的互相依赖性。[3] 在直接网络效用的作用下，用户的基数和网络规模是最关键的。一旦用户数量具备优势，正反馈的机制会不断扩大产品用户的规模，突破一定的临界值之后，网络的自组织功能发挥功效，厂商不需借助大力的推广战略，依靠网络的强大磁力即可不断扩大网络的规模。

5. 强口碑传播

新产品在导入市场初期，都存在着不同程度的扩散难度，面对新潮时尚的产品，消费者不仅要从心理上接纳它，而且还面临一定的转换成本。因此，此类新产品的采购决策受到消费者相互间强烈的口碑传播影响，而且影响至关重要。国外有研究学者认为，当产品存在强的口头传播效应时，应该采用价格渗透

---

① 韩耀等. 网络经济学——基于新古典经济学框架的分析. 南京：南京大学出版社，2006：49-50.
② Karz, M. L., Shapiro, C.. Network externalities, competition and compatibility. American Economic Review, 1985, 75（3）：424-440.
③ 毛蕴诗等. 从微软看标准之间的企业全球竞争. 经济理论与经济管理，2008，2：65-69.

策略。

（二）3G 手机渗透市场制约因素

1. 消费者的互动结构

网络经济学认为个体行为取决于不同经济主体间的互动结构。决定消费者购买决策的不单单是新产品本身的效用，消费者间的互动交流是影响新产品采纳的主要因素之一。新采纳者对产品的反馈信息在消费者间的流动、传递，是影响潜在用户是否购买的至关重要因素。新产品的效用必须率先赢得勇于尝试新产品的用户的认可，获得他们的高度评价，才便于在社会网络中推广扩散。社会网络中关于新产品的信息流动是非常快的，大众传媒和口头传播都是个体获取新产品信息的渠道，因此，必须重视这两种传播媒介对消费者决策的影响作用，充分了解产品信息在消费者间的流动，洞悉这种社会网络的互动结构。

2. 互补品性能

消费者采用网络新产品的效用，不仅取决于产品本身的功能和质量，而且取决于其他相关的因素，比如采用新产品的消费者数量，与新产品协同使用的互补品的数量、质量、价格等。我们以信用卡推广为例，信用卡是各大银行推出的一种改变以用户存款限额提取的业务，它能广泛地用于刷卡购物消费，并具透支功能，极大的便利性赢得了用户的认可。但在前几年，银行为推广信用卡费尽周折且收效甚微，那么是什么原因导致其初期的推广如此之难，而如今却如此之普及呢？原因不外乎在信用卡推出初期，市场上与其使用相配套的刷卡终端设备不普及，仅仅在为数不多的大型商场能够刷卡，且不能跨区使用，这就直接降低了产品对用户的效用。但如今与信用卡配套使用的互补设备极其普遍，消费者能便捷地进行消费，同时随着信用卡网上购物等功能的拓展，消费者自愿加入使用行列。从近半年我国 TD-SCDMA 网络技术的试用运行来看，由于网络的信号较差，制约了 3G 手机用户的效用最大化。而其根源就在于网络的基站建设数量不足、网络规模不大、布局密度不尽合理。

3. 消费者异质性需求

Floortje 和 Carolina[1] 认为社会网络主体之间互动的研究表明，消费者一致的偏爱能够合理地解释消费者的群体行为。一类新产品在网络中的扩散通常遵循逐步渐进的模式。首先是一部分消费者（创新者或早期的采用者）采用，然后与这些用户有联系者采用新产品，以此模式不断扩散，直到新产品扩散到整个网络甚至最保守的消费者（跟随者）亦采用为止。然而，个体也往往具有这样一种倾向，即追求与主体消费者与众不同的个性化和差异化，这就是网络外部性的负反馈机制。网络负外部性可能会促使个体重新改变他们的购买决策，从而约束了新产品在整个网络体系中的扩散。作为一种新型的产品，3G 手机在市场中的推广，一方面要考虑模仿者的心理特征，另一方面还需要实施差异化策略来满足消费者的异质性需求。

4. 其他消费者购买决策

有一些"创新"用户，他们率先采用新产品且是创新扩散的推动力。创新用户通常代表了一小部分消费者，大多数人往往是简单的"模仿者"，这些用户所采取的是保守策略，即在其他消费者已经尝试之后选择获得认可的新颖、性能良好的产品。以 von Hippel（1988）所研究的新软件产品的案例为例，具体看看用户的购买决策。首先采用软件产品的往往是一群富有经验的使用者，他们熟悉产品的性能、特色，能够据以对产品做出自己的判断。之后更多的持保守消费态度的用户也采用新产品，网络规模急剧扩张。

---

① Alkemade Floortje, Castaldi Carolina. Strategies for the diffusion of innovations on social networks. Computational Economics, 2005, 25: 3-23.

5. 消费者的预期

对新产品预期获得的效用和发展的前景是个体采用与否的关键因素之一。在存在标准不确定性风险的情况下，采用新产品本身就是一项高风险行为，如果标准发生变化，消费者不得不面临替换产品的境地，产生极高的转换成本，除非产品的兼容性好，消费者的转换成本低，能降低用户的预期风险。当然，倘若消费者预期未来新产品将取得成功，能够在社会网络中扩散，那么更多的用户将采用新产品。目前国内3G市场标准的不确定性，容易导致消费者对3G手机前景的捉摸不定，而延迟购买决策继续观望。当然，倘若消费者预期3G技术在未来将取得大发展，是大势所趋，那么会有更多的新产品的购买者。

三、3G 手机推广战略架构模型

以网络新产品的特征和产品扩散的影响因素为理论依据，综合目前国内外关于产品扩散的研究文献，我们构建了3G手机推广战略模型。通过详尽诠释3G手机市场渗透战略，为手机制造商、零售商以及相关利益主体如何着手加快产品渗透市场的速度和扩大销售规模出谋划策，且为顺利实现3G通信网络惠及于民提供对策。图1为3G手机推广策略架构模型。

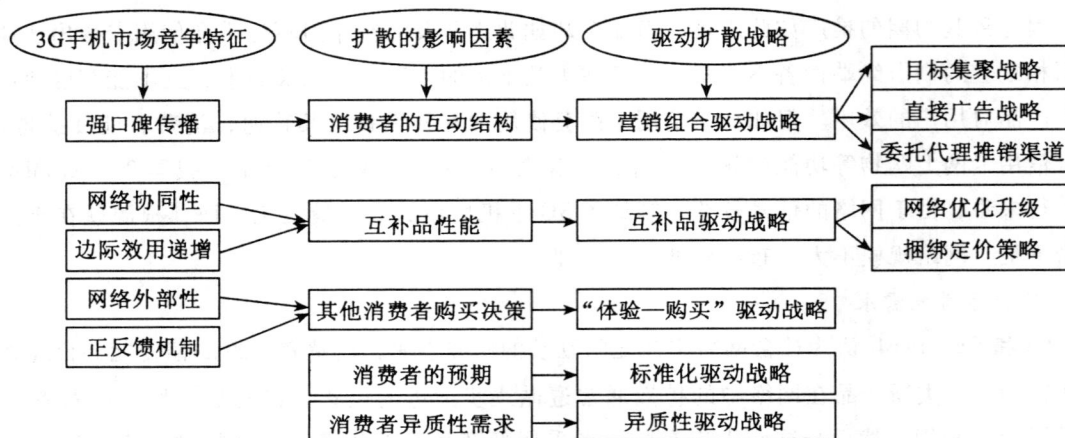

图 1 3G 手机推广战略架构模型

（一）营销组合驱动战略

在20世纪90年代之前，理论界已经将价格和广告因素纳入研究新产品扩散理论体系中，但是将两者分开，单独研究其中之一对扩散的影响。然而两者发生变化均会刺激市场潜量，将两者合并研究对扩散的影响更具价值，同时推销渠道也是营销组合中的重要参数变量。

1. 目标集聚战略

选择消费群体，进行产品定位。正如信用卡刚一开始推广时，便是针对经常出差的商务人士，从其发展的过程来看，这一策略取得了成功。那么3G手机也务必选择一类顾客群体，有针对性地加以宣传。当网络产品达到临界点，能够实现自我维持时，便可以大大推广扩散。以笔者所见，采纳3G手机的消费者将是乐于接受新事物、勇于尝试新事物而且具备消费能力的商务人士。因此，通信厂商可以将产品的目标市场首先定位于商务人士，根据对商务人士的需求调查分析和特征总结，设计符合他们需求的产品类型。

2. 直接广告战略

久负盛名的研究创新或产品扩散问题的巴斯模型①认为，创新的潜在采用者受到两种交流形式的影响，即大众传媒和口头传播。其中受大众传媒外部性影响的采用者被认为是创新者，而受口碑影响的用户则是模仿者。个体行为特征的差异性决定了新产品扩散的不同路径。如果企业盲目地随机选择大众传播的广告宣传方式，不但花费甚巨而且效果亦不佳。因此，必须精心策划，对产品进行准确定位，根据个体的特征，选择那些追求与众不同、具有个性化需求的对象，实施有针对性的广告策略。3G 手机的市场渗透要借助广告的大力宣传，让广大的消费者了解、接受新概念，同时根据新产品定位的商务人士目标群体精心设计广告，集中针对消费潜力最大的顾客群体。根据商务人士追求时尚、赶潮流等特点，为 3G 手机打造一种象征成功人士、时尚者的品牌形象。

3. 委托代理推销渠道

新产品在初期的推广还需借助广泛的营销渠道，3G 手机厂商要将新产品迅速在市场上推广，一方面可以利用现有的手机代理商、零售商的销售渠道，另一方面可以建立新产品的专业推广渠道，两项措施、两种渠道共同推进产品营销。刚开始可以优厚的激励措施对代理商实施激励，在逐步完善推广网络渠道的基础上，建立有效的委托代理机制，实现新产品快速渗透市场。

（二）互补品驱动战略

1. 网络优化升级

网络产品推广成功与否与互补产品直接相关，在一定程度上互补品的性能和效用是决定消费者采纳新产品的至关重要的因素。3G 手机本身与一般的手机在性能上并无极大差异，只是在原有的基础上附加了手机电视、视频会议等更加强大的功能。而实现 3G 手机功能发挥的至关重要的平台是第三代通信网络，网络顺畅与否是制约消费者效用最大化的最大因素。测试版 3G 手机投放市场不久，但从消费者反馈的信息来看，原本是手机最大卖点的手机电视、视频会议等功能，却根本无法享受。尽管 3G 手机终端具备各类新颖功能，但由于可视电话只能在 3G 手机之间使用，现在这项功能几乎没有实用价值。因此，根据试用运营所反馈的信息，尽快优化网络是当务之急，建设网络基站，合理布局网络，提高网络覆盖的密度。

2. 捆绑定价策略

在网络新产品市场渗透阶段，采用捆绑和搭配销售战略，是实施价格策略和互补策略的途径，这样一方面提高消费者的总效用，另一方面降低消费者感知到的新产品采用风险。② 与 2G 时代的手机不同，3G 手机不再使用 SIM 卡，而是使用 USIM 卡，它的电话簿功能更为强大，最多可存入 500 个电话号码，并且针对每个联系人，用户还可以选择是否录入其他信息，如电子邮件、别名、其他号码等。因此，凭借 USIM 卡强大的功能可以吸引用户。实施 3G 手机与手机卡捆绑销售的促销策略，在增加用户数量的基础上扩大网络规模，形成网络的规模效应。

（三）异质性驱动战略

网络外部性不仅具有正反馈机制，还具有负反馈机制，以奢侈品为例，消费者一般不可能会选择其他用户已经购买的产品，以显示自己的特殊性，他们一方面有着对时髦流行产品的渴望与需求，另一方面却追求着与众不同。因此，当越来越多的人拥有一种产品之后，消费者就会倾向选择与众不同的新产品，进

---

① Mahajan Vijay, Muller Eitan, and Bass Frank M.. New product diffusion models in marketing: A review and directions for research. Journal of Marketing, 1990, 54: 1-26.

② 段文奇，郑文哲. 网络市场新产品互补战略实施研究. 预测，2007，3：15-20.

而导致该产品的数量增长受限。3G 手机生产商务必要洞察消费者的需求特征，遵循"以顾客为导向"的原则，实施产品的差异化战略，满足消费者个性化需求。可以按照顾客的定制化要求，按需生产，当然如果一味满足顾客的个性化需求会大大增加生产成本，解决方法之一即可以实行模块化生产。

（四）"体验—购买"驱动战略

新产品的购买者即是首次购买者。由于存在新技术的不确定性和初始产品的高成本，消费者采用新产品将面临较高的感知风险，以及一旦新技术失败或技术标准发生变化，用户将不得不承担较高的转换成本。波特教授在《竞争战略》一书中强调，在新兴产业中的竞争战略应该使购买者购买新的产品或服务以替代其他产品，并向顾客介绍新产品或服务的功能和基本信息，引导顾客相信新产品能够实现功能，而且劝导顾客虽然购买具有一定的风险，但能给顾客带来潜在收益降低风险性①。关乎 3G 手机功能发挥作用程度的至关重要的因素是第三代通信网络的性能。通信基建设施越完善，网络功能越健全，3G 手机的效用也就越大。目前我国第三代通信网络正在大力建设中，移动设施还不够完善，因此，让用户试用手机对网络进行测试是非常必要的，先让用户免费体验 3G 手机的功能，将用户信息反馈到运营商，便于完善更多的功能与服务。在具备一定的用户认可基础上，再将成熟的新产品与互补性产品推向市场，顾客的认可度会大大提高，失败的风险将大大降低。

（五）标准化驱动战略

根据波特教授对新兴产业竞争战略的研究，在新兴产业中存在产品和技术的高不确定性使得产品和技术缺乏统一标准，进而会导致互补品问题，并可能阻碍成本下降。同时由于市场中技术种类不统一及竞争者们相互冲突或相反宣传的存在，使得顾客深感困惑，无从选择，进一步加剧了消费者的感知风险，进而导致顾客延迟购买决策，制约了新产品的销售，限制了产品的扩散。制约 3G 手机生产商进行产品研发、大力推广产品的最大困难在于 3G 标准的不确定性。而且 3G 牌照尚未发放，国内 3G 网络采用何种标准，仍有不少的未知数，国产手机厂商巨额投资"豪赌"哪一种标准，都将存在不小风险。

四、结论

研究新产品扩散模型的文献已经汗牛充栋，从 Bass 模型到之后的修正模型加上近年来众多国内外学者的研究，大大充实了现有的学术理论。当前文献更多的是侧重于共性产品的扩散理论的研究，深入研究某一类型产品的扩散问题的还不见多。本文综合了网络产品扩散问题的研究文献，在阐述网络产品的特征和扩散制约因素的基础上，着重解决 3G 手机的现实推广问题。目前我国通信产业正面临更新换代，由二代向三代通信网络即 3G 过渡升级，这其中涉及通信标准的转化问题，TD-SCDMA 是由我国自主研发的第三代通信网络标准，3G 手机是与 3G 网络互补的共生性产品。我国已经在几大奥运城市投放试运营 3G 手机产品和 3G 网络，从客户的反馈来看，并未取得预期理想的效果，网络的通话稳定性差、网络覆盖信号弱、手机电视及视频会议功能无法享受等问题困扰着 3G 手机的用户。如何促使 3G 手机在整个社会网络体系中的扩散将是通信厂商必须解决的一个问题。结合以往学者们对新产品扩散理论的研究，明晰 3G 手机这一具体网络产品的特征和影响其扩散的制约因素，在很大程度上对提出 3G 手机扩散的具体策略有重要意义。

针对 3G 手机的特征和扩散影响因素，本文构建了五大驱动扩散模型。在 3G 手机投入市场初期，要

---

①　迈克尔·波特．竞争战略．北京：华夏出版社，2005：204-206．

有针对性地将价格、广告和推销渠道等因素纳入到营销组合变量中来，实施组合型驱动产品扩散策略，具体可以包括：围绕选定的目标群体进行市场营销的目标集聚战略，在 3G 手机推广初期定位于时尚一族的商务人士目标群体；由于手机扩散时存在强口头传播，消费者偏爱模仿其他用户的行为，购买决策受到身边的采用者的直接影响，因而有必要采用直接广告策略，使得广告成本更加节约且更有效；另外建立广泛的代理商渠道，对代理商实施激励的委托代理推销渠道则是实现产品快速渗透市场的有利保证。3G 手机的效用还与共生性产品 3G 网络的性能相关联，网络覆盖率和稳定性好坏直接关系手机的使用效用。因此，网络优化、升级并构建与 3G 手机相匹配的网络体系势在必行。此外，将另一互补品 USIM 卡与 3G 手机实施捆绑销售，在方便顾客、增加用户的效用的同时，亦能加快产品的扩散程度。消费者对新产品的预期和风险的认知是其购买决策考虑的又一大因素，消费者需要借助亲身的体验来消除对产品的不确定性和风险认知，因而，实施"体验—购买"战略将降低消费者采用新产品的感知风险。3G 通信技术的不确定性所导致的采用风险是消费者对新产品观望等待的重要因素，当务之急国家应尽快确定相应的技术标准体系，让广大的通信厂商有标准可依，义无反顾地投资于 3G 手机的生产，这样也能消除消费者面临转化成本的担忧。

参 考 文 献

［1］张铭洪．网络经济学．北京：高等教育出版社，2007.

［2］何应龙，周宗放．国外新产品扩散模型研究的新进展．企业管理研究，2008，2：152-159.

企业基本竞争单元定价模型及其验证[*]

● 柯昌英[1]　陈永务[2]　陶金发[3]

（1　武汉工程大学经济管理学院　武汉　430074；2　中南财经政法大学 MBA 学院　武汉　430060；
3　湖北汽车工业学院　十堰　442002）

【摘　要】在企业可重构竞争能力中始终存在着一些带有系统明显基本性质及特点，且相对稳定的基本构成单元，它们就是企业基本竞争单元。这些基本竞争单元随时局而重构，可形成快速响应市场需求的企业作业、流程、系统逐一提升并以前者为基础的竞争能力体系。企业基本竞争单元的定价是其重构成功的基础和前提。借用灰色数学，本文建立了企业基本竞争单元的定价模型，并进行了验证，还从模型运用方法上进行了举例讨论。

【关键词】定价模型　基本竞争单元　可重构竞争能力　企业竞争力

一、引言

企业可重构竞争能力是为了长久赢得市场竞争而由能力元素组建的非长期性和谐组合。由于其阶段性和动态性等特点，对它的组成也提出了新的要求，希望其组成结构具有灵活性和实用性，能够反映市场的变化，并根据环境的变化进行自组织。因而企业可重构竞争能力的组成应该是一个可契合、可拼装、可重用、可扩充的积木式动态组织，并且可通过在时间、空间全方位内的合作而实现某种程度上的再现。因此，企业可重构竞争能力就是为响应市场机遇，以创新或追求卓越为核心，由一系列相互关联的先进因素及竞争单元，依据时势而快速形成的具有可持续性、保持相对竞争优势的有机合力体[①]。企业可重构竞争能力的非长期性、阶段性和动态性等恰好印证了事情的发展没有一成不变、需与时俱进的客观规律。事实上企业是一个复杂体，可重构竞争力则是企业中最活跃、最富变化的一种动态力量。它由各种非线性复杂性因素来关联构成，要十分准确地描述，是件不容易的事。可重构竞争力是一个内容、结构较为复杂、因素相对较多、交互信息量大，但组成有序且形成功能显著的多层次系统，具有明显的灰色特征。因此，我们寄希望于运用灰色数学来探讨其竞争力系统中多单元、多目标的自组织的重构过程中最为重要的部分之一——定价过程，并使之更具有科学性和有效性。

二、可重构性质及可重构过程

基本竞争单元是企业可重构竞争能力系统中客观存在着的基本因素。在不同企业中，甚至在同一个企业里，竞争能力的特色如何展现，关键点如何发挥，作用流程如何安排，都可能是十分不同的。但是，在

---

* 本文是湖北省科技攻关计划重点项目"企业可重构竞争能力研究"（编号：2007AA401B27）的子项目的阶段性成果。
① 柯昌英，柯友凤，张峰等. 企业可重构竞争能力研究. 理论月刊，2006，3：160-162.

这种多样化的竞争能力作业、流程直至系统中却客观存在着一些稳定的、基本的因素，它们是多变易构竞争能力体系中相对稳定的基础，称为基本竞争单元，如商业模式、服务方式、研发机制、营销手段、独门技术、稀有人才等。基本竞争单元是可重构竞争能力携带其特质基因的 DNA。其概念和界限可大可小，随竞争的范围而定。基本竞争单元具有稳定性、基本性和独立性。

可重构竞争能力系统的可重构性是其基本竞争单元在一定条件下可按一定规则、目标、任务等重新结合为新的可重构竞争能力系统。构成系统、子系统及其要素的各基本竞争单元之间以供应链式、转包式、插入兼容式、合并式、信息交互式等实、虚多种形式进行重构，形成新的可重构竞争能力。其重新整合的目的，是适应内外环境变化及要求。

可重构竞争能力的重构内因是如前所述的竞争能力系统及竞争单元自身的特性，外因则是市场竞争任务等。在没有任务时，竞争能力系统中的各种基本竞争单元相互间进行常规沟通与联系，处于自由态的基本竞争单元从事着累积、更新、提高等学习性工作。一旦任务（如市场竞争）出现，就会刺激各个基本竞争单元，使得基本竞争单元自身所具有的可连通性发挥作用，发出"连通"的要求。由于竞争单元所具备的自组织能力，这种连通在必要时可能会在很短时间内多层次、深层次、跨层次地进行。作业、流程和系统等各层竞争单元的重组可以全部或部分地在时间轴上重叠、更新和全新发生。同时，上述过程是在开放环境下进行的，新的可重构竞争能力系统究竟组合哪些基本竞争单元是基于竞争机制、竞争任务的选择作用。这样，企业可重构竞争能力系统就迅速重组为结构上、范围上不同于老系统的新系统。因此，新的可重构竞争能力系统的组织结构形态是一个在表示地理位置的平面和时间纵轴组成的三维空间中的通过基本竞争单元逐层耦合形成的动态立体网络。

重构过程中基本竞争单元在重新组合时的决策目标及原则为：

（1）组合占位率：反映基本竞争单元在重组中所成功实现组合的频次。

（2）组合满意度：反映基本竞争单元从重组至任务完成全过程中所获得他人的满意程度。

（3）创收额：反映基本竞争单元从重组至任务完成过程中所创造的新价值，可用获得的利润表现。

三、可重构过程中企业基本竞争单元的定价

一般企业可重构竞争力体系中基本竞争单元间的联系，可抽象为三种基本情况：其一是串联关系。竞争单元之间在供需上互相联系，它们彼此依靠才能发挥更为强大的功能作用。其二是并列关系。竞争单元之间可以相互替代，会出现竞争上岗情况，其实质是优化重构并实现其经济性。其三是网状关系。各竞争单元是网络系统中的一个节点，彼此相互依赖、相互作用、相互映射、相互竞争地交织在一起形成有机合力体。企业内部资源永远是有限的，因此企业内部资源分配不可能面面俱到或平均化，拥有资源的不同会形成不同的对竞争单元的资助力度，势必造成基本竞争单元的竞争力以至其表现价格或价值的不同。另一方面，竞争单元参与重构并获取竞争成功次数越多，竞争力就越强，其获得企业资源的支持也会更多。因而，企业基本竞争单元如何获得更多的重构机会对其存在的意义、未来的发展就显得尤为关键，由于经济属性所然，企业运营成本的高低决定了其成败。因此，基本竞争单元获得重构的关键取决于它在重构中的内在成本和外在定价。基本竞争单元的价格标度是企业竞争力系统进行重构的显现及量化的重要依据。

传统企业在内部资源配置时，主要依靠企业内部行政管制来兼顾各方利益，这是由要素所有者把权力集中委托给企业家并通过内部组织的运用，才使得企业能够节约交易费用而得已存在的企业理论所决定的①，

---

① Changying Ke. Adjusting Chinese enterprise inner organization system subjected to power and information. Information. 2003，6（2）：167-178.

但这个理论的假设前提是理性主义。当管理者（企业家）出现非理性行为时，后果是极其严重的，这种事件已在现实中发生多起。本文认为，在企业内部同样可创建开放的重构市场，各基本竞争单元可在其中出价竞标，通过内部市场淘汰获得重构的良好选择，防范企业家个人决策失误造成损失。另外，有时重构在企业外部或企业之间进行，由市场选择而决定的重构方案，就更符合市场规律。因此，企业竞争力重构市场的产生和存在有其合理性、必然性和客观性。在重构市场中，基本竞争单元定价成为企业可重构竞争力系统进行重构时最重要的选择条件之一。

四、多个竞争单元、多个重构目标时基本竞争单元定价的数学模型

1. 构建定价模型

一般定价主要根据管理经济学中的利润最大化原理，运用边际收入（MR）等于边际成本（MC）的思想，通过计算求解得最优贡献量，从而推算最优定价。现代企业竞争力系统是一个由多个竞争单元所构成的多层次、多因素、多功能、多目标相互联系、相互制约的庞大系统，具有明显的灰色特征。对于这样一个基于复杂性灰色系统中的竞争单元定价问题，仅套用一般经济学、管理学所提供的传统方法进行分析断定是远远不够的。本研究拟借用灰色数学中以事件、对策、效果及目标为基础的局势决策理论来探讨这一问题。其解决问题的基本思想为：先找出可能的事件和对策，事件越多，意味着各种可能情况考虑越多；对策越多，意味着应对同一个事件能够找出的解决的途径越多。然后构造由事件和对策组成的局势，并给出衡量各个局势的目标及其白化值，计算不同目标的局势效果测度，最后将多目标问题转化为单目标问题，即可按照最佳效果选取最佳局势，进行选择、决策。

多个竞争单元、多个重构目标时基本竞争单元的定价模型如下：

定价及其调整决策空间 U 由"事件集" A、"对策集" B、"效果集" R 组成，即：

$$U = \{A, B, R\}$$

第一步：给出与定价选择评价相关的事件及对策，事件记为 a_i，对策记为 b_j。

第二步：构造相关局势，记为 $s_{ij} = (a_i, b_j)$。

第三步：给出重构过程目标，常用的重构过程目标有：组合满意度、组合占位率和创收额，记为 k $(k = 1, 2, 3)$。

第四步：给出不同目标的白化值，记为 $u_{ij}^{(k)}$。

第五步：计算不同重构目标的局势效果测度。定价决策方案评价常用的重构目标的效果白化值都是一些静态值，由于重构过程是动态，所以采用上限效果测度，记为：

$$r_{ij}^{(k)} = \frac{u_{ij}^{(k)}}{\max\limits_{i}\max\limits_{j} u_{ij}^{(k)}}$$

第六步：将重构过程多目标问题化为单目标问题，记为：

$$r_{ij} = \frac{\sum\limits_{k=1}^{3} r_{ij}^{(k)}}{3} = \frac{r_{ij}^{(1)} + r_{ij}^{(2)} + r_{ij}^{(3)}}{3}$$

第七步：按最佳效果，形成最佳局面，记为：

$$R = \begin{bmatrix} r_{11} & r_{12} & r_{13} \\ r_{21} & r_{22} & r_{23} \\ r_{31} & r_{32} & r_{33} \end{bmatrix}$$

选取最优局势所对应的局势效果 r_{ij}^* 进行价格确定及调整①。

2. 验证及模式应用举例

为了更清楚地表述本模型在基本竞争单元定价中的客观性及可应用性，本文举一家企业的实际例子及运行数据来证明。W 汽车配件有限公司是海南省的一家中型企业，主要为汽车配套生产零部件。由于世界 500 强中许多企业进军中国市场并涉足汽车零部件行业，对 W 公司形成巨大的挑战。2006 年起，W 公司决策层在极力提高本企业竞争能力的过程中，打破企业原有僵硬的组织结构，建立若干快速反应、可重构的工作小组，在与对手的竞争中，它们机制灵活，随机应变，竞争资源实时调配，打得赢就完全吃掉，打不赢就谋求联合，势均力敌就各控股一半，步入了企业可持续发展的快车道。

从该公司提供的资料上看，该公司赢得市场竞争的关键归功于这些可快速重构的工作小组，即本文所称的基本竞争单元。公司在企业竞争能力系统的重构过程中，以各单元的定价作为构成的重要依据之一，实现功能和效益的双丰收。这些基本竞争单元的价格是随行就市，但不是任意而变，而是采用一些数学原理与方法，以经验为基础比较科学地进行调整。

（1）分析事件与对策。本文重点考察 W 公司的三个竞争单元（工作小组），分别记为事件 a_1、事件 a_2、事件 a_3。这三个工作小组分别成功重构并成立了海口工厂、开封工厂、芜湖工厂等，该企业及各竞争单元根据对市场的分析和历史经验数据的推断，认为在 2007 年内有以下几种可能的竞争单元定价方案为基本可行。

第一方案：不降价，记为对策 b_1。

第二方案：季度内每月降价 1%，记为对策 b_2。

第三方案：一次性降价 5%，记为对策 b_3。

以这三种定价方案为基本对策，根据即时、动态的市场调整及预测信息，决定采用本文模型分别对 2007 年 4 个季度的三个竞争单元做出不同的定价策略，以保证公司在竞争中处于不败之地。以下本文以该公司 2007 年第二季度的市场预测及财务数据为例来进行验证及模式应用举例。

（2）构造局势。

$s_{11} = (a_1, b_1) = $（竞争单元 1，第二季度不降价）

$s_{12} = (a_1, b_2) = $（竞争单元 1，第二季度内每月降价 1%）

$s_{13} = (a_1, b_3) = $（竞争单元 1，第二季度一次性降价 5%）

$s_{21} = (a_2, b_1) = $（竞争单元 2，第二季度不降价）

$s_{22} = (a_2, b_2) = $（竞争单元 2，第二季度内每月降价 1%）

$s_{23} = (a_2, b_3) = $（竞争单元 2，第二季度一次性降价 5%）

$s_{31} = (a_3, b_1) = $（竞争单元 3，第二季度不降价）

$s_{32} = (a_3, b_2) = $（竞争单元 3，第二季度内每月降价 1%）

$s_{33} = (a_3, b_3) = $（竞争单元 3，第二季度一次性降价 5%）

（3）确定定价目标。

目标 1：组合占位率 $(k=1)$

目标 2：组合满意度 $(k=2)$

目标 3：季度创收额 $(k=3)$

（4）给出不同目标下的效果白化值。本文中，目标 1 和目标 2 的白化值是运用组合满意度的模糊综

---

① 邓聚龙. 灰色系统理论教程. 武汉：华中理工大学出版社，1990：165-179.

合评价法[1]和组合占位率的神经网络评价模型[2]来测得的，在此不再赘述。目标3创收额可以用价格乘以服务量减去成本得到。

目标1：组合满意度

$$S_{11}：有 u_{11}^{(1)} = 3.412 \qquad S_{12}：有 u_{12}^{(1)} = 3.5148 \qquad S_{13}：有 u_{13}^{(1)} = 3.96$$

$$S_{21}：有 u_{21}^{(1)} = 2.315 \qquad S_{22}：有 u_{22}^{(1)} = 2.546 \qquad S_{23}：有 u_{23}^{(1)} = 2.78$$

$$S_{31}：有 u_{31}^{(1)} = 4.126 \qquad S_{32}：有 u_{32}^{(1)} = 4.333 \qquad S_{33}：有 u_{33}^{(1)} = 4.658$$

目标2：组合占位率

$$S_{11}：有 u_{11}^{(2)} = 0.216 \qquad S_{12}：有 u_{12}^{(2)} = 0.256 \qquad S_{13}：有 u_{13}^{(2)} = 0.23$$

$$S_{21}：有 u_{21}^{(2)} = 0.113 \qquad S_{22}：有 u_{22}^{(2)} = 0.175 \qquad S_{23}：有 u_{23}^{(2)} = 0.154$$

$$S_{31}：有 u_{31}^{(2)} = 0.313 \qquad S_{32}：有 u_{32}^{(2)} = 0.394 \qquad S_{33}：有 u_{33}^{(2)} = 0.35$$

目标3：季度创收额（单位：万元）

$$S_{11}：有 u_{11}^{(3)} = 59.21 \qquad S_{12}：有 u_{12}^{(2)} = 52.16 \qquad S_{13}：有 u_{13}^{(3)} = 48.69$$

$$S_{21}：有 u_{21}^{(3)} = 28.67 \qquad S_{22}：有 u_{22}^{(3)} = 25.12 \qquad S_{23}：有 u_{23}^{(3)} = 23.98$$

$$S_{31}：有 u_{31}^{(3)} = 89.59 \qquad S_{32}：有 u_{32}^{(3)} = 81.63 \qquad S_{33}：有 u_{33}^{(3)} = 77.6$$

（5）计算不同目标的效果测度。

①目标1的效果测度。各局势效果的白化值集为：

$$\{u_{11}^{(1)} \quad u_{12}^{(1)} \quad u_{13}^{(1)} \quad u_{21}^{(1)} \quad u_{22}^{(1)} \quad u_{23}^{(1)} \quad u_{31}^{(1)} \quad u_{32}^{(1)} \quad u_{33}^{(1)}\}$$

$$= \{3.412 \quad 3.5148 \quad 3.96 \quad 2.315 \quad 2.546 \quad 2.78 \quad 4.126 \quad 4.333 \quad 4.658\}$$

按上限效果测度计算有：

$$r_{ij}^{(1)} = \frac{u_{ij}^{(1)}}{\max_i \max_j u_{ij}^{(1)}} = \frac{u_{ij}^{(1)}}{4.658}$$

则目标1效果测度集为：

$$\{r_{11}^{(1)} \quad r_{12}^{(1)} \quad r_{13}^{(1)} \quad r_{21}^{(1)} \quad r_{22}^{(1)} \quad r_{23}^{(1)} \quad r_{31}^{(1)} \quad r_{32}^{(1)} \quad r_{33}^{(1)}\}$$

$$= \{0.732 \quad 0.754 \quad 0.85 \quad 0.497 \quad 0.546 \quad 0.597 \quad 0.886 \quad 0.93 \quad 1\}$$

②目标2的效果测度。各局势效果的白化值集为：

$$\{u_{11}^{(2)} \quad u_{12}^{(2)} \quad u_{13}^{(2)} \quad u_{21}^{(2)} \quad u_{22}^{(2)} \quad u_{23}^{(2)} \quad u_{31}^{(2)} \quad u_{32}^{(2)} \quad u_{33}^{(2)}\}$$

$$= \{0.216 \quad 0.256 \quad 0.23 \quad 0.113 \quad 0.175 \quad 0.154 \quad 0.313 \quad 0.394 \quad 0.35\}$$

按上限效果测度计算，则目标2效果测度集为：

$$\{r_{11}^{(2)} \quad r_{12}^{(2)} \quad r_{13}^{(2)} \quad r_{21}^{(2)} \quad r_{22}^{(2)} \quad r_{23}^{(2)} \quad r_{31}^{(2)} \quad r_{32}^{(2)} \quad r_{33}^{(2)}\}$$

$$= \{0.548 \quad 0.65 \quad 0.584 \quad 0.287 \quad 0.444 \quad 0.391 \quad 0.794 \quad 1 \quad 0.888\}$$

③目标3的效果测度。各局势效果的白化值集为：

$$\{u_{11}^{(3)} \quad u_{12}^{(3)} \quad u_{13}^{(3)} \quad u_{21}^{(3)} \quad u_{22}^{(3)} \quad u_{23}^{(3)} \quad u_{31}^{(3)} \quad u_{32}^{(3)} \quad u_{33}^{(3)}\}$$

$$= \{59.21 \quad 52.16 \quad 48.69 \quad 28.67 \quad 25.12 \quad 23.98 \quad 89.59 \quad 81.63 \quad 77.6\}$$

按上限效果测度计算，则目标3效果测度集为：

① 汪纯孝．顾客满意程度模型研究．中山大学学报，1995，5：21-25.
② 贺力群，朱克强．企业市场占有率预测神经网络模型．北京理工大学学报，1998，12：15-19.

$$\{r_{11}^{(3)} \quad r_{12}^{(3)} \quad r_{13}^{(3)} \quad r_{21}^{(3)} \quad r_{22}^{(3)} \quad r_{23}^{(3)} \quad r_{31}^{(3)} \quad r_{32}^{(3)} \quad r_{33}^{(3)}\}$$

$$= \{0.661 \quad 0.582 \quad 0.543 \quad 0.32 \quad 0.28 \quad 0.268 \quad 1 \quad 0.911 \quad 0.866\}$$

（6）多目标问题单目标化。采用均值法，将三个目标的效果测度 综合为单个目标效果测度，记综合后 ij 局势的效果测度为 r_{ij}，则有：

$$r_{ij} = \frac{\sum_{k=1}^{3} r_{ij}^{(k)}}{3} = \frac{r_{ij}^{(1)} + r_{ij}^{(2)} + r_{ij}^{(3)}}{3}$$

由此得综合效果的综合集为：

$$\{r_{11} \quad r_{12} \quad r_{13} \quad r_{21} \quad r_{22} \quad r_{23} \quad r_{31} \quad r_{32} \quad r_{33}\}$$

$$= \{0.647 \quad 0.662 \quad 0.659 \quad 0.368 \quad 0.423 \quad 0.419 \quad 0.893 \quad 0.947 \quad 0.918\}$$

（7）选取最优局势。将局势效果测度按事件的各种对策所构成的局势排成行，将三行按顺序排成矩阵，得到综合测度矩阵如下：

$$R = \begin{bmatrix} r_{11} & r_{12} & r_{13} \\ r_{21} & r_{22} & r_{23} \\ r_{31} & r_{32} & r_{33} \end{bmatrix} = \begin{bmatrix} 0.647 & 0.662 & 0.659 \\ 0.368 & 0.423 & 0.419 \\ 0.893 & 0.947 & 0.918 \end{bmatrix}$$

R 中每一行代表每一种竞争单元各种局势的效果测度，显然，该行效果最大的即为该竞争单元的最优局势所对应的局势效果 r_{ij}^{*}。

对于竞争单元 1 有：

$$r_{1j}^{*} = \max_{j}\{r_{1j}\} = \max\{r_{11} \quad r_{12} \quad r_{13}\} = \max\{0.647 \quad 0.662 \quad 0.659\} = 0.662 = r_{12}$$

对于竞争单元 2 有：

$$r_{2j}^{*} = \max_{j}\{r_{2j}\} = \max\{r_{21} \quad r_{22} \quad r_{23}\} = \max\{0.368 \quad 0.423 \quad 0.419\} = 0.423 = r_{22}$$

对于竞争单元 3 有：

$$r_{3j}^{*} = \max_{j}\{r_{3j}\} = \max\{r_{31} \quad r_{32} \quad r_{33}\} = \max\{0.893 \quad 0.947 \quad 0.918\} = 0.947 = r_{32}$$

因此，综上所述，得最优局势为：

$s_{12} = (a_1, b_2) = （竞争单元1，第二季度内每月降价1\%）$

$s_{22} = (a_2, b_2) = （竞争单元2，第二季度内每月降价1\%）$

$s_{32} = (a_3, b_2) = （竞争单元3，第二季度内每月降价1\%）$

这三个局势是对组合满意度、组合占位率、创收额三个目标综合考虑后设定的，因此该企业竞争单元在 2007 年第二季度其定价均降价 1%，以实现适应竞争激烈市场的最优重构过程。需说明的是，根据市场信息的变化和前一季度的绩效，经本模型推算，2007 年 4 个季度的定价是不同的，其他 3 个季度的决策结果分别为：

第一季度：

$s_{13} = (a_1, b_3) = （竞争单元1，第一季度一次性降价5\%）$

$s_{22} = (a_2, b_2) = （竞争单元2，第一季度每月降价1\%）$

$s_{33} = (a_3, b_3) = （竞争单元3，第一季度一次性降价5\%）$

第三季度：

$s_{12} = (a_1, b_2) = （竞争单元1，第三季度内每月降价1\%）$

$s_{22} = (a_2, b_2) = （竞争单元2，第三季度内每月降价1\%）$

$s_{31} = (a_3, b_1) = （竞争单元3，第三季度内不降价）$

第四季度：

$s_{11} = (a_1, b_1) = ($ 竞争单元 1，第四季度内不降价 $)$

$s_{21} = (a_2, b_1) = ($ 竞争单元 2，第四季度内不降价 $)$

$s_{31} = (a_3, b_1) = ($ 竞争单元 3，第四季度内不降价 $)$

五、结束语

在本模型求解中，不同目标下的效果白化值的求得，紧密依赖企业的实际运营数据，是整个模型运用准确性的关键之一。在决策空间类似的前提下，由于企业运营状况（数据）不同，其基本竞争单元定价会有较大出入，导致企业基本竞争单元的重构会不同。由此企业竞争能力的重构、完善、提高及发展不能简单照搬他人成功经验中的具体做法，必须结合本企业自身实际来开展工作。这也解释了一些企业倾力模仿先进企业，但效果总是不佳的现象。

在 W 公司企业竞争力重构过程中，企业决策者还采用了其他理论和方法，但以本文所研究的基于可重构的企业基本竞争单元定价模型为最为有效的方法之一。实践证明，从 2007 年该公司运用本模型及方法以来，企业运营效果、经营业绩、竞争能力持续上扬，其成功经验开始在行业内引起广泛关注。当然这也使得本模型体现出较为广阔的应用前景。

参 考 文 献

[1] 邓聚龙. 灰色控制系统. 武汉：华中理工大学出版社，1993.

[2] 成思危. 复杂性科学探索. 北京：民主与建设出版社，2000.

[3] 陈金波. 企业竞争力的模糊综合评价. 经济与管理，2006，6（6）.

[4] 胡宜挺，李万明. 企业核心竞争力构成要素及作用机理. 技术经济与管理研究，2005，2.

[5] 赵冬梅，周荣征. 基于多层主成分分析的企业竞争力评价. 西南交通大学学报，2007，12（6）.

[6] 聂辰席，顾培亮. 论企业核心竞争力的性质. 数量经济技术经济研究，2002，7.

[7] Prahalad, C. K., Hamel, G.. The core competence of the corporation. Harvard Business Review, 1990, 5 (6).

[8] Porter Michael, E.. Towards a dynamic theory of strategy. Strategic Management Journal, 1991, 12.

土地利用的潜力研究

● 刘 伟[1] 石永俊[2] 帅 婧[3]

（1，2，3 武汉大学经济与管理学院 武汉 430072）

【摘 要】对土地利用潜力的测算是一个非常重要的问题，它关系到国家的长远发展规划，关系到社会、经济的可持续发展。在发展中国家的高速发展时期，对资源特别是不可再生的土地资源有着迫切的巨大需求。本文分析影响土地利用的重要因素，综合考虑社会、经济发展的多方面需求，利用相关的数据，探索土地利用的变化规律，开展土地利用潜力的定量分析，为土地利用的中长期规划提供可以借鉴的依据。

【关键词】土地 资源 潜力 模型

一、基本问题

我国属于人地关系紧张的国家，同时又是城市化水平较低的国家之一。随着人口增长，经济社会发展以及工业化、城市化的逐步推进，今后一个相当长的时期内我国将继续面临较大的耕地占用压力。保护耕地问题已引起了国家的高度重视。1998 年修订的《土地管理法》明确提出，"十分珍惜、合理利用土地和切实保护耕地是我国的基本国策"，要 "严格限制农用地转为建设用地，控制建设用地总量，对耕地实行特殊保护"，并规定对占用耕地实行补偿制度，按照 "占多少，垦多少" 的原则，由占用耕地的单位负责开垦与占用耕地的数量和质量相当的耕地，实现耕地的动态平衡。这些法律规定无疑会对遏制耕地减少的势头发挥重要作用。

当前，城市土地发展现状是：城市规模扩展过快；城市土地利用结构与布局不合理；土地利用空间结构不合理，对于城市土地空间的利用，只注重平面发展，忽视地上与地下空间的开发；土地利用效率低。由于影响城市土地利用的因素很多，且相互间又存在着较为复杂的关系，为了满足未来城市用地空间扩张的需要，指导城市用地的开发方向，需要对城市现有土地的利用水平进行综合分析与评价，摸清土地利用动态变化、土地利用状况和土地市场状况，确定城市存量土地的利用潜力及分布，为土地资源的合理利用、开发、保护和整治提供科学依据。根据城市发展的不同阶段，合理地制定城市发展战略。明确城市土地利用强度与城市的发展阶段密切相关，应用系统论的观点和方法，对城市土地利用进行综合的分析与考察。

城市土地是国土资源的重要组成部分。针对人多地少、耕地后备资源不足的国情，在城市化过程中，只有转变城市土地粗放开发经营管理模式，逐步向集约化利用的方向转化，才能实现城市乃至整个国民经济的可持续发展。开展城市土地利用潜力分析，不断提高城市土地利用效率，不仅是贯彻土地利用基本国策的重要途径，同时也是建立科学、合理的用地管理决策系统不可缺少的依据。土地是民生之体、发展之基。随着我国经济的发展，随着城市化建设的逐步推进，我国各地区对土地的需求日益加剧，经济、社会发展与土地资源不可再生性之间的矛盾日益突出。我国城市化建设和社会、经济的可持续发展，客观上要求改变土地粗放利用的状态，充分挖掘土地资源潜力，集约用地，提高土地的利用效率和利用强度，科学用地，可持续用地，提高土地的再生性，力争最大限度地发挥土地的经济效益和社会效益，使之造福于一方百姓，造福于当地的经济发展，造福于和谐社会的建立与发展①。

对土地应用的研究是一个长期的研究课题。国内外很多学者和实际工作者对此开展了较全面、深入的研究。杜尔格（AnnRobert Jacques Turgot，1727—1781）、安特生（James Anderson，1739—1801）、魏斯特（Edward West，1782—1828）和李嘉图等在研究农业地租问题时，发现并证明了农地集约耕作中的报酬递减规律，并认为集约利用是级差地租产生的原因。此后，马克思在批判和继承古典经济学地租理论基础上，将级差地租分为级差地租Ⅰ和级差Ⅱ地租，前者是由土地肥沃程度不同和区位优劣所产生的，后者是在同一块土地上连续投入等量资本产生的生产率差别（超额利润）所形成的。

20 世纪初美国著名土地经济学家伊利在其名著《土地经济学原理》一书中，阐明了人口、土地资源的稀缺性、地价等因素对城市土地集约利用的影响，指出：地价昂贵的第一个后果是，使人们不得不大力提高土地的利用效率。经济学家柏克曼·阿郎索对城市居住性用地、厂商用地竞标曲线进行了研究。20 世纪末，新制度经济学派兴起，罗纳德·科斯以及巴泽尔等人又从市场经济下的土地产权角度研究了资源配置效率问题，但他们所谓的效率是围绕交易成本，通过明晰产权的途径使社会资源配置过程不产生资本损失。经济学家主要是从如何经济地使用土地角度进行研究，反映的是土地成本与产出的关系。

以 19 世纪杜能（J. H. V. Thnon，1783—1850）农业区位论、20 世纪初韦伯（A. Weber，1868—1958）工业区位论、20 世纪 30 年代克里斯塔勒（W. Ohristaller，1893—1969）城市区位论（中心地理论）以及廖什市场区位论等为代表的区位理论研究，主要是从地理学空间区位角度研究产业发展的最佳布局，本质上反映如何使厂商成本最小化。城市规划理论对土地的要求突出表现在两个方面：一是城市土地不能过度开发利用，以霍华德"田园城市"理论为代表，主张以人为本的城市人居环境，这与我国传统的"天人合一"环境发展主张相一致。二是以《雅典宪章》、《马丘比丘宪章》为代表的现代城市规划理论，对城市土地利用做出了全新和比较完善的诠释，主张城市要与周围影响地区作为一个整体来研究，保证居民的居住、工作、游憩和交通四种主要活动的正常进行，并强调城市的有机组织、生活环境与自然环境相和谐。

联合国环境与发展委员会于 1987 年提交的报告《我们共同的未来》中，对可持续发展下了准确、严格的定义，即可持续发展是既满足当代人的需要，又不对后代人满足其需要的能力构成危害的发展。可以总结为三点：（1）资源利用以人为本，满足当代的需求；（2）当代应合理节约利用资源，所形成的结果对当代是良性的，对以后也是良性的；（3）当代对资源的利用受总量限制，资源利用要在时间轴线上定位，当代不能透支后代的资源。这三个方面既指出了人类利用资源的出发点，又为要采取的方式方法框定了准确的设计空间。因此，近二三十年来，欧美等发达国家在私人轿车驱动下，经历了"逆城市化"的郊区扩张后，痛定思痛，转向了"紧凑型"城市的发展思维，其最积极的倡导者是欧共体。南美、东亚等发展中国家则在初尝了工业化加速发展所引发的人口高密度集聚的忧患之后，受可持续发展理论的启发，开始积极地转向规划引导的有序发展。

对土地资源进行挖潜，充分评估土地利用的潜力，是科学利用土地的基础和前提。土地利用潜力包括两层含义：一是指未利用地中可开发利用的潜力，二是指已经利用的土地经过深度开发即土地资源的再开发可能达到的生产潜力。未利用土地中可开发利用的部分以及虽然已经利用，但可以经过再开发而达到更高的生产能力的土地均是土地后备资源的重要组成部分。对此类问题研究的难点体现在如下几个方面：

---

① 陈百明，张凤荣．中国土地可持续利用指标体系的理论与方法．自然资源学报，2001，3：197-203.

（1）土地利用的多样性与变异性；（2）土地的不可再生性；（3）土地与社会、经济发展的关联性。土地作为一种非常稀缺的资源，它的潜力是有限且难以再生的①。然而，社会、经济的不断发展，不可避免地要占用这些宝贵的资源。如何测算这些潜力，如何动态地利用、保存这些潜力为社会和经济的发展服务，使整个社会处于良性的循环，这是我国各级政府和有关科研工作者迫切关注的问题。到目前为止，国内外有不少学者对土地的利用潜力进行了论述和研究，主要集中在定性的描述和简单的公式测算。本文的特点是针对土地利用潜力的分类，在对影响要素分析的基础上，建立关联模型对土地潜力进行测算。

二、土地利用潜力的计算

1. 若干概念

（1）土地的分类。按我国现行的土地分类标准，将土地按一级分为三大类，即农用地、建设用地和未利用地；在二级分类中，将农用地分为耕地、园地、林地、牧草地和其他农用地五类；将建设用地分为居民点工矿用地、交通运输用地以及水利设施用地三类；将未利用地分为未利用土地以及其他土地两类。

（2）土地后备资源。土地后备资源指在一定时期、一定的经济发展水平和技术水平条件下未利用地的数量和开发利用土地的能力，以及已开发利用的土地资源通过改造、整理、结构调整、提高土地利用率和产出率等措施的潜在能力。土地后备资源开发潜力主要包括：农用地（主要针对耕地）整理潜力、农村居民点整理潜力、土地复垦潜力以及未利用地开发潜力。

（3）土地利用潜力的分类及定义。土地利用潜力按其研究和应用的目的分为三大类，即理论潜力、实际潜力和规划潜力。下面分别给出它们的定义并进行相应的实际测算。

① 理论潜力。土地利用的理论潜力是指对整个城市或地区，在理论上按照一定的标准计算，在一定的历史时期，针对全体居民基本生活所需的土地面积，对照现有总的土地利用状况，所剩余的土地面积。理论潜力是一个相对稳定的数值，它依赖于人们的最基本需求，按照社会、经济发展的最基本状况确定，按照土地利用的最大可能空间进行计算。

② 实际潜力。土地利用的理论潜力刻画的是在理想状况下的土地利用能力。然而，在现实中存在着大量不可利用的土地、难以利用和开发后对生态环境有破坏作用的土地。土地利用的实际潜力则是仅考虑可利用的土地面积或通过努力最后能够实际得到的土地面积的潜力，表示为未利用土地中的可利用地与其他土地在可能的变更中形成的土地面积总和。其数值表现为可以被实现的土地利用总面积。

③ 规划潜力。土地利用的规划潜力是指根据城市社会、经济整体发展规划的需要，根据土地利用的实际潜力，在一定的条件下和一定的时期内，通过调整需要新增加的利用土地的数量。土地利用的规划潜力是一个政策性较强的概念，密切地依赖于地区发展的整体规划，对土地的实际开发和利用有很强的指导性，规划潜力的测算将直接影响土地的使用状况，并对土地的实际潜力产生深远的、难以逆转的影响②。

2. 土地利用潜力的计算

（1）理论潜力的计算。理论潜力的计算可以采用如下方法，即根据国家现有规定（依具体地区而定），设某地区 A 人均占地不得小于 a 亩，按 A 地区现有人口数和实际土地面积可以得到地区 A 现人均占地面积，设为 b 亩，由此得到差额为人均 $c = b - a$（亩），合计 C 亩。同时，按规划要求，耕地面积需保持在 F 亩以上，则由地区 A 总面积 T 减去上述在法律规定或城市规划的要求内不可开发土地（包括法定最低人均占地面积、耕地面积保有量），得到地区 A 可被规划利用土地总面积，即为地区 A 土地总体理论

① 刘伟，张巧玲，夏岩．湖北省土地资源可持续性利用综合评价研究．科技进步与对策，2004，10：55-57．

② 尹君．土地资源可持续利用评价指标体系研究．中国土地科学，2001，2：6-9．

潜力。结合当前各地类在总面积中所占比重作为权重（农用地为 t_1、建设用地为 t_2、未利用地为 t_3），结合地区 A 总体理论潜力面积（S），得到三大地类理论潜力面积分别为：农用地为 $S \times t_1$ 亩、建设用地为 $S \times t_2$ 亩、未利用地为 $S \times t_3$ 亩。按此种思路①，可以计算各大类土地中所有分类土地的理论潜力面积。

土地总体理论潜力计算公式如下：

$$S_a = T - \bar{S} - F \qquad (1)$$
$$S_i = S_a \times W_i \quad i = 1, 2, 3$$

其中，T 代表土地总量；$\bar{S}$ 代表法定最低居民占地面积；F 代表规划耕地保有量；S_a 代表可开发土地面积；S_i 代表一级地类 i 的理论潜力面积；W_i 代表在基期，一级地类 i 在总面积中所占比重；$i = 1$, 2, 3 分别代表农用地、建设用地、未利用地。

二级地类理论潜力计算公式为：

$$S_{1j} = (S_1 - F) \times R_{1j}$$
$$S_{ij} = S_i \times p_{ij} \quad i = 2,3 \qquad (2)$$

其中，S_{1j} 代表农用地所含各二级地类理论潜力面积；R_{1j} 代表在基期，农用地所含二级地类（不含耕地）在农用地面积（不含耕地）中所占比例；S_{ij} 代表一级地类 i 所含二级地类 j 相应的潜力面积；$i = 2$, 3 分别代表建设用地以及未利用地；p_{ij} 代表在基期，一级地类 i 所含二级地类 j 的面积在相应一级地类 i 的总面积中所占比重。

土地的理论潜力是在一种相对静态的条件下对土地资源的度量，反映的是土地潜力的极限，主要用于对土地资源长期的战略规划。

（2）实际潜力的计算。土地的实际潜力与很多因素有关，如人口的增长、经济的发展速度、经济的结构调整以及国家的政策等。如果能够得到土地利用的预计变动系数，则可用土地的理论潜力乘以土地利用的变动系数，得到土地利用的实际潜力。

土地利用的预计变动由如下两类特征构成：其一，土地利用与各种经济、社会发展的关联性；其二，土地利用间的相互结构关系。分别建立这两种特征的数学模型，并分别用模型对土地的变动进行预测，再将预测值进行综合，形成土地利用的变动系数，最后得出土地利用的实际潜力②。

① 土地利用的关联模型。设某地区历年的土地利用数据为 Y，该地区与经济、社会发展相关的指标为 X_1，X_2，$\cdots$，X_k。利用历史数据，可以建立多元关联模型：

$$Y = a_0 + a_1 X_1 + \cdots + a_k X_k + \varepsilon \qquad (3)$$

通过对该模型的估计、检验、修改，形成与该地区土地利用有较密切关联的指标，记为 X_1，X_2，$\cdots$，X_s，并得到最后的关联模型估计式：

$$\hat{Y} = b_0 + b_1 X_1 + \cdots + b_s X_s \qquad (4)$$

对于被筛选的经济、社会指标 X_1，X_2，$\cdots$，X_s，分别计算它们的平均发展速度：

$$C_{i(t)} = \sqrt[t]{\frac{X_{i(t+1)}}{X_{i(1)}}} \quad i = 1,2,\cdots,s; t = 1,2,\cdots,T \qquad (5)$$

其中，$T + 1$ 为资料的时期总数。

计算关联指标的综合变动系数，记为 $H_{(t)}$：

$$H_{(t)} = \sqrt[s]{c_{1(t)} c_{2(t)} \cdots c_{s(t)}} \quad t = 1,2,\cdots,T \qquad (6)$$

---

① 傅伯杰，陈立顶，马诚．土地可持续利用评价的指标体系与方法．自然资源学报，1997，2：112-118.

② 王良建．区域土地资源可持续管理评估研究．自然资源学报，1999，3：200-204.

通过计算不同时期的 $h_{(t)}$，可以得到不同时期的关联指标综合变动系数。

② 土地利用的结构模型。设某地区历年的土地利用数据为 Y，该地区各类土地的数量指标为 Z_1，Z_2，$\cdots$，Z_n。利用历年的土地利用数据，可以建立土地的结构模型：

$$Y = p_0 + p_1 Z_1 + \cdots + p_n Z_n + \varepsilon \tag{7}$$

通过对该模型的估计、检验、修改，形成与该地区土地利用有较密切关联的指标，记为 Z_1，Z_2，$\cdots$，Z_m，并得到最后的结构模型估计式：

$$\hat{Y} = q_0 + q_1 Z_1 + \cdots + q_m Z_m \tag{8}$$

对于被筛选的土地结构指标 Z_1，Z_2，$\cdots$，Z_m，分别计算它们的平均发展速度：

$$d_{i(t)} = \sqrt[t]{\frac{Z_{i(t+1)}}{Z_{i(1)}}} \quad i = 1，2，\cdots，s；t = 1，2，\cdots，T \tag{9}$$

其中，$T + 1$ 为资料的时期总数。

计算土地结构指标的综合变动系数，记为 $I_{(t)}$：

$$I_{(t)} = \sqrt[s]{c_{1(t)} c_{2(t)} \cdots c_{s(t)}} \quad t = 1，2，\cdots，T \tag{10}$$

通过计算不同时期的 $I_{(t)}$，可以得到不同时期的结构指标综合变动系数。

③ 实际潜力的计算。如果对经济的发展需求和土地的可持续变动分别给以权系数 α、β，则可按如下公式计算土地利用的预计变动系数 $\gamma_{(t)}$：

$$\gamma_{(t)} = \alpha H_{(t)} + \beta I_{(t)} \quad t = 1，2，\cdots，T \tag{11}$$

对未来的某一时期 t_0，可按如下公式计算土地利用的实际潜力：

$$R_{(t_0)} = c \frac{L_{(t_0)}}{1 + \dfrac{1}{\gamma_{(t_0 - 1)}}} \tag{12}$$

其中，$L_{(t_0)}$ 为 t_0 时期土地利用的理论潜力，$\gamma_{(t_0)}$ 为 t_0 时期土地利用的预计变动系数，c 为调节系数。

从该公式中可以看到，土地的实际潜力不会超过其理论潜力，随着当前对土地利用的预计变动系数增加，下一个时期土地的实际利用潜力将下降。这一结论与实际情况相符。上述对实际潜力的计算，可以用于对各种类型土地的潜力分析。

3. 规划潜力的计算

由于规划潜力较大程度地依赖于地区经济的发展规划，具有很强的政策性，可以参照实际潜力的分析和计算，根据土地利用的历史、现状和经济发展规划的要求，按计划计算出土地利用的规划潜力。

三、结论

土地潜力的测算是一个非常重要的问题，它关系到国家的长远发展规划，关系到社会、经济的可持续发展。然而，土地的使用是一个综合性很强的问题，既难以预测，又不能不进行测算。难以预测，是因为社会、经济的发展本身就具有难以预测性；必须进行预测，是因为社会、经济的发展需要规划，需要可持续地协调进行。测算结果的科学性依赖于多方面知识的综合利用。本文从分析影响土地使用因素的角度出发，通过建立土地利用的关联模型和结构模型，设计出反映地区社会、经济发展变化和土地利用结构的土地利用预计变动系数，构造出土地利用实际潜力的计算公式。在对土地利用潜力的实际分析中，可以将此类公式的建立思想和计算方法应用到各种类型的土地，应用到对各个时期的土地分析中。历史和社会需要我们节约使用有限的土地资源，经济的发展需要我们高效地利用土地资源。对土地资源利用的研究是我们的义务，是社会的需要，是历史的重任，更是发展的希望。

物业服务价格定价方法分析

● 程鸿群[1]　余红伟[2]　张　密[3]

（1，2，3　武汉大学经济与管理学院　武汉　430072）

【摘　要】采用合理的物业服务价格定价方法是解决物业服务纠纷的关键问题之一。"包干制"是现在市场确定物业服务价格最常用的方法。"包干制"确定的物业服务价格，业主一次性支付固定的费用，没有监督成本，采取不监督的方案，造成了业主与物业服务企业相互不信任、冲突不断的局面。只有加强业主对物业服务企业的监督，支付监督成本，才能了解真实的物业服务成本，有效激励物业服务企业积极努力地工作，从而减少业主与物业服务企业的纠纷，获得满意的物业服务效用。这种确定物业服务价格的方法称作"酬金制"。

【关键词】物业服务价格　"包干制"　"酬金制"　博弈

物业管理的服务价格是指物业服务企业按照物业服务合同的约定，对房屋及配套的设施设备和相关场地进行维修、养护、管理，维护相关区域内的环境卫生和秩序，向业主所收取的费用。根据中华人民共和国国家发展和改革委员会与建设部制定的《关于印发物业服务收费管理办法的通知》（发改价格［2003］1864 号）："业主与物业服务企业可以采取包干制或者酬金制等形式约定物业服务费用。包干制是指由业主向物业服务企业支付固定物业服务费用，盈余或者亏损均由物业服务企业享有或者承担的物业服务计费方式。酬金制是指在预收的物业服务资金中按约定比例或者约定数额提取酬金支付给物业服务企业，其余全部用于物业服务合同约定的支出，结余或者不足均由业主享有或者承担的物业服务计费方式。"在物业管理起步之初，我国缺乏相关理论和实践经验，常常对物业管理的服务费用采用包干制。

物业管理的"包干制"是一种服务成本定价的方法，是在服务成本的基础上，加上预期的利润额作为服务价格。这种定价方法的优点是计算简便、快捷，便于核算，所以这种方法在很长一段时间里是我国确定商品价格的主要方法。但随着经济体制的变化，"成本"已经是企业的一个商业秘密，是只有企业才知道的真实信息。采用这种方法定价，忽视了市场的竞争机制，造成买卖双方信息的不对称，使得买卖双方矛盾升级。因此，物业管理采用"包干制"定价，造成目前业主与物业服务企业的纠纷不断，使得确定"物业管理服务价格"成为了一个敏感而又炙热的话题。业主认为物业管理的价格太高，已经超出了他们的承受能力，而且物业管理费的使用不透明，常常由于业主支出后得不到期望的服务效果引起业主与物业服务企业的纠纷；而物业服务企业则认为自己在积极努力地工作，运行成本很高，入不敷出，经营艰难，所以时有违规现象发生，行业公信受到质疑。因此，分析物业管理的价格确定方法是十分有意义的。

本文通过建立物业服务价格"包干制"和"酬金制"下的业主与物业服务企业的不完全信息的动态博弈模型①②③，分析产生目前对"物业服务价格"敏感的原因，提出应推广采用"酬金制"的确定物业

①　Rubinstein Ariel. Game theory in economics. Brookfield Vermont: Edward Elagr Publishing Company, 1990: 112-145.

②　Johanseb, L. The theory of public goods: Misplaced emphasis?. Journal of Public Economics, 1997, 7: 63-82.

③　罗伯特·吉本斯. 博弈论基础. 高峰，译. 北京：中国社会科学出版社，1999：42-57.

服务价格方法。

一、基于"包干制"下的业主与物业服务企业的动态博弈分析

假设1：该博弈的局中人有两个，局中人1表示物业服务企业，局中人2表示业主。

假设2：业主支付给物业服务企业一定固定费用并获得相应的效用，除此之外没有其他激励措施，也不愿有其他支出成本。$s = (s_1, s_2)$表示局中人2(业主)的行动空间。$s = s_1$表示业主对物业服务企业进行监督，须支付成本$c_1 \geq 0$；$s = s_2$表示业主对物业服务企业没有监督，须支付成本$c_2 = 0$，且$c_1 \geq c_2$。假设业主对物业服务企业进行监督可以发现物业服务企业的欺骗行为，反之则不能发现其欺骗行为。

假设3：局中人1(物业服务企业)的类型空间为$\theta = (\theta_1, \theta_2)$。$\theta_1$表示物业服务企业积极努力工作，是高成本类型，其成本为$e_1 \geq 0$；θ_2表示物业服务企业不积极努力工作，是低成本类型，其成本为$e_2 \geq 0$，且$e_1 \geq e_2 \geq 0$。局中人1知道自己的类型，局中人2不知道局中人1的类型，但知道其概率分布，$p(\theta = \theta_1) = p$，$p(\theta = \theta_2) = 1 - p$。因为物业管理费用是采用"包干制"，物业服务企业无论是什么类型都没有奖励，即没有额外收入。

假设4：局中人1有两种行动可以选择，即选择积极努力工作还是不积极努力工作。

所以局中人1的行动空间为$m = (m_1, m_2)$。当$m = m_1$时，物业服务企业告诉业主采取积极努力的工作态度；当$m = m_2$时，物业服务企业告诉业主采取不积极努力的工作态度；如果业主发现了物业服务企业的欺骗行为，则对其罚款$\tau > 0$；否则，物业服务企业获得收益$e_1 - e_2 \geq 0$。

图1是这一博弈过程的扩展式表述。这里"自然"首先选择局中人1的类型，然后局中人1选择自己的行动方案，局中人2根据局中人1的行为选择监督还是不监督。

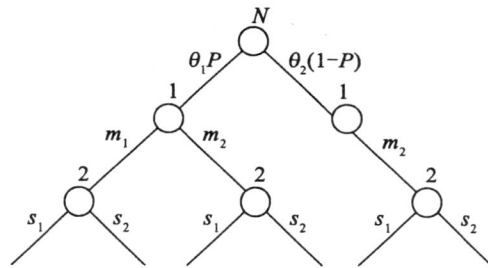

图1　业主与物业服务企业在不完全信息条件下的动态博弈过程

局中人1和局中人2的支付函数如下：

$$U_1(\theta_1, m_1, s_1) = 0 \qquad U_2(\theta_1, m_1, s_1) = -c_1$$

$$U_1(\theta_1, m_1, s_2) = 0 \qquad U_2(\theta_1, m_1, s_2) = -c_2 = 0$$

$$U_1(\theta_1, m_2, s_1) = e_1 - e_2 - \tau \qquad U_2(\theta_1, m_2, s_1) = -c_1 + \tau$$

$$U_1(\theta_1, m_2, s_2) = e_1 - e_2 \qquad U_2(\theta_1, m_2, s_2) = -c_2 = 0$$

$$U_1(\theta_2, m_2, s_1) = 0 \qquad U_2(\theta_2, m_2, s_1) = -c_1$$

$$U_1(\theta_2, m_2, s_2) = 0 \qquad U_2(\theta_2, m_2, s_2) = -c_2 = 0$$

通过"包干制"确定了物业服务价格以后，物业管理公司获得业主的全部支付，因此局中人2采取监督的行动需支出的成本$c_1 \geq 0$没有人支付，业主只能采取不监督的行动，则$s = s_2$是局中人2的占优战略，即$s^*(m) = s_2$。

当 $s^*(m) = s_2$ 时有：

$$
\max \sum EU_1(\theta, m, s_2) = \max \left\{ \begin{array}{l} [pU_1(\theta_1, m_1, s_2) + (1-p)U_1(\theta_2, m_1, s_2)], \\ [pU_1(\theta_1, m_2, s_2) + (1-p)U_1(\theta_2, m_2, s_2)] \end{array} \right\} \quad (1)
$$

$$
= \max[0, p(e_1 - e_2)]
$$

$$
= p(e_1 - e_2)
$$

所以局中人1(物业服务企业)总是在声称自己积极努力工作，而实际上是欺骗业主，其占优战略为 $m^*(\theta) = m_2$。

同时我们可以知道：

$$
p\left(\frac{\theta_1}{m_2}\right) = p \qquad\qquad p\left(\frac{\theta_2}{m_2}\right) = 1 - p
$$

$$
p\left(\frac{\theta_1}{m_1}\right) = 1 \qquad\qquad p\left(\frac{\theta_2}{m_1}\right) = 0
$$

我们得到 $\left\{ m^*(\theta), s^*(m), p\left(\frac{\theta}{m}\right) \right\}$ 为该博弈过程的子博弈精炼贝叶斯纳什均衡，即无论业主支付的"包干制"价格有多高，业主都不愿再支付监督成本而选择不监督，而物业服务企业则总会用不积极的工作态度宣称自己积极努力工作，成本很高。因此，业主不会监督物业服务企业的服务，当物业服务企业声称自己积极努力工作而实际不积极努力工作到偷懒的程度时，物业管理的服务效用低于业主的基本服务效用，就会引起业主与物业服务企业的纠纷。

二、基于"酬金制"下的业主与物业服务企业的动态博弈分析

在物业管理"酬金制"条件下，业主除了支付物业服务企业一定费用外，其他都用于物业管理的成本开支，因此对于物业服务企业的监督成本也在每位业主支付的"酬金制"价格中。所以可以得到物业服务价格"酬金制"下局中人1和局中人2的支付函数：

$$
\begin{array}{ll}
U_1(\theta_1, m_1, s_1) = 0 & U_2(\theta_1, m_1, s_1) = 0 \\
U_1(\theta_1, m_1, s_2) = 0 & U_2(\theta_1, m_1, s_2) = c_1 \\
U_1(\theta_1, m_2, s_1) = e_1 - e_2 - \tau & U_2(\theta_1, m_2, s_1) = \tau \\
U_1(\theta_1, m_2, s_2) = e_1 - e_2 & U_2(\theta_1, m_2, s_2) = c_1 \\
U_1(\theta_2, m_2, s_1) = 0 & U_2(\theta_2, m_2, s_1) = 0 \\
U_1(\theta_2, m_2, s_2) = 0 & U_2(\theta_2, m_2, s_2) = c_1
\end{array}
$$

假定局中人1(物业服务企业)以 p_1 的概率选择诚实即选择 (θ_1, m_1) 和 (θ_2, m_2)，以 $(1-p_1)$ 的概率选择欺骗业主即选择 (θ_1, m_2)；局中人2(业主)以 p_2 的概率选择监督即选择 s_1，以 $(1-p_2)$ 的概率选择不监督即选择 s_2，则最大化局中人1和局中人2的期望效用值为：

$$
\max EU_1(\theta, m, s) = \{0 + p(1-p_1)[p_2(e_1 - e_2 - \tau) + (1-p_2)(e_1 - e_2)]\}
$$

$$
\max EU_2(\theta, m, s) = \{p_1(1-p_2)c_1 + p(1-p_1)[p_2\tau + (1-p_2)c_1] + (1-p)p_1(1-p_2)c_1\}
$$

因为 $\frac{\partial U_1}{\partial p_1} = 0$，$\frac{\partial U_2}{\partial p_2} = 0$，则：

$$
p[p_2(e_1 - e_2) - p_2\tau + (e_1 - e_2) - p_2(e_1 - e_2)] = 0 \quad (2)
$$

$$
-p_1 c_1 + p(1-p_1)[\tau - c_1] - (1-p)p_1(1-p_2)c_1 = 0 \quad (3)
$$

解联立方程(2)、(3)得：

$$p_1^* = \frac{p(\tau - c_1)}{2c_1 + 2pc_1 - p\tau}$$

$$p_2^* = \frac{e_1 - e_2}{\tau}$$

因为物业服务企业的诚信度 $0 \leqslant p_1^* \leqslant 1$，所以业主的监督成本应满足 $c_1 \geqslant \frac{2p}{2+3p}\tau$。

当局中人 2（业主）的监督成本 $c < \frac{2p}{2+3p}\tau$ 时，业主的占优战略仍为 $s = s_2$，物业服务企业总会欺骗业主，声称自己积极努力工作，成本很高，而实际采取不积极努力工作的态度。所以，当 $c_1 \geqslant \frac{2p}{2+3p}\tau$ 时，$p_1^* = \frac{p(\tau - c_1)}{2c_1 + 2pc_1 - p\tau}$，$p_2^* = \frac{e_1 - e_2}{\tau}$，物业服务企业以 p_1^* 的概率选择说实话，以 $(1 - p_1^*)$ 的概率选择说谎话，业主以 p_2^* 的概率选择监督物业服务企业的服务过程，以 $(1 - p_2^*)$ 的概率选择不监督。也就是说，当业主愿意支付监督成本 $c_1 \geqslant \frac{2p}{2+3p}\tau$ 时，如果物业服务企业的诚信度低于 p_1^*，则业主选择监督其服务过程；当业主的监督可能性在 p_2^* 以上时，物业服务企业也会选择诚实的战略。

三、对确定物业服务价格方法的建议

通过以上分析，我们可以得出以下的结论：

（1）在"包干制"确定的物业服务价格的条件下，虽然形成了业主与物业服务企业的委托代理关系，但无论业主支付多高的固定费用，都不会获得预期效果。业主缺乏监督成本，采取不监督的方案。物业服务企业从其利益最大化角度出发，以低成本获得最大的利润空间。因此，业主不知道物业服务的真正成本，物业服务企业欺骗业主，造成业主与物业服务企业冲突不断的局面。

（2）在"酬金制"确定的物业服务价格的条件下，监督成本是业主支付物业管理费用中的一部分，业主可以实现对物业服务企业的有效监督。因为 $p_1^* = \frac{p(\tau - c_1)}{2c_1 + 2pc_1 - p\tau}$，$p_2^* = \frac{e_1 - e_2}{\tau}$，而 $c_1 \geqslant \frac{2p}{2+3p}\tau$，所以业主的有效激励措施还要做好与惩罚力度 τ 的均衡。

从物业管理的最后效用看，采用"酬金制"的方法有利于业主了解真实的物业管理成本，有效激励物业服务企业积极努力地工作，从而减少业主与物业服务企业的纠纷，获得满意的物业服务效用。

参 考 文 献

[1] Rubinstein Ariel. Game theory in economics. Brookfield Vermont：Edward Elagr Publishing Company，1990.

[2] JohansebL. The theory of public goods：Misplaced emphasis？. Journal of Public Economics，1997，7.

[3] 罗伯特·吉本斯. 博弈论基础. 高峰，译. 北京：中国社会科学出版社，1999.

业主与物业管理企业间心理契约的构建与管理

● 康秀梅[1] 齐永兴[2]

（1，2 内蒙古财经学院工商管理学院 呼和浩特 010070）

【摘 要】处理好物业管理公司与业主的关系是物业管理活动中永恒的话题。物业管理公司与业主的关系是建立在经济契约和心理契约基础之上的。物业管理公司与业主的心理契约是业主与物业管理企业在交换关系中对彼此责任和义务的心理约定，是业主对自己与物业管理企业之间互惠义务的感知和信念。深入理解业主与物业管理企业心理契约的构建过程，动态管理业主的心理契约，对于提高物业管理企业的管理水平和业主满意度，实现业主与物业管理企业的和谐持续发展有着重要意义。

【关键词】业主 物业管理企业享 心理契约

经过近三十年的发展，我国物业管理行业取得了很大的进步，形成了多种物业管理类型，涉及多个领域。物业管理在提高人们的生活和工作环境质量，实现物业保值、增值，推进城市化进程等方面都发挥了积极的作用，特别是在构建和谐社会的背景下，物业管理已经成为优化人们生存和生活环境的重要载体。然而，由于物业管理活动的公共服务产品属性，作为物业所有者的业主和作为物业管理服务提供者的物业公司之间的纠纷矛盾不断，业主与物业管理公司之间的关系成为影响物业管理行业发展和社会和谐进步的重要制约因素。

业主和物业管理企业的关系是建立在契约的基础之上的，这里的契约包括经济契约和心理契约。双方依据《物业管理条例》制定出平等的合同约定，规定双方的权利、义务和责任，以期实现物业管理活动的顺利进行，这是业主和物业管理企业的经济契约。物业管理企业要处理好与业主之间的关系，不仅需要了解业主和物业管理企业间的经济契约，表现为书面上两者之间的相互责任（反映在物业服务合同中），而且还必须深入了解业主内心中的契约内容，进而为业主提供满意的服务，促进物业管理企业的持续发展。

一、心理契约的基本内涵

20 世纪 60 年代初"心理契约"这一概念被引入管理领域。起初，组织心理学家 Argyris （1960）用"心理工作契约"（psychological work contract）来说明工人与工头之间的关系；Levinson、Price 等人（1962）将其界定为存在于雇员与雇主之间内隐的、不成文的相互期望的总和。美国著名管理心理学家 E. H. Schein 教授（1965）提出"心理契约"（psychological contract）这一术语。他认为，心理契约是"个人将有所奉献与组织欲望有所获取之间，以及组织将针对个人期望收获而有所提供的一种配合"。Kotter（1973）认为心理契约是个人与组织之间的一份内隐的协议，这份协议的内容包括在彼此双方的关系中一方希望给予另一方什么，同时又应该得到什么。这些学者认为心理契约是组织和个人的隐性模式（Roehling，1997；Millward 和 Brewerton，1999）。

20 世纪 80 年代后，心理契约不再被看作双方同意或默认的结果，研究的重心转向了心理契约形成的个体层面。1989 年 Denise M. Rousseau 在《组织中心理的与隐含的契约》（*Psychological and Implied Contracts in Organizations*）一文中提出，心理契约实质上是当事者的主观信念，是一个在实践中逐步建构的过程。她认为心理契约即"个体关于在他/她与第三方之间进行互惠交换，建立联系的主观信念，而这一信念以双方在交往中所做出的或暗示的承诺为基础"。Rousseau 把心理契约严格建立在个体主观认知的范畴内（1996，2001），并进一步指出，心理契约的形成本质上是个体的、单向的，建立在主观感知的基础之上。她认为，心理契约主要建立在雇员对组织状态个人感知的基础之上，因此她所提出的理论模型以个体对环境与社会信息心理加工过程为核心（参见图1）。

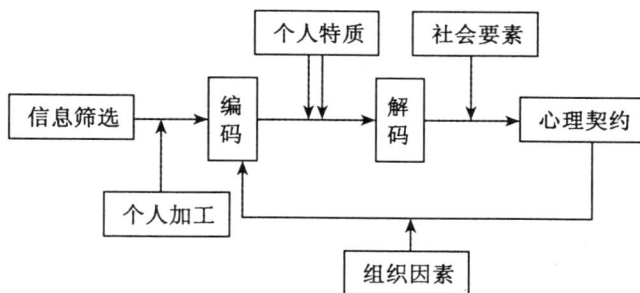

图1　心理契约建构模型（Rousseau，1995）

因此，我们可以认为心理契约就是组织与个人之间彼此期望又在价值回报上彼此承诺的一种主观心理约定。它产生并依赖于社会习俗、惯例或者对方的暗示和个人认知。它虽然不是一种有形的明文表示的契约，但又确实发挥着有形契约的功效。近年来国外相关学者的研究表明：心理契约的构建可以避免组织与个体之间由于"信息不对称"所带来的效率的缺失，如果心理契约稳定，个体会在态度上和行为上表现出对组织强烈的认同感和忠诚感。

现有心理契约研究主要集中在组织行为领域，学者们都认为心理契约对理解组织行为具有重要意义。由此可见，心理契约源于组织行为学研究，它是指以许诺为基础的义务或责任观（Rousseau，1989）。我们可以从以下几点来理解：

（1）组织与个人关系的经验性积累是心理契约形成的基础。组织与个人经过一系列投入—回报循环的组织经历的经验积累，彼此形成感情上的契合关系，体现为信任感、依赖感和忠诚感。

（2）组织目标与个人期望和需求的有效契合是心理契约形成的条件。如果个人期望与组织目标相分离，组织与个人之间的价值回报就缺乏现实条件而无兑现的可能性，也无法形成良好的心理激励。心理契约的发展以组织和个人的共同意愿为导向和内在驱动力。

（3）组织与个人的相互满意度是衡量心理契约牢固程度的标尺。组织与个人的相互满意度越高，心里契约越稳固。

（4）心理契约是动态的。心理契约由于是内隐的、无形的，其建立过程可以没有对方的首肯，改变也不需要对方的同意，所以它容易建立也容易变化，时常处于变化与修正的状态。特别是在变化的环境中，契约双方依据自有参照系统和对方的态度及行为不断主观调整已有的期望，及时形成心理契约。

心理契约一般有两种类型（Macneill，1985；Robinson，Kraatz，Rousseau 等，1994），一种是"交易型契约"（transactional psychological contract），即指以经济交换为基础的契约关系，是由具体的、短期的、经济型的责任构成，体现较多的有形性，履约双方的投入都是有限的；另一种是"关系型契约"（relational psychological contract），是以社会情感交换为基础的契约关系，是由广泛的、长期的、开放性的责任构成，表现为较多的无形性，只要契约履行按照双方要求进行，彼此的投入可能会永续地进行下去。

二、业主与物业管理企业间的心理契约及其作用

尽管人们已经认识到心理契约的重要性，但对心理契约及其管理意义的认识还很少（Sparrow 和 Cooper，1998）。Roehling（1997）指出，虽然心理契约概念最初用来描述雇员的工作关系，但它现已一般化地用来描述许多关系。Eddleston、Kidder、Litzky（2002）指出，顾客接触人员也面临着与顾客的许多心理契约，存在着从非连续的交易契约到常客的关系契约。

在物业管理领域，业主决定委托物业管理企业进行管理，实质上相当于业主对未来交换的一种预期的心理付出，业主可能承受未来交换带来的损失风险。因此，业主必然有一种降低风险的心理冲动和需求，为自己的预期心理付出寻求一种预期心理所得作为补偿。实质上，这种心理所得与补偿就是业主的心理契约。业主由于感知到物业管理企业与自己未来交换做出了许诺，这种许诺进而降低了业主决定与企业交易而可能导致的预期损失风险。

物业管理企业为了更好地提高其经营管理水平，使业主满意，实现自身的持续发展，需要深入了解业主的心理契约。因此，我们根据 Rousseau（1990）对心理契约的狭义界定观点，侧重于从业主的角度出发，在业主与物业管理企业的关系中，突出业主方的感知，认为业主的心理契约就是业主对自己与物业管理企业之间互惠义务的感知和信念，是业主与物业管理企业在交换关系中对彼此责任和义务的心理约定，这种约定，或来自对正式协议的主观理解，或源于对各种形式承诺的判断，或隐藏于各种期望之中。当业主心理契约在交易中得到了有效的契合，业主就会产生购买物业服务的愿望，在接下来的物业管理服务消费体验中，业主如果对物业服务产生良好的体验和评价，就会提高对物业管理企业的满意度，进而产生情感偏好、信任心理和持续的购买物业服务的行为，最终形成对物业管理企业的忠诚和依赖（见图2），实现业主与物业管理公司的持续稳定的共赢，促进物业管理行业和社会的持续和谐发展。

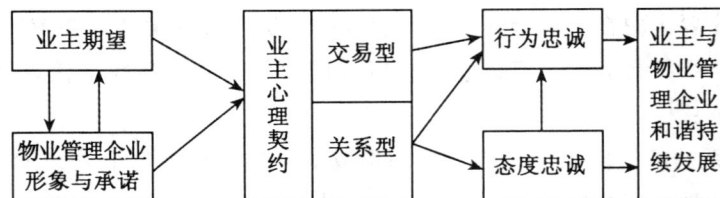

图 2　心理契约的形成促进业主忠诚

三、业主心理契约的构建与管理

物业管理企业作为独立经营的企业，承担着经济效益、社会效益、环境效益等多重目标和任务，通过提高管理水平来提供满意的服务无疑成为企业生存和发展的重要手段，特别是随着经济和社会的发展，业主与物业管理企业之间除了是一种经济关系以外，同时也是一种精神互动关系。业主的需求已经逐步向追

求内心情感的满足、愉悦和充实转变，单纯的物质交换关系已很难承载和覆盖业主与物业管理企业关系的全部内涵和空间。而业主的心理契约则为物业管理企业提供了与业主心理沟通的纽带和窗口。因此，明晰业主心理契约的构建机理，履行并维护业主心理契约对物业管理企业实现稳定持续发展具有重要的现实意义。

业主与物业管理企业双方缔结心理契约的过程是个动态、互动的过程，主要有四个主要环节（见图3）。首先，业主（或业主委员会）根据环境中的各种相关信息，形成对彼此权利和义务的一种知觉判断。其次，业主（或业主委员会）受自身特质的影响在心理上将已形成的知觉判断转化成对物业管理企业的某些期望。接下来的环节中，业主（或业主委员会）和物业管理公司进行心理期望的表达和交流。在表达中，业主可能会先发出各种相关的暗示，也可能直接选择口头或书面的形式。若采用暗示的方式来表达心理期望，有两种可能的发展趋势，一种是转化成口头或书面的意思表达，即正式发出口头或书面的要约，并通过与对方的沟通和交流，达成合意就会与对方建立起显性的契约关系（即图3中的虚线部分，这部分的契约不是本文关注的范畴）。还有一种可能是双方继续以心理暗示的方式来感知和交流各自的期望。最后一个环节是双方认可彼此通过暗示表达出来的对自己的期望，若期望契合则达成一致的心理契约。若存在歧义而未能达成合意，双方则会重新筛选和分析各种外部信息，对各自的权利和义务做出新的知觉判断，并可能进入新一轮心理暗示的感知和交流。由此可见，业主与物管公司的心理契约是动态的，产生于业主与物业管理企业所提供物业管理服务的经验或体验之中，是经验性的积累。物业管理企业通过持续的经营形成自己的知识和声誉，形成业主心理契约的基础，为企业获得经营权提供保障；业主通过自身的投入和体验，为自己带来物业的保值和增值。经过双方的一系列投入—回报循环的经验积累，彼此能够形成需求和感情的契合关系，体现为物业管理企业提供优质的服务，而业主在行为和情感上持续投入，对物业企业产生忠诚和依赖，进而实现物业管理企业的持续发展。

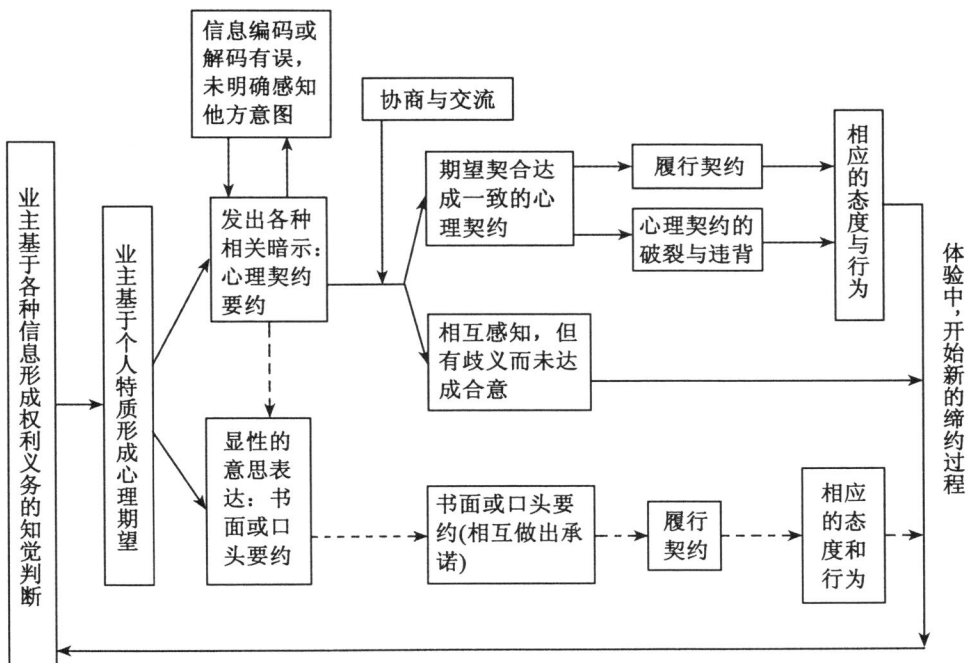

图3　业主心理契约形成的动态循环过程

从本质上讲，业主和物业管理企业间的关系是一个由显性经济契约和隐性心理契约构成的契约体系，它的发展永远处于一个动态的过程中，与此同时，业主的心理期望也不断发生变化。这为物业管理企业实现稳定经营带来了很大障碍，因此，物业管理企业需要重视与业主构建良好的心理契约，动态管理业主的心理契约，要通过了解业主的心理契约来提高自身的管理水平，实现企业与业主的共赢发展。在管理业主心理契约中应该注意以下几点：（1）树立持续经营的理念。心理契约的达成建立在彼此期望的契合上，业主通过筛选众多物业管理企业的信息，形成了对物业管理企业的心理期望，这都建立在物业管理企业的形象和能力的信息基础之上，因此，物业管理企业要摆脱发展近视症，注重自身核心能力的塑造，树立良好的形象和声誉。（2）注重沟通。物业管理企业在经营过程中，要尽可能地了解顾客的现实心理期望，识别顾客心理契约的类型，努力达成交易型和关系型契约双重契合。（3）提供个性化的服务，关注核心能力的培育。物业管理企业要提高自身的管理水平和能力，根据业主的个性特质和心理契约提供个性化的服务，注重经验和知识的总结，塑造企业自身的核心能力，努力通过高品质、个性化的服务履行对业主的承诺，形成信任，构建良好的心理契约。（4）动态管理业主的心理契约。物业管理企业要注意在物业服务提供过程中，业主心理契约的破裂和违背，增强危机管理意识，积极主动地维护和修复业主的心理契约，实现物业管理企业与业主间心理契约的长期稳定。

参 考 文 献

[1] 陈加洲，凌文辁，方俐洛. 组织中的心理契约. 管理科学学报，2001，4（2）.

[2] 李原，郭德俊. 组织中的心理契约. 心理科学进展，2002，10（1）.

[3] 胡道成. 立足服务，构建物业管理企业品牌. 华东经济管理，2006，20（8）.

[4] 董藩. 物业管理模式需要破茧重生. 中南民族大学学报（人文社会科学版），2008，28（3）.

[5] Llewellyn，N.. The role of psychological contracts within internal service networks. The Service Industries Journal，2001，1.

浅析物业服务风险管理

● 宋 伟

（四川大学工商管理学院　成都　610064）

【摘　要】 物业服务具有劳动密集、技术含量不高、资本需求不大、进入障碍较低的特点，决定了服务企业的经营利润率较低。但是，物业服务活动同样面临各种各样的风险，直接威胁服务企业的生存与发展。本文从物业服务风险产生的机理入手，系统地研究了物业服务风险管理的理论体系：风险识别、风险分析与评价、风险应对。文中提出的物业服务风险分析的方法与应对风险的措施，为物业服务企业的风险管理提供了总体思路及实施步骤。

【关键词】 物业管理　服务风险　风险管理

物业服务是物业服务公司提供的劳务商品的外在形式。物业服务公司是专门经营物业服务业务的法人组织。物业服务公司的主要职能是依照委托服务的契约，对受托物业及委托人提供管理服务[①]。物业服务具有服务性（提供建筑物及配套设备的修缮维护、物业区域的安全管理等）、专业性（专业技术人员持证上岗、公司资质管理）、平等性（物业服务公司与业主的法律地位平等，双方有自主选择权）和经营性（物业服务公司提供有偿服务，是自负盈亏的法人组织）的特点[②]。因此，提高经营效益是物业服务公司生存与发展的需要。

然而，物业服务是劳动密集、技术含量不高、资本需求不大、进入障碍较低的行业，故该行业的经营利润率较低。目前，国内近半数物业服务公司处于亏损状态，整个物业行业也处于保本或微利的边缘。但是，类似其他服务业，物业服务企业的经营活动同样面临各种各样的风险。例如，2005 年 4 月 14 日，在厦门某小区，一业主走在化粪池盖上时打响打火机，引起池内沼气爆炸，致使业主被烧伤。2008 年 10 月，成都市区某高层住宅楼顶水箱的浮球阀故障，大量的水从箱里溢出，造成楼下 200 多户居民家中进水或被淹，损失金额巨大。由此可见，风险管理对于物业服务企业多么重要。如果管理不当，一些风险事件造成的损失，对盈利率较低的物业服务企业只能是雪上加霜，有时甚至是致命的打击。

一、物业服务风险及产生机理

风险是活动或事件消极的、人们不希望的后果发生的潜在可能性。人们通常认为风险是一种不确定性，往往指消极的不利后果；也认为风险是损失或损害；还认为风险是预期与后果的差异，主要是负面的影响。

物业服务公司面临的风险是物业服务活动消极的、人们不希望的后果发生的潜在可能性，也可以认为

---

① 李斌. 物业管理——理论与实务. 上海：复旦大学出版社，2006：3.
② 王青兰等. 物业管理理论与实务. 北京：高等教育出版社，2006，11：5.

是物业服务企业在服务合同履行期间，全部经营活动中不希望的后果发生的潜在可能性。

物业服务风险产生的机理是：风险因素 →风险事件 → 损失、损害、失败。

物业服务的风险因素是引起风险事件的全部自然与社会环境因素。自然因素包括地理位置、地质地貌、山脉江河、气候和自然资源等；社会因素包括政治法律、经济水平、技术因素、文化宗教，还有行业的特性与竞争程度等。例如，地震、雷击等导致住宅物业的设施损坏，社会治安不好造成服务区域内停放车辆被盗，管理不善会出现游泳池或景观池人身伤亡等。

风险事件是造成服务对象——业主的人身伤害与财产损失的事故或偶发事件。没有这类事件的发生，则不可能出现不良后果，物业服务公司也不会蒙受经济损失和名誉损失。此外，物业服务公司还可能因为服务质量太差，长期未能改善，业主反映强烈，出现业主与物业服务公司的对立与冲突事件，导致终止服务合同或到期不再续签服务合同的结果。这实质上是物业服务企业的经营失败。

无论何种物业服务公司的经营风险都遵循这一基本规律。因此，注重风险分析和加强风险管理是越来越多物业服务公司刻不容缓的工作之一。

二、物业服务的风险管理

物业服务的风险管理是通过风险分析和应用管理技术与方法，对物业服务活动所涉及的各种风险实行有效的控制，妥善处理不利后果，减少风险造成的损失与损害，以确保物业服务公司经营目标实现的活动过程。

物业服务风险管理的重要作用有：

（1）避免和减少业主的人身伤害与财产损失；

（2）避免和减少物业服务企业的风险损失赔付额；

（3）提高物业服务质量，增加物业服务公司的收益，减少亏损；

（4）帮助物业服务企业树立良好的社会形象，塑造服务品牌；

（5）减少物业服务企业与业主间的矛盾与冲突；

（6）有利于建立服务区域内的和谐社会，有利于社会安定团结。

物业服务风险管理从内容上讲，包括物业服务的风险识别、风险分析与评价、风险应对。

三、物业服务的风险识别

物业服务的风险识别是通过收集和分析整理相关资料，确定各种风险因素和风险的来源，为风险分析奠定基础。风险识别是整个风险管理的第一步，只有正确、及时地识别风险，才能分析风险和更好地制定风险管理对策。

物业服务风险识别的方法包括：专家意见法、情景分析法、鱼刺图法、流程图分析法、核对表法等[①]。

（1）专家意见法。这是一种定性分析方法，较为适合风险因素的识别。它是邀请与物业管理有关的专家，对物业服务面临的各种风险进行的估计预判。此法全凭专家的知识、智慧和经验，去有效识别风险因素及其来源。因此，选好专家和有足够数量专家加入是风险识别工作质量的保障。其中，德尔菲法是最常用的方法。

---

① 宋伟，刘岗. 工程项目管理. 北京：科学出版社，2006：278.

（2）情景分析法。情景分析法针对物业服务过程的某种状态，应用数字、曲线或图表等进行描述和分析，从而识别引起风险的各种因素以及影响程度。情景分析法还可以研究风险事件出现的条件和环境，有利于后阶段的风险分析。

（3）流程图分析法。借助于工作流程图，可以分析和了解风险因素所处的具体环节，各环节之间存在的风险及其相互影响等。

（4）鱼刺图法。又称因果分析法，如图1所示。从风险事件发生的原因到结果，先一一列出造成风险的主因素，再分析引起这些主因素的次因素。它可以将每层原因深化，直到分析清楚为止。

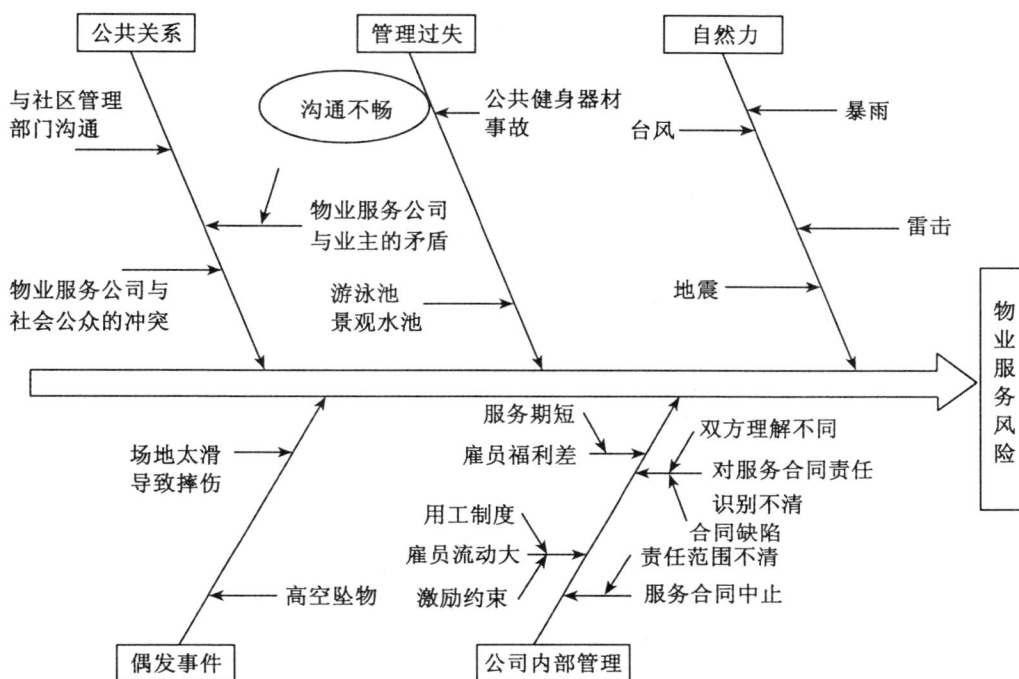

图 1　物业服务风险识别鱼刺图

（5）核对表法。将物业服务可能发生的许多潜在风险因素列在一张表上，供有关人员进行检查核对，用来判别是否存在表中所列的类似风险。核对表中的内容是过去物业服务公司曾发生过的风险，是物业风险管理经验的结晶，这对于物业服务管理人员开拓思路、启发联想大有帮助。核对表通常包括以下内容：物业服务成功的原因、物业服务失败的风险。物业服务核对表见表1。

表 1　　　　　　　　　　　　　　　　　物业服务风险核对表

成功的原因	物业服务失败的风险
服务合同明确物业服务的范围	未能满足业主对物业服务的具体要求
服务合同明确规定服务质量标准	业主对服务质量评价不高，形成对立
服务区域内安全和防盗措施有力	业主屋内财产被盗
住宅小区内停车场管理规范	车辆被盗、被擦
谨慎对待物业公司的多元化经营	不熟悉的业务经营失败的亏损
对业主的抱怨及时、不懈地沟通	因为不满意，部分业主拒交物业管理费
……	……

物业服务风险因素识别后，可以进行整理和分类。从物业服务的全过程来讨论，按形成的原因，物业服务面临的风险可以分为自然力风险、管理过失风险、公共关系风险、公司内部管理风险、偶发事故风险，详见表2。

表2　　　　　　　　　　　　　　　　　　物业服务风险及产生原因分类表

原　　因	风　　险
自然力	台风、雷击、暴雨、海啸、地震引起公共设备设施的损害损失与业主的财产损失
管理过失	公共健身器材的意外事故 游泳池、景观水池的人身伤害 服务区内车辆被盗 业主屋内财产被盗 物业服务合同被中止，合同到期业主不再续签
公共关系	业主与物业公司的矛盾和冲突 物业公司管理人员与其他社会公众的冲突
偶发事故	高空坠物 服务区内业主意外摔伤撞伤 楼宇物业设备陈旧造成意外事故
公司内部管理	用工制度与现行法规政策不符 雇员流动性大 对公司雇员的安全、福利未承担责任 对服务合同识别不清，对承担责任认识不足 服务质量与业主要求背离

四、物业服务的风险分析与评价

物业服务的风险分析与评价是对服务活动风险造成损失大小和风险事件发生的概率进行分析与评估的过程。因为不是所有的风险因素都会导致重大风险事件，而且每个风险事件造成的损失也有所不同，通过风险分析帮助管理者弄清哪些是风险后果严重的风险因素，以及这些因素引发风险事件的概率的大小，从而便于判断不利影响较大的风险因素以及风险事件排序，物业服务风险管理的重点也就被确定。

物业服务的风险分析与评价的步骤如下：

（1）列出可能出现的风险因素，假设有 n 种因素。

（2）分析风险因素引起风险事件的损失值，用 $(x_1, x_2, \cdots, x_n)$ 表示。

（3）估计风险事件发生的概率，用 $(p_1, p_2, \cdots, p_n)$ 表示。

（4）计算概率和损失值的乘积以确定风险评价值。

（5）评价风险事件的影响程度。乘积较大的为高风险事件，乘积较小的为低风险事件。高风险事件是人们必须高度关注的风险，低风险事件可以忽略不计。还可以用风险评价值的大小对风险事件排序，有利于人们强化对重大风险事件的管理。

以上介绍的方法是一种简单实用的风险定量评价方法。在确定风险事件的损失值时，要依据物业服务管理的工作经验，还要利用统计资料和财务数据，才能较为合理地确定损失值。估计风险事件发生的概率既可以参考相关的历史数据确定，也可以邀请有关专家预测风险事件发生的概率，即采用专家意见法。

除此之外，风险分析与评价的方法还有决策树法、概率分析法、列表排序法、层次分析法等。

五、物业服务的风险应对

物业服务的风险应对是在风险识别、风险分析与评价的基础上，为避免风险事件发生或减少风险事件发生的可能性以及减小风险造成的危害而采取的各种措施。

常见的物业服务风险应对措施包括：风险规避、风险降低、风险预防、风险转移、风险自留。

1. 风险规避

对于风险发生概率较大、造成损失严重的风险事件要尽可能地规避。尤其是物业服务的相关业务，如属不擅长的业务，不要随意涉足，如家政、餐饮、家电销售、建材销售等。物业服务公司通常没有这方面的专业人才，难以经营好这些项目。公司必须慎重对待多元化经营，以避免衍生的新风险。

2. 风险降低

这是对无法规避的风险采取某些措施来降低风险的危害，如物业服务企业的用工风险。由于物业管理工作的服务性特点和工资待遇不高，雇员的流动性大于其他服务业，给企业经营带来一定的风险。较高的员工流动性加大了企业培训工作量，不利于各项服务活动的开展，也难以保证服务质量；此外，对业主的安全和管理事故发生率都有不利的影响。采取有效措施，建立激励与约束机制，提高物业服务公司的凝聚力，降低员工的流动性，才能降低企业的用工风险。

3. 风险预防

风险预防即对风险预先采取措施，以防止风险发生。风险预防有两层含义：一层含义是事先采取措施减少风险发生的可能性，比如针对住宅小区游泳池的人身伤亡事件的发生，采取相应措施进行预防。另一层含义是在风险的发生不可避免的条件下，采取措施防止风险继续恶化或蔓延，如业主与物业服务公司的矛盾与冲突，一旦事件发生就要积极采取措施缓和矛盾，避免事态扩大化。风险预防的手段有两种：有形的预防和无形的预防。

（1）有形的风险预防手段。有形的风险预防手段常借助技术措施来消除风险威胁。比如在地下车库或停车场安装照明、监视装置，与加强人员管理相结合，防范车辆被盗；在景观水池旁增添护栏；在易发生事故的地方，如湿滑的路段、化粪池盖旁设置警示牌、警示灯，以避免人员受伤。物业公司自行组织高墙清洗，要为高空作业人员配备安全带，下方设置安全网等。

有形的风险预防手段在多数情况下虽然有效，但毕竟需要一定的工程技术设施，因此也必定造成一定的费用，所以在运用这种手段时，须进行成本效益分析，充分考虑其经济性。另外，有形的风险预防手段也并非包治百病的良药，它只能在一定程度上减少风险因素或降低风险后果的严重程度。因此，还需要辅之以无形的风险预防手段。

（2）无形的风险预防手段。无形的风险预防手段分为教育法和程序法两种：

① 教育法。教育法是通过教育来预防风险的方法。事实上，许多物业服务风险与服务人员的行为直接相关。由于物业服务都是人去从事的，人的行为、人的素质都是重要的风险来源。因此，要减少风险事件发生，必须加强对有关服务人员的教育和培训。教育内容既应包括风险和风险管理方面与物业服务有关的带有专业性的知识，又应包括职业道德、责任心、心理素质和身体素质方面的教育。通过这几方面的教育，增强服务人员防范风险的意识，可以减少工作过失给企业带来的风险与损失。

②程序法。程序法是指物业服务活动要规范化、程序化，减少事故造成不必要的损失。规范和程序反

映了活动的客观规律，是前人工作经验的总结。按规范或程序去操作可大大降低所面临的风险。反之，若无视甚至违背工作程序与规范，往往就会酿成错误，给物业服务公司带来损失。随着技术手段、经济水平的提高以及业主对服务的新需求，物业服务公司要不断创新，制定新服务规范或工作程序，才能有效预防各种服务活动的风险，最大限度地减少风险造成的损失。

4. 风险转移

风险转移是指为避免承担风险损失而将风险转移给其他经济单位的风险应对措施。风险转移的目的不是消除风险或降低风险水平，而是通过合同形式等合法途径将风险转移给第三方，由第三方对风险负责。当然，风险转移并非无条件的转移，而是必须让风险承担者得到相应的回报。若风险承担者因此而获得的报酬高于因承担风险而带来的损失，那么承担风险也就变成了其获利的机会。由此来看，风险转移是风险承担责任的合理流动，并不是违背商业道德的事情。

转移风险有多种途径，常见的有购买商业保险、转包专业服务工作。物业公司通过购买财产综合险，避免托管资产因火灾、爆炸和雷击、暴雨、台风等自然灾害造成的重大损失；购买机器损坏险，避免各类机器设备在安装、使用、维修和保养过程中发生意外造成损失；购买公众责任险，以分担物业公司由于"过失责任"而造成的各种经济赔偿。此外，将部分专业性较强的物业服务项目转包给一些专业公司承担，也就将这些服务的风险转移给了承担业务的公司，如电梯维修、高楼外墙清洗、公共范围的保洁、园林绿化与维护等。

5. 风险自留

风险自留就是物业服务企业将服务风险留给自己承担的一种风险应对方式。自留的风险通常是无法回避的、不能转移或不愿转移的风险。

风险自留可分为被动风险自留和主动风险自留。被动风险自留是在未能正确识别、估计、评价风险的情况下，而被迫采取自担风险损失后果的应对方式。这往往是一种无意识的、被动的处理方式，管理者在心理上没有准备，在项目资源对风险的分配上也没有准备，所以被动风险自留是消极的，它有可能给项目带来极大的损失，应尽量避免盲目的、被动的风险自留。而主动风险自留是一种主动的、有意识的、有准备的风险应对方式，它是在认真进行风险识别、估计、评价的基础上，衡量各种应对措施后，认为将风险留给自身是最佳方案时采取的处理方式，因此主动风险自留是有一定前提的，包括以下几点：

（1）进行过认真的风险分析评价，即对风险因素及其损失的严重程度有清楚的认识。

（2）风险不可转移、回避，损失又不能预防，还不能采取其他措施，除自留外，别无选择，或相对于其他应对方式而言，风险自留最合算。

（3）经分析，对风险后果有能力承担。

（4）风险发生前，就已经做好应对风险的准备工作。

（5）风险自留费用低于购买保险费用。

在权衡各种因素和资源条件以后，有时选择风险自留方式同样是可行的。

六、结语

与其他服务业类似，物业服务面临各种各样的风险，如果管理不善将给服务企业带来不可估量的损失，这对于经营利润率不高的物业服务公司是一大威胁。物业服务的风险管理除了提高风险防范意识外，还需要运用科学的管理技术与方法，对风险进行识别、分析与评价，并采取相应的风险应对措施，才能有效地控制服务活动所涉及的各种风险，确保物业服务公司经营目标的实现。

参 考 文 献

[1] 王青兰等. 物业管理理论与实务. 北京：高等教育出版社，2006.

[2] 李斌. 物业管理——理论与实务. 上海：复旦大学出版社，2006.

[3] 宋伟，刘岗. 工程项目管理. 北京：科学出版社，2006.

[4] 李海荣. 物业服务企业风险辨识与控制. 城市开发，2008，7.

[5] 刁书全. 房产物业管理的发展探析. 科技资讯，2008，24.

[6] 王东旗，苏艳芳. 构建物业管理评价体系思考. 科技资讯，2007，6.

[7] 邱菀华. 现代项目风险管理方法与实践. 北京：科学出版社，2003.

旅游研究中的案例方法

● 林璧属

（厦门大学管理学院　厦门　361005）

【摘　要】本文将旅游案例研究界定为探索难于从所处情境中分离出来的涉及旅游的社会经济活动现象时所采用的一种研究方法。本文探究了旅游案例研究的对象、性质，区分了描述型、例证型、实验型、解释型和探索型五种案例类别，阐释了案例研究的分析步骤和分析方法，并分析了旅游案例研究方法的优点与不足，探讨了个案研究结论的科学性问题。

【关键词】案例　案例方法　方法论

　　案例研究方法作为社会科学研究中的一种常用方法，被广泛地应用于法学、人类学、社会学、心理学和管理学等不同的学科中。旅游研究中也常常运用案例方法。但是，旅游研究中的案例方法应当如何界定？与其他学科的案例方法相比较，是否具有等同的方法论意义？这些问题尚未有人论及。本文试图通过对旅游研究中案例研究的定义、对象、性质和类别的分析，评析旅游案例的分析步骤和分析方法，在分析案例研究方法的局限性的基础上探讨其科学性，以便为旅游案例研究提供可能的方法论依据。

一、旅游案例研究的定义、对象、性质与类别

　　关于案例研究，目前学术界主要有两种观点：一种观点是典型个案研究，另一种则强调为经验研究。个案研究观点长期占据主导地位，而将其界定为经验研究则是近二十年来的一种观点。

　　案例研究一直作为个案研究的典范，尼斯贝特（Nisbet，1978）等人将案例研究视为一种对一个特殊事件进行系统的研究。阿德尔曼（Adelman, C., 1997）认为，案例研究是对一组研究方法的笼统术语，这些方法着力于对一个事件进行研究[①]。美国学者罗伯特·K. 殷（Robert K. Yin）的"案例研究"定义是经验研究的典范。他说："案例研究是探索难于从所处情境中分离出来的现象时采用的研究方法。"[②]

　　在旅游研究中，究竟是采用个案研究的定义还是采用经验研究的定义颇费思量。作为个案研究，数百年来案例研究在法学和医学已得到了广泛的应用。医师们依赖于案例研究来诊断病症，律师们将判例法视为法律研究的基本方法。在企业管理领域，20 世纪六七十年代兴起的经验主义学派和权变理论学派都高度重视案例研究方法，但二者在研究思路上有所区别——经验主义学派侧重于研究个体企业管理实践，虽然也作多案例的比较研究与归纳、概括；权变理论学派侧重于通过多案例研究，归纳、总结出若干基本模型，以指导管理实践。

---

① Adelman, C., Jenkins, D., and Kemmis, S.. Rethinking case study: Notes from the second Cambridge conference. Cambridge Journal of Education, 1997, 6: 139-150.

② 罗伯特·K. 殷著. 案例研究方法的应用. 周海涛等，译. 重庆：重庆大学出版社，2004：13.

在旅游研究中，典型个案研究非常重要，但若从方法论的角度考虑，则把旅游案例研究界定为经验研究更有利于学科的发展。因此，从这一角度出发，本文权且把旅游案例研究界定为：探索难于从所处情境中分离出来的涉及旅游的社会经济活动现象时所采用的一种研究方法。

从研究对象看，旅游案例研究是对当代某一处于现实环境中的旅游现象进行考察的一种带有历史方法和实证方法性质的并能使研究者参与案例研究过程的经验性研究。由于它研究现实生活背景中有关旅游的暂时现象，而这些有关旅游的现象本身与其背景之间的界限不明显，研究者只能大量运用事例证据来展开研究。因此，旅游案例研究的对象是旅游活动中所涉及的与旅游相关的现象，是一系列涉及旅游的事例证据及变量之间的相互关系。

既然旅游案例研究的对象是现实生活背景中有关旅游的现象，那么，旅游案例研究的性质可以确定为一种经验性的研究，这种研究可以明确概念，也可以进行分析归纳，但不是一种纯理论性的概念性的研究。旅游案例研究的意义在于回答"为什么"和"怎么样"的问题。因此，从本质上说，旅游案例研究是一种经验性研究，其研究对象决定其研究属性归属于现象学研究。

从国际学术界的相关研究看，学者们根据不同作用和目的划分了具有不同功能的案例研究，有的区分为探索型、描述型、解释型和评价型四种，也有人分为探索型、描述型和解释型三种。经过分析，本文认为将案例研究区分为五种类型更为合理，即描述型（descriptive）、例证型（illustrative）、实验型（experimental）、解释型（explanatory）和探索型（exploratory）。需要特别说明的是，这五种不同类型的案例研究具有不同的功能与研究目的。

描述型：描述型案例研究侧重于描述事例，其任务是通过讲故事的形式来描述具有典型意义的事例，并从这一典型事例的故事中获取信息和经典案例的意义；在实际应用中，描述型案例常常是在已有的理论框架的指导下，对旅游活动中的典型事例进行详尽的描述。就其性质而言，由于描述型的案例研究是对具有典型意义的事例进行描述，因而，这是一种较为典型的运用语言分析的研究方法，适合运用于课堂教学和对社会大众的演讲，对于那些能够娴熟运用语言技巧的人士而言，这是其获得成功的捷径之一。

例证型：例证型案例是为了检验已有的某一理论观点或说明某一问题，研究者通过枚举单一的事例或一系列的事例来论证其观点，并说明其欲说明的问题。如研究者希望阐述旅游企业组织的创造性实践活动或企业实践的新趋势，或为了说明旅游活动对当地社区居民的影响而列举的一系列事例，这一列举的事例即为采用例证型案例研究方法。就其适用性而言，运用例证案例来说明所要表征的问题是研究中或日常生活中的普遍方法。

实验型：当研究者希望检验一家旅游企业实施新实践、新流程、新技术的执行情况并评介其收益时，可以采用实验型案例研究方法，如旅游饭店推出新产品、采用新的管理流程等。实验型案例方法在研究中是充当检测、评价的手段，通常的使用方法是在评价旅游企业的微观实践、流程和采用新型技术的执行情况时与原有的参照系进行比较分析，以观测、验证其实效，具有实证的检测作用。实验型案例研究有严格的适用性要求，该方法只适用于可直接地、精确地、系统地控制事件过程时的研究对象，如研究旅游企业内部的微观实践、操作流程和采用新型技术的效率实证。如果是需要在现实环境中进行社会实验的案例，则需要采用一种准实验的方法，即通过严格控制程序的现场随机实验，并通过随机实验来获取具有统计概率性质的实验结果，这种准实验方法适用于综合评价社区的反映，如综合评价社区居民对旅游景区的开发态度，验证社区的参与机制与效率等。

解释型：解释型案例研究侧重于运用案例研究来解释某种理论或观点，运用现实中旅游企业实践活动的案例来解释某一理论假设。解释型与例证型案例研究的功能比较相近，其相同点都是与运用某种理论或观点相关，但侧重点不同，解释型案例研究是运用一系列的案例来解释某种理论或观点，而例证型案例研究则是检验某一理论观点或某一问题；解释型案例研究的适用性在于解释某种新观点、新理论或某种高深莫测的理论观点，而例证型案例研究的适用性则在于检验某一理论观点。

在旅游研究中，为了解释某种旅游理论或观点，可以通过一系列的解释性案例来解释其科学性。从解释型案例研究的解释与例证型案例研究的检验之间的区分看，解释型案例研究是通过一系列的事例来解释或说明某种理论或观点，而例证型案例研究的检验不仅在于证实，更在于证伪和纠错，一旦发现某种理论或观点有一个与其不相符合的事例出现，则说明其结论或观点不正确，需要修正。这种例证型案例研究所依据的方法论是归纳法，但其纠错功能可依据卡尔·波普尔的证伪主义和拉卡托斯的精致证伪主义。

探索型：探索型案例研究的目的在于运用新的视角、假设、观点和方法来解析新的与旅游相关的社会经济现象。当新的与旅游相关的社会经济现象出现时，已有的理论观点难以解释，于是需要运用新的视角、假设、观点和方法来解析，这些新的视角、假设、观点和方法能否胜任解析任务，一方面需要利用经典案例来解析，另一方面需要利用案例来实证这些新视角、新假设、新观点和新方法是否能够胜任解析任务。在此基础上才能考虑这些新的视角、假设、观点和方法是否具有科学性。这类研究以推动新理论的形成为己任，力图运用案例方法来实现新的理论构建。因此，探索型案例研究侧重于提出假设，其任务是寻找（新）理论，适用于因果关系不够明显、因果关系复杂多变的旅游现象。从研究属性看，探索型案例研究属于一种尝试性研究，通过探索型案例研究是否能够形成新的理论则很难说。

从表层看，案例研究应归属于现象学的研究范畴。但是，在深层次上，则分属于不同的研究范式，实验型、例证型、探索型属于实证主义研究范式，描述型、解释型是解释主义的研究范式。在现代西方哲学中，实证主义与现象学、解释学之间的差别是泾渭分明的，甚至是相互对立的，涉及科学主义与人本主义两大阵营。但就案例研究方法本身看，无论是实验型、例证型、探索型的实证主义研究范式，还是描述型、解释型的解释学研究范式，难以分出伯仲，但是，一旦就其功能与作用看，则实验型、例证型、探索型的实证主义研究范式的功能与作用更为重大，实验型、探索型的案例研究的学术价值明显大于例证型的案例方法。

二、分析案例的方法

旅游案例研究方法与一般的管理学的案例研究方法相同，只是所对应的不同类型的案例的研究步骤应有所区别。

（一）研究步骤

在案例研究步骤上，尼斯贝特（Nisbet，1978）认为案例研究可划分为四个阶段，第一阶段为开放式阶段，研究者不做事先判断，而是通过阅读历史卷宗、档案材料，运用访谈法、直接观察法、参与式观察法，以了解事实真相。第二阶段为重点突破，这一阶段是更为系统地、全面地收集资料、证据的阶段，目的在于发现事件或重要人物的本质特征，而不是无的放矢，收集一堆杂乱无章的资料。第三阶段是写作，好的案例报告不仅反映写作者严谨的科学精神，也要求作者具有高超的文学素养。第四阶段为检查阶段，是指将报告初稿送交被采访者、被调查者或事件的当事人阅读，由他们提出报告是否与事实有出入，或提出修改意见。埃森哈迪特（Eisenhardt，1989）提出案例研究方法的七个步骤，即启动、案例选取、数据采集、数据分析、假说修改、与已有文献的比较分析、得出结论。

实际上，案例研究的第一个难点是如何获得可靠的案例素材。罗伯特·K. 殷认为，最常见的经验素材来源包括：文献、档案记录、访谈、直接观察、参与性观察和实物证据等六个方面①。可以说，这六个

① 参见罗伯特·K. 殷．案例研究设计与方法．周海涛等，译．重庆：重庆大学出版社，2004：94.

方面概括了案例采集的基本方法，其中，文献法、档案记录法和实物证据法比较容易把握，访谈法和观察法则不容易把握，需要综合运用严格的程序和手段、方法。访谈包括电话、书信、面谈等多种形式，各种方法的难易程度不同，访谈效率也不同。观察法则更为复杂，可分为直接观察和参与性观察，如果根据研究者本身参与与否，还可分为参与式和非参与式观察法，或根据观察情境差异，分为自然情境观察法和人工情境观察法。假定选取观察法中的两类变量作为考察因素，一类变量是观察情境，另一类变量是观察方法，则可以进行四种类型的案例素材观察调研，即参与式自然观察的案例调研、非参与式自然观察的案例调研、基于人工情境中对单个个体的非参与式观察的案例调研、基于人工情境中对单个个体的参与式观察的案例调研。这些观察方法，不仅适用于旅游案例采写，也适用于其他研究领域。

在收集案例资料之后，如果仅仅停留于案例采写，不能进行深入细致的研究，则不宜视为案例研究，只能是案例素材收集。于是，罗伯特·K.殷强调使用多种证据来源、建立案例研究数据库和组成一系列证据链，方能保证获得可靠的案例和进行科学的案例研究。

案例分析过程是对与案例相关的有意义的信息进行检验和考证的连续过程。案例研究的步骤一般设定为：第一，提出明确的研究问题；第二，设计一个正式的研究方案；第三，运用理论和以前的研究成果来提出正、反面假设；第四，收集经验性信息来检验这些正、反面假设；第五，汇编成数据库，独立于任何陈述性报告、解释或结论，能接受第三方的检查；第六，根据研究主题和设计进行定量或定性分析。与此同时，在案例研究中要考虑5个要素，即第一，明确要研究的问题；第二，进行理论假设；第三，确定分析单位；第四，联结数据与假设的逻辑；第五，解释研究结果的标准①。

案例研究的一般步骤和流程虽然具有某种普遍意义，对各种类型的案例研究都具有指导意义，但是，我们还必须注意到，在各种不同类型的案例研究中，不同的研究目的决定了不同的研究步骤，各种案例研究的步骤和程序也有差别，不可同日而语。本文结合旅游案例研究实际，试分析如下：

描述型的案例分析过程通常涉及3个步骤：首先，综合案例中的所有信息，分离出与案例分析相关的信息，构建一个整体性的情景状态；其次，详细描述这一情景状态，推测和识别出与现有的理论观点相异的旅游社会经济现象或问题，勾画出案例的轮廓；最后，分析和解释这一旅游案例，辨析其独特性和可借鉴性。

对于例证型的案例研究，在完成了第一个步骤的旅游案例素材收集之后，识别出与现有的理论观点相同的这一案例所表征的与旅游相关的社会经济现象，再提供充足的证据和必要的数据，以证明其与已有理论的契合性，第四个步骤是，一旦发现某种理论或观点有一个与其不相符合的事例出现，则说明其结论或观点不正确，需要纠错与证伪，从而进入下一个循环。

对于实验型案例研究，第一个步骤是明确试验的对象，设计实验方案；第二个步骤是进行现场实验（根据需要进行室内或室外环境的社会实验）；第三个步骤是分析实验结果，提供必要的数据，以证明其合理性、有效性和可行性，评价具体的实效；第四个步骤是考虑重新实验或改进已执行的新实践、新流程、新技术。

对于解释型的案例研究，在完成了第一个步骤的案例素材收集之后，第二个步骤是识别出与现有的理论观点相同或相左的一系列案例所表征出来的与旅游相关的社会经济现象；第三个步骤是运用这一系列的案例来解释某种理论或观点，并提供充足的证据和必要的数据，以证明其契合性、科学性与合理性。

对于探索型的案例研究，在完成了第一个步骤的案例素材收集之后，第二个步骤是为了解释或解决问题，提炼出一个观点，这个观点可以是一个分析模型，也可以是一个解决方案；第三个步骤是提供充足的证据和必要的数据，以证明这一分析模型的科学性和合理性；第四个步骤是进行实证研究，经过不断证伪

①　参见罗伯特·K. 殷. 案例研究设计与方法. 周海涛等，译. 重庆：重庆大学出版社，2004：25.

和不断修正的过程，完善这一分析模型或解决方案。

当然，以上分析步骤只是一个大概的程序，并不是放诸四海而皆准的标准程序，无法简单地照搬上述步骤机械地套用，在研究中可以根据案例的实际情况适当地调整。

（二）分析方法

案例的分析方法是一整套由复杂建构和整体性要求所构成的分析技术和方法，这是目前为止最令人费心也最难以达到一致认识的问题。案例分析方法可以有无穷多，我们试举罗伯特·K. 殷提到的几种分析方法为例来说明这一问题。

罗伯特·K. 殷提出模式匹配、建构性解释、时序分析、逻辑模型与跨案例聚类分析五种具体的分析技术。

模式匹配：模式匹配分析技术的逻辑是"将建立在实证基础上的模式与建立在预测（或几种可能的预测）基础上的模式相匹配。如果这些模式相互之间达成一致，案例研究结论的内在效度会更理想"。①罗伯特·K. 殷把模式匹配具体区分为简单模式匹配、非对称的因变量设计模式匹配、竞争性解释的模式匹配。这种将实证基础上的模式与预测基础上的模式进行匹配的关键在于研究者的学识水平和研究能力，从一般的模式匹配分析看，只要运用这一方法者都能够说明所要研究的案例的情况，但其分析结果的可靠性和准确性则较难以把握。

建构性解释：罗伯特·K. 殷的所谓建构性解释就是提出一套有关该现象的假定存在的因果关系，即以描述性的语言来解释该现象。他认为，如果一次解释不能说明问题，即进入下一轮的解释，直至获得比较满意的解释，与此同时，还可以利用竞争性解释来完成对现象的分析，所谓竞争性解释是指用不同的解释甚至是相互矛盾的解释来研究案例。当然，如果从科学的角度看，通过无穷尽的解释，可以获得圆满的答案。建构性解释适用于那些难以用一些精确的方式评定的复杂的因果关系。

时序分析：时序分析就是时间序列分析，无论是采用简单时间序列还是复杂时间序列分析，其"内在逻辑是把数据资料的趋势与以下三个趋势进行比对：（1）在调查开始之前就明确下来的某种理论性趋势；（2）前期确定的某种相反趋势；（3）其他任一有损于内在效度的趋势"②。运用时间序列研究案例的目的在于探讨一定时间内各种事物之间的关系，回答相关的"怎么样"和"为什么"的问题，而不是仅仅考察时间上的趋势。也就是说，时序分析是对所研究的对象——案例发展过程及其相互关系的分析。

逻辑模型：逻辑模型实际上是模式匹配的一个变式，强调将实际观察到的事件与理论预测的事件相比对。其前提是这些事件必须展现"原因—结果—原因—结果"的重复与循环，前一阶段的因变量（事件）成为下一阶段的自变量，这种事件展现一定时期内各个事件之间复杂而精确的链条。因此，运用这一技术的关键是建立一个因果循环的事件序列，使各个事件能联结成一个整体，联系越复杂，就越能通过分析确定一段时间内的事件是否构成了严密的模式匹配。从这一点看，运用该项技术的关键是能否设计好一个科学的逻辑模型。

跨案例聚类分析：通过案例（单一案例或多个案例）来分析归纳出结论或预测未来时，研究者必须对这一案例所涉及的各部分的相互依赖关系及这些关系发生的方式进行深入的研究，在这一研究基础上，研究者将每一个案例及其主题作为独立的整体进行深入的分析，然后，依托于同一研究主旨，在彼此独立的单案例分析的基础上，将所有案例进行归纳、总结，并得出抽象的、精辟的研究结论，这一分析就可以称作跨案例聚类分析。这种研究实际上就是一种综合研究，是对一系列单个研究的结果进行综合，或在单

---

① 参见罗伯特·K. 殷. 案例研究设计与方法. 周海涛等，译. 重庆：重庆大学出版社，2004：124.
② 参见罗伯特·K. 殷. 案例研究设计与方法. 周海涛等，译. 重庆：重庆大学出版社，2004：132.

案例研究的基础上进行聚类分析，或进行跨案例聚类分析。因此，跨案例聚类分析适用于多案例研究。与单案例研究相比较，单案例主要用于证实或证伪已有理论假设的某一问题，也可以用作分析一个极端的、独特的和罕见的情境，一般单案例研究不适用于系统构建新的理论框架，但能够深入地揭示案例所对应的现象的背景，能够保证案例研究的可信度；而多案例研究能够更好、更全面地反映案例背景的不同方面，可以提高案例研究的有效性，也能分析归纳或构建新的理论框架。

三、案例方法的科学性问题

之所以提出案例方法的科学性问题，是因为长期以来，案例研究法被认为是社会科学研究中最不具科学性、最不可靠的方法，质疑者认为，案例研究的结果是缺乏精确性（定量分析）的，而且难以达到客观性和严谨性。在深入研究案例方法之前，笔者也是如此认识的，但是，在深入分析之后，则对怀疑者提出了怀疑。

相比于其他研究方法，案例研究方法主要有以下的方法论意义：第一，案例研究可以透过现象看本质。不仅能对现象进行翔实的描述，也能对现象背后的原因进行深入的分析，它既回答"怎么样"和"为什么"的问题，也有助于研究者把握事件的来龙去脉和本质。与此同时，案例研究的结果能被更多的读者所接受，能给读者以身临其境的现实感。第二，案例研究结论可能更具有现实有效性。案例研究来源于实践，是对客观事实全面而真实的反映，将案例研究作为一项科学研究的起点能够切实增加实证的有效性。虽然案例研究法不如实证研究法那样能对两个变量之间的关系描述得十分准确，但却是对事实存在的最好证明。第三，案例研究有可能发现被传统的统计方法所忽视的特殊现象，因为案例研究包含真实情境中的各种要素及特殊现象、突发现象，研究者在进行案例研究的过程中可能会发现一些前人没有觉察到的原因、现象或者结果等变量，这往往会成为案例研究中隐含的、有待检验的假设，成为以后研究的基础。第四，案例研究有助于创建新理论。在案例研究过程中，研究者可能会以更开放的心态看待研究中获得的大量材料与数据，以及案例材料与现有文献的矛盾等，从而弥补现有理论体系的不足，更有可能产生新理论。第五，案例研究能够以更容易获取的测量工具和更容易证伪的假说来检验理论。

当然，案例研究法自身的特点在给它带来特殊意义的同时，也使其具有一定的局限性，比如：

其一，案例研究的结果不易归纳为普遍结论。因为案例研究方法属于归纳法，是由个别到一般的研究过程，尤其是由活生生的个案推导出具有普遍意义的理论，说服力不强，推广性不够。其二，案例研究法的效度与信度容易受到质疑。这是因为，在外部效度方面，由于案例研究非常耗费时间和人力，所以采用该方法进行一项研究时，通常不会出现大量的案例，而是应用小样本研究。然而，当一个以小群体为被试对象而得出的研究结论被应用于其他群体，或者较大的群体时，其有效程度是难以测量并令人信服的。因此，案例研究法的外部效度大大下降。在内部效度上，案例可以说是一个真实的故事，其中包含的信息极其丰富，这对研究者把握重要情况、提炼变量的能力提出了更高的要求。于是，罗伯特·K. 殷（1994）认为，案例研究的归纳不是统计性的，而是分析性的，案例研究不能得出统计的普遍性结论，却可以得出分析的普遍性结论，即当某项案例研究在某一场合下的发现可以应用于其他场合时，该研究即具备理论上的通用性，因此，按照统计观念来指责案例研究并不妥当。当然，在研究过程中，如果研究者采用多案例进行研究，案例间可能会是异质的，造成难以对案例进行归纳，这也是信度上的不足。

在本文划分的旅游案例研究的 5 种类型中，由于案例研究的类型不同、功能相异，所存在的信度也有所不同。描述型案例研究侧重于描述事例，其任务是通过讲故事的形式来描述具有典型意义的事例，并从这一典型事例的故事中获取信息和经典案例的意义。于是，描述型案例研究的信度问题比较小。而例证型、实验型、解释型和探索型的案例研究，都有一个共同的核心问题，即单案例或有限的多个案例如何获得具有普遍必然性的认识结论，也就是说，如何从案例研究的个别推导出具有普遍性的一般？这一推导过程实际上也就是归纳过程。因此，罗伯特·K.殷强调，案例研究可以采用多案例研究，使其相互印证，从而归纳出具有理论色彩的结论。也就是在这一层次上，案例研究的目的是归纳出理论（分析归纳），而不是计算频率（统计归纳）；案例研究的目标是"归纳分析"，而不是"列举分析"①。但是，无论是归纳分析还是列举分析，都有一个共同的致命伤，即从单一案例或多个案例中如何归纳出具有普遍必然性的结论？

出现这一疑问的症结在于认识论的根源，即休谟对归纳法的否定。以近代实验科学尤其是牛顿力学的辉煌成就为后盾，归纳法作为科学发现和证明的"新工具"，其有效性与合理性似乎已无可置疑，但休谟对归纳的诘难，即关于具有无限个体的类的归纳结论，其可能为真的概率总是零的论断，不仅使康德陷入沉思12年而不得解，黑格尔另辟蹊径之解也很难令人满意，即使20世纪逻辑实证主义建立的概率归纳逻辑系统，也同样未能解决归纳结论缺乏逻辑必然性的问题。

休谟对归纳合理性的否定和由此而来的普遍必然知识的形成和证明问题，一直成为200多年来认识领域的一个焦点问题，而且至今难有很圆满的解决途径。但是，笔者认为，休谟的诘难并不能成为否定案例研究法的根据，更不能否定案例研究的意义。马克思主义经典作家对这一问题的解决方法为我们提供了方法论依据。马克思和恩格斯是通过揭示普遍必然性的辩证关系，即通过对个别与一般、特殊与普遍、相对与绝对、偶然与必然、有限与无限的辩证关系的研究来实现的。在他们看来，一般、普遍、绝对、必然、无限就在个别之中，因此要把握它们，并不需要逐一考察所有个别事物，只需解剖若干典型即可。所以，马克思以英国为典型，发掘资本主义的一般规律，以法国为个案，阐发了资本主义政治的一般规律。从这一点出发，我们认为，旅游案例研究可以通过对旅游活动中所涉及的与旅游相关的社会经济现象的个案研究来获得新的认识。它可以获得其他研究手段所不能获得的数据、经验知识，并以此为基础来分析不同变量之间的逻辑关系，进而检验和发展已有的理论体系；可以满足那些具有原创性的研究，尤其是以构建新理论或精炼已有理论中的特定概念为目的的研究。

参 考 文 献

[1] Adelman, C., Jenkins, D. and Kemmis, S. Rethinking case study: Notes from the second Cambridge conference. Cambridge Journal of Education, 1997, 6.

[2] Stake, R. E.. Quieting reform: Social science and social action in an urban youth program. Urbana: University of Illinois Press, 1986.

[3] 罗伯特·K.殷. 案例研究方法的应用. 周海涛，译. 重庆：重庆大学出版社，2004.

[4] 罗伯特·K.殷. 案例研究设计与方法. 周海涛等，译. 重庆：重庆大学出版社，2004.

[5] 卡尔·波普尔. 客观知识——一个进化论的研究. 上海：上海译文出版社，1987.

[6] 卡尔·波普尔. 猜想与反驳. 上海：上海译文出版社，1986.

[7] 马克斯·韦伯. 社会科学方法论. 北京：中国人民大学出版社，1992.

[8] 孙海法，朱莹楚. 案例研究法的理论与应用. 科学管理研究，2004，22（1）.

[9] 叶康涛. 案例研究：从个案分析到理论创建——中国第一届管理案例学术研讨会综述. 管理世界，2006，2.

---

① 罗伯特·K.殷. 案例研究设计与方法. 周海涛等，译. 重庆：重庆大学出版社，2004：13.

改革开放三十年来我国旅游
规划理论研究进展及评述*

● 温兴琦

（武汉大学经济与管理学院　武汉　430072）

【摘　要】旅游规划理论研究是随着旅游规划实践而发展的。改革开放 30 年来，我国旅游规划研究取得了长足的进展，经历了前期探索、实证研究和理论研究阶段，旅游规划理论也形成了自己的特点与体系。本文对我国改革开放 30 年来旅游规划理论研究历程进行了回顾和总结，并归纳了旅游规划理论研究的主要思想、研究方法及发展趋势。

【关键词】旅游规划　理论研究　思想方法　趋势

旅游规划在旅游业发展最快的西方发达国家首先出现。最早的旅游规划起源于第二次世界大战后欧洲的法国、英国和爱尔兰。自 20 世纪 50 年代开始，国外旅游规划经历了 50 年左右的发展过程，现已基本形成了以 WTO（世界旅游组织）和西方发达国家为主体，包括少数发展中国家和新兴工业化国家的旅游规划结构体系。自 20 世纪 70 年代开始，旅游规划呈现从西方发达国家扩散到新兴工业化国家和一些发展中国家的分散化趋势，这些国家和地区在 WTO 或西方发达国家的旅游规划研究机构的协助下，通过自身努力完成了不少的旅游规划。国外旅游规划经过多年的发展已日渐成熟，形成了许多规划思想和方法，而我国旅游规划在借鉴国外旅游规划经验和成果的基础上，在理论与实践方面都处于快速发展的轨道上，取得了长足的进展。本文将就我国改革开放以来的旅游规划理论研究进展，从若干方面进行归纳与梳理，并对其特点与发展新趋势进行了概括和评价。

一、旅游规划的内涵、性质及分类

旅游规划是对未来旅游发展状况的构想和安排，它建立在一定的现实的调查与评价基础上，通过一系列方法寻求最佳决策，以实现经济效益、社会效益和环境效益最大化。美国著名旅游规划学者冈恩（Gunn，1989）曾指出：“规划作为对未来的预测，处理可预见的事件，是唯一能使旅游业获得好处的方法。”吴人韦（2000）在《旅游规划的作用》中提出，21 世纪我国旅游规划的任务是，集中其有限的力量，确保完成以下几项具体任务：第一，恢复生态系统、环境系统和文化系统的完整性；第二，在市场条件下合理配置旅游资源，并以法律为强制性手段，通过规划及其管理阻止局部的、眼前的、纯粹经济效益的畸形发展；第三，加速提升我国旅游“产品”的整体质量及其市场优势；第四，落实相关部门的密切

---

* 本文是湖北省自然科学基金项目“基于可持续发展的水资源规划量化研究”（编号：2008CDZ051）阶段性研究成果。

协作，组建"大产业"的支持体系①。旅游规划是一个动态的、连续的过程，它不是一成不变的，它需要不断地修订和完善。旅游规划是旅游业发展的纲领和蓝图，是促进旅游业健康发展的根本保障（刘滨谊，2005）。王艳平、郭舒（2007）则认为，旅游规划是以旅游与环境之间的作用为基础、以人的主观能动为动力，实现旅游系统趋利避害发展的一种工具性或手段性活动②。

根据中华人民共和国国家标准 GB/T18971-2003《旅游规划通则》，旅游规划分为两大类：一大类是旅游（业）发展规划，指根据旅游业的历史、现状和市场要素的变化所制定的目标体系，以及为实现目标体系在特定的发展条件下对旅游发展的要素所做的安排；另一大类是旅游区规划，是指为了保护、开发、利用和经营管理旅游区，使其发挥多种功能和作用而进行的各项旅游要素的统筹部署和具体安排。旅游发展规划按规划的范围和政府管理层次分为全国旅游业发展规划、区域旅游业发展规划和地方旅游业发展规划。地方旅游业发展规划又可分为省级旅游业发展规划、地市级旅游业发展规划和县级旅游业发展规划等。旅游区规划按规划层次分总体规划、控制性详细规划、修建性详细规划等。

二、我国旅游规划理论研究发展历程

我国的旅游业发展晚于西方发达国家，甚至晚于一些发展中国家。改革开放以来，特别是 20 世纪 90 年代以来，我国的旅游业以世界其他国家少有的速度发展，现已成为推动世界旅游发展的极富活力的重要力量，成为国民经济的重要产业，中国已经成为世界旅游大国。国内旅游规划的实践与研究也是与旅游业的发展紧密相联的。与旅游业的快速发展相适应，我国学术界开始对旅游发展与规划进行尝试性研究。以郭来喜教授为代表的地理学家在改革开放伊始，率先在国内进行旅游规划问题的探讨。以其为主撰写的《旅游地理文集》，开启了我国旅游地理研究和指导规划实践的先河。北京大学的陈传康教授从大量旅游资源开发与规划的实践出发，从多学科交叉综合的视角，探索我国旅游规划的理论构建。经过 20 世纪 80 年代我国旅游业的大发展以及大量的旅游规划的实践，一方面，催生了大量的旅游规划编制任务；另一方面，对旅游规划的技术体系、性质特点和理论方法在学术层面进行了较多的探讨（周建明，2007）。

我国旅游规划伴随旅游地理学而兴起，随旅游资源的开发而发展，旅游规划实践中暴露出的问题导致了旅游规划理论研究的产生，有关学者围绕旅游规划召开的几次全国性研讨会推动了研究的发展。范业正等（2003）将我国的旅游规划研究总体上分成前期探索、实证研究和理论研究三个阶段。

前期探索阶段从 1980 年至 1986 年，其中，中国科学院地理研究所组建旅游地理学科组，由郭来喜先生主持旅游地理研究，标志着旅游规划理论研究的开始，20 世纪 80 年代初有关旅游资源评价和开发思想逐步形成，为其后的旅游资源开发规划奠定了基础。1986 年，东北师范大学与吉林省旅游局汇编论文，对我国旅游资源开发与规划初期实践进行总结，并初步阐明旅游资源调查评价和开发的一些规律性问题。这一阶段旅游规划的研究重点集中于旅游资源的调查和评价方面，在旅游业发展和景区开发上仍处于较低水平，因而可以称作旅游资源调查和评价阶段。

实证研究阶段从 1987 年至 1996 年，在这一时期，学者对旅游规划理论的贡献主要是旅游资源和旅游地的评价方法，如俞孔坚综述了风景评价的认知学模型（1987）（见表 1），保继刚（1986）、邢道隆（1987）分别应用层次分析法确定旅游资源评价的指标体系权重，杨汉奎（1987）、张亚林（1988）和路紫（1988）应用特尔菲法征询评分加权对旅游地作总体评价，楚义芳（1989）构建了我国观赏型旅游地评价的模型系统。另外，1986—1990 年，孙尚清先生主持研究国家社科"七五"重点项目——《中国旅

① 吴人韦. 旅游规划的作用. 桂林旅游高等专科学校学报，2000，1：70-73.
② 王艳平，郭舒. 旅游规划学. 北京：中国旅游出版社，2007：153.

游经济问题》，从整体上对中国旅游业发展趋势做了科学分析，是当时一项水平较高的综合发展研究。在实证探索阶段，学者们对旅游开发和规划偏重于个案研究和经验总结，其理论深度显得不够。

表1　　　　　　　　　　　　观光旅游资源美学评价信息理论模型①

景观美学评价层次	评价维量（景观属性）	
	信息的可接受性	信息的丰富性
韵律美	有序性	复杂性
新奇美	特征可析性	稀有性
意蕴美	规律性、典型性	含义丰富性

第三阶段是理论研究阶段（1997年至今），20世纪90年代末，旅游规划研究的重视程度得到提高，一些国家级旅游研究课题开始把旅游规划理论作为重要内容，如国家自然科学基金"九五"重点项目《中国旅游业持续发展理论基础与宏观配置体系研究》成果中，旅游规划理论研究占据较大比重，旅游规划开始作为学位论文选题。2001年，《旅游学刊》主办的"中国旅游规划高峰研讨会"是规模最大的一次旅游规划研讨会，来自国家旅游局、建设部、中国科学院、北京大学、清华大学、中国旅游学院等一百多位专家和学者参加了学术研讨会。21世纪初，一系列旅游规划学术论著及旅游规划案例相继出版，标志着旅游规划理论研究进入新的阶段。这一阶段，旅游规划理论研究开始引起旅游学者的重视，真正的旅游规划理论研究阶段已经到来。

表2对我国旅游规划理论研究的发展历程进行了总结。

表2　　　　　　　　　　　　我国旅游规划理论研究发展历程

发展阶段	时　间	主要观点或理论	代表人物或机构
前期探索阶段	1980—1986年	旅游资源评价和开发思想逐步形成	郭来喜、东北师范大学与吉林省旅游局
实证研究阶段	1987—1996年	旅游资源和旅游地的评价方法	保继刚、邢道隆等
理论研究阶段	1997年至今	旅游规划理论日益受到重视，理论成果层出不穷	国家旅游局、中国科学院、北京大学、清华大学、中国旅游学院等

三、我国旅游规划的主要思想与方法

经过改革开放30年来理论和实践的探索，国内旅游规划理论和方法有了长足的进步，体系逐渐完善，在借鉴国外理论的基础上，逐步形成了适合中国国情的一些规划理论与技术方法。

我国旅游规划的系统观（如图1所示），是借鉴国外旅游系统理论和旅游系统规划方法而形成的。国

① 俞孔坚．观光旅游资源美学评价信息方法探讨．地理学与国土研究，1989，4：46．

内的旅游专家在借鉴国外系统思想的基础上，构架了"旅游产业系统"，为旅游产业规划和旅游系统规划奠定了基本框架①。吴必虎（1998）从旅游者出行角度来解释旅游活动过程，认为旅游系统构架应包括四个部分，即客源市场系统、出行系统、目的地系统和支持系统。王家骏（1999）在此基础上，从旅游经济和运营的角度把旅游系统划分为市场系统、旅行系统、营销系统、目的地系统和支持系统，其他如政治、经济、社会、文化、自然等因素作为旅游系统的外部影响因子，这个系统模型把前者模型中的出行系统分解成旅行系统和营销系统两个部分，并借鉴 Gunn 的思路把相关要素归结为影响因子，有利于旅游经营和供需的分析。彭华（2001）从旅游产业发展动力学角度建立了旅游发展动力系统，其系统构成为吸引系统、支持系统和中介系统，此系统构建了一个分析应用模型，支持系统因子吸引人流并带来潜在的旅游市场，城市旅游目的地系统尤其如此。刘锋（1999）在吴必虎的模型基础上强调了旅游系统规划的整体性、协调性、层次性和可控性。刘滨谊的旅游规划"三元论"思想在旅游目的地系统（旅游者、旅游吸引物、旅游环境）基础上，概括出旅游景区规划的三个重要方面，即旅游、景观、生态，进而强调旅游规划要注重目的地的旅游活动策划、旅游景观吸引物设计和生态环境建设。

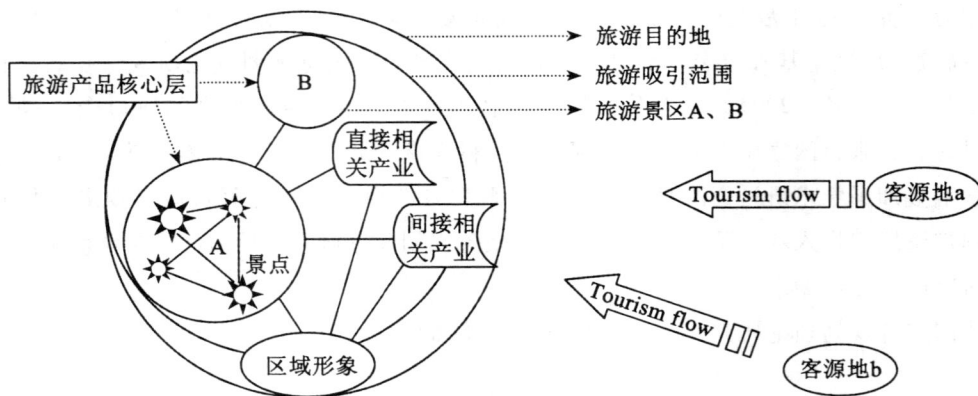

图 1　目的地旅游系统构成

资料来源：侯晓丽等．旅游规划整合——对"大旅游"内涵的再认识．旅游学刊，2005，4：35.

　　我国旅游规划越来越重视社区参与，社区规划方法在实践中得到了广泛的应用和发展。吴必虎（2002）在编制《济南市旅游发展总体规划》的过程中，充分考虑了芙蓉街改造工程对社区居民的影响，为保障社区的利益，让居民参与规划过程。保继刚（2003）在阳朔遇龙河风景旅游区规划中，提出遇龙河旅游区居民参与旅游开发的主要策略，如给居民提供参与旅游规划、旅游发展决策的机会，对居民进行教育和培训等。王春雷、周霄（2003）从人类学视角分析了旅游规划中的社区参与问题，阐明了社区参与区域旅游规划的现实意义，并提出了有针对性的操作规程和保障措施。宫晓玲（2005）介绍了旅游规划中社区参与的必要性及其优势，并对社区参与旅游规划的过程及内容进行了分析，提出了旅游规划中社区参与的保障性措施。黄细嘉（2007）则从我国旅游规划中的不公平现象研究出发，分析了我国旅游规划中社区参与方面存在的诸多问题。

　　杨兴柱等（2006）从旅游规划的公众参与角度入手，系统地梳理了国内外旅游规划公众参与研究进展，围绕谁参与、为什么参与、参与方式、参与行为及参与时间等问题，初步探讨了旅游规划公众参与的

---

① 范业正，胡清平．中国旅游规划发展历程与研究进展．旅游学刊，2003，6：25-30.

核心内容，即包括识别利益主体、分析参与决策行为、明确公众参与模式、确定主体参与阶段、选择合意参与方式等。

邹统钎等（2007）回顾了社区参与、社区开发相关方面的文献，以大都市郊区乡村旅游发展为案例，构建了以产业链本地化、经营者共生化与决策权民主化为支撑的乡村旅游的社区主导开发（community-based development）模式（见图2）。

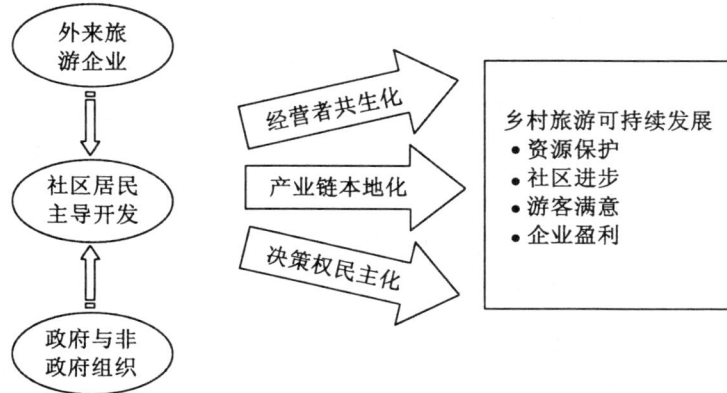

图2　乡村旅游 CBD 开发模式①

徐增让（2004）重点对构建旅游规划信息系统的关键技术和主要功能等理论问题进行了研究，以期促进旅游规划的数字化、定量化、信息化发展。他基于旅游规划、地理信息系统、数据库的基本原理，提出了构建旅游规划信息数据库的主要技术环节，探讨了旅游规划中常用的几种空间数学模型，如叠置分析、缓冲区分析、网络分析的建立方法等。

卢彦、周杰（2008）介绍了国内外旅游规划研究动态及其发展历程，并对旅游规划的动态性及其核心内容即旅游产品进行了阐述，分析了旅游规划核心内容的动态特性，提出根据旅游生命周期的不同阶段采取不同的旅游产品开发对策的观点。

梁振然、程道品、任爽（2008）在借鉴俞孔坚教授提出的城市规划领域"反规划"理论框架的基础上，反思我国目前旅游开发的现状以及传统旅游规划存在的问题和面临的挑战，论述了"反规划"理论在旅游规划中的应用（见图3），并采用逆向的规划方法，提出负的规划成果——景区不可建设区域，即生态基础设施。

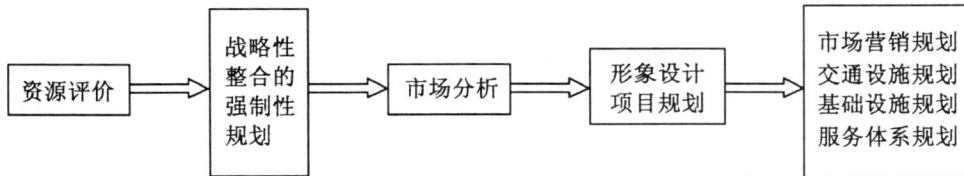

图3　"反规划"过程②

---

①　邹统钎，王燕华，丛日芳. 乡村旅游社区主导开发（CBD）模式研究. 北京第二外国语学院学报（旅游版），2007，1：13.

②　梁振然，程道品，任爽. "反规划"理论在旅游规划中的应用. 林业调查规划，2008，1：25.

刘玮（2008）在介绍旅游规划方法提出的背景和过程的基础上，介绍了方法的基本步骤，重点介绍了因子分析方法。他提出的因子分析计算过程为：（1）确定分析的原变量是否适合作因子分析；（2）对原始变量数据进行标准化处理；（3）求相关矩阵的特征值和特征向量；（4）计算方差贡献率与累积方差贡献率；（5）确定因子荷载并对因子进行命名解释；（6）计算各因子得分及综合得分。最后刘玮以 Reid 等人的田野研究为案例，介绍了 CTAI 方法的应用。

此外，生态旅游是我国旅游学界进行旅游规划理论研究的一个重要领域，经过长期的生态旅游规划实践与理论研究的发展，逐步形成了我国生态旅游规划理论研究的丰富成果。体现生态旅游部分思想的旅游规划早于生态旅游本身，主要表现是旅游规划引入生态学的思想。

孔红梅等（1995）最早提出了开展生态旅游规划的十大准则，包括规划区现状评价、甄别矛盾、当地居民参与、目标确立、国家和地方旅游策略与政策制定、环境考虑、技术培训、市场规划、保护资源及保护游客等。金磊（1999）首次提出了生态旅游规划与社会生态文明的关系，并对生态旅游规划设计方法进行了初步探讨。杨桂华等人（2000）概括出生态旅游开发规划的十大原则：承载力控制原则、原汁原味原则、社区居民参与原则、环境教育原则、依法开发原则、资源和知识有价原则、清洁生产原则、资金回投原则、技术培训原则、保护游客原则等。这些原则的贯彻保证了生态旅游开发规划的成功。田喜洲（2003）在《论生态旅游规划》中论述了生态旅游规划应注意的几个问题，如准确把握生态旅游的含义和特点，明确生态旅游和自然旅游的区别，将环保观念融于整个规划之中，确定合理的环境容量以及使旅游活动与旅游环境相融合，与当地社会经济发展目标相一致等。钟林生（2003）在概括国内外生态旅游发展状况的基础上，依据生态旅游的理念，同时考虑区域生态旅游规划与生态旅游区规划两个尺度，围绕旅游开发与生态环境保护相协调的主线，结合我国的有关规划规范，提出了生态旅游规划的理论与方法体系，并对多个案例进行了实证研究。王占武（2005）对生态旅游规划监测的方法进行了探讨，提出问卷调查、专题调查、座谈会三种方法。胡家云（2006）从构建生态旅游规划的保障体系出发，探讨社区居民在这一保障体系的重要作用以及如何更好地让社区居民参与生态旅游规划。李涛（2007）通过对生态旅游规划的现状分析，讨论了生态旅游规划和景观生态学及景观生态规划的内容，阐述了景观生态学理论在生态旅游规划中的具体应用，并研究了生态旅游规划的数量分析方法。李果等（2008）从土地利用角度介绍了生态旅游规划的新思路，认为生态旅游规划是包含了旅游策划和旅游地规划在内的综合性规划，旅游地规划是物质基础，与具体的土地利用方式密不可分，旅游地规划不能等同于土地利用规划，但应积极引进土地利用规划的方法和思路去解决生态旅游规划中面临的旅游地功能结构、社区建设、生态环境等问题。

回顾改革开放30年来我国旅游规划研究的成果，不难发现，学者们在研究方法上逐步科学化和多元化，所研究的内容和对象也逐步由物化的自然旅游资源和旅游景区景点向旅游社区、游客等活化对象转变，并日益重视人（即游客）的发展和生态环境的保护。旅游规划研究课题除了关注旅游产业与旅游景区景点的开发和发展路径与对策之外，越来越注重探讨其内在的规律把握和可持续发展分析。

四、我国旅游规划理论研究的特点与趋势

我国旅游规划理论研究虽然起步较晚，但是在积极引进和借鉴国外先进理论与成果的基础上发展和进步的，因而也日趋成熟与完善，形成了自己的一些特点，并呈现出较为清晰的未来发展趋势。

（一）我国旅游规划理论研究的特点

回顾我国改革开放30年来的旅游规划研究历程，其发展的脉络呈现三大特点：

一是理论借鉴与规划实践相结合，并在实践基础上进行理论总结与创新。有学者认为，我国研究界对区域旅游规划的特点、性质和一般规范的探讨是在总结、积累已经付诸实践的区域旅游规划工作的基础上进行的，如区域旅游发展战略的理论分析、区域旅游规划理论架构、旅游规划中景观与环境的关系、旅游资源分类评价体系等。其实，这只是理论构建的一部分。我国旅游规划的理论构建从一开始就相当多地引进、借鉴以世界旅游组织和西方发达国家为主的理论与方法。

二是旅游规划研究专业主力以地理、城规、旅游管理部门为主。长期以来，旅游规划的编制队伍虽然出现了多元化趋势，但专业主力仍以地理、城规和旅游管理部门为主。较之其他学科，地理学者们在完成大量开发规划的基础上，做了包括旅游资源分类评价、旅游规划理论框架、旅游形象、旅游区划等多领域的研究，成为旅游规划研究主力中的主力。

三是研究方法以定性方法为主。受制于我国旅游教育体系及经济管理研究的方法导向，长期以来，我国旅游规划理论研究更多地采用定性方法，定量研究较少。这一特点尤其体现在综合性大学旅游规划研究机构的研究成果中，随着我国旅游高等教育逐步与国际接轨，以及多学科融合的推进，定量方法将得到越来越广泛的采用。

（二）我国旅游规划理论研究的发展趋势

随着我国旅游产业的稳步健康发展及旅游理论研究的深入，我国的旅游规划更加重视观念、理论与方法的创新。总体来说，我国旅游规划理论研究呈现出以下发展趋势：

1. 多学科协同的趋势

旅游规划涉及多领域多学科，而旅游规划理论研究也依托于这些学科，各学科之间相互作用和相互影响，从而可以产生协同效应，有利于旅游规划系统的整体最优解。根据国内旅游规划理论研究的进展，可以发现，多学科设计优化（multidisciplinary design optimization，MDO）的理念与方法正逐步得到强化，有助于旅游规划这一复杂工程系统的分析与求解，产出性能更好、效益更高的旅游规划方案。[1]

在旅游规划理论中，多学科设计优化的基本思想是利用合适的优化策略，组织和管理旅游规划设计过程，通过分解、协调等手段，将旅游规划复杂系统分解为若干子系统，以便运用现有的各学科分析设计工具，对其进行综合设计。

根据当前的多学科设计优化研究成果，主要的多学科优化过程有递阶优化过程、并行子空间优化过程、协作优化过程等。以上这些方法的运用，必将为旅游规划理论的创新与发展，提供更加强大的动力。

2. 旅游规划理论研究队伍出现专业融合趋势

改革开放30年来，我国旅游规划研究出现了多学科逐渐融合的趋势，以城市规划、地理学为主，经济、文化、历史、心理学、资源、环境、投融资、市场等各类专业人员参与到旅游规划中来，形成多学科相互融合、共同开展旅游规划研究的局面。从规划实践来看，近年来非常时兴的区域旅游规划招标中对多学科综合的专家队伍的要求，便是这种趋势的最直接反映。

3. 旅游规划研究理论与实践并重的趋势

在大量规划实践的基础上，以地理学为主的多学科有关旅游规划的理论研究也十分活跃，在发表大量期刊论文的同时，理论专著也日益增多。这些专著包括区域旅游规划、旅游区规划等不同地域层次的规划专著，还包括城市旅游、度假区、风景区等不同类型的规划专著。

4. 旅游规划观念、理论与方法的创新趋势

我国旅游规划研究越来越重视观念与方法的创新，如生态旅游与可持续旅游规划及其旅游规划实施的

---

① 参见：马英等. 基于多学科设计优化弹道导弹概念设计研究. 计算机集成制造系统，2007，12：2 289-2 293.

支撑系统越来越受到重视；旅游规划更加强调对历史地段和文化传统的保护；更加强调跟踪旅游市场需求趋势，突出市场营销等内容；3S 技术、旅游地发展过程的计算机模拟技术等新技术得到了更广泛的应用。

刘滨谊（2007）在《旅游规划三元论——中国现代旅游规划的定向·定性·定位·定型》一文中提出，新一代的中国旅游规划，实践深度方面要从以宏观的策划这一元走向宏观策划、时空规划、单体设计的三元；实践内容方面要从以客源市场为主的一元扩展为客源市场、生态环保、美景创造的三元；理论研究方面要从以产业经济为主的一元扩展为产业经济、游客心理行为、时空形态格局的三元。这三个层面的三元及其分别从一元向三元的扩展，就是作者所提出的旅游规划三元论的核心实质。可见，我国旅游规划理论研究仍然任重而道远。

我国旅游规划理论研究的进展，既基于我国旅游业发展及旅游规划实践的发展，也依托其他学科研究成果的产生。理论来源于实践，理论也必须用于指导实践，因此，伴随着我国旅游产业的成长壮大，我国旅游规划理论研究必将得到持续促进，研究队伍会逐步壮大，成果也会层出不穷。

参 考 文 献

［1］Clare A. Gunn. Tourism Planning & Basics Concepts Cases. Taylor-Frincis，1994.

［2］明庆忠等. 旅游地规划空间组织的理论研究. 云南师范大学学报（哲学社会科学版），2006，3.

［3］卢彦，周杰. 浅谈旅游规划的核心内容及其动态特性. 山西建筑，2008，1.

［4］周建明. 旅游规划的性质特点与结构体系. 中国建设报，2007-12-27.

［5］马英等. 基于多学科设计优化弹道导弹概念设计研究. 计算机集成制造系统，2007，12.

［6］刘滨谊等. 风景旅游地生命力组织方法. 桂林旅游高等专科学校学报，2005，4.

［7］王家骏. 世纪之交无锡面临的机遇和挑战. 江南学院学报，1999，1.

［8］彭华. 旅游研究中的系统思维方法：概念与应用. 旅游学刊，2001，3.

［9］徐增让. 休闲农业研究进展及其若干理论问题. 旅游学刊，2004，5.

［10］宫晓玲. 试论旅游规划中的社区参与. 北京第二外国语学院学报，2005，5.

［11］杨兴柱. 旅游规划公众参与的核心内容初步研究. 人文地理，2006，4.

［12］邹统钎. 乡村旅游社区主导开发（CBD）模式研究——以北京市通州区大营村为例. 北京第二外国语学院学报，2007，1.

［13］刘玮. 社区旅游规划的自我评估方法. 商业文化（学术版），2008，1.

［14］吴必虎. 区域旅游规划原理. 北京：中国旅游出版社，2001.

［15］梁振然，程道品，任爽. "反规划" 理论在旅游规划中的应用. 林业调查规划，2008，1.

［16］刘中艳，王捷二. 旅游规划综述. 云南地理环境研究，2007，1.

［17］郭来喜. 中西融通互鉴，加快旅游规划体系建设. 国外城市规划，2000，3.

［18］许春晓. 中国旅游规划的市场研究历程（下）. 旅游学刊，2003，4.

［19］吴必虎，宋治清. 一种区域旅游形象分析的技术程序. 经济地理，2001，4.

［20］杨钊，陆林. 旅游资源国标在旅游规划中的应用——以安徽省淮南市为例. 资源开发与市场，2005，2.

［21］黄非亚，王晓东. GIS 技术在旅游规划中的应用初探. 国土与自然资源研究，2002，4.

［22］刘琴，王金霞. 景观生态学在旅游规划中的应用. 环境科学与管理，2006，5.

［23］李晓刚等. 土地利用规划与旅游规划协调研究. 资源开发与市场，2005，4.

［24］侯晓丽等. 旅游规划整合——对 "大旅游" 内涵的再认识. 旅游学刊，2005，4.

［25］李果，李王峰. 从土地利用角度谈生态旅游规划. 北京规划建设，2008，1.

［26］胡家云. 社区居民参与生态旅游规划的研究. 林业调查研究，2006，1.

［27］李涛. 生态旅游规划与景观生态学应用研究. 广东农业科学，2007，1.

［28］钟林生. 生态旅游规划原理与方法. 北京：化学工业出版社，2003.

会展企业满意度与参展率的关系

● 张启伦

（北京经济管理职业学院工商系　北京　100102）

【摘　要】会展旅游前景和潜力都不容忽视，为了促进这个特定的会展旅游市场发展，我们必须先了解会展企业的直接客户——参展商，明确其主要意图，了解他们的真实满意度，从而明确满意度与提高参展率之间的同向相关关系，加强会展企业及相关单位对这方面的必要理论研究，更好地满足客户需求和适应长期市场动态发展的需要。

本文以深圳高交会客户满意度调查为例来进行满意度调查比较，根据参展商对展会各项参展目的的重要性和满意度进行分析，发现交易率越高，满意度越高；满意度越高，参展率就越高，最终形成有效而具有探索性的策略，进而提高参展率，这本身说明会展企业要特别重视服务的水平和质量，从而提高客户满意度，会展企业一定要侧重长远，长期规划，对大型展会进行正确分析，进而从经济最优化的角度来全面调节和把握一定时期内的满意度指标和参展指数。

【关键词】客户总体满意度　参展商　参展率

一、背景介绍

1. 理论背景

在质量界有一句箴言："如果你不能测评它，你就不能管理它。"在会展界，要对客户的满意度进行管理就必须测评参展商和专业观众的满意度，然后将其彼此对比就能测评出其内在的相关联系性，著名学者Kano 提出了 3 种不同等级的质量如何影响顾客满意的理论。他将服务的质量分为当然质量、期望质量和兴趣点质量 3 个等级。当然质量是基本质量的保证；期望质量是客户对服务质量的具体要求，它的实现程度与客户满意水平同步增长；而兴趣点质量是指能激发客户进一步满意的附加质量，是属于客户预期质量之外的部分。虽然这种质量不会导致客户产生不满意，但是如果具有这种质量，则会带来客户满意程度的大幅上升。

心理学的研究表明，顾客消费前的预期与其实际感知之间存在正相关关系。对于展会这一产品，客户预期它是很有价值的，往往对它的感知就朝有价值的方向偏离，从而产生特定倾向性。在此基础之上，增强客户满意度，能增强其反复参展的可能性，随之而来的就是考虑客户关系管理了。会展客户关系管理要通过最有效的管理模式来实现会展企业的核心竞争力。会展企业通过经营每一个环节来提高总体客户满意度（total customer satisfaction），来实现并保持客户对会展企业的忠诚度，从而进一步实现会展企业的最佳客户关系管理，最终不断提高会展企业的核心竞争力。

2. 高交会背景研究

到目前为止，深圳高交会已经成功举办了八届，创交易量交易额之最。单从前三届来看，交易额就明显地增长，参展人数也相应增加，见表1。

表1

第一届高交会	第二届高交会	第三届高交会
86个代表团，2856家参展商，4150个参展项目，955家投资商，258家新闻媒体	86个代表团，2968家参展商，15000个参展项目，1300家投资商，310家新闻媒体	85个代表团，3320家参展商，15404个参展项目，1660家投资商，近400家新闻媒体
30万观众	31.6万观众	32.9万观众
64.94亿美元成交额	85.4亿美元成交额	104.18亿美元成交额

从参展项目数的增加、成交额的大幅增长到观众人数的增加等表面数据来看，似乎有着正相关关系。前五届高交会成交额见图1。

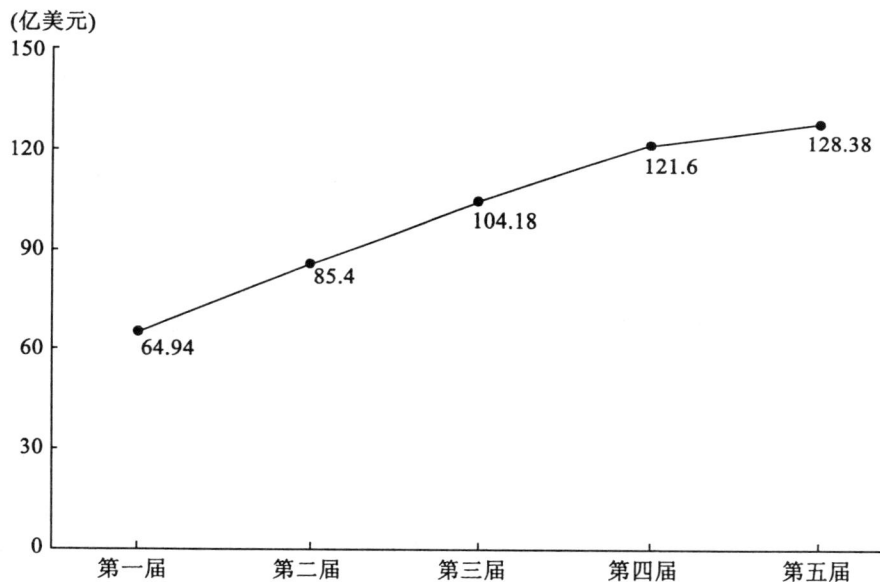

图1 前五届高交会成交额

历届投资商见图2。

这其中参展商人数不断增加及项目的推陈出新、交易额增加，与客户总体满意度是否存在内在关联性呢？我们推断彼此间应该存在正相关关系。

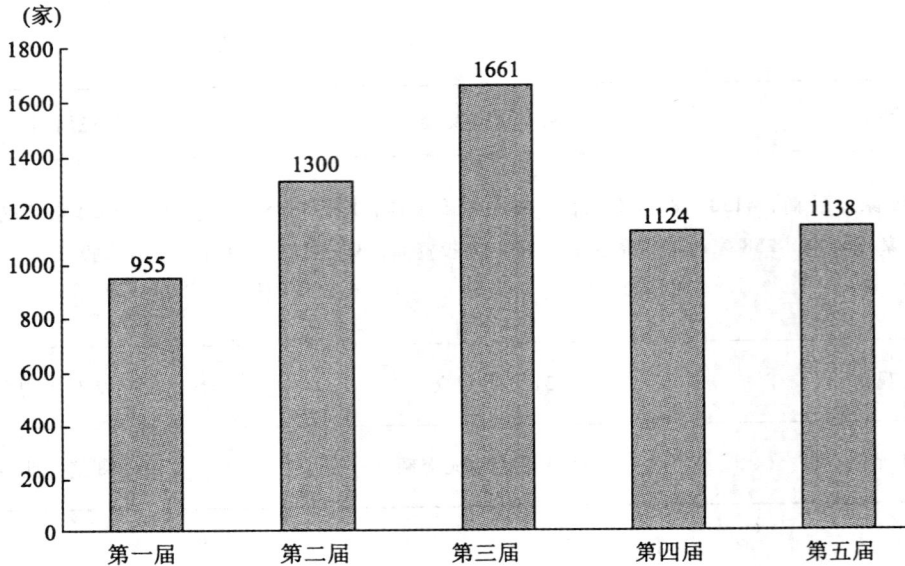

图2 前五届投资商数量图

二、分析方法

1. 满意度均值分析

在展会上进行交易始终存在着满意或不满意的感受，这种会展客户在购买现场服务或与会展企业接触过程中由于期望与实际感受的差距所形成的态度，就是客户满意度。

满意度均值分析一般采取五分制的记分方法，5 分表示非常满意，1 分表示很不满意，由被访者对评价内容的满意程度进行估分，然后根据所有被访者的评分计算平均值。每一个领域都可以分成 5 级，把多个领域的平均值加起来就是会展的多领域跨行业总体满意度的总值。

满意度均值分析通常使用满意度量表进行调查，此类量表多采用两种评估方法：单一整体评估法和要素总和评分法，前者要求被访者回答对高交会的总体感受和满意度；后者需要先确定高交会的各个评价要素，再就各要素编制调查问题，最后让被访者回答对各评价要素的感受。在对第八届高交会的调查研究中，零点公司共采用了专业性、票证服务、现场服务、场馆硬件、配套服务、专项活动、礼仪活动、高交会网站、宣传推广和高交会会刊 10 个维度（专业观众满意度研究仅采用 9 个维度，未涉及"现场服务"）。此外，在这 10 个维度之下，再细分出数量不等的二级维度。通过调查出来的结果推导重要性因素。

图 3 为参展商总体的因素重要性推导模型。

2. 多元对应分析

多元对应分析是一种多元统计分析方法，它的基本思想是：采用因子分析和聚类分析技术，将相同或相似的对象或事物归在同一类中，最后通过直观的平面图形来表现对象或事物之间的相互关系。在平面图中，同一区域的不同对象或事物在各种性质或特征方面具有相似性，也就是说这些不同性质或特征之间具有相关性。

本文主要着眼于客户总体满意度与反复参展之间的关系，试图分析得出两者之间存在同向正相关关

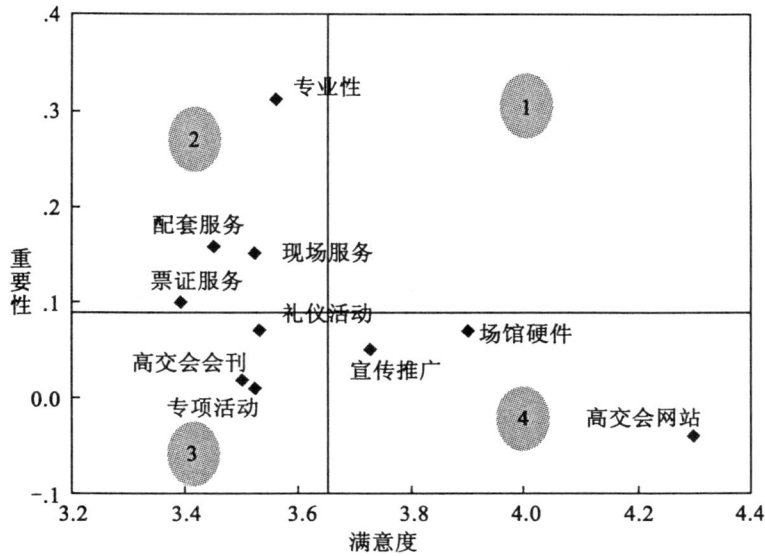

图 3 因素重要性推导模型——总体（参展商）

系。本文主要对参展商的参展目的进行了对比分析，因为从逻辑上看，能够最大程度地满足会展主办方的第一客户群——参展商的主要目的，就能产生出最大的满意度，从而也就更能够对此参展产生关注的倾向性和兴趣点，最终使参展商产生强烈的再次参展的需求，如能将其需求再次加大程度地满足，就还会产生连续的效应。

三、满意度、参展率、成交额等变量分析

1. 满意度与参展率

（1）如果客户从心态上和感情体验方面达到实质性满意，那么从行动上他们就愿意再次参加展会购买展位（参展商）或购买门票（专业观众），还要特别注意的是能反复不断满足客户的期望就能在客户群体中产生积极拥护者，他们在很大程度上能够成为忠诚客户。反之，客户不满意，直接的后果就是帮助竞争对手成就一个不花钱就得来的支持者。当然还有部分不确定的客户，如果他们对某次展会的态度是无所谓，那么他们是否再次参加这一展会就很不确定，如果没有更好的展会选择，就是某展会的可能支持者，如果有更好的选择，他们会很快离开而不再忠诚。

对会展企业来说，提高客户的忠诚度是最划算的，延长客户关系生命周期，从而获取更多的客户价值。这里谈的就是一种关系营销，首先会展产品的定位应该符合消费者的心理预期，最大程度地满足其期望，产品的招商应考虑客户的便利和偏好，在此基础上，关注客户利益和消费价值，始终提升其满意度，还要提供高附加值的配套产品和服务，通过展会的知名效应、品牌影响、高质量的服务为客户创造最大的让渡价值，始终超出其期望值，这是牢牢保持客户的主要策略。

（2）关怀与提高客户的参展交易额是赢得客户的根本手段。客户参展的直接目的是想通过展会拓展销路和市场，达成产品交易，从中获利。所以会展企业需要关注客户在展会上的交易情况，有效组织贸易商，增加参展商的交易额，提高其参展效益。事实证明，只有特别强调此利益的增长，客户的持续性购买的积极性才能保持。

零点市场调查与分析公司分析得出的数据说明了这一点，他们对第八届高交会参展商的参展目的做了

非常明确的分析，结果显示"推广新产品增加交易额"和"展示企业形象"成为大多数参展商的首要参展目的。参展商们充分意识到扩大自身知名度和影响力对企业发展的重要性。此外，"寻找项目"、"寻找合作伙伴"、"寻找投资"等也是参展商们参加高交会的重要目的，其最大的期望就是获得理想的交易额。

在实现经济利益的目标下，所有客户都希望达到理想的交易额，寻找到自己合适的交易对象。另外，参展者在很多情况下都很在意自己的形象宣传，让专业观众产生视觉上的冲击，都希望被关注，如果感觉备受重视，他们会很愿意再来甚至多次参加此类展览而乐此不疲。参展商的参展目的百分比见图4。

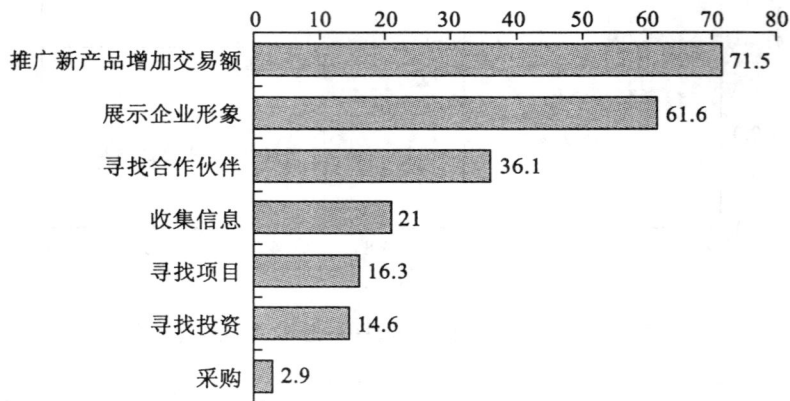

图4　参展商的参展目的（%）①

（3）零点公司对第八届高交会的调查发现超过六成参展商是高交会的"回头客"。调查结果发现六成多的参展商（63%）参加过往届的高交会，而其中更有16%的参展商参加过任何一届的高交会，是高交会最忠实的拥护者，对比第七届也可以看出这样的情形。第八届参展商往届参展经历百分比见图5。

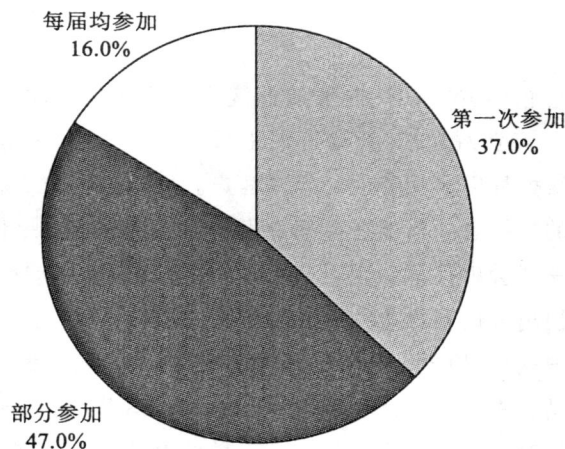

图5　第八届参展商往届参展经历

（4）参展商对高交会满意度不断提升也说明满意度越高，参展率就越高。本次调查中，通过对参展商进行10项二级指标的满意度评估，了解到参展商们对高交会全面、细致的意见和看法。结果显示，本届高交会中参展商的总体满意度得分为3.70分（满分5分），较之第七届的得分（3.66分）有所提升。

———————————

①　此题为多重应答，故百分比之和大于100。

其中，参展商对场馆硬件的满意度最高，得分 3.89 分；其次是礼仪活动，得分 3.81 分。此外，92.2% 的参展商表示基本达到了参展的交易目的，对高交会的实际作用表示充分肯定。这也说明高交会不仅要协助客户完成交易额的目标，还要在相关的配套服务等方面提供可靠的保障，由此产生联动效应，因为对满意度整体水平长期不遗余力的追逐，定将产生反复吸引客户参展和巩固客户关系的盈利能力。

影响会展企业盈利的主要因素首先是客户参加展会的频次，是指客户在其生命周期内参加展会的次数；还有客户忠诚度，高忠诚度客户有个特点，即对价格及其他因素敏感性较低并能多次参加展会。参展商对达到参展目的的满意度百分比见图 6。参展商对这次交易会总体满意度评价见图 7。

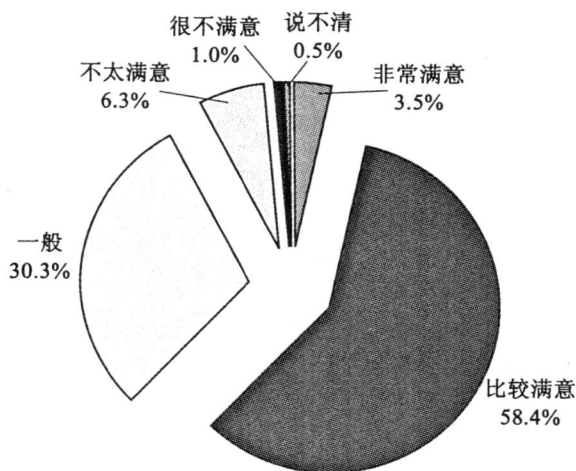

图 6　参展商对达到参展目的的满意度（%）

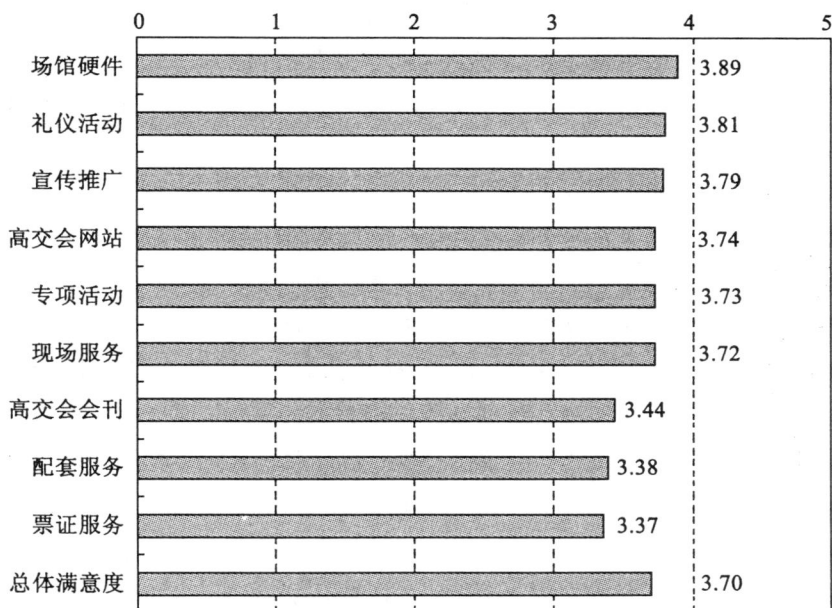

图 7　参展商对此次交易会总体满意度评价

2. 持续参展率的保持

（1）追踪与满足特殊客户的服务需求，只有不断满足一定比例的大客户的需要，才能取得他们的长期信任并盈利。会展客户的需要因负责人而异，很难完全了解。最有效的方法就是直截了当地发问，而座谈会、调查表和电话访问都是捕捉客户信息的常规方法。参展商的需求在不断变化，因此这些调查和了解必须长期坚持，根据持续性观察和跟踪调研以及反复分析信息所得出的科学数据来把握反复参展的有效性和持续度。参展客户都希望组展机构关心他们的利益点，比如成交额，真正为他们的成功而努力调动一切积极因素。

（2）关注与提高客户的参展交易额就能很好地保持客户的反复参展。客户参展的直接目的是想通过展会拓展销路和市场，达成产品交易，从中获利。如果参与购买的客户少或质量不高，参展商不能取得预期收益，与组展机构的关系就很难保持，企业的市场就会逐步萎缩。因此，会展企业要想从根本上留住客户，需要关注客户在展会上的交易情况，有效组织采购团、专业组、专家顾问团，增加参展商的交易额，提高其参展效益，进而达到很强的客户关系盈利能力。对此，会展企业必须掌握一定量有采购需要的客户，尽量与这些客户保持、发展长期而有效的联系。

3. 满意度与忠诚度

笔者认为应该提倡会展企业与参展客户彼此忠诚，两者之间建立平等对待、彼此尊重的忠诚关系。要保持客户忠诚最关键的一点就是组展机构应主动开展激发高满意度的工作。忠诚的客户希望得到比不忠诚的客户更好的关系，期望从企业这里得到忠诚。

客户忠诚在现代会展企业经营中起着至关重要的作用，需要强调的是，以客户为中心的会展公司要创造客户满意，必须培养客户的忠诚感。要做到这一点，需要增加客户的整体利益，如：

（1）对会展客户的需求和价值进行评估。

（2）着眼于满意。

（3）实施促销激励，加强忠诚感。一谈到企业对忠诚客户的关系，有一种倾向是首先把注意力集中在促销激励措施上，如价格折扣、免费或低成本地促销产品和服务等。这种现象在会展活动中很常见，也是基本的手段，但也要不断创新，发现变化市场中的蓝海。

（4）加强彼此互动和沟通的多重联系。会展公司可以通过一定的途径，向会员无偿提供一系列商业供求信息，为重点参展企业提供展览知识方面的服务，优先保证他们参加会展企业组织的各种培训等，这是深层次互动所要求达到的境界。

4. 消费价值与满意度和参展率的关系

这是一个价值传递的过程：主办方需要保持参展商的数量和质量，提高参展商的满意度，才能实现自身利益。对参展商而言，主要利益在于主办方能否为参展商提供良好的交易环境和市场信息，帮助参展商向更多的观众展示产品和企业形象，获取订单和客户来源。一般参展商参加展会时，会有意识或无意识地产生"可接受展会"和"不可接受展会"的观念。只有参展商参展获得的实际服务和收益（关键是观众数量和质量）符合或超出他们的潜在期望，参展商才会感觉满意甚至惊喜，才能实现他们的价值。

对主办方而言，虽然专业观众带来的直接效益较少，但专业观众的数量和质量却直接影响参展商对展会的满意度，从而也影响主办方的利益。从展会主办者来看，如果展会的赚钱途径是多卖展位，招展是将工作重点只放在参展商身上，卖展位是唯一目的。这样的结果就是观众越来越少，贸易观众少了，参展商也越来越少，进入恶性循环。要走出这个恶性循环的怪圈就是要明确不仅要吸引参展商参展，更要实现参展企业的价值传递，即吸引更多参展商需要的贸易观众。比如96届广交会对参展企业设置准入门槛，为了提高参展企业质量、优化参展结构，将"入场券"与上年度最低出口额联系起来，从而使参展商和贸易观众、主办方实现三赢。

由此可见，展会的三角价值关系既互相带动，又互相限制，展会卖点的实现也在于维系这个价值三角的平衡。作为展会的主办方，应该保证参展商和专业观众的数量与质量，把价值三角做大，实现三赢。这也是体现客户价值最大化的战略经营方向。以顾客价值最大化为目标的经营战略,是一种把顾客利益放在首位,在使顾客受益、让顾客完全满意的同时使企业受益,达到顾客与企业双赢的经营理念。这种理念的核心是确认顾客价值是企业价值的核心,只有顾客对企业的产品、服务、行为完全满意的时候,他们才会认为企业的存在是他们的利益所在,从而接纳企业,使企业成为他们不可或缺的伙伴。

四、复展率的体现

再次参展意向是衡量高交会举办实效的重要因素。调查结果发现,参展商对参加下一届高交会的兴趣比较高。数据显示,93.5%的参展商表示可能参加下届高交会,其中41.9%的参展商明确表示"计划参加",51.6%的参展商表示"可能参加",见图8。

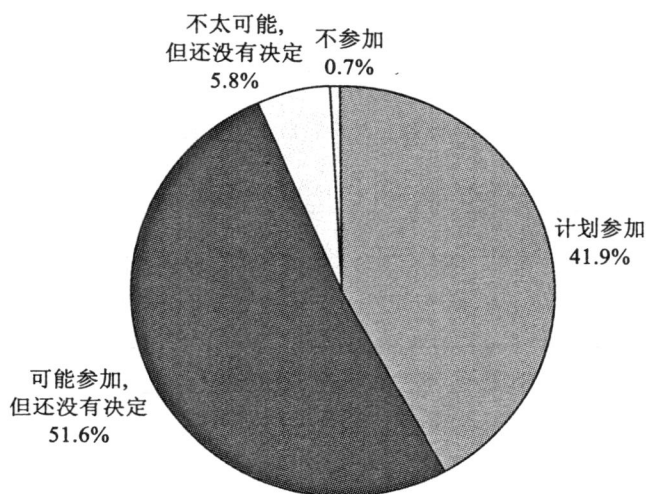

图8　参展商对参加第九届高交会的预期

《顾客满意与忠诚的几个不等式》一文指出,如果将顾客满意分成5个等级,赋予5、4、3、2、1个分值的话,顾客满意度达到5分的顾客比达到4分的顾客购买企业产品的可能性多6倍。这就充分证明了这一点,高交会的客户将近六成计划参加下届高交会,从零点公司调查的数据来看,达到满意度5分值的客户有很多届都超过50%,而且每届都有所增加。

五、结论

总而言之,高交会越来越受到有关各方的认可,从1999年第一届高交会一直到2006年第八届,高交会的平均总体满意度呈逐年上升趋势,见图9。

此外,高交会也取得了颇丰的成果,成交额也随满意度的增长而历年递增。由于数据样本量的限制,无法进行回归性检验,本研究通过满意度与成交额的相关关系散点图进行观察,见图10。

从散点图的分布来看,可以说高交会的满意度同其成交额存在同方向相关关系,满意度的增加会促使成交额的提升。加上对复展的预期图分析,就得出这样一个结论,满意度上升,基于成交额服务水平的提升;复展率的提高,基于总体满意度的提高,以上这些因素彼此间都存在着同向正相关关系。

只有提高会展客户的满意度,才能提高老客户的反复参展率,才能提高客户的忠诚度,最终能巩固和

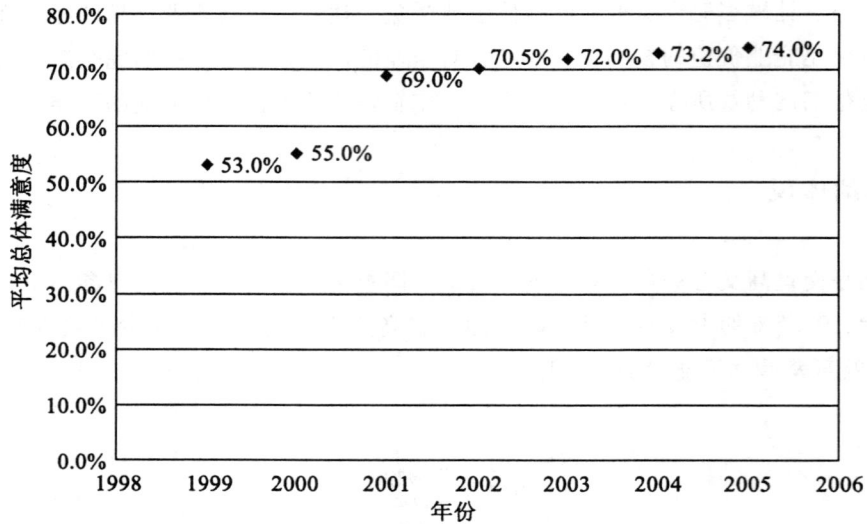

图9　历年高交会满意度比较

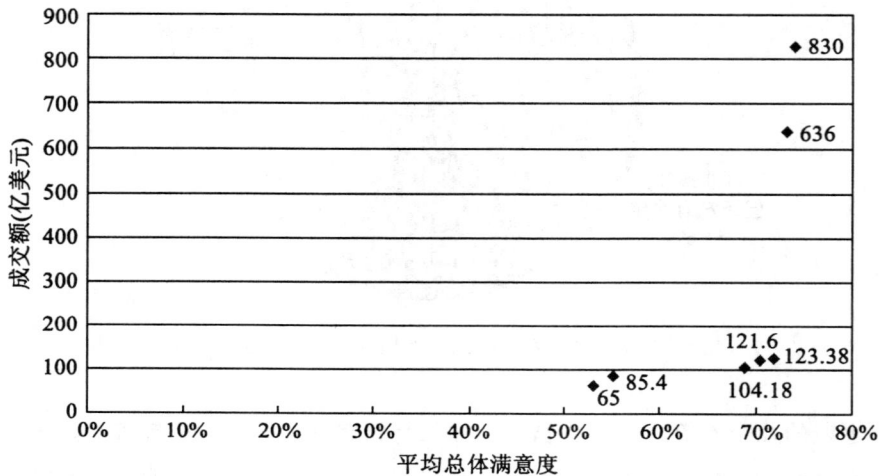

图10　高交会满意度与成交额相关关系散点图

提升会展企业的市场份额，由此，不断提高客户满意度将成为企业的竞争热点。更为重要的是，反复参加会展的老客户，其贡献对会展企业的连续获利能力来说具有直接而重大的影响。一项数据显示"老客户的流失率如果降低5%，企业的利润即可提升25%～85%"，由此推断会展企业为了获取利润的提升，必须减少大客户流失，增加其参展频次，并通过提高满意度和提升服务水平来为客户增值，从而实现长期盈利。

参 考 文 献

［1］华潜生．会展策划与营销．广州：广东经济出版社，2004．

［2］马洁，刘松萍．会展概论．广州：华南理工大学出版社，2005．

［3］马勇，冯玮．会展管理．北京：机械工业出版社，2007．

［4］ 俞华，朱立文. 会展学原理. 北京：机械工业出版社，2005.

［5］ 韩小芸，梁培当，杨莹. 会展客户关系管理. 北京：中国商务出版社，2004.

［6］ 沈志强. 会议与活动策划专家. 北京：中国水利水电出版社，2004.

［7］ 赵文军. 怎样与顾客建立持久的关系. 北京：中国纺织出版社，2003.

［8］ Eklof, J. A.. European customer satisfaction index pan-European telecommunication sector report based on the pilot studies 1999. Stockholm, Sweden: European Organization for Quality and European Foundation for Quality Management，2000.

［9］ Ronald Swlft. 客户关系管理——加速利润和优势提升. 北京：中国经济出版社，2002.

［10］ Samuel Seongseop Kim, Kaye Chon, and Kyu Yoop Chung. Convention industry in South Korea：An economic impact analysis，2002.

旅游影响与社区参与旅游意愿实证研究[*]
——以庐山牯岭镇为例

● 钟　晟[1]　樊志勇[2]

（1，2　武汉大学经济与管理学院　武汉　430072）

【摘　要】本文以庐山牯岭镇社区居民为调查样本，通过构建结构方程模型，定量研究了旅游经济影响、社会影响、生活影响与环境影响对社区参与旅游意愿的相关关系，结果表明旅游经济影响对社区参与旅游意愿有最显著影响，生活影响和社会影响次之，环境影响尚不显著，最后根据研究结果对增强社区居民参与旅游意愿提出了一些建议。

【关键词】旅游影响　社区参与　结构方程模型

一、引言

中国行政区划研究中心刘军德（2002）定义社区为"聚居在一定空间的人群所组成的社会生活共同体，它的本质理念是以人为本，社区自治；其最终目标是提高居民的生活质量"。在本文研究中，旅游社区指的是居住在旅游景区内部或周围，参与旅游开发、管理和服务，与景点、景区有着共同利益的人群集合体（宋海章，2007）。

旅游业发展在促进旅游地经济和社会快速发展的同时，也不可避免地给旅游地带来了诸多问题，如环境污染、社会文化破坏、旅游业收益分配不公平等。社区居民被动承担了旅游业发展带来的负面影响，却没有因此获得应有的补偿或收益，这对社区居民不公平（蒋艳，2007）。因而，在旅游发展中社区参与的重要性越来越被重视。1985 年，墨菲的《旅游：社区的方法》一书中正式引入了社区参与的概念。1997年 6 月，世界旅游组织、世界旅游理事会与地球理事会联合颁布了《关于旅游业的 21 世纪议程》，明确将居民参与作为旅游发展过程中的重要内容，并将社区参与和旅游发展相联结，确立了社区参与旅游发展的理论意义。同时，实施可持续发展战略同时也是中国旅游业发展的必然选择，社区参与旅游发展是旅游可持续发展宏观系统中不可或缺的机制（刘纬，2000）。

国内外目前对社区参与旅游的研究成果比较多，主要是突出了社区参与旅游对旅游目的地可持续发展的重要性。孙九霞、保继刚（2006）在文献综述中指出社区参与旅游发展是一个从缺失到凸显的过程，即从原来的被忽视到目前越来越被重视。左冰、保继刚（2008）在对西方旅游增权理论进行评述时认为要从"社区参与"走向"社区增权"，反映了社区参与旅游最新的研究进展，也表明社区参与旅游更加被

* 本文为国家社会科学基金项目"中国山岳型世界文化遗产地旅游和谐环境构建研究"（编号：07BJY136）的部分成果。

重视。同时，有不少研究成果提出了促进社区参与旅游的具体策略，张朋、王波（2003）探讨了国外（英国）社区参与旅游机制对我国的借鉴意义，罗永常（2006）探讨了民族村寨地区社区参与旅游开发的利益保障机制，侯国林、黄震方等（2007）研究了生态旅游社区参与模式等。

但是，缺少实证基础是目前社区参与旅游研究的一个比较薄弱的环节。做出一个有针对性的社区参与旅游机制设计，首先必须了解影响社区参与旅游意愿的诸多因素。刘静艳等（2008）通过因子分析，得出社区主人翁意识、公共福利、教育培训机会以及经济收益等，是影响社区参与生态旅游的自主性和可持续性的重要因素。因而，本文通过实地调研获取数据，构建结构方程模型，定量研究旅游带来的经济影响、社会影响、对日常生活的影响和环境影响分别在多大程度上决定了社区居民参与旅游的意愿，最后结合研究结果有针对性地制定促进社区参与旅游的计划。

二、研究设计

（一）研究假设

本文提出四个研究假设：（1）旅游带来的经济影响对社区居民参与旅游意愿有正向显著影响；（2）旅游带来的社会影响对社区居民参与旅游意愿有正向显著影响；（3）旅游对日常生活的影响对社区居民参与旅游意愿有正向显著影响；（4）旅游带来的环境影响对社区居民参与旅游意愿有正向显著影响。

（二）问卷设计

根据研究假设，本研究的问卷包括样本特征、旅游带来的经济影响、旅游带来的社会影响、旅游对日常生活的影响、旅游带来的环境影响和社区居民参与旅游意愿六个部分。样本特征包括被调查者的性别、年龄、工作部门、收入来源与在庐山居住时间；旅游带来的经济影响由就业、收入、利益分配三个方面来衡量；旅游带来的社会影响由对外交流、教育和基础设施三个方面来衡量；旅游对日常生活的影响由治安、正常生活、文明程度三个方面来衡量；旅游带来的环境影响由环境质量、环保意识和环保力度三个方面来衡量；社区居民参与旅游意愿则由旅游认同和参与热情两个方面来衡量。

（三）研究工具

本文采用李科特（Likert）五级量表对样本特征以外的衡量因素进行测量。5为非常赞同，4为比较赞同，3为中立，2为比较反对，1为非常反对。对问卷结果采用SPSS13.0软件进行描述性统计分析和信度分析，并采用AMOS7.0进行结构方程建模和回归。

（四）问卷调查过程

本文选取庐山牯岭镇的社区居民作为调查研究的对象。庐山是我国著名的旅游胜地，1996年被联合国教科文组织列入《世界文化遗产》名录，是一处开发较早、发展较为成熟的旅游目的地。牯岭镇是庐山风景区的中心，是一座海拔1167米的公园式的"云中山城"，包括环绕牯牛岭的东谷和西谷。牯岭镇面积46.6平方公里，常住人口达1.3万，并且是庐山风景名胜区管理局所在地。笔者于2008年10月31日至11月2日在牯岭镇对当地居民进行抽样调查，共发放问卷200份，收回200份，有效问卷161份，问卷有效率为80.5%。

三、分析结果与讨论

（一）分析结果

1. 样本抽样情况

161份有效问卷的样本构成特征如表1所示。

表1　　　　　　　　　　　　　　　　　　样本构成特征表

统计项目	选项	频数	频率	统计项目	选项	频数	频率
性别	男性	77	47.8%	工作部门	当地政府	10	6.2%
	女性	84	52.2%		景区管理	13	8.1%
年龄	14岁及以下	3	1.9%		旅游商品销售	32	19.9%
	15~24岁	58	36.0%		旅行社	7	4.3%
	25~34岁	38	23.6%		休闲娱乐业	8	5.0%
	35~44岁	36	22.4%		餐饮	22	13.7%
	45~54岁	21	13.0%		大型酒店	24	14.9%
	55~64岁	4	2.5%		家庭旅馆	4	2.5%
	65岁及以上	1	0.6%		交通运输	5	3.1%
居住时间	5年及以下	44	27.3%		其他	36	22.3%
	6~10年	17	10.6%	收入来源	主要来自旅游业	55	34.2%
	11~20年	28	17.4%		部分来自旅游业	40	24.8%
	21年及以上	70	43.5%		较少来自旅游业	21	13.0%
	未填	2	1.2%		不来自旅游业	45	28.0%

由表1可以看出，参与本次抽样调查的女性略多于男性，年龄分布以15~54岁为主，旅游商品销售、餐饮与大型酒店等工作部门均超过10%，收入主要或部分来源于旅游行业的占59.0%，在庐山居住时间10年以上的占60.9%，基本符合调查分析的样本要求。

2. 描述性统计分析

对5个研究构面的14个题项的认同度进行描述性统计分析，得到表2。

表2　　　　　　　　　　　　　　　　　　描述性统计分析

题项	样本数	最小值	最大值	平均值	标准差
就业	161	1.00	5.00	3.5280	0.9751
收入	161	1.00	5.00	3.2981	1.0359
利益分配	161	1.00	5.00	3.0932	1.1000
对外交流	161	2.00	5.00	4.0311	0.8017
教育	161	1.00	5.00	3.6273	0.8861

题项	样本数	最小值	最大值	平均值	标准差
基础设施	161	2.00	5.00	3.8012	0.8647
治安	161	2.00	5.00	4.5093	0.6626
正常生活	161	2.00	5.00	4.1429	0.8051
文明程度	161	2.00	5.00	4.1242	0.7396
环境质量	161	2.00	5.00	4.0373	0.7737
环保意识	161	2.00	5.00	4.2050	0.7082
环保力度	161	1.00	5.00	4.0994	0.8456
旅游认同	161	2.00	5.00	3.6957	0.7587
参与热情	161	2.00	5.00	3.8012	0.7230

从描述性统计中可以看出，庐山社区居民认同度最高的三项是治安状况、环境意识与正常生活未被打扰，其中"治安"项的标准差也是最小的，说明认同度非常高；认同度最低的三项是利益分配、收入与就业，均属于经济问题，其中"利益分配"项标准差最大，说明不同居民对利益分配问题的认同度有较大差异。

3. 构面均值与信度分析

对经济影响、社会影响、生活影响、环境影响以及参与意愿5个构面的整体均值和α系数值进行分析，得到表3。

表3　　　　　　　　　　　　　　　　　构面均值及信度检验表

构面名称	题数	均值	α系数值	构面名称	题数	均值	α系数值
经济影响	3	3.31	0.736	环境影响	3	4.11	0.700
社会影响	3	3.82	0.684	参与意愿	2	3.75	0.755
生活影响	3	4.26	0.693	量表总体	14	3.86	0.883

从表3可以看出，5个构面的均值以对生活影响的认同度最高，经济影响的认同度最低，量表总体的认同度为3.86。α系数用于衡量量表内部的一致性，由于本研究测量的题项都是从不同方面来反映构面，故部分构面的α系数偏低，但均超过0.65，符合研究要求。

4. 结构方程建模与假设检验

在AMOS7.0软件中绘制结构方程模型图，并把数据和变量导入软件中，得到以下结构方程模型回归结果（见图1）。

在结构方程模型图中可以看出，经济影响对参与意愿的路径系数为0.46，显著性为99.9%；社会影响与生活影响对参与意愿的回归系数分别为0.29与0.35，显著性均为95%；环境影响对参与意愿的回归系数为－0.03，不具有显著性。

根据结构方程模型的回归结果，对上文提出的假设进行检验，得出：（1）旅游带来的经济影响对社区居民参与旅游意愿有正向显著影响通过；（2）旅游带来的社会影响对社区居民参与旅游意愿有正向显著影响通过；（3）旅游对日常生活的影响对社区居民参与旅游意愿有正向显著影响通过；（4）旅游带来

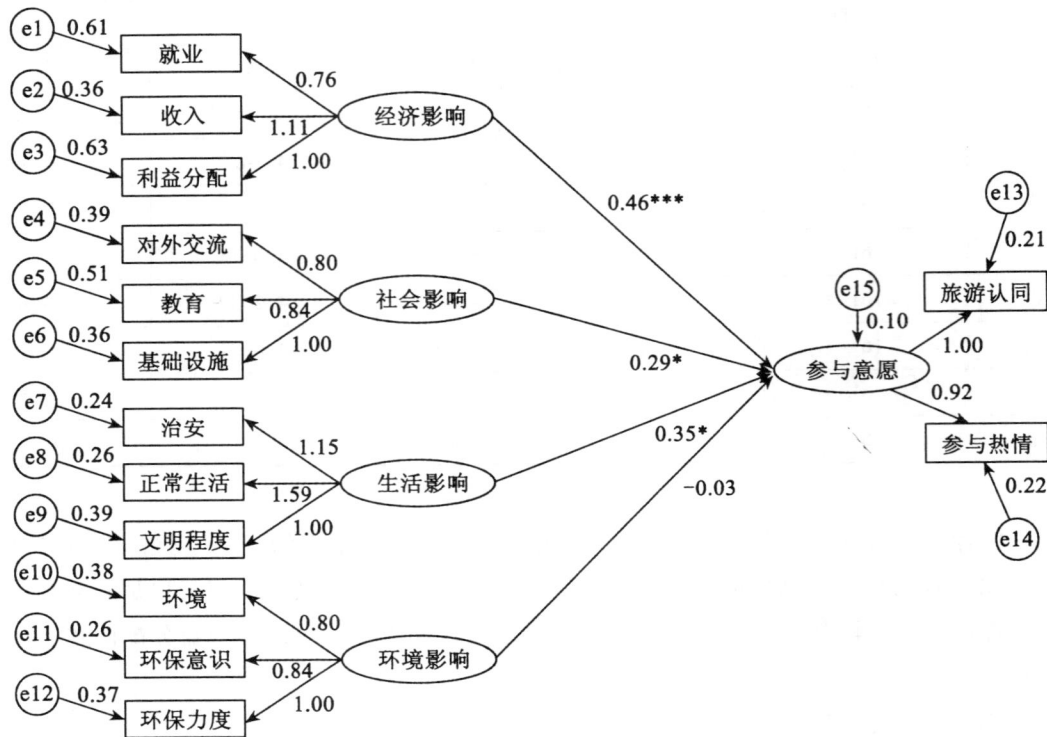

图 1　结构方程模型图

注：＊＊＊表示 P＜0.001，＊表示 P＜0.05，双尾检验。

的环境影响对社区居民参与旅游意愿有正向显著影响未通过。

（二）结果讨论

1. 旅游带来的经济影响讨论

经济影响对社区参与意愿作用最大，而且最为显著。经济影响认同度的总体均值最低，为3.31，"就业改善"为3.5，"收入增加"为3.3，"利益分配均衡"为3.1，均为中等水平，其中"利益分配均衡"在三个构成因素中最低，说明经济问题是社区居民最为关注的问题，同时对经济影响的满意度直接决定参与旅游的意愿。

目前存在的主要问题是社区居民对就业机会和旅游经济收入不是很满意，对旅游收益的分配存在一些意见。社区居民不能获得较好的经济满意度可能会产生一系列的后果，笔者称此为"旅游地的恶性循环"（见图2）。故需体谅旅游目的地社区居民的生活困境，降低旅游业经营的租金与税费，并适时给予相应补贴。

2. 旅游带来的社会影响讨论

社会影响对社区参与意愿的路径系数为0.29，显著性为95%。社会影响认同度的总体均值为3.82，"对外经济文化交流增加"、"教育改善"、"基础设施改善"三个构成因素认同度分别为4.0、3.6与3.8。旅游增强了目的地对外的经济文化交流，生活基础设施也有所改善，但旅游地一般位于远离城市地区，教育资源缺乏，故要加强对旅游社区教育条件的改善。

3. 旅游对日常生活的影响讨论

生活影响对社区参与意愿的路径系数为0.35，显著性为95%。生活影响认同度的总体均值为4.26，

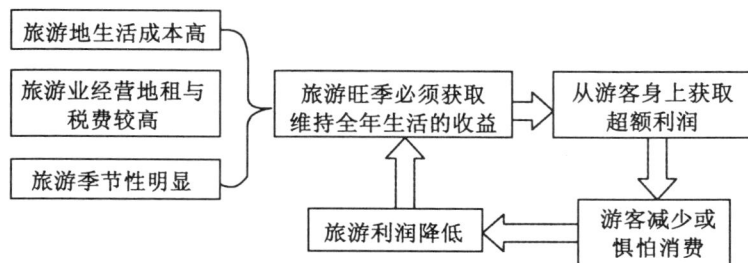

图 2 "旅游地的恶性循环"示意图

三个构成因素"治安"、"文明程度提高"、"正常生活未被干扰"的认同度分别为 4.5、4.1、4.1，均比较高，其中对治安的认同度接近最满意。

4. 旅游带来的环境影响讨论

环境影响对社区参与意愿的路径系数为 -0.03，而且不显著。环境影响认同度的总体均值为 4.11，其中三个构成因子"环境质量"、"环保意识增强"与"环保力度加大"的认同度分别为 4.0、4.2 与 4.1，均较为认同。为了改善旅游地环境，管理部门采取措施进行治理，一方面改善了社区居民的生活环境，另一方面也无形中提高了当地居民的生活成本，如改烧煤取暖为用电却没有得到适当的补贴。

四、研究结论与建议

通过以上分析，要增强社区居民参与旅游的意愿，促进旅游目的地可持续发展，本文提出以下建议：

（1）转变单一的以游客为中心的工作方式，更加注重社区居民的利益与生活环境。社区居民应该成为旅游目的地的主体，根据前文分析，社区居民对目的地的环境认同度较高，但他们对参与意愿的路径系数却很低并且不显著，原因是对环境改善针对的群体是游客，而较少顾及社区，甚至加重了社区居民的生活成本。

（2）改善社区居民的经济环境，切实增加社区居民的经济收益。根据前文分析，社区居民对经济影响的认同度最大并最显著地决定了他们参与旅游的意愿，同时，目前社区居民对经济影响的认同度是较低的，旅游收入未达到预期标准、收益分配不均、就业不理想、旅游地生活成本高、旅游经营成本高、旅游的季节性强等问题加剧了社区居民的经济困境。

（3）加强关系社区居民生活质量的基础设施建设。根据前文分析，由于旅游地远离城市地区，一些公共性的基础设施条件可能不够完善，在发展旅游业的同时，不仅要注重旅游基础设施建设与完善，也要注重关系社区居民生活质量的如教育、医疗等基础设施的完善。

只有当社区居民对旅游带来的经济影响、社会影响、生活影响与环境影响有切实的认同感时，才会真正感到自己是旅游地的一员，才会把自己全身心地融入旅游目的地的开发与经营中，为游客创造一个更好的旅游环境，促进旅游目的地可持续发展。

参 考 文 献

［1］刘君德．城市规划·行政区划·社区建设．城市规划，2002，26（2）．

［2］宋海章，韩百娟．强化社区参与在我国遗产旅游地中的有效作用．地域研究与开发，2007，26（5）．

［3］蒋艳．社区参与旅游发展具体操作分析．哈尔滨学院学报，2007，27（6）．

［4］刘纬．关于社区参与旅游发展的若干理论思考．旅游学刊，2000，1.

［5］孙九霞，保继刚．从缺失到凸显：社区参与旅游发展研究脉络．旅游学刊，2006，21（7）．

［6］左冰，保继刚．从"社区参与"走向"社区增权"——西方"旅游增权"理论研究评述．旅游学刊，2008，23（4）．

［7］张朋，王波．国外社区参与旅游发展对我国的启示——以英国南彭布鲁克为例．福建地理，2003，18（4）．

［8］罗永常．民族村寨地区社区参与旅游开发的利益保障机制．旅游学刊，2006，21（10）．

［9］侯国林，黄震方，张小林．江苏盐城海滨湿地社区参与生态旅游开发模式研究．人文地理，2007，6.

［10］刘静艳，韦玉春，刘春媚等．南岭国家森林公园旅游企业主导的社区参与模式研究．旅游学刊，2008，23（6）．

跨国公司对华直接投资的决定因素：一个实证分析[*]

● 吴先明[1]　周　伟[2]

（1，2　武汉大学经济与管理学院　武汉　430072）

【摘　要】经过改革开放 30 年的发展，中国已经成为吸引跨国公司最多的发展中国家，也是发展速度最快、发展成效最大的发展中国家。究竟是哪些因素决定了跨国公司对中国直接投资的长期增长？这一问题在理论界经常引发争论，而且较少达成共识。本文以 1985—2004 年 20 年的时序数据为样本，采取实证研究的方法，对跨国公司对华直接投资的决定因素进行了分析和检验。实证结果表明，不断增长的市场规模、低廉的劳动力成本、相对稳定的消费品价格、良好的 R&D 基础条件和我国市场经济体制的确立是影响跨国公司对华直接投资的主要决定因素，而人民币汇率的变化、相关的贸易壁垒、行业特征以及我国加入 WTO 等因素对于跨国公司对华直接投资的影响则不显著。

【关键词】跨国公司　对外直接投资　决定因素

一、引　言

自 20 世纪 80 年代中期以来，中国从一个引进外资的小国逐渐发展成为仅次于美国的引进外资最多的国家，其外资结构也从早期以港、澳、台中小资本为主体逐渐转向以跨国公司直接投资为主体。经过 20 余年的发展，中国已经成为吸引跨国公司最多的发展中国家，也是发展速度最快、发展成效最大的发展中国家。外资，尤其是跨国公司的直接投资，不仅深刻地改变了中国经济的增长方式，而且也从根本上改变了中国企业的生产组织模式和未来发展方向。

为什么是中国而不是其他国家成为吸引跨国公司最多的发展中国家？究竟是哪些因素决定了跨国公司对中国直接投资的长期增长？这些问题一直是理论界和实际部门特别关心的问题，经常引发争论，而且较少达成共识。20 余年的实践为我们研究这些问题提供了足够的时间跨度和数据支持，我们可以采取实证的方法，从众说纷纭的观点中探求影响跨国公司对华投资的决定因素。这一问题的研究不仅可以从理论上明晰驱动跨国公司对华直接投资的关键因素，探寻跨国公司对华直接投资的内在规律，而且对于政府部门制定相关政策、促进跨国公司对华直接投资的持续增长也具有极为重要的参考价值。

＊ 本文是国家自然科学基金项目"我国企业创造性资产寻求型对外直接投资研究"（编号：70372026）和武汉大学 985 工程项目"我国企业国际化的理论与实践研究"的部分研究成果。

二、文献回顾与研究假设

（一）文献回顾

关于跨国公司对外直接投资（FDI）的决定因素，国内外学者从不同角度进行过相关的实证研究，虽然学者们的关注点和结论各不相同，但在对这一问题的规范和把握上还是有许多相似之处。

Franklin R. Root 和 Ahmed A. Ahmed（1979）从国家角度出发，研究了跨国公司对发展中国家制造业直接投资的决定因素。他们选取 58 个发展中国家作为样本，将这些国家按年人均外资流入量的大小划分为低投资吸引力、中等投资吸引力和高投资吸引力等三个样本小组进行研究。他们将资本流入量作为因变量，选取人均 GDP、GDP 增长率、城市化程度、经济集中度、政府在经济中的角色等多个经济、社会、政治方面的变量作为自变量，对发展中国家制造业吸引 FDI 的经验性决定因素进行了研究。研究结论证实，那些能吸引较多 FDI 的发展中国家是城市化程度高、具有相对发达的基础设施、人均 GDP 及增长率较高并且政治稳定的国家。他们还发现跨国公司明显被吸引到那些政府直接参与基础设施建设和工业化过程的国家。Franklin R. Root 和 Ahmed A. Ahmed 认为，发展中国家在吸引 FDI 的前景方面既鼓舞人心又令人失望。一方面，随着发展中国家人均收入的提高、基础设施不断完善，在政治稳定的情况下，它们期待会有较高的投资流入。另一方面，许多发展中国家在经济增长、收入、基础设施方面的绝对水平低下及政治不稳定成为它们吸引跨国公司直接投资的主要障碍。投资如同贸易一样仍然主要集中于发达国家，因为这些国家能为跨国公司提供较多的创新和增长机会。因此，跨国公司的投资分布在不确定的未来将继续有利于发达国家和发展中国家中比较富裕的国家。

Thomas A. Pugel（1981）以行业为研究对象，对美国制造业外向型 FDI 的决定因素进行了实证研究。该分析以 FDI 集中度为因变量，以参与其中的科学家和工程师人数、管理者人数、广告集中度、资本需求、市场、运输范围等为自变量。经验结果证实，研发新技术、营销能力、组织技能和资本成本优势等四种所有权优势有利于美国制造业的外向型 FDI；行业中的生产规模经济有可能导致集中，从而抑制美国制造业对外直接投资；运输成本对美国制造业对外直接投资的影响比较弱。

Stephen G. Grubaugh（1987）对跨国公司对外直接投资的"三个理论性假说"——资本套汇假说、Hymer 假说和无形资产假说进行了实证检验。研究以企业为样本，将资产、广告集中度、劳动强度、R&D 支出和生产集中度作为解释变量，分析了美国跨国公司对外直接投资的决定因素。结论证实，广告集中度、R&D 支出和生产集中度对美国企业跨国投资的影响显著。实证结果不仅支持无形资产假说中关于 R&D 支出和生产集中度的论断，也支持 Hymer 假说中关于企业规模和生产集中度正面影响企业跨国投资的论点。

Yoko Sazanami（1992）分析了日本企业外向型 FDI 的决定因素，并评估了欧洲对日本跨国公司的区位吸引力。他认为，20 世纪 80 年代，日本跨国公司的战略主要是"多元化"和"全球化"。日本企业为了适应不同国家和地区的消费者需求，将 R&D、生产和销售网络"全球化"，它们在欧洲设立了许多设计中心和 R&D 机构。其中，70% 的设计中心和 R&D 机构设立在欧洲的三个大国：英国、德国和法国，比重分别是 36%、21% 和 13%。英国主要是从政策上吸引日本企业 FDI，当其他欧洲国家还对日本企业 FDI 可能产生的经济影响表示怀疑时，英国对日本企业持欢迎态度。日本 FDI 进入法国的决定因素主要是法国在物流和较大的国内市场方面的区位优势。法国连接德国和英国的运输系统使得日本公司在产品和零部件运输方面非常便利。另外，法国与其他欧洲国家相比具有很强的政府政策影响力。Yoko Sazanami 认为，较强的政府政策影响力能够促进国家吸引 FDI。

David W. Loree 和 Stephen E. Guisinger（1995）研究了美国对外直接投资的政策性和非政策性决定因素。他们以美国 FDI 流量为因变量，以投资动机、税率等政策性变量（policy variable）和政治稳定性、文化差异、市场特征、基础设施、工资水平等非政策性变量（non-policy variable）为解释变量，分析了美国对外直接投资的决定因素。他们得出结论，政治稳定性在跨国公司对外直接投资的区位选择中扮演着重要角色；基础设施是显著性的非政策性决定因素；市场规模及规模增长等市场特征和收入增长与跨国公司选择投资东道国相关性很大。他们认为，东道国的政策性变量比非政策性变量在吸引 FDI 方面更为重要，因为政府能够很快地改变政策性变量，而改变非政策性决定因素则需要较长的时间。如税收政策变化能在一两年内刺激国内外投资的变化，而市场规模和基础设施的改变则需要较长一段时间。

徐康宁、王剑（2002）选用 1983—2000 年的宏观时间序列数据，对美国对华直接投资的决定性因素进行了实证分析。他们以美国对华直接投资额为因变量，以我国实际 GDP、美国实际 GDP、美国与我国年度实际工资差额、美国与我国实际利率差额为自变量，将政策变量因素和汇率因素引入决定因素理论模型中，研究了美国对我国直接投资的决定因素。实证结果显示，美国对华直接投资规模变动的决定因素主要包括我国市场需求变化、政策开放性、前期资本存量和汇率水平等。

Nina Bandelj（2002）认为，投资国与东道国之间的制度安排、政治联盟、个人及商业网络、文化联系对跨国公司的对外直接投资产生影响。他们对流入中东欧的 FDI 进行了实证研究，采用从投资国流向东道国的 FDI 流量为因变量，分别选取东道国特征、投资国特征、制度安排、政治联盟、网络和文化联系为自变量。其中，东道国特征包括人均 GDP、政治稳定性、FDI 政策等；投资国特征包括投资国的 FDI 流出量；制度安排包括欧盟协议、双边投资条约等；网络和文化联系包含移民和出口。Nina Bandelj 的实证结果表明，东道国与投资国之间的政治联盟、移民、贸易和文化关系对 FDI 流量具有很强的正面影响。

为了更好地概括国内外学者对这一问题的研究方法和研究结论，我们对上述文献进行了整理和归纳，具体情况如表 1 所示。

表 1　　　　　　　　　　　　　　　　文献回顾总结

学 者	研究对象	研究视角	FDI 的决定因素
Franklin R. Root, Ahmed A. Ahmed（1979）	发展中国家	东道国	城市化程度、基础设施、人均 GDP 及 GDP 增长率、政治稳定
Thomas A. Pugel（1981）	美国制造业	投资国企业	研发新技术、营销能力、组织技能和资本成本优势
Stephen G. Grubaugh（1987）	美国跨国公司	投资国企业	广告集中度、R&D 支出和生产集中度
Yoko Sazanami（1992）	日本企业、欧洲	投资国企业、东道国	英国的政策、法国的物流和较大的国内市场
David W. Loree, Stephen E. Guisinger（1995）	东道国	东道国	政治稳定性、市场规模、市场规模增长和收入增长
徐康宁、王剑（2002）	美国、中国	投资国、东道国	中国市场需求变化、政策开放性、前期资本存量和汇率水平
Nina Bandelj（2002）	中东欧	投资国、东道国	东道国与投资国之间的政治联盟、移民、贸易和文化关系

从上述文献回顾中可以看出，虽然学术界对于跨国公司对外直接投资的决定因素问题的研究给予了长期的关注，但由于研究对象和分析视角的不同，其结论也存在很大差异。关于跨国公司对中国直接投资的

决定因素问题，除了徐康宁、王剑对美国跨国公司的研究之外，有影响力的实证研究还不多见。作为一个吸引了最多跨国公司投资的发展中大国，中国的经验仍然是一个未解之谜。如何以客观数据为基础，从实证的角度，分析和检验20多年来跨国公司对中国直接投资的决定因素，已成为学术界亟待研究的重要课题。

（二）研究假设

如何把握跨国公司对中国直接投资的决定因素？在现有的文献中我们还很难找到明确的方向。这一方面是因为相关文献的结论差异很大，另一方面则是因为中国的情况具有明显不同于其他国家或地区的特点。为了不遗漏重要的影响因素，我们以相关文献为基础，结合中国的环境特点，确定以下八个方面的因素作为分析和验证的主要因素，即市场规模、汇率、劳动力成本、行业特征、贸易壁垒、消费品价格、R&D 基础条件、政策。针对这八个方面的因素，我们提出了8点假设。

1. 市场规模

跨国公司 FDI 的一个可能性动机是市场导向型投资动机，即跨国公司 FDI 是为了进入东道国市场，为现有产品开拓新的市场空间。因而，部分学者在探究 FDI 的决定因素时将市场规模作为一个变量进行考虑。如 Thomas A. Pugel（1981）曾将市场作为自变量之一，研究了美国制造业外向型 FDI 的决定因素。Yoko Sazanami（1992）认为，法国较大的国内市场是吸引日本企业对其投资的一个决定因素。David W. Loree、Stephen E. Guisinger（1995）得出结论：市场规模及其增长、收入增长与跨国公司选择投资东道国相关性很大。跨国公司选择国外投资区位在很大程度上取决于东道国的市场规模。基于这一观点，我们提出第一个假设：

假设一（H1）：市场规模是影响跨国公司对华直接投资的决定因素，且两者之间成正比例关系。

2. 汇率

一些学者（Froot 和 Stein，1991；Goldberg 和 Kolstad，1995；Blonigen，1997；Tomlin，1998）通过研究总结出了对外直接投资与汇率的理论和经验联系，并建立了汇率水平与对外直接投资决定因素的关系。他们认为，汇率水平将决定跨国公司的预期回报，从而影响公司是否对外直接投资。当跨国公司的预期利润超过沉没成本时，公司才会选择对外直接投资。跨国公司是否直接投资进入东道国市场，取决于沉没成本、主要汇率水平、汇率的易变性及其他主要决定因素。Tomlin（2000）也将真实汇率作为自变量之一分析了决定外国跨国公司直接投资进入美国批发行业的因素，但他认为汇率水平的影响具有不确定性。徐康宁、王剑（2002）分析了人民币汇率，他们认为人民币汇率的形成有其特殊机制，不完全反映其购买力，更多地与资本流出入和商品进出口相联系。Caves（1974）指出，一国货币贬值，会引起他国货币升值，他国国内购买能力上升，从而吸引直接投资进入，并且一国货币贬值会降低该国的进口需求，他国为了减少出口下降的影响，也会对贬值国加大直接投资。

我们认为，人民币汇率对跨国公司对华直接投资的影响比较复杂。如果采用直接标价法，固定外国货币的单位数量，以本国货币表示这一固定数量的外国货币的价格，如 100 美元 = 824.784 元人民币，当外汇汇率上升时，外币升值，本币对外币的价值下降，这时跨国公司对华直接投资的成本就会下降，但是，当跨国公司将在华获得的利润转化为本币时，其利润也会相应地降低。相反，当外汇汇率下降时，外币贬值，本币对外币的价值上升，这种情况下跨国公司对华直接投资的成本就会上升，而当跨国公司将在华获得的利润转化为本币时，其利润也会相应地上升。成本增加会降低跨国公司对华直接投资的可能性，而利润上升有可能吸引更多的跨国公司对华直接投资。因而，人民币汇率对跨国公司对华直接投资具有不确定性的影响。我们可以通过实证分析来验证人民币汇率对跨国公司对华直接投资的影响程度与方向。因此，我们提出第二个假设：

假设二（H2）：人民币汇率对跨国公司对华直接投资具有显著影响。

3. 劳动力成本

寻求廉价的劳动力是一些跨国公司对外直接投资的动因。Tomlin（2000）以真实汇率、沉没成本、广告支出、劳动力成本为自变量，以进入美国批发行业 FDI 的企业数量作为因变量，研究了影响外国跨国公司直接投资美国批发行业的决定因素。Tomlin 的结论是较高的广告支出和劳动力成本将使企业选择对外直接投资。徐康宁、王剑（2002）也将中美工资的差异作为一个影响美国对华直接投资的变量进行了研究，研究结果显示，虽然中美两国之间的工资差异对吸引美国跨国公司在华投资有重要影响，但其影响不如一般理论模型所显现的那么大，他们认为这主要是因为美国对华直接投资主要集中在资本密集型和技术密集型产业，受我国国内需求变动和政策变动因素的影响更大。柴敏（2003）则认为，美国相关产业中低附加值、低技术含量的产品生产开始向国外转移，低劳动力成本优势使我国成为美国企业对外投资的理想区位；1983—2000 年，美国的平均工资约为我国的 36.8 倍，劳动力成本较低是中国吸引跨国公司直接投资的一个重要因素。有鉴于此，我们提出本文的第三个假设：

假设三（H3）：劳动力成本是影响跨国公司对华直接投资的决定因素，且两者之间成反比列关系。

4. 行业特征

Thomas A. Pugel 基于美国制造业分析了行业因素对外向型 FDI 的影响。他认为投资国行业中的生产规模经济有可能导致集中，从而抑制对外直接投资。对于东道国的行业特征对吸引外商直接投资的影响，学者们的观点有明显差异。在我国，跨国公司对华直接投资主要集中于制造业，其中，在汽车、电子、石化、通信等资金、技术密集型行业的投资比重高达 50% 以上。根据《中国统计年鉴（2005）》的统计，到 2004 年，跨国公司在我国制造业投资的企业数量累计达到170 654家，占外商投资企业总数的 71%；在外资投入金额上，跨国公司对我国制造业的投资达到3 523亿美元，占外资总投入的 63%（如图1、图2所示）。许多学者认为，由于全球制造业向中国进行转移，中国正在成为世界工厂。那么，跨国公司的对华投资是否受到中国制造业快速发展的影响呢？我们提出本文的第四个假设：

假设四（H4）：我国制造业的快速发展对吸引跨国公司对华直接投资具有显著影响。

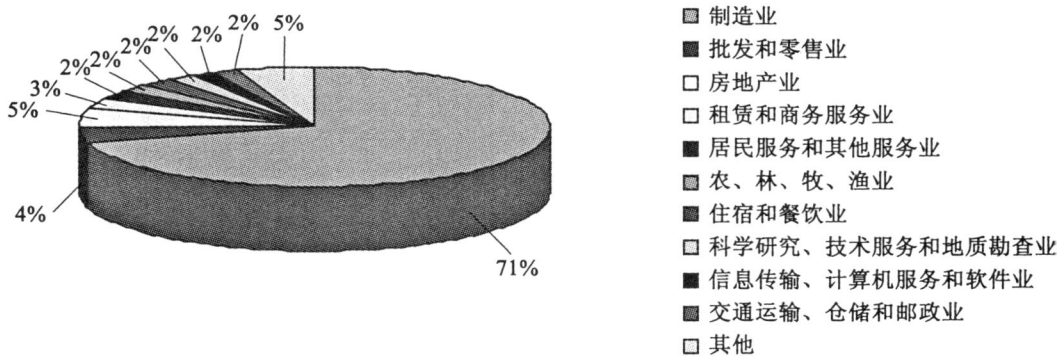

数据来源：《中国统计年鉴（2005）》

图 1　跨国公司对华投资：各行业企业数所占百分比

5. 贸易壁垒

贸易壁垒是一个颇有争议的影响跨国公司 FDI 的因素。它可能与 FDI 成正比例关系，这是因为一些跨国公司对外直接投资的动机就是为了绕过东道国的贸易壁垒，扩大在东道国市场的销售，因此，贸易壁垒越高，跨国公司对其直接投资的可能性就越大。而从另一个角度看，贸易壁垒可能与 FDI 成反比例关系，

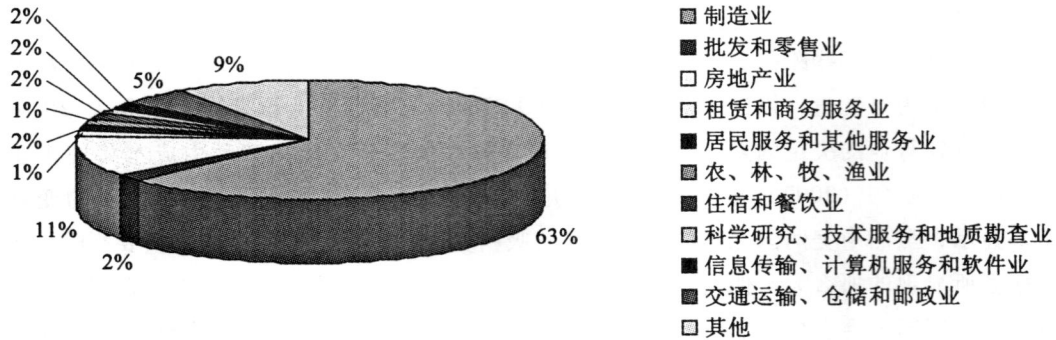

图中图例:
- ■ 制造业
- ■ 批发和零售业
- □ 房地产业
- □ 租赁和商务服务业
- ■ 居民服务和其他服务业
- ▨ 农、林、牧、渔业
- ■ 住宿和餐饮业
- ▨ 科学研究、技术服务和地质勘查业
- ■ 信息传输、计算机服务和软件业
- ▨ 交通运输、仓储和邮政业
- □ 其他

百分比标注:2%, 2%, 2%, 1%, 2%, 1%, 5%, 9%, 63%, 11%, 2%

数据来源:《中国统计年鉴(2005)》

图 2　跨国公司对华投资:各行业外资投入金额百分比

这是因为跨国公司 FDI 不仅涉及大量资本的国际流动,也伴随着大量产品、半成品、零部件的国际流动。贸易壁垒越高,跨国公司进口原材料、零部件的成本就越高,将在东道国生产的产品出口到国际市场的成本也越高,从而增加了跨国公司在全球范围内生产运作的成本。这一矛盾的存在使得一些学者在经验研究中得出了完全不同的结论。有的学者证实贸易壁垒与直接投资之间成正相关关系,有的学者则得出了两者存在负相关关系的结论(Lunn,1980;Markusen,1998;Heinrich 和 Konan,2000;Chakrabarti,2001)。结论相悖可能与研究对象有关,也可能与投资国和东道国的特征有关。那么,我国的相关贸易壁垒对跨国公司对华直接投资是否存在显著的影响?其影响的方向如何?对此,我们提出本文的第五个假设:

假设五(H5):我国的贸易壁垒对跨国公司对华直接投资具有显著影响。

6. 消费品价格

消费品价格在 CPI 中占较大比重,它的升降直接影响整体物价水平的高低。相对稳定的消费品价格可以为跨国公司投资提供良好的市场环境。相反,消费品价格的大起大落会对跨国公司投资产生负面影响。因此,我们提出本文的第六个假设:

假设六(H6):我国相对平稳的消费品价格是跨国公司对华直接投资的决定因素。

7. R&D 基础条件

Stephen G. Grubaugh(1987)的研究证实,R&D 支出对美国公司的跨国投资产生了正的效应。R&D 支出多、R&D 能力强的美国公司更有可能对外直接投资。在技术密集型行业,R&D 强度对于企业的发展尤为重要。随着经济一体化的发展,许多跨国公司不仅在中国设立了 R&D 部门,有的还建立了具有全球功能的 R&D 机构和研究中心。跨国公司在华的 R&D 投资主要是应用性 R&D,而非基础性 R&D。我国政府每年都投入大量资金作为科学研究支出,其中,不仅包括基础性和应用性 R&D 支出,而且包括科研基础设施建设的支出。在跨国公司研发全球化背景下,我国政府长期投资所建立的科研基础设施和科研人才队伍可能对跨国公司对华直接投资产生正面影响。因此,本文的第七个假设是:

假设七(H7):我国拥有的 R&D 基础条件对跨国公司对华直接投资具有显著影响,且两者成正比例关系。

8. 政策

Franklin R. Root 和 Ahmed A. Ahmed(1979)、Yoko Sazanami(1992)、David W. Loree、Stephen E. Guisinger(1995)、Nina Bandelj(2002)在研究对外直接投资的决定因素时,都将东道国的政策变量作为重要因素进行了研究。在吸引 FDI 方面,由于国家之间存在竞争,每个国家都有其具体的、独特的政策,我国也不例外。徐康宁、王剑（2002）研究了我国的政策变量对美国对华直接投资的影响。他们发现，美国对华直接投资在1991—1993年间存在突变式增长的现象，投资额由1991年的3.23亿美元猛增至1992年的5.11亿美元，增幅为58.2%；接着，又由1992年的5.11亿美元猛增至1993年的20.63亿美元，增幅达303%。他们推测这种突变式增长与1992年中国领导人南方视察讲话和当年"十四大"确立开放的市场经济体制有很大关系。由于我国加大了对外开放的力度，实施了多项有利于外商投资的优惠政策，从而引起了这种突变式增长。他们在模型中引入了政策变量来反映这些政策的影响。

根据《中国统计年鉴（2005）》的外商对华直接投资数据，我们绘出了1985—2004年外商对华直接投资的折线图（如图3所示）。从图中可以明显看出，外商对我国直接投资有两次突变式增长，分别是1992年前后和2001年前后。正如徐康宁、王剑（2002）所论证的，1992年的突变式增长可能与1992年我国领导人南方视察讲话和当年"十四大"确立开放的市场经济体制有很大关系。而对于2001年的突变式增长，我们推测可能是由于我国在2001年加入了WTO，促进了外商对华直接投资的增长。因此，本文将第八个假设分为两个分假设，即：

假设八a（H8a）：我国开放的市场经济体制的确立对跨国公司对华直接投资具有显著影响。

假设八b（H8b）：我国加入WTO对跨国公司对华直接投资具有显著影响。

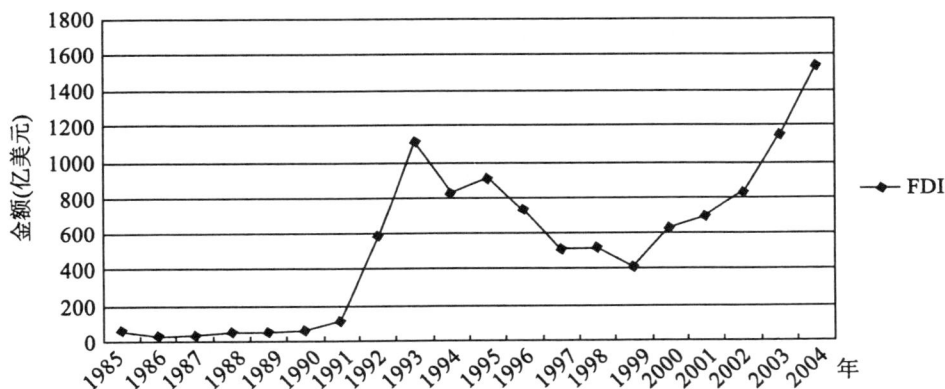

图3　外商对华直接投资①

三、基于1985—2004年数据的实证分析

下面，我们以1985—2004年20年的数据为基础，采取实证分析的方法，对影响跨国公司对华投资的各主要因素进行逐一检验，以确定跨国公司对华直接投资的决定因素。

1. 变量设计

（1）因变量：本文以跨国公司对华直接投资（FDI）为因变量，采用外商对华直接投资的金额来衡量跨国公司对华直接投资。

（2）自变量：以市场规模、汇率、劳动力成本、行业特征、贸易壁垒、消费品价格、R&D基础条件、政策等八个变量为自变量。

市场规模：本文选用城乡居民家庭可支配收入来衡量市场规模MARKET。

汇率：这里采用人民币对美元的年平均汇价来表示汇率变量ER，我们用直接标价法计量汇率，如

_____

① 中华人民共和国国家统计局. 中国统计年鉴（2005）. 北京：统计出版社，2005：137.

241

2004 年的汇率表示为：100 美元 = 827. 68 元人民币。

劳动力成本：本文采用职工年平均工资来衡量劳动力成本 LABOR。

行业特征：我们用当年工业占国民生产总值的比值来衡量制造业在我国国民经济中的发展状况，变量表示为 INDUSTRY。

贸易壁垒：本文用关税收入 TARIFF 来衡量我国的贸易壁垒。

消费品价格：我们选用居民消费价格指数 CPI 来表示消费品价格。居民消费价格指数 CPI 是衡量消费者购买固定商品和服务所需的费用。

R&D 基础条件：本文采用我国财政用于科学研究支出的金额来衡量我国 R&D 的基础条件。

政策：根据假设八，我们设置两个政策变量 POLICY1 和 POLICY2 分别表示我国确立市场经济体制和我国加入 WTO 所产生的影响。考虑到政策影响的时滞性，选取 POLICY1（POLICY1 = 0，$T \leqslant 1992$；POLICY1 = 1，$T > 1992$）以反映 1992 年政策的影响；选取 POLICY2（POLICY2 = 0，$T \leqslant 2001$；POLICY2 = 1，$T > 2001$）以反映我国加入 WTO 所产生的影响。其中 T 表示年份。

2. 模型构建

根据以上变量设计，构建如下回归模型：

$$FDI = \alpha_0 + \alpha_1 CPI + \alpha_2 ER + \alpha_3 INDUSTRY + \alpha_4 LABOR + \alpha_5 MARKET + \alpha_6 R\&D + \alpha_7 TARIFF + \alpha_8 POLICY1 + \alpha_9 POLICY2 + \mu \quad (1)$$

模型中因变量、自变量的定义及取值方法如表 2 所示。

表 2　　　　　　　　　　　　　　　　　　　　　变量定义

变量类型	变量符号	含义	变量系数的预期符号	变量取值方法及说明
因变量	FDI	跨国公司对华直接投资	——	外商对华直接投资金额
自变量	MARKET	市场规模	正	城镇居民家庭人均可支配收入
	ER	汇率	不确定	人民币对美元的汇率
	LABOR	劳动力成本	负	全国职工平均工资
	INDUSTRY	行业特征	正	工业生产总值/GDP
	TARIFF	贸易壁垒	不确定	关税收入
	CPI	消费品价格	正	居民消费价格指数
	R&D	研发基础条件	正	国家财政用于科学研究支出的金额
	POLICY1	政策变量 1 市场经济体制的确立	正	虚变量。$T \leqslant 1992$，变量取 0，$T > 1992$，变量取 1。T 表示年份
	POLICY2	政策变量 2 中国加入 WTO	正	虚变量。$T \leqslant 2001$，变量取 0；$T > 2001$，变量取 1。T 表示年份

3. 样本选择与数据收集

本文选取 1985—2004 年这 20 年的时序数据进行分析，所有变量数据均来源于《中国统计年鉴》（1986—2005）。

4. 检验结果

（1）初步估计结果。我们将数据代入式（1）进行回归分析，得出如下回归结果：

$$FDI = -3981.422 + 19.912CPI - 0.480ER - 7.137\ INDUSTRY - 0.408LABOR + 15.484\ MARKET$$
$$(-1.148)\quad (2.238^{**})\quad (-0.439)\quad (-0.089)\quad (-2.346^{**})\quad (2.000^{**})$$

$$+ 355.934\ POLICY1 + 2.233\ R\&D - 0.646\ TARIFF - 311.466\ POLICY2$$
$$(0.938)\quad\quad\quad (0.925)\quad\quad (-0.660)\quad\quad (-0.640)$$

$$R^2 = 90.42\%\quad Adj\ R^2 = 81.80\%\quad F = 10.492^{***}\quad DW = 1.943$$

括号内为 t 值，*、**、*** 分别表示在 10%、5%、1% 水平上具有显著性。

详细结果如表 3 所示。

表 3　　　　　　　　　　　　　　　　模型（1）回归结果

Dependent Variable：FDI

Method：Least Squares

Date：04/14/07　Time：19:37

Sample：1985—2004

Included observations：20

Variable	Coefficient	Std. Error	t-Statistic	Prob.
C	-3981.422	3466.988	-1.148	0.2775
CPI	19.912	8.897	2.238**	0.0492
ER	-0.480	1.096	-0.439	0.6702
INDUSTRY	-7.137	79.455	-0.089	0.9302
LABOR	-0.408	0.174	-2.346**	0.0409
MARKET	15.484	7.741	2.000**	0.0734
POLICY1	355.935	379.217	0.939	0.3701
R&D	2.233	2.414	0.925	0.3767
TARIFF	-0.646	0.977	-0.660	0.5238
POLICY2	-311.466	486.131	-0.640	0.5361
R-squared	90.42%	Mean dependent var		543.181
Adjusted R-squared	81.80%	S. D. dependent var		441.140
S. E. of regression	188.165	Akaike info criterion		13.619
Sum squared resid	354062.1	Schwarz criterion		14.117
Log likelihood	-126.194	F-statistic		10.492
Durbin-Watson stat	1.943	Prob（F-statistic）		0.000515

注：查 t 分布表，$\alpha = 0.1$，得到临界值 $t_{0.05}(10) = 1.372$；$\alpha = 0.05$，得到临界值 $t_{0.025}(10) = 1.812$；$\alpha = 0.01$，得到临界值 $t_{0.005}(10) = 2.764$。查 F 分布表，$\alpha = 0.05$，得到临界值 $F_{0.05}(9, 10) = 3.02$；$\alpha = 0.01$，得到临界值 $F_{0.01}(9, 10) = 4.95$。表中 *、**、*** 分别表示在 10%、5%、1% 水平上具有显著性。

由回归结果可知，模型（1）具有较好的解释能力，调整的 R^2 值达到 81.80%，F 值在 1% 水平上高度显著。解释变量中除了行业变量和政策变量 2 以外，其他变量的系数符号都符合理论预期的特征。行业变量与预期符号不符可能是因为跨国公司对华直接投资并不是仅仅针对制造业，而是在所有开放的行业中普遍开展了投资。政策变量2与理论预期符号不符可能与我国政府规定一些重要行业在我国加入WTO后需要经过一段时间的"过渡期"才逐步对外开放有关。模型中，消费品价格、劳动力成本和市场规模三个变量在5%的水平上具有显著性，而汇率、行业特征、贸易壁垒、R&D基础条件、政策等变量则不显著。这可能与模型包含的变量太多有一定关系。有鉴于此，我们采用逐个剔除最不显著解释变量的方法对模型（1）进行修正。修正模型如下：

$$FDI = \alpha_0 + \alpha_1 CPI + \alpha_2 ER + \alpha_3 LABOR + \alpha_4 MARKET + \alpha_5 R\&D + \alpha_6 TARIFF + \alpha_7 POLICY1 + \mu \quad (2)$$

$$FDI = \alpha_0 + \alpha_1 CPI + \alpha_2 LABOR + \alpha_3 MARKET + \alpha_4 R\&D + \alpha_5 TARIFF + \alpha_6 POLICY1 + \mu \quad (3)$$

$$FDI = \alpha_0 + \alpha_1 CPI + \alpha_2 LABOR + \alpha_3 MARKET + \alpha_4 R\&D + \alpha_5 POLICY1 + \mu \quad (4)$$

（2）修正模型的回归结果。模型（2）至模型（4）的回归结果如表4所示。从表4中可以看出，劳动力成本、市场规模、消费品价格、我国确立市场经济体制在模型（3）和模型（4）中都在1%或5%的水平上具有显著性。在模型（3）和模型（4）中，R&D基础条件也在10%的水平上显著。经过逐个剔除不显著的变量后，我们得到最终的回归结果，即模型（4）的回归结果：

$$FDI = -3607.275 + 16.695CPI - 0.420LABOR + 12.403MARKET + 2.278R\&D + 416.654POLICY1$$
$$(-3.737^{***}) \quad (2.626^{***}) \quad (-3.248^{***}) \quad (2.908^{***}) \quad (1.477^{*}) \quad (2.120^{**})$$
$$R^2 = 89.96\% \quad Adj\ R^2 = 86.38\% \quad F = 25.091^{***} \quad DW = 2.106$$

括号内为 t 值，*、**、*** 分别表示在10%、5%、1%水平上具有显著性。

表4　　　　　　　　　　跨国公司对华直接投资决定因素的 OLS 回归结果

Method：Least Squares

Date：04/14/07　Time：19：47

Sample：1985—2004

Included observations：20

Variable	模型（2） Coefficient	模型（2） t-Statistic	模型（3） Coefficient	模型（3） t-Statistic	模型（4） Coefficient	模型（4） t-Statistic
C	-3579.155	-3.426***	-3579.247	-3.570***	-3607.275	-3.737***
CPI	16.719	2.441**	16.719	2.543**	16.695	2.626***
ER	0.001	0.002	——			
LABOR	-0.413	-2.636**	-0.413	-3.044***	-0.420	-3.248***
MARKET	12.243	2.408**	12.247	2.758***	12.403	2.908***
POLICY1	410.126	1.751*	410.311	2.008**	416.654	2.120**
R&D	2.389	1.092	2.387	1.460*	2.278	1.477*
TARIFF	-0.160	-0.279	-0.160	-0.302		
R-squared	90.03%		90.03%		89.96%	
Adjusted R-squared	84.22%		85.43%		86.38%	
F-statistic	15.482***		19.567***		25.091***	
Durbin-Wats on stat	2.132		2.131		2.106	

注：*、**、*** 分别表示在10%、5%、1%水平上具有显著性。

在模型（4）中，模型的调整后的 R^2 值为86.38%，具有很强的解释能力；F 统计量值为25.091，整个方程在 1% 水平上具有显著性。DW 值为 2.106，通过查表发现，DW 值正好落在不能确定是否存在序列相关的区间内。于是，我们采用回归检验法检验模型（4）是否存在序列相关性。定义模型（4）估计得到的残差为 ET，建立回归方程（5），具体如下：

$$ET_i = \rho Et_{i-1} + \varepsilon_i \quad i = 2, 3, \cdots, 20 \tag{5}$$

（3）采用回归检验法检验是否存在序列相关。通过对方程（5）进行估计，我们得到如下回归结果（如表 5 所示）。

表 5　　　　　　　　　　　　　　回归检验法所得结果

Dependent Variable：ET

Method：Least Squares

Date：04/14/07　Time：19:54

Sample（adjusted）：1986—2004

Included observations：19 after adjusting endpoints

Variable	Coefficient	Std. Error	t-Statistic	Prob.
ET（−1）	− 0.123057	0.240380	− 0.511925	0.6149
R-squared	0.012510	Mean dependent var		− 5.929867
Adjusted R-squared	0.012510	S. D. dependent var		140.9946
S. E. of regression	140.1099	Akaike info criterion		12.77393
Sum squared resid	353354.0	Schwarz criterion		12.82363
Log likelihood	− 120.3523	Durbin-Watson stat		1.869551

注：查 t 分布表，$\alpha = 0.1$，得到临界值 $t_{0.05}$（18）= 1.330；$\alpha = 0.05$，得到临界值 $t_{0.025}$（18）= 1.734；$\alpha = 0.01$，得到临界值 $t_{0.005}$（18）= 2.552。

从表 5 中可以看出，通过回归检验法检验证实，ET（−1）变量不显著，所以模型（4）不存在序列相关。实证结果表明，劳动力成本、市场规模、消费品价格、R&D 基础条件和我国市场经济体制的确立是跨国公司对华直接投资的主要决定因素。就各个变量的系数大小来看，我国市场经济体制的确立影响最强，而劳动力成本的影响最弱。汇率和贸易壁垒对跨国公司对华直接投资的影响不显著。

四、结论与建议

通过以上实证分析，对照前面提出的八个假设，我们可以得出如下基本结论：

（1）对于假设一（H1）：市场规模是影响跨国公司对华直接投资的决定因素，且两者之间成正比例关系，实证研究证实，我国巨大的市场规模确实是吸引跨国公司对华直接投资的决定因素，而且随着市场规模的增长，跨国公司对华直接投资也出现了同步增长的趋势。

（2）对于假设二（H2）：人民币汇率对跨国公司对华直接投资具有显著影响，实证研究否定了这一假设，证明跨国公司对华直接投资较少受到人民币汇率的影响，汇率因素不是跨国公司对华直接投资的决定因素。

（3）对于假设三（H3）：劳动力成本是影响跨国公司对华直接投资的决定因素，且两者之间成反比例关系，实证研究证实，我国低廉的劳动力成本确实是吸引跨国公司对华直接投资的决定因素，且两者之间确实成反比例关系。

（4）对于假设四（H4）：我国制造业的快速发展对吸引跨国公司对华直接投资具有显著影响，实证研究否定了这一假设，证明跨国公司对华直接投资较少受到行业特点的影响，不是针对某些特定行业的投资。因此，行业因素不是跨国公司对华直接投资的决定因素。

（5）对于假设五（H5）：我国的贸易壁垒对跨国公司对华直接投资具有显著影响，实证研究否定了这一假设，证明跨国公司对华直接投资较少受到贸易壁垒的影响，贸易壁垒不是跨国公司对华直接投资的决定因素。

（6）对于假设六（H6）：我国相对平稳的消费品价格是跨国公司对华直接投资的决定因素，实证研究证实了这一假设，说明我国消费品价格的相对平稳对于吸引跨国公司对华直接投资产生了积极正面的影响，因此，可以判断，我国相对平稳的消费品价格是影响跨国公司对华直接投资的决定因素。

（7）对于假设七（H7）：我国拥有的 R&D 基础条件对跨国公司对华直接投资具有显著影响，且两者成正比例关系，实证研究证实，我国较好的研发基础条件确实是吸引跨国公司对华直接投资的决定因素之一，而且随着我国研发基础条件的改善，跨国公司不断加大了对中国的直接投资。这说明跨国公司对中国的直接投资不仅受到市场和劳动力成本的吸引，而且带有明显的利用中国研发资源的特征。

（8）对于假设八 a（H8a）（我国开放的市场经济体制的确立对跨国公司对华直接投资具有显著影响）和假设八 b（H8b）（我国加入 WTO 对跨国公司对华直接投资具有显著影响），实证研究肯定了前面的假设而否定了后面的假设。这说明跨国公司确实将我国开放的市场经济体制的确立当作其对华直接投资的关键因素，而对于中国加入 WTO，跨国公司则并未给予特别的重视。

实证研究表明，在 1985—2004 年这 20 年间，跨国公司对华直接投资的稳步增长虽然受到众多因素的影响，但起决定作用的因素主要集中在五个方面，即市场规模、劳动力成本、消费品价格、R&D 基础条件和我国市场经济体制的确立。明确跨国公司对华直接投资的决定因素，对于我们有针对性地开展引进外资工作具有极为重要的指导意义。引进跨国公司的直接投资，开展与跨国公司的长期战略合作已经成为中国经济发展和中国企业成长的关键措施。为了稳定和促进跨国公司对华直接投资，我们提出如下五点建议：

（1）促进城乡和谐发展，不断扩大市场规模。跨国公司对华直接投资的一个重要决定因素是我国巨大并不断增长的市场规模，这说明跨国公司对华直接投资带有明显的市场驱动的特征。为了进一步吸引跨国公司的投资，需要不断扩大市场规模，特别是要不断提高城乡居民的收入水平。我国长期存在的二元经济结构使我国城乡经济发展存在较大差距，约占我国人口三分之二的乡镇居民收入提高缓慢，这在很大程度上制约了我国市场规模的扩展。当前，应在科学发展观的指导下，采取有效措施，大力提高乡镇居民的收入水平，促进城乡经济和社会的和谐发展。

（2）努力提高劳动者素质，进一步发挥比较优势。实证结果证实，劳动力成本优势是跨国公司对华直接投资的重要决定因素。这说明跨国公司的国际生产活动仍然高度关注劳动力成本要素，因此，在吸引跨国公司投资的过程中，应进一步发挥我国劳动力资源的比较优势，关键是提高劳动者的素质，要针对新的引资环境的特点，培养大批具有创新意识、掌握先进技术和技能、懂经营、善管理的各种层次的专门人才，以增强我国劳动力资源的可持续竞争优势。

（3）保持消费品价格的基本稳定，为外商投资提供良好的市场环境。在实证研究中我们发现，我国相对稳定的消费品价格是促进跨国公司直接投资的关键因素，这说明良好的市场环境对于吸引跨国公司投资至关重要。因此，要保持跨国公司对华直接投资的长期增长，应高度关注市场的稳定，防止消费品价格的大起大落，避免出现严重的通货膨胀或通货紧缩。

（4）加强 R&D 基础条件建设，促进跨国公司 R&D 投资。实证结果表明，我国良好的科研基础条件对于吸引跨国公司直接投资存在显著的正面影响，这说明跨国公司对华直接投资不仅重视我国的市场潜力和廉价的劳动力资源，而且非常重视我国的 R&D 基础条件。实际上，伴随着跨国公司对中国市场的进入，越来越多的跨国公司已经在中国设立了大量的设计中心和 R&D 机构。它们通过这些设计中心和 R&D 机构开发适应我国消费者需求的产品，满足我国消费者多样化的市场需求。这些设计中心和 R&D 机构为了实现本土化，需要招聘当地的技术人才，融入当地的 R&D 环境。为了更好地促进跨国公司在中国的 R&D 投资，满足跨国公司研发人才本土化的需要，国家应该进一步加强研发基础设施建设，大力培养高水平的研发人才，通过学习和溢出效应，在与跨国公司的合作和竞争中提高自主创新能力。

（5）完善市场经济体制，提高对外开放水平。实证研究证实，我国开放的市场经济体制的确立对跨国公司对华直接投资具有决定性的影响，这说明跨国公司非常重视东道国的制度或体制因素。目前，我国市场经济体制改革正不断深化，对外开放水平不断提高，但是，还有许多与市场经济体制不相符合的政策和壁垒有待于破除，许多尚未完全开放的领域需要逐步开放。新时期政策的重点应该是在完善市场经济体制的过程中不断扩大对外开放，注意学习和借鉴国际经验，在大力吸引跨国公司投资的同时，加强对跨国公司市场行为的引导和管理，实现与跨国公司之间的长期合作与共赢。

参 考 文 献

［1］柴敏. 美国对华直接投资及其原因分析. 亚太经济，2003，5.

［2］徐康宁，王剑. 美国对华直接投资决定性因素分析（1983—2000）. 中国社会科学，2002，5.

［3］中华人民共和国国家统计局编. 中国统计年鉴（2005）. 北京：中国统计出版社，2005.

［4］Chakrabarti, A. . The determinants of foreign direct investments: Sensitivity analyses of cross-country regressions. Kyklos, 2001, 54.

［5］Bruce A. Blonigen. Firm-specific assets and the link between exchange rates and foreign direct investment. American Economic Review, 1997, 87.

［6］David W. Loree, and Stephen E. Guisinger. Policy and non-policy determinants of U. S. equity foreign direct investment. Journal of International Business Studies, 1995, 26 (2).

［7］Franklin R. Root, and Ahmed A. Ahmed. Empirical determinants of manufacturing direct foreign investment in developing countries. Economic Development and Cultural Change, 1979, 27 (4).

［8］Heinrich, J. , and Konan, D. E. . Foreign direct investment and host-country trading blocs. Journal of Economic Integration, 2000, 15 (4).

［9］Lunn, J. . Determinants of U. S. direct investment in the E. E. C. : Further evidence. european economic review, 1980, 13.

［10］Markusen, J. R. . Multinational firms, location and trade. World Economy, 1998, 21.

［11］Kasaundra M. Tomlin. Three essays on foreign direct investment: Model specification, exchange rate skewness, and entry plant size and growth. Ph. D. dissertation, University of Oregon, Eugene, OR. 1998.

［12］Kasaundra M. Tomlin. The effects of model specification on foreign direct investment models: An application of count data models. Southern Economic Journal, 2000, 67 (2).

［13］Kenneth Froot, and Jeremy Stein. Exchange rates and foreign direct investment: An imperfect capital markets approach. Quarterly Journal of Economics Review, 1991, 106.

［14］Linda S. Goldberg, and Charles D. Kolstad. Foreign direct investment, exchange rate variability and demand uncertainty. International Economic Review, 1995, 36.

［15］ Nina Bandelj. Embedded economies: Social relations as determinants of foreign direct investment in central and eastern europe. Social Forces, 2002, 81 (2).

［16］ Caves, R.. Causes of direct investment: Foreign firms'shares in canadian and United Kingdom manufacturing industries. Review of Economics and Statistics, 1974, 56.

［17］ Stephen G. Grubaugh. Determinants of direct foreign investment. The Review of Economics and Statistics, 1987, 69 (1).

［18］ Thomas A. Pugel. The determinants of foreign direct investment: An analysis of US manufacturing industries. Graduate School of Business Administration, New York University, 1981.

［19］ Yoko Sazanami. Determinants of Japanese foreign direct investment: Locational attractiveness of european countries to Japanese multinationals. Revue économique, 1992, 43 (4).

企业并购谈判中利益分配的博弈分析[*]

● 刘　威[1]　隋晓锋[2]

（1，2　武汉大学经济与管理学院　武汉　430072）

【摘　要】 本文通过对企业并购过程中不同谈判方式下各方利益分配的博弈分析，深入探讨了并购过程中各方的最优策略选择，并从实证角度验证了：在企业并购过程中，并购企业具有谈判优势，而被并购企业具有信息优势，且在一定情况下可以通过发挥信息优势来制衡并购企业的谈判优势，并最大化自身利益；同时，企业并购过程中是否存在竞争机制、企业的经营效率和市场竞争力等都是决定并购过程中各方利益分配的重要因素。

【关键词】 企业并购　利益分配　谈判　博弈分析

一、引言

企业并购作为市场经济条件下资源整合的重要手段之一，在各国经济发展与企业规模扩大中起着日益重要的作用。据联合国贸易发展委员会统计，从 2004 年开始全球跨国并购开始重新增多，2006 年全球跨国并购案例高达 6 974 起，涉及金额达到 8 800 亿美元，比 2005 年增长 18.6%；其中中国大陆地区并购案也从 2004 年开始加速上升到 2006 年的 308 起，涉及总金额达到 216 亿美元，比 2005 年增长 60%。面对新一轮并购浪潮的兴起，参与并购的各方如何在并购谈判中最大限度地维护自身利益开始成为人们关注的重要问题之一。尤其是随着我国"引进来"与"走出去"战略的持续实施，与我国企业有关的跨国并购日益增多，涉及金额越来越大，对我国经济的影响也越来越强。如何在跨国企业并购中最大程度地维护和增加本国企业的利益，已成为当前学术界和企业界需要解决的重要问题之一。本文旨在探讨不同并购条件下各方的谈判策略选择，并系统分析并购企业与被并购企业在谈判过程中的优劣势，以找到影响企业并购中各方谈判策略选择及并购利益大小的主要因素。

二、文献综述

目前国内外学术界对企业并购谈判问题的研究主要集中在对企业并购谈判中出价策略选择的研究。Hirshleifer 等（1989）的研究发现，先行企业为减少竞争提出的收购价格明显高于企业对被并购企业竞争产生的收购价格，因此，弱化先行企业出价激励的做法会造成期望收购价格降低和社会福利损失。Titman 等（1990）则认为投标标价反映了投标者对被收购资产未来是否升值的预期信息，而被收购企业的预防

---

　* 本文系国家自然科学基金项目"知识溢出对我国外商直接投资地区非均衡增长的影响途径与数量测度"（编号：70773082）与国家社会科学基金项目"基于'知识黏性'的我国利用外商直接投资地区集中研究"（编号：07BJL044）的阶段性研究成果。

措施反而会增加收购者收购成功的可能性。Shleifer 等（1986）研究了并购情况下的中小股东搭便车的问题及此时的最优出价策略和相关解决方案。Jennings 等（1993）认为较高的首次出价能降低收购竞争的激烈程度，提高收购成功率，收购中的信息采集成本与竞争程度有关。Burkart（1995）则认为所有权拍卖中的最优策略存在过度竞价，因此有大股东存在会导致企业并购出价过高。张志学等（2006）通过对谈判影响因素的研究，认为谈判前目标的设定和第一次出价都明显影响谈判者收益，换位思考能降低对方第一次出价的锚定效应。

在此基础上，部分学者开始对企业并购过程中的利益分配进行初步研究。Sorensen（2000）通过对 20 世纪 90 年代公司的并购特点研究，发现并购企业往往比被并购企业和不参与并购的企业获益更多，因此认为并购的主要动力来自相对优势企业对提高收益的追求。张宗新等（2003）通过对公司并购利益主体的研究，实证分析了我国上市公司并购中的利益分配问题，认为中国证券市场中同样存在"并购公司股东损益"现象。

可以看出，目前学术界对企业并购中的谈判问题研究还比较少，尤其是对企业并购出价谈判过程中各方利益的比较研究还相对较少。本文在系统分析几种不同并购模式的基础上，探讨了并购谈判过程中可能存在的各方利益分配格局及其影响因素，并进一步提出了在对应情况下并购各方可能的最优策略选择。

三、模型建立与实证分析

（一）建模基础

企业并购谈判中的冲突主要体现在被并购企业的当前价值和潜在价值在并购各方之间如何分配的问题上。张宗新等（2003）认为，企业的当前价值作为双方的共同知识存在，而被并购企业在并购之后产生的价值增值的分配是谈判双方真正关注的焦点。本文因此将重点讨论企业的潜在增值部分在不同谈判模式下的分配问题。

张宗新等（2003）根据 Rubinstein（1982）的讨价还价模型建立了完全信息条件下并购双方无限期轮流出价的谈判模型[1]，即假设并购双方谈判的焦点为被并购方潜在价值 V 的分配方式。此时无限期轮流出价博弈过程的唯一纳什均衡解 V^* 的理性均衡分配方式为：

$$V_M^* = \frac{(1 - S_H)}{1 - S_H S_M} V \qquad V_H^* = \frac{(1 - S_M) S_H}{1 - S_H S_M} V \tag{1}$$

其中，V_M^* 为并购企业所获得的潜在价值的分配额，V_H^* 为被并购企业所获得的潜在价值的分配额。$S_M（0 < S_M < 1）$为并购企业的折现因子，$S_H（0 < S_H < 1）$为被并购企业的折现因子，且 S_M 和 S_H 同为双方的共同知识[2]。

（二）模型建立与分析

1. One VS One 条件下的博弈利益分配

（1）不完全信息条件下的博弈利益分配。首先，在张宗新等（2003）分析的基础上，本文将探讨在不完

---

[1] "无限期"是基于数学上的无穷逼近方法提出的，并不表明现实生活中参与并购的企业须进行无数次谈判。由于信息完全，并购企业在发出并购要约前就可以直接计算均衡分配方案；被并购企业也知道这个分配方案就是均衡分配策略，所以会立即接受。

[2] 由于存在并购双方谈判费用、信息成本、利息等的损失，双方每一时期的谈判都会造成收益函数的折现。

全信息条件下各方利益分配的情况。此时并购企业并不知道被并购企业的实际潜在价值，认为其在$[0, V_0]$上服从均匀分布，并购企业的并购要约是选择一个分配方案使被并购企业接受。其中V_M为并购企业希望获得的被并购企业潜在价值的分配部分。同时，假定被并购企业认为其潜在价值为V_H，V_H也在$[0, V_0]$上服从均匀分布。若此时被并购企业通过以上信息来确定是否接受要约，则并购企业的分配所得π_M为：

$$\pi_M = \begin{cases} V_M & (V_M < V_H) \\ 0 & (V_M \geq V_H) \end{cases} \tag{2}$$

此时并购企业的最优选择为：

$$\max_{V_M} \pi_M = \max_{V_M} [V_M \times P\{V_M \text{被接受}\} + 0 \times P\{V_M \text{被拒绝}\}] \tag{3}$$

由于V_M在$[0, V_0]$上服从均匀分布，则：

$$P\{V_M \text{被接受}\} = P\{V_H > V_M\} = (V_0 - V_M)/V_0 \tag{4}$$

代入式(3)，可得：

$$\max_{V_M} \pi_M = \max_{V_M} [V_M(V_0 - V_M)/V_0] \tag{5}$$

对上式求一阶极值可得均衡解为：

$$V_M^* = \frac{V_0}{2} \tag{6}$$

即此时并购企业提出的均衡分配方案应为自己获得$V_0/2$的潜在价值，剩余部分的潜在价值让给被并购企业。在不完全信息条件下，被并购企业的最优选择将是以最高估价提出补偿要求，此时其收益为$V_0/2$。

(2)完全信息与不完全信息条件下各方利益分配的比较。

①折现因子S_H、S_M都趋近于1。在完全信息条件下，如果S_H、S_M都趋近于1，则可得到：

$$\lim_{\substack{S_H \to 1^- \\ S_M \to 1^-}} V_M^* = \lim_{\substack{S_H \to 1^- \\ S_M \to 1^-}} \frac{(1 - S_H)}{1 - S_H S_M} V = \frac{V}{2} \qquad \lim_{\substack{S_H \to 1^- \\ S_M \to 1^-}} V_H^* = \lim_{\substack{S_H \to 1^- \\ S_M \to 1^-}} \frac{(1 - S_M)S_H}{1 - S_H S_M} V = \frac{V}{2} \tag{7}$$

此时谈判双方的最优分配策略为平均分配被并购企业的潜在价值，这与不完全信息情况下的结果具有一致性。

②折现因子S_H、S_M都不趋近于1。在完全信息条件下，如果S_H、S_M都不趋近于1，则可得到：

$$\frac{(1 - S_H)}{1 - S_H S_M} > \frac{1}{2} \qquad \frac{(1 - S_M)S_H}{1 - S_H S_M} < \frac{1}{2} \tag{8}$$

即此时由于完全信息和谈判成本的存在，并购企业具有谈判优势，并首先提出分配方案，以增加其从潜在价值分配中获得的利益；而被并购企业由于信息完全公开，在均衡分配水平上出现更多的利益损失。

如果在不完全信息条件下，并购企业对被并购企业的潜在价值区间预测缺乏准确性，同时认为被并购企业的预测区间与自己相同，此时它将仍会提出占有$V_0/2$的收益，并给予被并购企业$V_0/2$的补偿。但如果被并购企业拥有信息优势，清楚自身潜在价值$V^\#$，那么当$V_0 > V^\#$时，被并购企业获得的利益$V_0/2$将大于其预期得到的最大利益$V^\#/2$，并购企业将高估被并购企业的潜在价值，遭受损失，被并购企业接受并购；当$V_0 < V^\#$时，被并购企业将根据谈判成本来决定是否公开自身价值信息，以获得另一套并购方案，此时均衡条件为：

$$\frac{(1 - S_M)S_H}{1 - S_H S_M} V^\# = \frac{V_0}{2} \tag{9}$$

此时若等式左边大于右边，则被并购企业将公开信息，以获得更高分配额；如果左边小于右边，则被并购企业的最优选择是不完全公开信息，接受并购企业的要约；在左右两边相等时，两种策略均可选择。

由此可见在并购出价谈判过程中，被并购企业对自身潜在价值信息的掌握，使其在并购谈判中占有优势：如果并购企业对其潜在价值估计过高，就会遭受收益损失，使被并购企业获得较多收益；反之，被并购企业可以根据自身交易成本决定在谈判过程中是否公开信息，以获得更为有利的补偿价格。

2. Two VS One 条件下的博弈利益分配

接下来，本文将继续探讨在两家并购企业（M_1、M_2）同时竞争并购一家企业（H）时各方的利益分配。假定此时三家企业同属一个行业，在并购竞争中，并购失败的企业将在未来企业间竞争中处于劣势，遭受损失。

（1）完全信息条件下的博弈利益分配。在完全信息条件下，如果被并购企业分别与两家并购企业谈判，两家并购企业相互间不产生竞争，则两家并购企业将同时提出自己的无限期轮流出价情况下的分配方案，即：

$$V_{M_i}^* = \frac{(1-S_H)}{1-S_H S_{M_i}}V \quad V_H^* = \frac{(1-S_{M_i})S_H}{1-S_H S_{M_i}}V, \ (i=1,2) \tag{10}$$

其中 $V_{M_i}^*$ 表示并购企业 $M_i(i=1,2)$ 得到的潜在价值份额；V_H^* 表示被并购企业的分配份额，对同一家被并购企业而言，S_H 不变。同时可以得到：

$$\frac{\mathrm{d}V_H^*}{\mathrm{d}S_M} = \frac{-S_H[1-S_H S_M + S_H(1-S_M)]}{(1-S_H S_M)^2} < 0 \tag{11}$$

上式意味着谈判成本越高（即折现因子 S_M 越小）的并购企业提供给被并购企业的分配份额将越高，从而赢得并购权。

然而，若两家并购企业都能意识到如果自身在并购谈判中失败，将在未来竞争中处于劣势，那么这将影响并购双方的策略选择。接下来，我们将主要探讨完全信息条件下两家并购企业竞争时各方的博弈利益分配。此时我们假定被并购企业仅作为一个信息传递者存在，两家并购企业都清楚并购成功后自己的潜在收益 V_M，并且能够预见一旦并购失败，将在未来的 t_0+1 时刻面临损失 $C_i(i=1,2)$。在折现率为 S 时，C_i 的现值为 $S^{t_0}C_i$；如果两家企业展开竞争，假设在每一轮竞争中它们的谈判成本都为1，且假定在 t 时刻有一家并购企业退出竞争，那么退出竞争的企业的收益为：

$$V_{M_i}^F(t) = -(1+S+\cdots+S^{t-1}) - S^{t_0}C_i = -(1-S^t)/(1-S) - S^{t_0}C_i \tag{12}$$

赢得竞争的企业的收益为：

$$V_{M_i}^W(t) = S^t V_M - (1+S+\cdots+S^{t-1}) = S^t V_M - (1-S^t)/(1-S) \tag{13}$$

其中，$V_{M_i}^F(t)$ 表示失败者的收益函数，$V_{M_i}^W(t)$ 表示胜利者的收益函数。此时博弈过程的非对称纳什均衡为：一方选择持续保持竞争，另一方则立即退出，即失败方的最优策略是在 $t=0$ 时刻有一方立即退出。

此时，对于哪一方的最优策略为退出，我们将通过考察此博弈的平稳对称均衡解决定。假设对于并购企业 $M_i(i=1,2)$，存在策略 P_i，当在 $t-1$ 时刻竞争没有结束时，其对手将以 P_i 的概率在 t 时退出，即 M_i 在 t 时以 P_i 的概率赢得竞争，那么最终的均衡状态为"t 时刻对方退出和在 $t+1$ 时刻自己退出的收益是相同的"。假设 t 时刻即为并购失败方的损失 C_i 发生的时刻，因为损失 C_i 恒定在这一时刻发生，故其折现恒为 $S^t C_i$，则此时有以下均衡：

$$P_i V_{M_i}^W(t) + (1-P_i)V_{M_i}^F(t+1) = V_{M_i}^F(t) \tag{14}$$

将方程（12）与（13）代入可以得到：

$$P_i[S^t V_M - (1-S^t)/(1-S)] + (1-P_i)[-(1-S^{t+1})/(1-S) - S^t C_i] = -(1-S^t)/(1-S) - S^t C_i$$

计算可得博弈的平稳对称均衡解为：

$$P_i^* = \frac{1}{1+V_M+C_i} \tag{15}$$

从上式可见，并购企业在某一时刻赢得竞争的概率与其失败时面临的损失成反比，即企业在并购失败后面临的损失越大，那么它在现实的市场竞争中竞争力越差。这说明在并购竞争中具有竞争优势的企业更有可能赢得并购权，即行业领先企业比其他企业更具竞争力；因此在完全信息条件下，在有行业领先企业参加的并购竞争中，一般企业的最优策略为不参与竞争，最终利益分配与完全信息条件下 One VS One 情况下的利益分配相同。

（2）不完全信息条件下的博弈利益分配。在不完全信息条件下，为简单考察两个并购企业的竞争，我们假设被并购企业采用一次价格密封标价拍卖的方式决定并购企业。假设两个并购企业 M_1、M_2 对被并购企业的潜在价值估价为 $V_i(i=1,2)$，V_i 在 $[0,1]$ 上均匀分布①，二者愿意提供给被并购企业的补偿额为 W_i、$W_j(i=1$ 或 $2,j=3-i)$，提供补偿额高的一方将赢得并购合约，而失败的一方将面临竞争损失 C_i。如果二者提供的补偿额相同，则由被并购企业随机决定胜出者。我们假设并购企业不会提供超过 V_i 的补偿额，否则无论其面临的竞争损失为多少都将退出竞争，在此前提约束下为保证结果有意义需要约束 $C_i \leqslant V_i/2$。此时并购企业 M_i 的收益函数为：

$$\pi_{M_i} = \begin{cases} V_i - W_i, & \text{如果 } W_i > W_j \\ (V_i - W_i)/2, & \text{如果 } W_i = W_j \\ -C_i, & \text{如果 } W_i < W_j \end{cases} \quad (16)$$

此时收益函数可以转化为：

$$\pi_{M_i}(W_i) = (V_i - W_i) \times P\{W_i > W_j\} + [(V_i - W_i)/2] \times P\{W_i = W_j\} - C_i \times P\{W_i < W_j\} \quad (17)$$

因为对于每一个补偿选择 W_i、W_j，其都为相应的 $V_i(i=1,2)$ 的函数，设其为 $W(V_i)$；假设 $W(V_i)$ 是连续并且严格单增的，则其反函数 $V_i = W^1(W_i)$ 也具有相同的性质，所以有：

$$P\{W_i > W_j(V_j)\} = P\{W^{-1}(W_i) > V_j\} = W^{-1}(W_i) \quad (18)$$

同时在连续函数上有：

$$P\{W_i = W_j(V_j)\} = P\{W^{-1}(W_i) = V_j\} = 0 \quad (19)$$

这使得并购企业的收益函数可写为：

$$\pi_{Mi}(W_i) = (V_i - W_i) \times W^{-1}(W_i) - C_i \times [1 - W^{-1}(W_i)] \quad (20)$$

其一阶条件为：

$$(V_i - W_i + C_i)\frac{dW^{-1}(W_i)}{d(W_i)} - W^{-1}(W_i) = 0 \quad (21)$$

可解得均衡补偿额为：

$$W_i = W(V_i) = V_i/2 + C_i \quad (C_i \leqslant V_i/2) \quad (22)$$

由式（22）可以看出，并购企业考虑到了竞争失败后可能由于竞争力下降而损失的利益 C_i，从而调整了其补偿额的均衡水平。此时，并购企业对被并购企业的潜在价值估值越高，则其并购要约价格就会越高；并购企业在竞标失败后面临的竞争损失越大，其愿意提供的要约价格也就越高。

（3）完全信息与不完全信息条件下利益分配情况的比较。由式（10）和式（22）可以看出，被并购企业在完全公开信息和保留信息两种情况下获得的利益不同，二者间的不同主要是因为在不完全信息条件下并购企业对被并购企业潜在价值的估计和对自身并购失败后竞争损失的估计。如果并购企业对被并购企业的潜在价值估计越低，对自己的竞争损失的估计也可能越低，将使得：

$$\frac{V_i}{2} + C_i < \frac{(1 - S_{M_i})S_H}{1 - S_H S_{M_i}}V \quad (23)$$

---

① 假设在 $[0,1]$ 上均匀分布主要出于计算的简便，但这样假设并不影响最终结论，因为我们关注的只是分配比率问题，而不是分配的绝对量，这一假定相当于把 V_i 可能取到的最大值规整化。

此时被并购企业的最优选择是公开信息，以获得一个更有利的分配额；反之，如果式(23)的左边大于右边，那么被并购企业获得了一个较高的补偿额，从而不会公开自身价值信息。因此，两家并购企业竞购一家被并购企业时，被并购企业可以利用信息优势和并购企业间的竞争以获得较高的补偿价值。

3. One VS Two 条件下的博弈利益分配

本文将继续探讨一家并购企业在两家企业间选择并购时各方的利益分配。由于此时并购企业完全掌握了谈判的主动权，故其可以根据实际情况做出选择。

(1)完全信息条件下的博弈利益分配。如果并购企业完全掌握了两家被并购企业的潜在价值 $V_i(i=1,2)$，那么它会在对两个被并购企业开出的收购要约分配方案中提出所得份额：

$$V_{M_i}^* = \frac{(1 - S_{H_i})}{1 - S_{H_i} S_M} V_i \tag{24}$$

对式(24)求一阶偏导，得到：

$$\frac{\partial V_M^*}{\partial S_H} = \frac{S_M - 1}{(1 - S_H S_M)^2} < 0 \tag{25}$$

由于 V_M^* 是 S_H 的减函数与 V_i 的增函数，所以并购企业将选择那些会付出较高谈判成本及自身潜在价值较大的企业进行并购。

(2)不完全信息条件下的博弈利益分配。在不完全信息条件下，如果并购企业采取拍卖形式的竞价策略，则根据式(22)可以得到其在并购中所能获得的收益：

$$\pi_i = \frac{V_i}{2} + C_i \quad (i = 1, 2) \tag{26}$$

其中 V_i 为被并购企业预计的并购成功后可能的潜在价值，C_i 为两家被并购企业预计的在并购失败后产生的竞争损失。在正常情况下，多数愿意被并购的企业的市场竞争力和经营业绩都比较差，如果其市场竞争对手被另一个更具竞争力的企业并购，那么这些原本竞争力就差的企业将不得不面临更为激烈的竞争，遭受更大损失。因此，在有竞争的情况下并购企业得到的潜在价值的分配额因为 C_i 的增加而扩大，即并购方只需付出较少的补偿价格，就可并购成功，且获益更大。因此，在一个并购企业同时有多个被并购对象时，并购企业无疑掌握了较大的主动权，此时并购企业可以根据式(24)和式(26)，提出对自己最有利的谈判方式。

四、主要结论

从实证分析可以发现，影响企业并购过程中各方利益分配的因素主要有以下几个方面。

(一)是否掌握被并购方的信息对并购企业利益获得的影响最大

通过上述三种情况下参与并购各方利益分配情况的比较，可以看出，并购企业在并购活动中具有谈判优势，而被并购企业则具有信息优势。被并购企业可以利用信息优势最大化自己的利益所得。例如，被并购企业可以对相关重要信息进行保留，在并购谈判中根据实际情况决定是否对这些信息进行公开，以便在被并购企业潜在价值的利益分配上取得较高份额。而并购企业则需尽可能多地获取被并购企业的准确信息，从而更为准确地估计被并购企业的潜在价值，增加自身谈判优势。

(二)竞争机制的引入将对并购结果产生重要影响

由方程(14)的结果可知，在完全信息条件下，并购过程中不可能引入竞争；但在不完全信息条件下，比较方程(6)、方程(22)及方程(26)的结果可以看出，当参与并购的一方存在竞争时，另一方将获得优势从而获得更高的潜在价值分配额。所以在并购谈判中适当对信息进行保留，并给对方引入竞争对手，是赢得并购谈判、获得更大利益的手段之一。

(三)企业自身的效率是影响并购谈判结果的重要因素之一

在本文的分析中，企业的经营效率可以通过谈判成本的大小来衡量，谈判成本越高，企业经营效率越低。由方程(11)和方程(25)可以看到，并购谈判过程中一方获得的潜在价值分配份额是另一方的"折现因子"的减函数，此时折现因子越小，该企业的谈判成本越高，而同时对方获得的并购收益则越高；最终当企业的谈判成本较高时，为更快结束并购谈判而减少损失，其将不得不接受较少的潜在价值分配额，所获利益将相对较少。

(四)企业的市场竞争力也对并购谈判的结果具有一定影响

在本文的分析中，企业的市场竞争力可以通过其在并购失败后面临的竞争损失来反映。从方程(15)可以看出，企业在并购失败后面临的竞争损失越大，其赢得竞争的概率越小，企业的竞争力越差，此后其面临的竞争也将更为激烈，甚至被市场淘汰。这也从实证角度验证了富有竞争力的企业在市场竞争中更容易胜出，其在并购谈判中也具有更大的优势，获得的利益也更大。

参 考 文 献

[1] 张志学，王敏，韩玉兰. 谈判者的参照点和换位思考对谈判过程和谈判结果的影响. 管理世界，2006，1.

[2] 张宗新，季雷. 公司购并利益相关者的利益均衡吗？——基于公司购并动因的风险溢价套利分析. 经济研究，2003，6.

[3] Hirshleifer David, et al.. Facilitation of competing bids and the price of a takover target. The Review of Financial Studies, 1989, 2 (4).

[4] Titman Sheridan, and Hirshleifer David. Tendering strategies and the success of hostile takeover bids. The Journal of Political Economy, 1990, 98 (2).

[5] Shleifer, A., and Vishny, R. W.. Large shareholders and corporate control. Journal of Political Economy, 1986, 94 (3).

[6] Jennings, Robert, H., Mazzeo, Michael, A.. Competing bids, target management resistance, and the structure of takeover bids. The Review of Financial Studies, 1993, 6 (4).

[7] Burkart Mike. Initial shareholdings and overbidding in takeover contests. The Journal of Finance, 1995, 50 (5).

[8] Sorensen, Donald E.. Characteristics of merging firms. Journal of Economics and Business, 2000, 52 (4).

[9] Rubinstein, A.. Perfect equilibrium in a bargaining model. Econometrica, 1982, 50 (1).

打造旅游强国　建构和谐旅游

——评熊元斌教授新著《旅游业、政府主导与公共营销》

● 路小静

（武汉大学经济与管理学院　武汉　430072）

建设旅游强国，是国家旅游局 2000 年初提出的未来 20 年中国旅游业的奋斗目标。我国在 20 世纪后 20 年基本实现了由"旅游资源大国"到"亚洲旅游大国"的转变；进入 21 世纪，我们要继续奋斗，实现从"亚洲旅游大国"到"世界旅游强国"的跨越，力争实现到 2020 年把我国建设成为世界一流旅游强国的历史性跨越。建设旅游强国是一个宏伟的目标，也是一项极为艰巨的事业，从大国到强国是一种艰巨的"质变"。

熊元斌教授的新著《旅游业、政府主导与公共营销》（武汉大学出版社 2008 年出版）是基于国家社会科学基金项目《促进旅游业快速健康发展研究》的结题成果修改而成。作者从现实客观的角度出发，提出中国旅游业的快速健康发展，必须以科学发展观为指导，以和谐旅游为目标，以政府主导为模式，以旅游公共政策为核心，加强旅游公共管理和公共营销，充分发挥各方面的积极作用，努力协调好各方面的利益。该著作将和谐旅游定为目标，以期最终实现旅游中"人与自然、人与社会、人与人"的和谐相处，实现"经济、社会与生态"系统的动态平衡。该著作在理论思想观念的搭建上颇有建树。

一、构建"有限型"政府主导模式

在我国旅游业发展中，国家一直采取的是政府主导型战略。旅游业的政府主导型发展战略既是对国外旅游业发展成功经验的总结和借鉴，也是依据中国国情的一种现实选择。作者认为：所谓政府主导型发展模式，是指在以市场为基础来配置资源的前提下，合理强化政府的宏观调控能力，积极引导、规范各旅游市场主体的行为，建立统一、开放、竞争、有序的现代市场体系，以使旅游资源的配置达到或接近最优状态的发展模式。从现状看，我国多数省市自治区出台了扶持旅游业发展的具体政策和措施，从市场促销、企业改组、基础设施建设、资金筹集、行业管理等各方面对旅游业给予政策支持，为旅游业的发展创造了前所未有的发展契机。

虽然政府主导型发展战略已经极大地推动了我国旅游业的发展，然而在具体实践中也存在着一些问题。作者在著作中提出政府主导型战略中的"主导"一词容易被误解为由政府来取代市场，因此提议：随着市场机制的日渐成熟和市场环境的变化，政府的角色将发生转变，政府的主导作用将越来越侧重于宏观层面，因此，作者认为用"有限"来界定政府主导的概念更贴近于此战略的内涵，并对有限政府模式的内涵、战略内容等进行了独到的阐述。

（1）作者归纳出有限政府主导模式的核心内涵，即"政府主导、企业主体、市场导向"。企业不是作为政府机构的附属物，而是作为主体在市场上发挥主导作用；政府不是直接管理企业，而是通过规制和宏观调控职能维护市场秩序，为企业发展提供服务和必要的支持，实现政府与市场的最优功能组合。这种发展模式通过强化政府宏观调控，实现资源的优化配置；通过培育市场主体，避免市场的畸形发展；通过更多地让市场主体参与旅游资源的保护和开发，促进旅游业的可持续发展。

（2）作者提出有限政府模式的战略内容为以下四个领域：第一，规划把关：确定旅游在经济社会发展中的产业地位，合理开发与保护当地的旅游资源，坚持走可持续发展旅游的道路，即政府在主导旅游规划发展的方向上，更多是战略性的。第二，拓展市场：研究及提供目标市场的信息，整体推介旅游的区域形象，为旅游业的发展不断创造新的需求。市场需求是旅游业长足发展的根本动力。政府在主导旅游市场开拓方面，应遵循市场营销的一般规律，不断地研究需求、嫁接需求和创造需求。第三，规范管理：运用法律、行政、经济等综合手段，规范旅游秩序，创造一个文明有序的市场环境。第四，政策引导：制定、实施旅游产业政策，不断扩大产业规模，推进产业结构的均衡发展，促进产业结构的升级。

二、公共营销强力推动旅游业的健康发展

经济的全球化和一体化发展以及服务贸易的不断增长，旅游业已经从国内竞争扩展到全球化竞争。为了大力推动我国旅游业的快速健康发展，作者认为必须实施有效的强势营销策略，通过强势营销来提升旅游产品的知名度，树立旅游形象，培育世界旅游品牌，不断向旅游强国迈进。基于此，作者在著作中创造性地提出旅游公共营销这种全新的营销模式，即由政府、非营利组织等公共机构为主体，同时也包括旅游企业等私人部门及居民个体在内的多方共同参与，对区域旅游进行市场营销的整体性活动，它具有整体性、综合性、公共性、非营利性等特点。

（1）作者在著作中廓清了旅游公共营销与政府营销、非营利组织营销的差异。政府作为旅游经济的管理者以及旅游公共产品的生产者，理所当然应承担旅游营销主体的角色；但是随着政府失灵、公共投入不足等问题的出现，私人旅游企业、旅游第三部门、国际旅游组织参与旅游经济管理的优势逐渐突显，作者界定旅游公共营销的概念中将提供者从政府、非营利组织等公共机构扩展为旅游企业等私人部门及居民的多方参与，外延上比政府营销和非营利组织营销概念更宽广，内涵上也比政府营销、非营利组织营销概念更加深刻。

（2）旅游区域是旅游业中最典型核心的旅游产品，具有旅游产品的综合性、不可转移性、不可储存性等特征。作者认为旅游公共营销是对区域旅游进行市场营销的整体性活动。相对于一般旅游产品，对旅游区域的营销应更注重区域的整体利益，注重利益相关者的参与。因而旅游公共营销的客体包含了旅游形象、旅游环境和各类旅游产品，它营销的对象不仅是旅游者，也包括客源地的政府、行业组织、新闻媒体、旅游企业等。这种基于区域整体利益的公共营销模式，是对旅游区域营销模式的创新和发展，它对于整合旅游区域的资源，树立旅游区域的整体形象，培育旅游区域的品牌，增强旅游区域的市场竞争力，具有重要的意义。由此作者提出旅游公共营销的内容包括旅游形象营销、旅游吸引物营销、旅游投资环境营销、旅游就业与居住条件营销、旅游区域商品营销、旅游企业集群营销，以及旅游客源市场开发等。该概念的提出不仅具有一定的学术价值，而且颇具实践意义。

三、国民旅游计划促进旅游业的快速发展

国民旅游计划又称国民休闲计划，是指政府采取各种政策措施，引导、指导和激励国民进行旅游活动，促进国民旅游消费，提升国民生活质量，全面促进小康社会建设的重要举措。它是从消费的角度撬动

旅游业快速健康发展的有力杠杆。国民旅游计划是近期旅游界最为热门的一个话题。面对全球性的金融危机，为拉动国内旅游市场，国家相关部门出炉了"国民旅游计划"：进一步落实带薪休假制度、采取有力措施倡导奖励旅游（针对优秀员工）、福利旅游（针对低收入群体）、修学旅游（针对学生群体）、银发旅游（针对长者群体）。对于这个全新的课题，正如作者所言，通过检索相关学术网站，几乎没有查到有关国民旅游计划的学术性文章，作者基于经年积累的扎实理论功底，分析了国民旅游计划的必要性及主要内容，特别提出了国民旅游计划的具体操作措施。

（1）作者在科学分析了我国国民旅游需求的潜力之后，提出国民旅游计划的制订和实施应基于我国经济、社会发展的实际，能有效地引导、指导和激励全民的旅游消费，并使之成为国民生活的一大元素。国民旅游计划的主要内容应包括：继续推行"黄金周"制度；试行增加清明节、端午节、中秋节三个小"黄金假日"制度；加快落实带薪休假制度；完善旅游消费贷款制度；逐步建立奖励旅游制度；进一步推广修学旅游制度；积极试行福利旅游制度；实行全民旅游消费教育制度等。

（2）作者认识到，国民旅游计划的制订对全面适应旅游消费需求的增长、提高全民生活质量、促进经济和社会发展具有重要意义，但国民旅游计划的实施需要采取一些具体可行的操作措施才能保障其真正成为拉动国民旅游需求、促进旅游发展的有效手段。为此，作者提出国民旅游计划的实施必须：第一，提高认识，转变观念。这需要政府一方面充分重视旅游在经济、社会、文化和生态等方面的巨大作用，另一方面，进行国民旅游的宣传和动员，使人们认识旅游是正常的生活需求，是提升生活质量的重要途径。第二，建立领导组织机构，创新机制。第三，出台相关政策法规，提供制度保障。国家应尽快出台一些有关国民旅游计划的政策、法规，推动国民旅游计划的实施。第四，规范操作，分步实施。我国各地经济和社会发展水平不同，形成了东部、中部、西部以及城市和农村的明显差别。因此，国民旅游计划的实施不可能一下子全面展开并一步到位，应根据现实的情况，推行"先试点，后推广"的思路。

四、解析艾滋病防控与旅游业的发展

在著作的最后一章中，作者以一位学者的严谨态度对性旅游与艾滋病防控的关系进行了探讨。从20世纪80年代初诊断第一例艾滋病人至今，艾滋病以其特有的传播速度在全球各国迅猛传播和流行，艾滋病成了人们谈虎色变的疾病。中国于1985年报道检查出第一例外籍艾滋病人以来，感染人数增长速度较快，近几年来，我国艾滋病病毒感染者每年以30%的速度增长，预计到2010年将超过1 000万人，而旅游这一重要活动经常伴随着商业性性行为的发生，它为艾滋病在全球的传播提供了条件。

（1）作者基于国家安全战略的角度提出了性旅游管理模式与对策建议。艾滋病防控对于一国的旅游业发展以至社会稳定具有极其重要的意义，泰国曾为前车之鉴。在20世纪80年代泰国政府为了发展旅游业而放宽了对外国游客的限制，随着旅游业的发展，泰国各旅游城市、度假区的酒吧、按摩院、歌舞厅等不断增加，其中不少地方就是通过色情招徕顾客。而这个时期正是艾滋病在欧美的流行时期。随着大量欧美游客的涌入，艾滋病便在从事性旅游工作者中广泛地传播开来。现在泰国已经成了亚洲艾滋病的重灾区，这严重影响了泰国作为度假胜地的形象，使旅游经济大受打击；同时，由于大多艾滋病患者发病的年龄位于20～49岁，其灾难性地毁灭了泰国大量青壮年劳动力，给泰国整个社会带来了深重的灾难。

（2）据作者分析，目前，我国性旅游活动的特征：一是从事性旅游行业的性工作者数量多；二是性旅游发生的地区广；三是性工作者层次多样，结构复杂；四是性交易活动隐蔽性强。对这些商业性的性交易活动，我国历来采取的是严厉打击的政策，但收效并不明显。越来越多的学者提出要重新审视"严厉打击"的政策，主张"卖淫非罪化"、"'红灯区'公开化"。笔者主张，应借鉴国外管理性旅游活动、防范艾滋病传播的经验，结合我国实际，对所谓的"红灯区"及性旅游活动，进行严格规范和严格监管，

通过规范化的管理使所谓的"红灯区"的运行进入透明化状态，然后采取有效措施预防。

该著作高屋建瓴地提出了加快发展旅游业并不仅仅是为了实现我国成为"世界旅游强国"的梦想，更重要的是希望旅游业能在我国经济与社会发展中扮演更重要的角色：在我国 GDP 中占到 10% 以上的份额，从而成为我国重要的支柱产业；旅游业应成为提升国民生活质量、全面实现小康社会目标的重要手段和标志。总之，该著作作为一部有价值的学术著作，有的放矢，将理论与实践相结合，立足并服务于现实，解决现实中存在的问题，加上行文流畅，逻辑严密，分析深刻，值得业界研读。